COMMON CORE BASICS

Desarrollo de destrezas esenciales de preparación

MATEMÁTICAS

Mc
Graw
Hill
Education

mheonline.com

Send all inquiries to:
McGraw-Hill Education
8787 Orion Place
Columbus, OH 43240

ISBN: 978-0-07-670000-4
MHID: 0-07-670000-3

Printed in the United States of America.

3 4 5 6 7 8 9 QTN 20 19 18 17 16

Contenido

Al estudiante

Common Core Basics: Edición en español, Matemáticas te ayudará a aprender o reforzar las destrezas necesarias para la preparación de tus exámenes de equivalencia de la escuela secundaria u otros exámenes, tu formación después de la educación secundaria y tus objetivos de trabajo en el futuro. Cualquiera sea tu formación escolar, puedes usar este libro para aprender y practicar las destrezas más importantes de matemáticas y de resolución de problemas.

Antes de comenzar con las lecciones de este libro, haz el Examen preliminar. Este examen te ayudará a identificar las áreas en las que debes concentrarte. Usa la tabla al final del Examen preliminar para identificar los tipos de preguntas que respondiste incorrectamente y determinar cuáles son las destrezas que debes practicar más. Puedes concentrarte en áreas específicas de estudio o estudiar los temas siguiendo el orden del libro. Es muy recomendable que sigas el orden del libro para desarrollar una base sólida de conocimientos en las áreas en las que serás evaluado.

Common Core Basics: Edición en español, Matemáticas está dividido en doce capítulos:

- **Capítulo 1: Números naturales** presenta los temas valor de posición, ordenar y comparar números, operaciones con números, factorización, redondeo, estimación y resolución de problemas del mundo real con números naturales.

- **Capítulo 2: Decimales** presenta los temas valor de posición decimal, operaciones con decimales y resolución de problemas del mundo real con decimales.

- **Capítulo 3: Fracciones** presenta operaciones con fracciones y números mixtos.

- **Capítulo 4: Enteros** explica conceptos relacionados con enteros, tales como el valor absoluto, operaciones con enteros y cuadrículas de coordenadas.

- **Capítulo 5: Expresiones y ecuaciones** enseña a escribir y evaluar expresiones, resolver ecuaciones y desigualdades de uno y dos pasos e identificar patrones.

- **Capítulo 6: Ecuaciones lineales y funciones** presenta ecuaciones lineales, gráficas de ecuaciones lineales, funciones y diagramas de dispersión.

- **Capítulo 7: Razones, proporciones y porcentajes** presenta razones y tasas, resolución de proporciones y resolución de problemas con porcentajes.

- **Capítulo 8: Exponentes y raíces** enseña a evaluar expresiones con exponentes, raíces y notación científica.

- **Capítulo 9: Datos** presenta las medidas de tendencia central y rango, gráficas y diagramas lineales y gráficas engañosas.

- **Capítulo 10: Probabilidad** explica métodos de conteo y presenta probabilidad y eventos compuestos.

- **Capítulo 11: Medición** enseña a utilizar unidades usuales y unidades métricas y a convertir unidades.

- **Capítulo 12: Geometría** explora distintas figuras y cuerpos geométricos, dibujos a escala y mediciones y el teorema de Pitágoras y enseña a hallar perímetro, circunferencia, área y volumen de conos y esferas.

Además de esto, *Common Core Basics: Edición en español, Matemáticas* tiene diversas características pensadas para que conozcas los exámenes de matemáticas y te prepares para hacerlos.

- La **Introducción al capítulo** presenta un resumen del contenido y una actividad para establecer objetivos.

- Los **Objetivos de la lección** presentan lo que serás capaz de lograr cuando completes la lección.

- Las **Destrezas** enumeran las destrezas principales y las prácticas principales que se enseñan y se aplican al contenido de la lección.

- El **Vocabulario** esencial para comprender la lección aparece en una lista al comienzo de cada lección. Todas las palabras en negrita del texto se hallan en el Glosario.

- El **Concepto clave** resume el contenido en el que se centra la lección.

- Las preguntas de **Aplica las Matemáticas** te permiten comprobar tu comprensión del contenido a medida que avanzas con la lección.

- Las actividades de **Conexión con las matemáticas** incluyen consejos y estrategias relacionados con las destrezas y prácticas matemáticas.

- El **Repaso de vocabulario** al final de la lección te permite comprobar tu comprensión del vocabulario importante de la lección, mientras que el **Repaso de destrezas** te permite comprobar tu comprensión del contenido y las destrezas presentadas en la lección.

- Los ejercicios de **Práctica de destrezas** aparecen al final de cada lección y te ayudan a aplicar tus conocimientos fundamentales del contenido y las destrezas.

- El **Repaso del capítulo** evalúa tu comprensión del contenido del capítulo.

- Las tablas de **Comprueba tu comprensión** te permiten evaluar tu conocimiento de las destrezas que practicaste.

- La **Guía de respuestas** explica las respuestas a las preguntas del libro.

- El **Glosario** y el **Índice** contienen listas de términos clave del libro y permiten repasar destrezas y conceptos importantes con facilidad.

Cuando termines de trabajar con el libro, haz el Examen final para saber qué tan bien aprendiste las destrezas presentadas en este libro.

¡Buena suerte con tus estudios! Recuerda que las matemáticas y las destrezas de resolución de problemas te ayudarán a tener éxito en cualquier examen de matemáticas y en otras tareas con las que te encuentres en el futuro, tanto en la escuela como en casa o en el trabajo.

Matemáticas

Debes tomar este Examen preliminar antes de comenzar a trabajar en cualquiera de los capítulos de este libro. El propósito de este Examen preliminar es ayudarte a determinar qué destrezas debes desarrollar para mejorar tus destrezas de matemáticas y resolución de problemas. El examen consta de 25 preguntas de opción múltiple que corresponden a los doce capítulos de este libro.

Instrucciones: Elige la mejor respuesta para cada pregunta. Responde cada pregunta lo más cuidadosamente que puedas. Si una pregunta te resulta demasiado difícil, no pierdas demasiado tiempo tratando de responderla. Continúa con otras preguntas y vuelve a ella al final, cuando puedas dedicarle más tiempo y atención. Cuando hayas finalizado la prueba, verifica los resultados con las respuestas y explicaciones de las páginas 6 y 7.

Usa la Tabla de evaluación de la página 8 para determinar qué áreas necesitas estudiar más. Si respondiste incorrectamente muchas de las preguntas que corresponden a una destreza matemática, necesitarás prestar especial atención a esa destreza cuando trabajes con este libro.

Matemáticas

Instrucciones: Elige la mejor respuesta para cada pregunta.

1. Después de dejar su carro en el estacionamiento de un parque, Nikos caminó un total de **347** pasos hacia el este y después caminó **284** pasos hacia el sur hasta la oficina de informes.
Si entró al parque después de haber caminado solo **59** pasos, ¿cuántos pasos dio después de entrar al parque y antes de llegar a la oficina de informes?

   A. 690   C. 572
   B. 631   D. 288

2. Simplifica la siguiente expresión decimal.
$4.56 - 0.932 + 11.087$

   A. 10.611
   B. 14.715
   C. 7.11
   D. 15.498

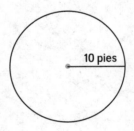

10 pies

3. El patio para un edificio de oficinas tiene la forma de un círculo, como se muestra en el diagrama de arriba. Tiene un radio de **10** pies. ¿Cuál es la circunferencia, en pies, del patio? (Usa **3.14** para π).

   A. 15.7
   B. 31.4
   C. 33.4
   D. 62.8

4. Multiplica en la siguiente expresión decimal.
5.63×8.72

   A. 49.0936
   B. 40.4536
   C. 490.936
   D. 404.536

5. La semana pasada Kristin compró $5\frac{3}{4}$ libras de manzanas. Esta semana compró la mitad de esa cantidad. ¿Cuántas libras de manzanas compró Kristin esta semana?

   A. $2\frac{1}{2}$

   B. $2\frac{7}{8}$

   C. $5\frac{1}{4}$

   D. $11\frac{1}{2}$

6. En la gráfica de abajo, ¿qué punto corresponde a las coordenadas (–1, –3)?

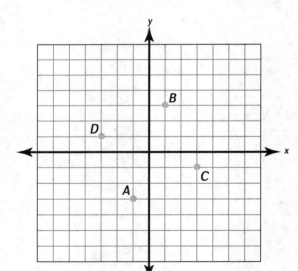

   A. A
   B. B
   C. C
   D. D

Matemáticas

7. En el diagrama de abajo, ¿qué punto representa el valor de −3 + (−5)?

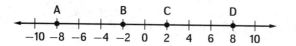

A. A
B. B
C. C
D. D

Para las preguntas **8** y **9**, usa la siguiente tabla.

TEMPERATURAS MÁXIMAS DE LA SEMANA

Día	Temperatura en Fahrenheit
Domingo	72°
Lunes	80°
Martes	83°
Miércoles	78°
Jueves	70°
Viernes	74°
Sábado	75°

8. ¿Cuál es la mediana de las temperaturas máximas de la semana en °F?

A. 75
B. 76
C. 78
D. 83

9. ¿Cuál es el rango de temperaturas máximas de la semana en °F?

A. 2
B. 3
C. 7
D. 13

10. Escribe el número **1,234,567,890** en notación científica.

A. $1.23456789 \times 10^{10}$
B. 12.3456789×10^{8}
C. 1.23456789×10^{9}
D. 123.456789×10^{7}

11. Liam bebió **54** mililitros de agua. ¿Cuántos litros de agua bebió?

A. 5.4
B. 0.54
C. 0.054
D. 0.0054

12. ¿Cuál de las siguientes expresiones muestra la probabilidad de sacar dobles cuando lanzas dos dados?

A. $\dfrac{\text{resultados favorables}}{\text{resultados posibles}} = \dfrac{30}{36} = \dfrac{5}{6}$

B. $\dfrac{\text{resultados favorables}}{\text{resultados posibles}} = \dfrac{6}{36} = \dfrac{1}{6}$

C. $\dfrac{\text{resultados posibles}}{\text{resultados favorables}} = \dfrac{36}{6} = 6$

D. $\dfrac{\text{cantidad de dados}}{\text{cantidad de dobles}} = \dfrac{2}{6} = \dfrac{1}{3}$

13. El precio del pan congelado es **$3.39** por cada 3 panes. ¿Cuál es el precio unitario (el precio de un pan)?

A. $0.88
B. $1.13
C. $2.26
D. $10.17

Matemáticas

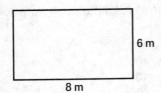

6 m

8 m

14. ¿Cuál es el área, en metros cuadrados, del rectángulo de arriba?

A. 14
B. 28
C. 48
D. 96

15. ¿Cuál de las funciones de abajo representa una conversión de pies (p) a yardas (y)?

A. $y = 3p$
B. $p = 3y$
C. $p = y + 3$
D. $y = p + 3$

16. ¿Cuál es el valor de $3x$ si $x = -1$?

A. −31
B. −3
C. 2
D. 3

17. Percy es **3** años mayor que su hermano. Si Percy tiene **27** años, ¿cuántos años tiene su hermano?

A. 9
B. 24
C. 26
D. 30

18. Gary está plantando árboles en un parque. Quiere plantar al menos **5** árboles por cada **2** mesas de picnic. Si hay **12** mesas en el parque, ¿cuál es una cantidad posible de árboles que podría plantar Gary?

A. 40
B. 25
C. 10
D. 5

19. Para responder la pregunta, consulta la gráfica de abajo. La gráfica muestra los resultados de una encuesta acerca de la cantidad de habitaciones en las casas que se vendieron en el año **2012**. ¿Cuál de los siguiente enunciados está justificado por la información que brinda la gráfica circular?

PORCENTAJE DE CASAS VENDIDAS EN 2012 CON 1, 2, 3, Y 4 O MÁS HABITACIONES

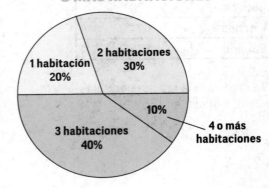

A. La cantidad casas de **2** habitaciones vendidas es el doble que las de **1** habitación vendidas.
B. La cantidad de casas de **4** o más habitaciones vendidas es igual a la cantidad de casas de **1** habitación vendidas.
C. Más de la mitad de las casas vendidas tenía **1** o **2** habitaciones.
D. Se vendieron más casas de **3** habitaciones que casas de **4** o más habitaciones.

Matemáticas

20. ¿Cuál es el volumen, en pulgadas cúbicas, del cubo que se muestra abajo?

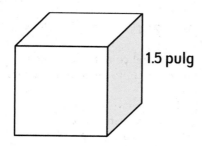

1.5 pulg

A. 4.5
B. 3.375
C. 2.25
D. 1.5

21. La empresa A ofrece un plan anual de televisión por cable de $100 por la instalación y un cargo mensual de $34. La empresa B ofrece un plan anual de $30 por instalación y un cargo mensual de $41. ¿Después de cuántos meses el plan de la empresa B será más caro que el de la empresa A?

A. 10 meses
B. 9 meses
C. 12 meses
D. 11 meses

22. ¿Cuál es la pendiente de una recta que pasa por los puntos (3, 8) y (−2, 5)?

A. $\frac{5}{3}$
B. $-\frac{5}{3}$
C. $\frac{3}{5}$
D. $-\frac{3}{5}$

23. ¿Cuál es el número que sigue en el patrón de abajo?

5, 10, 20, 40

A. 50
B. 60
C. 80
D. 100

24. ¿Cuál de los siguientes enunciados explica cómo hallar el número que sigue en el patrón de abajo?

33, 30, 27, 24, 21

A. sumar 3 a 21
B. multiplicar 3 y 21
C. restar 3 a 21
D. dividir 21 por 3

25. Mindy está escribiendo notas de agradecimiento. Tiene una pila de tarjetas mezcladas que contiene 2 tarjetas amarillas, 3 tarjetas azules y 1 tarjeta blanca. Mindy elige al azar una tarjeta y escribe su nota. ¿Cuál es la probabilidad de que la tarjeta que eligió sea amarilla?

A. $\frac{2}{3}$
B. $\frac{1}{2}$
C. $\frac{1}{6}$
D. $\frac{1}{3}$

Guía de respuestas

1. **A.** Se sumó 59 en lugar de restarse 59.
   B. Se restó incorrectamente 59 a la suma de 347 y 284.
   C. CLAVE: $(347 - 59) + 284 = 572$
   D. Se respondió la pregunta "¿Cuántos pasos hacia el este caminó Nikos después de entrar al parque y antes de llegar a la oficina de informes?".

2. **A.** Se sumó $0.456 - 0.932 + 11.087$.
   B. CLAVE: $4.56 - 0.932 + 11.087 = 14.715$
   C. Se sumó $4.56 - 9.32 + 11.87$.
   D. Se sumó $4.56 - 0.932 + 11.87$.

3. **A.** Se dividió el producto πr por 2 en lugar de multiplicarse por 2.
   B. No se multiplicó el producto πr por 2.
   C. Se sumó 2 al producto πr en lugar de multiplicarse por 2.
   D. CLAVE: $2\pi r$ es aproximadamente $2(3.14)(10) = 62.8$ pies.

4. **A.** CLAVE: $5.63 \times 8.72 = 49.0936$
   B. Se multiplicó 5×8, después $.63 \times .72$ y luego se sumaron ambas cifras.
   C. Se multiplicó correctamente, pero se escribió mal el punto decimal.
   D. Se multiplicó igual que (B.), pero se escribió mal el punto decimal.

5. **A.** Se multiplicó 5 por $\frac{1}{2}$ en lugar de multiplicarse $5\frac{3}{4}$ por $\frac{1}{2}$.
   B. CLAVE: $5\frac{3}{4} \times \frac{1}{2} = \frac{23}{4} \times \frac{1}{2} = \frac{23}{8} = 2\frac{7}{8}$
   C. Se restó $\frac{1}{2}$ en lugar de multiplicarse por $\frac{1}{2}$.
   D. Se dividió por $\frac{1}{2}$ en lugar de multiplicarse por $\frac{1}{2}$.

6. **A.** CLAVE: Para $(-1, -3)$, debe ubicarse una unidad a la izquierda del origen y luego 3 unidades hacia abajo.
   B. Se ubicó $(1, 3)$.
   C. Se ubicó $(3, -1)$.
   D. Se ubicó $(-3, 1)$.

7. **A.** CLAVE: $-3 + (-5) = -8$
   B. Se sumó $+3$ y -5.
   C. Se sumó -3 y $+5$.
   D. Se sumó $+3$ y $+5$.

8. **A.** CLAVE: 70, 72, 74, 75, 78, 80, 83; 75 es el número del medio.
   B. Se halló la media del conjunto de datos.
   C. No se ordenó el conjunto de datos de menor a mayor.
   D. Se halló el valor mayor del conjunto de datos.

9. **A.** Se halló la diferencia entre las dos temperaturas más bajas.
   B. Se halló la diferencia entre las dos temperaturas más altas.
   C. Se halló la cantidad total de temperaturas máximas de la semana.
   D. CLAVE: $83 - 70 = 13$

10. **A.** número decimal correcto, pero exponente incorrecto
    B. número decimal incorrecto, exponente incorrecto
    C. CLAVE: $1,234,567,890 = 1.23456789 \times 10^9$
    D. número decimal incorrecto, exponente incorrecto

11. **A.** Se dividió por 10 en lugar de por 1,000.
    B. Se dividió por 100 en lugar de por 1,000.
    C. CLAVE; 1 mL $= 0.001$ L; 54 mL $= 54(0.001)$, es decir, 0.054 L
    D. Se dividió por 10,000 en lugar de por 1,000.

12. **A.** Se respondió la pregunta "¿Cuál de las expresiones muestra la probabilidad de no sacar dobles?".
    B. CLAVE: $(1, 1)$, $(2, 2)$, $(3, 3)$, $(4, 4)$, $(5, 5)$, $(6, 6)$; por lo tanto, hay 6 maneras de sacar dobles de un total de 36 resultados posibles.
    $\frac{6}{36} = \frac{1}{6}$
    C. Se halló el inverso de la probabilidad.
    D. Se respondió la pregunta "¿Cuál de las siguientes expresiones muestra la razón de la cantidad de dados a la cantidad de dobles posibles?".

13. **A.** Se dividió 3 por 3.39 en lugar de 3.39 por 3.

B. CLAVE: $\$3.39 \div 3 = \$1.13$

C. Se respondió la pregunta "¿Cuál de las siguientes expresiones muestra el precio de dos panes?".

D. Se multiplicó por 3 en lugar de dividirse.

14. **A.** Se sumó en lugar de multiplicarse.

B. Se halló el perímetro.

C. CLAVE: $6 \times 8 = 48$.

D. Se halló dos veces el área.

15. **A.** CLAVE: Hay tres pies en una yarda; por lo tanto, para convertir pies a yardas, se multiplica la cantidad de pies por 3; por lo tanto, $y = 3p$.

B. Se tradujo la frase "1 pie es igual a 3 yardas" a una ecuación.

C. Se sumó 3 en lugar de dividirse por 3.

D. Se sumó 3 en lugar de multiplicarse por 3.

16. **A.** No se comprendió la multiplicación de enteros.

B. CLAVE: $3 \times (-1) = -3$

C. Se sumó 3 y -1.

D. No se usó el signo menos de -1 para multiplicar.

17. **A.** Se dividió por 3.

B. CLAVE: $27 - 3 = 24$

C. Se restó incorrectamente.

D. Se sumó 3 a 27.

18. **A.** CLAVE: $12 \div 2 = 6$ (Habrá al menos 5 árboles cada 2 mesas); Gary plantará al menos 5×6 (es decir, 30) árboles; 40 es la única respuesta posible mayor o igual a 30.

B. Se halló la menor cantidad posible de árboles si hubiera 10 mesas.

C. Se halló la menor cantidad posible de árboles si hubiera 4 mesas.

D. Se halló la menor cantidad posible de árboles si hubiera 2 mesas.

19. **A.** No se comparó 30% con 20% con exactitud.

B. No se comparó 10% con 20% con exactitud.

C. No se comparó 20% + 30% con 50% con exactitud.

D. CLAVE: 40% > 10%

20. **A.** Se multiplicó 1.5 por 3 en lugar de elevarse al cubo 1.5.

B. CLAVE: volumen $= l^3 = (1.5)^3 = (1.5)(1.5)(1.5) = 3.375$

C. Se halló el área total de una cara del cubo.

D. Se halló la longitud de un lado del cubo.

21. **A.** Se halló que los costos totales mensuales son iguales.

B. Se halló el mes anterior al mes en el que los costos totales sean iguales.

C. Se eligió la cantidad de meses que tiene un año.

D. CLAVE: Usar la empresa A cuesta $70 más por adelantado, pero $7 menos por mes. Pasarán 10 meses hasta que los costos sean iguales. Al llegar al onceavo mes, usar la empresa B será más caro.

22. **A.** Se calculó la pendiente como el cambio de x dividido por el cambio de y, y los números están desordenados.

B. Se calculó la pendiente como el cambio de x dividido por el cambio de y.

C. CLAVE: la pendiente es $\frac{(5-8)}{(-2-3)} = \frac{3}{5}$.

D. Se calculó la pendiente con los números desordenados.

23. **A, B, D.** No se comprende que el patrón es multiplicar el número anterior por 2.

C. CLAVE: $2 \times 40 = 80$

24. **A, B, C.** No se usó la regla para calcular el patrón.

C. CLAVE: $33 - 3 = 30, 30 - 3 = 27, 27 - 3 = 24, 24 - 3 = 21$; por lo tanto, la regla es restar 3.

25. **A.** Se halló la probabilidad de que saliera cualquier tarjeta menos la amarilla.

B. Se halló la probabilidad de que saliera una tarjeta azul.

C. Se halló la probabilidad de que saliera una tarjeta blanca.

D. CLAVE: 2 tarjetas amarillas de 6 tarjetas es $\frac{2}{6} = \frac{1}{3}$.

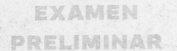

Tabla de evaluación

En la siguiente tabla, encierra en un círculo las preguntas que hayas respondido incorrectamente. Al lado de cada problema, verás el nombre de la sección donde puedes encontrar las destrezas que necesitas para resolver el problema.

Problema	Unidad: Sección	Primera página
1 17 2 4 5	**Sentido numérico y operaciones** Sumar y restar números naturales Expresiones aritméticas Sumar y restar decimales Multiplicar decimales Multiplicar y dividir fracciones	18 36 54 60 88
7 6 16 23, 24 22 21 15	**Álgebra básica** Sumar enteros Cuadrícula de coordenadas Expresiones Identificar patrones Ecuaciones lineales Pares de ecuaciones lineales Funciones	108 124 134 156 166 184 200
13 18 10	**Más sobre sentido numérico y operaciones** Razones y tasas Resolver proporciones Notación científica	212 224 260
8, 9 19 12, 25	**Análisis de datos y probabilidad** Medidas de tendencia central y rango Gráficas y diagramas lineales Introducción a la probabilidad	270 274 296
11 3, 14 20	**Medición y geometría** Unidades métricas Perímetro y circunferencia Cuerpos geométricos y volumen	316 332 360

UNIDAD 1

Sentido numérico y operaciones

Números naturales

En la vida cotidiana usamos números todo el tiempo, ya sea para la hora, la fecha, un precio, un número de teléfono o una dirección. En este capítulo repasarás los principios básicos de los números. ¿Cómo puede ayudarte en tu vida cotidiana saber más sobre los números?

El conjunto de números naturales está formado por los números 0, 1, 2, 3, 4, 5, 6, 7, 8, 9, y así sucesivamente. Los números naturales son el conjunto básico de números. La suma, la resta, la multiplicación y la división se presentan con esos números.

Entre los **conceptos clave** que estudiarás están:

Lección 1.1: Valor de posición
Representar, comparar y ordenar los números naturales para comprender mejor su valor y significado.

Lección 1.2: Sumar y restar números naturales
La suma y la resta son operaciones básicas de las matemáticas.

Lección 1.3: Multiplicar y dividir números naturales
La multiplicación es una operación que consiste en sumar una cantidad específica un determinado número de veces. La división es la operación que se utiliza para separar una cantidad en partes.

Lección 1.4: Factorización
Aprender a factorizar números te permite comparar los factores de dos números y hallar el máximo común divisor de dos números.

Lección 1.5: Redondeo y estimación
El redondeo y la estimación resultan útiles cuando no hace falta una respuesta precisa o cuando se comprueba una respuesta.

Lección 1.6: Expresiones aritméticas
Las operaciones matemáticas básicas deben realizarse siguiendo un orden específico para obtener la respuesta correcta.

Lección 1.7: Resolución de problemas
La resolución de problemas es una parte importante del estudio de las matemáticas y una parte importante de la vida diaria.

Establecer objetivos

Antes de comenzar este capítulo, establece tus objetivos de aprendizaje. Piensa en cómo te beneficiará reforzar tu comprensión de los números naturales.

- ¿Para qué usas los números y las matemáticas en tu vida cotidiana?

_____

- ¿Qué tareas serán más fáciles si mejoras tus destrezas matemáticas?

_____

Comprender los números naturales es la base para reforzar tus destrezas matemáticas. Del mismo modo que hace falta una base fuerte y sólida para sostener una casa, es necesario alcanzar una clara comprensión de los números naturales para poder aprender otros conceptos matemáticos. Una vez completado el capítulo, vuelve a leer esta página para comprobar el progreso de tu compresión. ¿Puedes responder todas las preguntas? Si puedes, continúa con el Capítulo 2.

- ¿Por qué el valor de posición es un concepto importante?

_____

- ¿En qué se parecen la suma y la resta?

_____

- ¿En qué se diferencian la suma y la resta?

_____

- ¿Cómo se relacionan la multiplicación y la división?

_____

- ¿Por qué la estimación es una destreza clave para la resolución de problemas?

_____

- ¿De qué manera la factorización simplifica la resolución de problemas?

_____

- ¿En qué consiste el plan de cinco pasos para la resolución de problemas?

_____

Valor de posición

CONCEPTO CLAVE: Representar, comparar y ordenar los números naturales para comprender mejor su valor y significado.

1. ¿Qué número es 1 más que 8?

2. ¿Qué número es 1 menos que 73?

3. ¿Qué número es 10 más que 60?

4. ¿Qué número es 10 menos que 45?

Valor de posición

Los **dígitos** son los diez símbolos numéricos: 0, 1, 2, 3, 4, 5, 6, 7, 8 y 9. Un número es una secuencia de dígitos en un orden particular. Los números 0, 1, 2, 3, y así sucesivamente se denominan **números naturales**. La posición de un dígito en un número determina su **valor**, es decir, cuánto representa.

Comenzado por la posición de las unidades, las comas se colocan cada tres números para separar un número en grupos de tres. Estos grupos se llaman **períodos**.

TABLA DE VALOR DE POSICIÓN

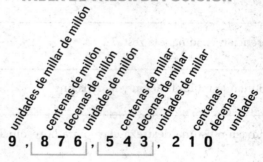

Ejemplo 1 Usar una tabla de valor de posición

En el número 137,258,406, ¿qué dígito ocupa el lugar de las decenas de millón?

Paso 1   Busca el lugar de las decenas de millón en la tabla de valor de posición. Una tabla es un modo gráfico de organizar números o información.

Paso 2   Busca el dígito que esté en esa posición en el número 137,258,406. El 3 está en el lugar de las decenas de millón.

Ejemplo 2 Determinar el valor de los dígitos

¿Cuál es el valor de cada uno de los dígitos en el número 105?

Paso 1   El 1 está en el lugar de las centenas. Su valor es 1 centena, es decir, 100.

Paso 2   El 0 está en el lugar de las decenas. No hay decenas en el número 105.

Paso 3   El 5 está en el lugar de las unidades. Su valor es 5 unidades, es decir, 5.

IDENTIFICAR LA IDEA PRINCIPAL

La mayor parte del material que lees en la escuela y en casa tiene una **idea principal**. La idea principal es la que expresa la información más importante del párrafo, artículo o lección. Las otras oraciones apoyan esa idea.

La idea principal no siempre está en la primera oración o en el primer párrafo. Puede estar en cualquier lugar del texto. A veces, la idea principal ni siquiera se enuncia de forma directa.

Para identificar la idea principal, pregunta: *¿De qué se trata este párrafo?*

Lee el siguiente párrafo e identifica la idea principal.

> (1) Algunos problemas no requieren de una respuesta exacta.
> (2) Una estimación (es decir, una respuesta **aproximada**) es suficiente.
> (3) También es bueno estimar la respuesta, luego resolver el problema y finalmente verificar la solución comparando la respuesta aproximada con la respuesta exacta.

En la oración 1, se sugiere que no siempre es necesario dar una respuesta exacta. En la oración 2, se explica qué es una estimación y se dice que a veces es lo único que se necesita para resolver un problema matemático. En la oración 3, se explica por qué es útil hacer primero una estimación, después buscar la solución exacta y, por último, comparar los dos resultados. Las oraciones 1 y 3 apoyan a la oración 2. La idea principal está en la oración 2.

Las **tablas** son diagramas
en los que se muestra
información, y resultan muy
útiles para comprender los
valores de posición. En la
tabla de valor de posición
de la página **12**, por
ejemplo, se indica el valor
de posición de cada uno de
los dígitos del número, así
como también los períodos.
En un cuaderno, escribe
una oración en la que
expliques cómo cambia el
valor de cada de uno de los
dígitos del número **5,555** de
derecha a izquierda.

CONEXIÓN
CON LAS
MATEMÁTICAS

Recuerda que los ceros
ocupan un lugar y no deben
omitirse. Cuando escribes
números, escribe un cero en
cada lugar que no esté
expresado en palabras.

APLICA LAS MATEMÁTICAS

Instrucciones: Identifica el valor del dígito subrayado.

1. 3,4_7_8   _____   4. 7,3_0_0,561,892   _____

2. 15,7_8_9,200   _____   5. 8,5_7_0,213,000   _____

3. 702,432,51_6_   _____

Leer y escribir números naturales

En general, leemos números naturales con palabras y usamos los dígitos 0, 1, 2,
3, 4, 5, 6, 7, 8, y 9 para escribirlos.

Ejemplo 3 Leer números naturales

Lee el número 28,304.

Paso 1 Comienza a leer desde la izquierda del número. Lee el número de
cada período y reemplaza la coma con el nombre del período. Así,
el número 28,304 indica 28 unidades de millar, 3 centenas, 0 decenas,
4 unidades.

Paso 2 Lee el número 28,304 como "veintiocho mil trescientos cuatro".

Cuando lees números naturales, recuerda que debes concentrarte en cada
período y en la posición de los dígitos.

Ejemplo 4 Escribir números naturales

Escribe el número "seis millones doscientos noventa y un mil cincuenta" como
un número natural.

Paso 1 Seis millones es 6,000,000.
Doscientos noventa y un mil es 291,000.
Cincuenta es 50.

Paso 2 Combina los números naturales.
6,000,000 + 291,000 + 50 = 6,291,050

Cuando escribes números naturales, ten en cuenta la tabla de valor de
posición. Recuerda insertar ceros donde sea necesario.

APLICA LAS MATEMÁTICAS

Instrucciones: Empareja el número con su nombre en palabras.

_____ 1. catorce mil doscientos sesenta   A. 78
_____ 2. quinientos ochenta y cinco   B. 111,000
_____ 3. setenta y ocho   C. 26,000,000
_____ 4. veintiséis millones   D. 585
_____ 5. ciento once mil   E. 14,260

Comparar y ordenar números naturales

Compara números usando una **recta numérica**. Una recta numérica es una lista de números ordenados de izquierda a derecha en una línea. Los números van en orden creciente hacia la derecha.

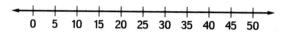

Ejemplo 5 Usar una recta numérica para comparar números

¿Qué número es mayor: 35 o 45?

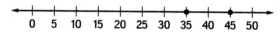

Paso 1   Ubica esos dos números en la recta numérica.

Paso 2   45 está a la derecha de 35; por lo tanto, 45 es mayor que 35. Escribe esto así: 45 > 35 (45 es mayor que 35) o 35 < 45 (35 es menor que 45).

Ejemplo 6 Usar el valor de posición para comparar números

Compara. Escribe < o > en el espacio en blanco para elaborar una oración correcta.

12,358 _____ 12,421

Paso 1   Para comparar, alinea los números según sus valores de posición.

12,358
12,421

Paso 2   Comienza por la izquierda. Compara los dígitos hasta que se diferencien.

12,358
12,421

Los dígitos que están en la posición de las centenas son diferentes. 3 es menor que 4, así que 12,358 < 12,421.

Ejemplo 7 Ordenar números naturales

Escribe estos números en orden de mayor a menor.

4,134,805   5,883,081   4,147,001

Paso 1   Alinea los números según el valor de posición. Comienza por la izquierda y compara los dígitos.

4,134,805
5,883,081
4,147,001

Paso 2   5 > 4, así que 5,883,081 es el número mayor. Continúa comparando el resto de los números hasta que los dígitos se diferencien.

4,134,805
4,147,001

4,147,001 > 4,134,805
Por lo tanto, 5,883,081 > 4,147,001 > 4,134,805.

Destreza del siglo XXI
Acceder a la información

Es evidente que aprendes matemáticas gracias tu libro y a tu maestro. Sin embargo, en esta era de la información, tu educación matemática puede verse enriquecida si exploras otros modos de aprendizaje. Puedes sumarte a un club de matemáticas por Internet, por ejemplo, en el que los estudiantes con inquietudes similares comparten lo que han aprendido en sus exploraciones de los misterios de las matemáticas. Tu maestro también puede facilitarte libros que te ayudarán a profundizar tus conocimientos matemáticos.

CONEXIÓN
CON LAS
MATEMÁTICAS

Cuando uses los símbolos menor (<) y mayor (>), recuerda que el vértice del símbolo siempre señala el número menor.

APLICA LAS MATEMÁTICAS

Instrucciones: Responde las siguientes preguntas:

1. ¿Cómo usarías el valor de posición para comparar **203,478** y **204,210?**

   _____

   _____

2. Ordena los siguientes números de menor a mayor.

   701,286   **698,321**   **698,432**

   _____

Repaso de vocabulario

Instrucciones: Completa las oraciones con alguna de las siguientes palabras:

aproximado   dígitos   el valor   números naturales   períodos   una recta numérica

1. La posición de un dígito en un número determina _____.

2. El conjunto de números que comienza con **0, 1, 2, 3,** es el conjunto de _____.

3. Comenzando por el lugar de las unidades, coloca comas cada tres lugares para dividir un número en grupos de tres, llamados _____.

4. El sistema numérico que se utiliza en la actualidad está basado en _____ que van del **0** al **9** y que a su vez están organizados de un modo particular.

5. Antonia no necesitaba de una respuesta exacta, por lo que dio un número _____.

6. Los números se pueden comparar usando _____.

Repaso de destrezas

Instrucciones: Escribe el valor de cada dígito utilizando la tabla de valor de posición.

unidades de millón	centenas de millar	decenas de millar	unidades de millar	centenas	decenas	unidades
2	4	7	3	0	1	5

1. 2 _____

2. 4 _____

3. 7 _____

4. 3 _____

5. 0 _____

6. 1 _____

7. 5 _____

Instrucciones: Elabora una tabla de valor de posición para cada uno de los siguientes números.

8. 6,729

9. un millón treinta y cinco

Instrucciones: Ubica cada punto en una recta numérica. Luego, compara los números.

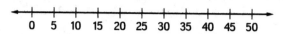

0　5　10　15　20　25　30　35　40　45　50

10. 16; 40

11. 20; 13

12. 5; 27

13. 50; 2

Instrucciones: Identifica la idea principal de cada párrafo.

14. Un modo de comparar números es alinear los dígitos por su valor de posición y después comparar el primer lugar en el que los dígitos se diferencian. También puedes utilizar una recta numérica. Deberías llegar al mismo resultado con cualquiera de los dos métodos. Existen muchas maneras de comparar números de forma correcta.

15. Los dígitos representan números. 1, 2, 3, 4, 5, 6, 7, 8, 9, y 0 son los dígitos que usamos. Los dígitos pueden compararse y reordenarse para crear una cantidad infinita de números. Los dígitos tienen diferentes significados según la posición que ocupen.

Práctica de destrezas

Instrucciones: Elige la mejor respuesta para cada pregunta.

1. ¿En cuál de estas series los números están ordenados de mayor a menor?

    A. 45,378; 55,210; 56,345
    B. 5,010,000; 5,100,321; 5,002,146
    C. 78; 75; 72
    D. 379; 389; 398

2. Sandra firmó un cheque por $241 para pagar la cuenta de electricidad. ¿Cómo escribió los números en el cheque?

    A. doscientos cuarenta y uno
    B. doscientos cuarenta
    C. doscientos catorce
    D. veintiuno

3. Ana hizo una selección de los carros que le interesaría comprar. ¿Cuál es el más caro?

    A. Carro A: $23,456
    B. Carro B: $22,201
    C. Carro C: $22,345
    D. Carro D: $23,712

4. En el número **601,295**, ¿cuál es el valor de posición de **0**?

    A. centenas de millar
    B. decenas de millar
    C. unidades de millar
    D. centenas

Sumar y restar números naturales

CONCEPTO CLAVE: La suma y la resta son operaciones básicas de las matemáticas.

Escribe cada número con palabras.

1. 37 _____   2. 1,008 _____   3. 152 _____   4. 32,000 _____

Usa símbolo menor (<), mayor (>) o igual (=) para comparar cada par de números.

5. 15 □ 39   6. 301 □ 108   7. 222 □ 44   8. 1,234 □ 1,324

Sumar números naturales

La más básica de todas las **operaciones**, es decir, procesos, de las matemáticas es la suma. La **suma** consiste en combinar dos o más números. Imagina que tienes dos grupos de lápices: hay 4 lápices en un grupo y 3 en el otro. Halla el número total de lápices combinando los dos grupos, es decir, sumando 4 + 3.

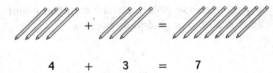

4   +   3   =   7

La respuesta a un problema de suma se llama **suma** o total. Por lo tanto, la suma de 4 y 3 es 7.

Ejemplo 1 Sumar números de dos dígitos

Halla la suma de 32 y 47.

Paso 1 **Calcular** es hallar la respuesta a través de un proceso matemático. Para calcular la suma de un problema de suma, alinea los dígitos: unidades debajo de las unidades, decenas debajo de las decenas, y así sucesivamente.

$$\begin{array}{r} 3\,2 \\ +\ 4\,7 \\ \hline 7\,9 \end{array}$$

Paso 2 Suma la columna de las unidades.

Paso 3 Suma la columna de las decenas.

Ejemplo 2 Sumar con columnas

Suma: 248 + 36 + 1,987

Paso 1 Alinea los dígitos según sus valores de posición.

Paso 2 Suma los dígitos de la columna de las unidades y escribe la suma debajo de todo. Si la suma tiene más de un dígito, coloca el dígito de la izquierda arriba de todo en la siguiente columna.

$$
\begin{array}{r}
{}^{1}\ {}^{1}\ {}^{2}\\
2\ 4\ 8\\
3\ 6\\
+\ 1\ 9\ 8\ 7\\
\hline
2,2\ 7\ 1
\end{array}
$$

Paso 3 Continúa con las otras columnas hasta que hayas sumado todo.

Ejemplo 3 Sumar números naturales con calculadora

Halla la suma de 2,179 + 873 con calculadora.

Presiona (on).

Presiona (2) (1) (7) (9) (+) (8) (7) (3) (enter).

La pantalla debe mostrar

```
2179 + 873     Math ▲

          3052
```

APLICA LAS MATEMÁTICAS

Instrucciones: Resuelve los problemas.

1. 48 + 31
2. 57 + 28
3. 14 + 165 + 374

Restar números naturales

La **resta** consiste en deducir, es decir, quitar, una cantidad a otra cantidad. Si quieres hallar cuántos objetos quedaron en un grupo después de que se quitaran algunos, usa la resta. Imagina que tienes 8 lápices y quitas 5 de ellos. Halla la cantidad de lápices que quedan realizando la operación 8 − 5.

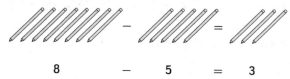

$$8 \quad - \quad 5 \quad = \quad 3$$

La respuesta a un problema de resta se llama **diferencia**. La diferencia entre 5 y 8 es 3. La resta también sirve para comparar una cantidad con otra, como en la siguiente pregunta: "¿Cuántas personas más que el año pasado votaron este año?".

En matemáticas, las palabras *exactitud* y *precisión* están relacionadas con la medición. La exactitud es la cercanía de una respuesta al valor verdadero o real. Por ejemplo, piensa en el problema 18 + 15. Imagina que tres personas obtienen tres sumas diferentes: 32, 33 y 34. La suma más exacta es la más cercana al valor verdadero de 18 + 15, que es 33. La respuesta 33 es exacta y solo hace falta un proceso o cálculo para hallar el valor.

Ahora piensa en la precisión. Por lo general, la precisión se relaciona con el hecho de que varias mediciones o cálculos dan un mismo resultado. En otras palabras, si llevas a cabo un proceso para sumar 18 + 15 y luego usas una calculadora para comprobar tu respuesta, el resultado es el mismo. Si le pides a alguien que resuelva el problema, la respuesta sigue siendo la misma. Es una respuesta precisa, es decir, no varía en múltiples pruebas.

Con un compañero, túrnense para crear problemas de suma. Resuelvan los problemas a mano y luego con una calculadora para aplicar la exactitud y la precisión.

CONEXIÓN
CON LAS
MATEMÁTICAS

La suma y la resta son operaciones inversas. Puedes restar para comprobar una suma.

Para comprobar **7 + 3 = 10**, usa **10 – 7 = 3**.

Puedes sumar para comprobar una diferencia.

Para comprobar **15 – 9 = 6**, usa **6 + 9 = 15**.

Ejemplo 4 Restar números sin reagrupación

Resta 254 a 497.

Paso 1   La oración se escribe 497 – 254. Para calcular la diferencia, escribe las unidades debajo de las unidades, las decenas debajo de las decenas, y así sucesivamente. Primero resta las unidades: 7 – 4.

$$\begin{array}{r} 4\ 9\ 7 \\ -\ 2\ 5\ 4 \\ \hline 2\ 4\ 3 \end{array}$$

Paso 2   Resta los dígitos de la columna de las decenas y luego los de las centenas.

Ejemplo 5 Restar números con reagrupación

Halla 2,754 – 657.

Paso 1   Comienza con la columna de las unidades. Como no puedes restar 7 a 4, reagrupa una decena como 10 unidades. Resta.

Paso 2   Pasa a la columna de las decenas. Como no puedes restar 5 a 4, reagrupa una centena como 10 decenas. Resta.

Paso 3   Pasa a la columna de las centenas. Resta.

Paso 4   Baja el 2 a la posición de las unidades de millar.

$$\begin{array}{r} 2,\ \cancel{7}\ \cancel{5}\ \cancel{4} \\ -\ 6\ 5\ 7 \\ \hline 2,\ 0\ 9\ 7 \end{array}$$

Ejemplo 6 Restar números naturales con calculadora

Usa una calculadora para hallar la diferencia de 587 – 398.

Presiona [on].

Presiona 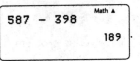.

La pantalla debe mostrar:

```
587 - 398      Math ▲
                    189
```

APLICA LAS MATEMÁTICAS

Instrucciones: Resuelve los problemas.

1. 73 – 48   2. 2,387 – 455   3. 800 – 171

Repaso de vocabulario

Instrucciones: Completa cada oración con la palabra correcta.

calcular   diferencia   operaciones   suma

1. El resultado de la resta se llama _____.

2. _____ es hallar una respuesta a través de un proceso matemático.

3. La respuesta a un problema de suma se llama _____.

4. La suma y la resta son _____ básicas de las matemáticas.

Instrucciones: Identifica la clave de contexto para cada problema. Resuelve el problema.

1. Ayer a la noche asistieron **3,183** personas al cine Ten Screen. Esta noche asistieron **459** personas más que ayer. ¿Cuántas personas asistieron al cine esta noche?

2. En la tienda del estadio de fútbol se vendieron **2,498** camisetas un sábado y **3,565** el sábado siguiente. ¿Cuántas camisetas se vendieron los dos sábados en total?

3. El salario bruto de Ahmed por una semana de trabajo es **$525**. Si le deducen **$138**, ¿cuál es su salario neto?

4. Janine compró un carro por **$8,750**. Transcurridos dos años, el carro perdió valor. Se devaluó **$1,900**. ¿Cuánto vale su carro ahora?

5. Jermaine tenía **$576** en su cuenta corriente. Extrajo **$110**. ¿Cuánto dinero le quedó en la cuenta corriente?

6. En la librería se encargaron **317** libros el viernes. El lunes se encargaron **489** libros. ¿Cuántos libros se encargaron en total?

7. El año pasado, los ingresos de la familia James fueron **$63,789**. Este año, los ingresos fueron **$69,123**. ¿Cuánto mayores que el año pasado fueron los ingresos este año?

Práctica de destrezas

Instrucciones: Elige la mejor respuesta para cada pregunta.

1. Durante la semana, Bernardo recorrió estas distancias en carro: **456** millas, **482** millas, **449** millas, **479** millas y **468** millas. ¿Cuántas millas recorrió en toda la semana?

   A. 2,000
   B. 2,034
   C. 2,304
   D. 2,334

2. El año pasado, una compañía de alimentos vendió **937,642** paquetes de zanahorias. Este año se vendieron **1,000,000** de paquetes. ¿Cuántos paquetes más se vendieron este año?

   A. 62,358
   B. 124,598
   C. 999,098
   D. 1,937,642

3. En el condado de Warren se recaudaron **$23,470** en concepto de impuestos el año pasado y **$31,067** este año. ¿Cuánto dinero más se recaudó este año?

   A. 7,597
   B. 8,567
   C. 7,957
   D. 8,957

4. En una compañía de seguros hay **380** cubículos en la planta baja, **407** cubículos en el primer piso, **298** cubículos en el segundo piso y **321** cubículos en el tercer piso. ¿Cuántos cubículos hay en total en la compañía de seguros?

   A. 986
   B. 1,406
   C. 2,314
   D. 1,043

Multiplicar y dividir números naturales

CONCEPTO CLAVE: La multiplicación es una operación que consiste en sumar una cantidad específica un determinado número de veces. La división es la operación que se utiliza para separar una cantidad en partes.

Suma.

1. $4 + 8$ **2.** $57 + 13$ **3.** $142 + 89$ **4.** $909 + 111$

Resta.

5. $86 - 53$ **6.** $718 - 81$ **7.** $100 - 54$ **8.** $21 - 9$

Multiplicar números naturales

La respuesta a un problema de **multiplicación** se llama **producto**. Los números que se multiplican son los **factores**.

factor × factor = producto

La multiplicación se puede representar con un × o con un punto (·). A continuación se muestran dos maneras de escribir 3 veces 9 es igual a 27.

$3 \times 9 = 27$ $3 \cdot 9 = 27$

Ejemplo 1 Multiplicar dos números

Multiplica 736×45.

Paso 1   Alinea los dígitos que quieres multiplicar: unidades debajo de las unidades, decenas debajo de las decenas, y así sucesivamente. Coloca el número con más dígitos arriba. Multiplica cada dígito de 736 por el 5 del 45 para hallar el primer producto parcial.

$$\begin{array}{r} 736 \\ \times 45 \\ \hline 3,680 \end{array}$$

Paso 2   Multiplica cada dígito de 736 por el 4 del 45. Comienza a escribir el segundo producto parcial debajo del 8.

Paso 3   Suma los productos parciales.

$$\begin{array}{r} 736 \\ \times 45 \\ \hline 3\,680 \\ 2944\,0 \\ \hline 33,120 \end{array}$$

CONEXIÓN CON LAS MATEMÁTICAS

En la multiplicación, el producto de dos números de un solo dígito puede ser un número de dos dígitos. En tal caso, coloca el dígito de las unidades en el producto parcial y suma el dígito de las decenas en la siguiente multiplicación. En el primer paso del ejemplo 1 ($5 \times 6 = 30$), debes colocar el **0** en el lugar de las unidades. Luego, suma 3 al siguiente producto, $5 \times 3 = 15$, y así obtienes **18**. Coloca el **8** en el lugar de las decenas y suma 1 al siguiente producto, $5 \times 7 = 35$, y así obtienes **36**. El producto final es **3,680**. En la mayoría de los problemas de multiplicación se debe sumar una cantidad al siguiente valor de posición.

Ejemplo 2 Multiplicar números naturales con calculadora

Halla el producto de 489 × 15 con calculadora.

Presiona (on).

Presiona (4)(8)(9)(×)(1)(5)(enter).

La pantalla debe mostrar:

```
489 × 15        Math ▲
                   7335
```

APLICA LAS MATEMÁTICAS

Instrucciones: Halla el producto.

1. 17×4
2. 46×9
3. 390×4
4. 63×311
5. 394×29

6. $38 \cdot 18$
7. $96 \cdot 37$
8. 48×207
9. 100×482
10. $1,467 \times 35$

Dividir números naturales

La respuesta a un problema de **división** se llama **cociente**. El número que se divide es el **dividendo** y el número que lo divide es el **divisor**. Hay varias maneras de representar una división.

$$\text{dividendo} \div \text{divisor} = \text{cociente} \qquad 8\overline{)24} \qquad 24/8 \qquad \overset{\text{cociente}}{\text{divisor}\overline{)\text{dividendo}}}$$

$$24 \div 8 \qquad\qquad 8\overline{)24} \qquad 24/8 \qquad \frac{24}{8}$$

Ejemplo 3 Dividir dos números

Divide $372 \div 6$.

Paso 1 Halla el número más grande por el que puedas multiplicar el divisor para obtener un producto menor o igual al dividendo. Como no puedes dividir 3 por 6, comienza dividiendo 37 por 6.

$$\begin{array}{r} 6 \\ 6\overline{)372} \end{array}$$

Paso 2 Multiplica $6 \times 6 = 36$ y resta $37 - 36 = 1$. Sigue multiplicando y restando. Baja el siguiente número. Divide 12 por 6.

$$\begin{array}{r} 62 \\ 6\overline{)372} \\ -36 \\ \hline 12 \\ -12 \\ \hline 0 \end{array}$$

Paso 3 Multiplica y resta.

Destreza principal
Hallar operaciones inversas

Has aprendido que la suma y la resta, al igual que la multiplicación y la división, son operaciones inversas. Esto no es tan solo un "dato curioso". Una operación inversa te permite comprobar la respuesta que obtuviste al resolver un problema. Piensa en este problema de división: dividir **25** por **5**. Imagina que tu respuesta es **20**. Puedes comprobar la respuesta usando la operación inversa. Transforma el divisor original y el cociente de tu solución en factores, y después de multiplicar los dos números, compara el producto con el dividendo original. En cuanto haces eso, te das cuenta de que tu respuesta original era incorrecta, porque $5 \times 20 \neq 25$. No dividiste; restaste al resolver el problema.

Cuando completes las preguntas de Práctica de destrezas en la página **25**, comprueba tus respuestas usando la operación inversa en cada caso.

Divide $4\overline{)2,374}$.

Paso 1	Divide 23 por 4.	
Paso 2	Multiplica, resta y baja el siguiente número.	
Paso 3	Divide 37 por 4.	
Paso 4	Multiplica, resta y baja el siguiente número.	
Paso 5	Divide 14 por 4.	
Paso 6	Multiplica y resta. No hay más números para bajar. El 2 es el residuo.	

```
        593 R2
4)2,374
 -20
  37
 -36
  14
 -12
   2
```

Ejemplo 5 Dividir números naturales con calculadora

Halla el cociente de $611 \div 13$ con calculadora.

Presiona (on).

Presiona (6) (1) (1) (÷) (1) (3) (enter).

La pantalla debe mostrar:

```
611 ÷ 13        Math ▲
                    47
```

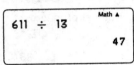

APLICA LAS MATEMÁTICAS

Instrucciones: Halla el cociente.

1. $41 \div 3$
2. $186 \div 6$
3. $15\overline{)480}$
4. $16\overline{)3,246}$
5. $1,200/6$

6. $409 \div 12$
7. $200 \div 10$
8. $16\overline{)248}$
9. $9\overline{)984}$
10. $625/39$

Repaso de vocabulario

Instrucciones: Escribe cada palabra al lado de su significado.

cociente dividendo división divisor factor multiplicación producto

_____ 1. el número por el que se divide el dividendo

_____ 2. uno de los números de un problema de multiplicación

_____ 3. la respuesta a un problema de multiplicación

_____ 4. el número que se divide

El contexto es el ambiente, los sucesos o las ideas que rodean algo. En la lectura, el contexto son las palabras y oraciones que rodean a una determinada palabra y que ayudan a explicar su significado. En los problemas matemáticos, las claves de contexto pueden ayudar al lector a determinar qué operación se debe llevar a cabo para resolver un problema. Palabras como *producto* y *veces* indican que se trata de una multiplicación. Palabras como *cociente*, *separar* y *dividido* hacen referencia a la división.

A veces se necesita un mayor análisis para determinar qué operación se debe realizar para resolver un problema. Lee los siguientes problemas.

Jorge ahorra $20 por semana. ¿Cuánto habrá ahorrado en total después de 17 semanas?

Keisha tiene una caja que contiene 100 barras de cereal. Come cinco barras por semana. ¿Cuántas semanas le durará la caja de barras de cereal?

Los dos problemas incluyen las palabras *por semana*. En el primer problema se indica el número de semanas y se pregunta por el *total*, así que se debe multiplicar. En el segundo problema se indica el total de barras de cereal que contiene una caja y se pregunta *cuántas semanas*, así que dividir es la mejor opción.

En un cuaderno, haz una lista de frases que den pistas sobre la multiplicación y otra lista de pistas sobre la división.

Repaso de vocabulario (continuación)

_____ **5.** repetición de una cantidad un determinado número de veces

_____ **6.** la respuesta a un problema de división

_____ **7.** la separación de una cantidad en partes

Repaso de destrezas

Instrucciones: Escribe las claves de contexto que ayudan a determinar qué operación se debe realizar. Resuelve el problema.

1. Durante el año, Juanita gastó **$480** de luz. Pagó la misma cantidad de dinero cada mes. ¿Cuánto pagó de luz por mes? (**1** año = **12** meses)

2. Bob es dueño de una ferretería. Vende martillos a **$15**. El sábado vendió **36** martillos. ¿Cuánto dinero ganó con los martillos ese día?

3. Harold tiene una colección de **4,866** estampillas repartidas en partes iguales entre seis libros de estampillas. ¿Cuántas estampillas hay en cada libro?

4. Si Rafael paga **$75** por mes por su seguro médico, ¿cuánto habrá pagado después de dos años?

5. En la boletería se vendieron **64,750** boletos para la eliminatoria. Si el precio es **$27** por boleto, ¿cuánto dinero se obtuvo con la venta de boletos?

6. La competencia de natación de la ciudad obtuvo **$432** con la venta de boletos. Si cada boleto costaba **$3**, ¿cuántos boletos se vendieron?

7. Sun está decorando mesas para un evento. Necesita colocar **30** pétalos de rosa en cada mesa. Hay **17** mesas. ¿Cuántos pétalos necesita?

Práctica de destrezas

Instrucciones: Elige la mejor respuesta para cada pregunta.

1. En la tienda de reparación de computadoras cada uno de los cinco empleados cobra **$589** por semana. ¿Cuánto dinero se paga en total por semana?

   A. $2,505
   B. $2,914
   C. $2,945
   D. $2,954

2. Sandra paga **$525** de alquiler por mes. ¿Cuánto paga de alquiler en un año?

   A. $40 R5
   B. $43 R9
   C. $1,575
   D. $6,300

3. Se esperan **320** invitados en una cena de premiación. En cada mesa pueden sentarse **16** personas. ¿Cuántas mesas se necesitan?

   A. 10
   B. 20
   C. 24
   D. 32

4. Una banda de rock obtuvo una ganancia de **$1,315** de los boletos que se vendieron para un recital. Por cada boleto vendido, la banda recibió **$5**. ¿Cuántos boletos se vendieron?

   A. 263
   B. 343
   C. 1,163
   D. 6,575

Factorización

CONCEPTO CLAVE: Un número natural es el producto de dos o más factores, y el máximo común divisor es el factor más grande que comparten esos números naturales.

Serás capaz de:

- determinar el conjunto de factores de un número.
- determinar el máximo común divisor de dos números.
- identificar y aplicar patrones.

Destrezas

- **Destreza principal:** Aplicar conceptos de sentido numérico
- **Destreza principal:** Elaborar estrategias de resolución

Vocabulario

ecuación
evaluar
expresión
factor
máximo común divisor
operación
propiedad conmutativa
   de la multiplicación
propiedad distributiva
   de la multiplicación

Comienza por el 0 y cuenta hacia adelante: 0, 1, 2, 3, 4, y así sucesivamente. El número 0 y los números que le siguen son números naturales. Una tabla de valor de posición es una herramienta valiosa para identificar el valor de cada dígito en un número natural. Por ejemplo, el valor del 2 en 721,465 es 20,000.

Millares de millón			Millones			Millares			Unidades		
C	D	U	C	D	U	C	D	U	C	D	U
						7	2	1	4	6	5

¿Qué es un factor?

Podemos responder la pregunta "¿Qué es un factor?" usando la siguiente ecuación o enunciado matemático:

$$6 \times 4 = 24$$

Un **factor** es un número que se multiplica por otro, y el resultado es el producto o total. Comienza con el número 6 de la ecuación. En el ejemplo se muestra que puedes multiplicar 6 por otro número y obtener el producto 24. Por lo tanto, el número 6 es un factor de 24.

Vuelve a observar la ecuación. En ella se muestra que puedes multiplicar 4 por otro número y obtener el producto 24. Por lo tanto, el número 4 también es un factor de 24.

Aplicar conceptos de sentido numérico: Hallar los factores de un número

Sabes que los números 6 y 4 son factores de 24. Hay más factores de 24. Observa los diferentes factores que puedes multiplicar para obtener 24, desde el 1 hasta el 24.

$$1 \times 24 = 24$$
$$2 \times 12 = 24$$
$$3 \times 8 = 24$$
$$4 \times 6 = 24$$
$$6 \times 4 = 24$$
$$8 \times 3 = 24$$
$$12 \times 2 = 24$$
$$24 \times 1 = 24$$

¿Notas alguna similitud entre las ecuaciones? Piensa en la **propiedad conmutativa de la multiplicación.** Esta propiedad establece que si se altera el orden en el que se multiplican dos números, el producto es el mismo. Por ejemplo:

$$2 \times 12 = 24$$
$$12 \times 2 = 24$$

Como $12 \times 2 = 24$ y $2 \times 12 = 24$, las dos ecuaciones indican lo mismo: que los números 2 y 12 son factores de 24. No es necesario escribir los mismos factores más de una vez, así que puedes tachar una de esas ecuaciones de la lista.

Busca otros ejemplos de la propiedad conmutativa de la multiplicación en la lista. Tacha una ecuación de cada par.

$$1 \times 24 = 24$$
$$2 \times 12 = 24$$
$$3 \times 8 = 24$$
$$4 \times 6 = 24$$
$$\cancel{6 \times 4 = 24}$$
$$\cancel{8 \times 3 = 24}$$
$$\cancel{12 \times 2 = 24}$$
$$\cancel{24 \times 1 = 24}$$

Ahora que tachaste ecuaciones con factores idénticos, puedes escribir cada factor de la lista de ecuaciones en orden numérico. Si comenzamos por la ecuación de arriba de todo, los factores son: 1, 2, 3, 4, 6, 8, 12 y 24.

Puedes reducir aun más el conjunto de factores. Observa la primera ecuación de multiplicación de la lista:

$$1 \times 24 = 24$$

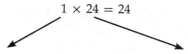

El número 1 es un factor de 24, ¡pero 1 es factor de todos los números! Por ese motivo, no incluimos el 1 en ningún conjunto de factores.

El número 24 es un factor de 24, ¡pero todo número es factor de sí mismo! Por ese motivo, no incluimos ese número en su propio conjunto de factores.

Por lo tanto, los factores de 24 son 2, 3, 4, 6, 8 y 12. Puedes seguir el mismo procedimiento para hallar el conjunto de factores de cualquier número.

Comparar conjuntos de factores

Puedes reducir la cantidad de tiempo que tardas en factorizar un número si buscas patrones entre las ecuaciones que escribes mientras factorizas. Por ejemplo, factoriza el número **28**.

$$2 \times 14 = 28$$
$$4 \times 7 = 28$$
$$7 \times 4 = 28 \leftarrow$$
$$14 \times 2 = 28$$

Observa que la propiedad conmutativa de la multiplicación se aplica por primera vez en la tercera ecuación. Eso indica que estos factores ya se multiplicaron: $7 \times 4 = 4 \times 7$. Cuando pasas a la cuarta ecuación de la lista, ocurre lo mismo: $14 \times 2 = 2 \times 14$. Has hallado un patrón. Con ese patrón puedes determinar los factores de un número rápidamente.

Siempre que comiences a factorizar a partir del factor menor, puedes dejar de escribir ecuaciones la primera vez que identifiques una ecuación equivalente usando la propiedad conmutativa de la multiplicación. En ese momento, ya habrás identificado todos los factores de un número. En este ejemplo, las únicas ecuaciones que debes observar son las siguientes:

$$2 \times 14 = 28$$
$$4 \times 7 = 28$$

Por lo tanto, los factores de **28** son **2, 4, 7** y **14**.

A menudo, en matemáticas es necesario comparar conjuntos de factores de dos números diferentes. Por ejemplo, puedes comparar los conjuntos de factores de 24 y 100. Recuerda los factores de 24. Son 2, 3, 4, 6, 8 y 12.

Ahora puedes seguir el procedimiento para hallar factores y así determinar los factores de 100.

- Haz una lista de ecuaciones.

- Aplica la propiedad conmutativa de la multiplicación. Tacha las ecuaciones equivalentes.

- Elimina las ecuaciones que contengan el 1 y el número que factorizaste.

- Ordena los factores que quedan.

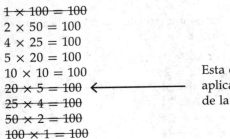

$$\cancel{1 \times 100 = 100}$$
$$2 \times 50 = 100$$
$$4 \times 25 = 100$$
$$5 \times 20 = 100$$
$$10 \times 10 = 100$$
$$\cancel{20 \times 5 = 100} \longleftarrow$$
$$\cancel{25 \times 4 = 100}$$
$$\cancel{50 \times 2 = 100}$$
$$\cancel{100 \times 1 = 100}$$

Esta es la primera vez que se aplica la propiedad conmutativa de la multiplicación.

Los factores de 100 son 2, 4, 5, 10, 20, 25 y 50.

Ahora que conoces los dos conjuntos de factores, puedes hallar factores comunes, que son los factores que comparten los números.

Factores de 24: **2**, 3, **4**, 6, 8, 12
Factores de 100: **2**, **4**, 5, 10, 20, 25, 50

El **máximo común divisor** es el factor más grande que comparten los dos números. En este ejemplo, solo se comparten dos factores, y el factor más grande es 4. Por lo tanto, el máximo común divisor de 24 y 100 es 4.

Factorizar expresiones matemáticas

En matemáticas, una **expresión** es una frase en la que se muestran términos separados por símbolos de **operaciones**, como los de suma, resta, multiplicación y división. Puedes usar el máximo común divisor de dos números para reescribir expresiones matemáticas de modo que sea más fácil **evaluar** esas expresiones, es decir, hallar su valor. Por ejemplo, piensa en la expresión de suma $36 + 8$.

Primero, halla el máximo común divisor de 36 y 8. Factoriza cada número e identifica los factores comunes.

Factores de 36: **2**, 3, **4**, 6, 9, 12, 18
Factores de 8: **2**, **4**
Los factores comunes son 2 y 4.
El máximo común divisor es 4.

Luego, simplifica la expresión con los factores. Cada número de la expresión es un sumando, es decir, un número que se suma a otro. Expresa los sumandos de $36 + 8$ como un producto de dos números, uno de los cuales es el máximo común divisor, 4.

$$36 + 8 = (4 \times 9) + (4 \times 2)$$

Ahora puedes aplicar la **propiedad distributiva de la multiplicación** para reescribir esta expresión de la siguiente manera:

$$(4 \times 9) + (4 \times 2) = 4 \times (9 + 2)$$
$$36 + 8 = 4 \times (9 + 2)$$

Destreza del siglo XXI
Pensamiento crítico y resolución de problemas

Muy pocas personas necesitan factorizar números en su trabajo para realizar las tareas diarias. Entonces, ¿por qué es importante aprender la factorización en la escuela? La respuesta es que aprender el proceso de factorización sirve como ejercicio para desarrollar métodos de razonamiento que te ayudan a resolver problemas. Por ejemplo, puedes evaluar la expresión $63 - 28$ usando un procedimiento estándar o **algoritmo**. Cuando factorizas los números y aplicas la propiedad distributiva, en verdad estás simplificando el problema. Por lo tanto, aprender a factorizar te ayuda a reconocer oportunidades para simplificar problemas complejos, lo que te permite ahorrar tiempo y esfuerzo.

APLICA LAS MATEMÁTICAS

Instrucciones: Piensa en esta expresión de resta: **63 – 28**.

Los factores de **63** son: _____.

Los factores de **28** son: _____.

El único factor común es _____.

Por lo tanto, el máximo común divisor es _____.

Ahora, aplica la propiedad distributiva de la multiplicación para reescribir la expresión de resta.

$63 - 28 =$ _____ – _____

_____ – _____ $= 7 \times ($ _____ – _____ $)$

Conmutar significa "cambiar o sustituir una cosa por otra". La propiedad conmutativa de la multiplicación establece que si se altera el orden de los números que se están multiplicando, el resultado es el mismo. En el recuadro de abajo, da un ejemplo de la propiedad conmutativa de la multiplicación. Luego, usa ese ejemplo para explicar de qué manera la aplicación de la propiedad conmutativa de la multiplicación permite factorizar un número en menos tiempo.

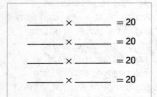

Factores de **20**: _____

Repaso de vocabulario

Instrucciones: Empareja cada término con su ejemplo.

1. _____ máximo común divisor

2. _____ ecuación

3. _____ propiedad conmutativa de la multiplicación

4. _____ propiedad distributiva de la multiplicación

5. _____ evaluar

6. _____ operación

7. _____ expresión

8. _____ factor

A. $9 \times 4 = 36$

B. $6 \times 54 = (6 \times 50) + (6 \times 4)$

C. 12: 1, 2, 3, 4, 6, 12
16: 1, 2, 4, 8, 16

D. $9 + 3$

E. $12 \times 2 = 2 \times 12$

F. 3 cajas = $45; entonces, 1.25 cajas = ?

G. división

H. el número **9** en 9×28

Repaso de destrezas

Instrucciones: Usa el procedimiento de factorización para hallar todos los factores de los siguientes números:

1. 12 _____

2. 32 _____

3. 45 _____

4. 44 _____

5. 88 _____

Instrucciones: Usa el procedimiento de factorización para hallar el máximo común divisor de cada uno de los siguientes pares de números:

6. 4 y 20 _____

7. 30 y 42 _____

8. 35 y 49 _____

9. 66 y 88 _____

10. 50 y 100 _____

Instrucciones: Usa la propiedad distributiva para escribir las siguientes expresiones con la forma $a \times (b + c)$ o $a \times (b - c)$, donde a es el máximo común divisor.

11. $24 + 36$ _____

12. $45 - 27$ _____

13. $20 + 64$ _____

14. $48 + 72$ _____

15. $66 - 44$ _____

Práctica de destrezas

Instrucciones: Usa el organigrama para mostrar los pasos de la factorización. Numera cada paso.

1.

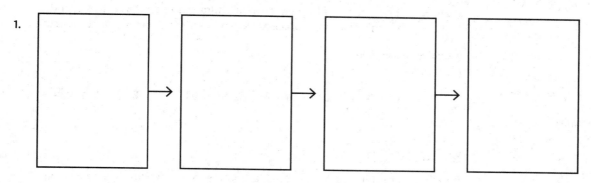

Instrucciones: Elige la respuesta apropiada.

2. ¿Cuál de los siguientes conjuntos de números representa todos los factores de **52**?

   A. 2, 26
   B. 2, 4, 13, 26
   C. 1, 52
   D. 2, 4, 6, 13, 26
   E. 2, 6, 13, 26

3. ¿Cuál de los siguientes conjuntos de números representa todos los factores de **90**?

   A. 2, 3, 5, 6, 9, 10
   B. 2, 3, 5, 6, 9, 10, 15, 18, 30, 45
   C. 2, 3, 5, 9, 10, 18, 30, 45
   D. 2, 3, 30, 45
   E. 2, 45

4. ¿Cuál es el máximo común divisor de **36** y **60**?

   A. 2
   B. 6
   C. 12
   D. 36
   E. 60

5. ¿Cuál es el máximo común divisor de **25** y **70**?

   A. 2
   B. 5
   C. 15
   D. 25
   E. 70

6. ¿En cuál de las siguientes expresiones el valor equivale a **60 + 84** y el primer término es el máximo común divisor de **60** y **84**?

   A. $2 \times (30 + 42)$
   B. $3 \times (15 + 21)$
   C. $6 \times (10 + 14)$
   D. $12 \times (5 + 7)$
   E. $24 \times (5 + 7)$

7. ¿En cuál de las siguientes expresiones el valor equivale a **96 − 72** y el primer término es el máximo común divisor de **96** y **72**?

   A. $2 \times (48 - 36)$
   B. $4 \times (24 - 18)$
   C. $6 \times (16 - 12)$
   D. $12 \times (8 - 6)$
   E. $24 \times (4 - 3)$

Redondeo y estimación

CONCEPTO CLAVE: El redondeo y la estimación resultan útiles cuando no hace falta una respuesta precisa o cuando se comprueba una respuesta.

Resuelve cada problema.

1. $45 + 853$　　　**3.** $692 - 132$　　　**5.** $43 - 32$　　　**7.** $341 + 35$

2. 23×100　　　**4.** $112 \div 16$　　　**6.** 18×912　　　**8.** $1{,}170 \div 26$

Serás capaz de:

- identificar situaciones apropiadas para redondear o estimar.
- redondear números al valor de posición más cercano que se haya especificado.
- estimar apropiadamente.

Destrezas

- **Destreza principal:** Parafrasear datos
- **Práctica principal:** Usar estratégicamente las herramientas apropiadas

Vocabulario

dígitos de la izquierda
estimación
números compatibles
redondeo

Redondeo

En algunos problemas no se necesita una respuesta exacta. Basta con una **estimación**, es decir, una respuesta aproximada. También es bueno estimar una respuesta primero, resolver el problema y luego comprobar tu respuesta comparando la estimación con la respuesta exacta.

Una de las estrategias de estimación más comunes es el **redondeo**. Piensa en un número como si fuera parte de una recta numérica montañosa como la que se muestra a continuación.

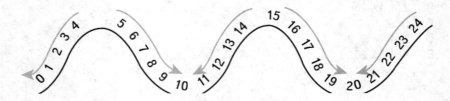

Los números se desplazan hacia adelante o hacia atrás hasta el valle más cercano. Los números que terminan en 0, 1, 2, 3 y 4 se desplazan hacia atrás hasta el 0 más cercano. Los números que terminan en 5, 6, 7, 8 y 9 se desplazan hacia adelante hasta el 0 más cercano.

Ejemplo 1 Redondear números

Redondea 53 y 227 a la decena y a la centena más cercanas.

A la decena más cercana, 53 se redondea hacia atrás a 50.

A la centena más cercana, 53 se redondea hacia adelante a 100.

A la decena más cercana, 227 se redondea hacia adelante a 230.

A la centena más cercana, 227 se redondea hacia atrás a 200.

APLICA LAS **MATEMÁTICAS**

Instrucciones: Redondea cada número a la decena más cercana.

1. 57　　　　　　　　　**3.** 125

2. 92　　　　　　　　　**4.** 1,345

SACAR CONCLUSIONES

Para sacar conclusiones, el lector debe tomar decisiones sobre la información del texto. Se trata de observar los datos presentados por el autor y determinar la relación existente entre ellos o su resultado más lógico.

Es importante sacar conclusiones únicamente a partir de los datos que se proporcionan y no crear un significado que no aparece en el texto.

¿Qué conclusiones se pueden sacar a partir del siguiente párrafo?

En los calurosos meses de verano, algunas personas usan aire acondicionado para mantenerse frescas. Los aires acondicionados funcionan con electricidad. El total de la cuenta de luz se calcula según la cantidad de electricidad que se consume en una casa. El total de la cuenta de luz varía de un mes al otro.

¿Qué conclusión puedes sacar acerca del total de las cuentas de luz en verano a partir del fragmento de arriba?

_____ (A) Aumentan para todos.

_____ (B) Disminuyen para todos.

_____ (C) Aumentan para las personas que usan aire acondicionado.

_____ (D) Aumentan para las personas que no usan aire acondicionado.

La respuesta correcta es la C. El fragmento dice que algunas personas usan aire acondicionado, que funciona con electricidad. Consumir más electricidad aumenta el total de la cuenta de luz. El fragmento no proporciona datos sobre las personas que no usan aire acondicionado, por lo que no pueden sacarse conclusiones sobre sus cuentas de luz.

Destreza principal
Parafrasear datos

Parafrasear es volver a escribir datos con tus propias palabras. Parafrasear es una manera de determinar si comprendes el tema que se enseñó en el texto. Después de leer la lección, pregúntate: "¿Qué pasos se siguen para redondear? ¿Qué pasos se siguen para estimar?". Dividir el proceso en una serie de pasos te permite explicar el proceso con mayor facilidad a través de tus propias palabras.

Después de responder la pregunta **1** de Práctica de destrezas, parafrasea los pasos que seguiste para redondear los números de la tabla.

Estimación

La estimación te permite ahorrar tiempo cuando no se necesita una respuesta exacta o cuando deseas comprobar si la respuesta es razonable.

Dígitos de la izquierda

Ya hemos usado la estrategia del redondeo. Otra estrategia de estimación consiste en usar los **dígitos de la izquierda**.

Ejemplo 2 Estimar la suma de 259, 673 y 110

Paso 1 Reescribe cada número usando el dígito de la izquierda seguido de ceros que reemplacen los otros números.

259 ⟶ 200   673 ⟶ 600   110 ⟶ 100

Paso 2 Realiza la operación apropiada; en este caso, la suma.

$$
\begin{array}{r} 259 \\ 673 \\ +110 \end{array}
\qquad \text{se convierte en} \qquad
\begin{array}{r} 200 \\ 600 \\ +100 \\ \hline 900 \end{array}
$$

La suma de 259, 673 y 110 es aproximadamente 900.

Números compatibles

A veces se usan números que se encuentran cerca de los números originales para obtener una solución de manera más rápida y sencilla. Esos números se llaman **números compatibles**. También son útiles para los cálculos mentales.

Ejemplo 3 Estimar el cociente de 1,239 dividido 37

Paso 1 Cambia 1,239 y 37 por números que sean más fáciles de dividir.

1,239 ⟶ 1,200   37 ⟶ 40

$$
\begin{array}{r} 30 \\ 40\overline{)1{,}200} \\ \underline{120} \\ 00 \end{array}
$$

Paso 2 Divide los nuevos números.

Respuesta: 1,239 dividido 37 es aproximadamente 30.

Paso 3 Comprueba la estimación.

Multiplica 30 por 40 (mentalmente si es posible). El producto 1,200 está cerca de 1,239. Por lo tanto, la estimación es razonable.

APLICA LAS MATEMÁTICAS

Instrucciones: Estima cada respuesta usando los dígitos de la izquierda o números compatibles.

1. 563 + 215
2. 2,610 ÷ 485
3. 251 + 358 + 608
4. 1,115 ÷ 8

Instrucciones: Empareja cada término con su definición.

A. números compatibles   **B.** estimación   **C.** dígitos de la izquierda   **D.** redondeo

_____ **1.** una estrategia de estimación común en la que el número se desplaza hacia adelante o hacia atrás hasta el **0** más cercano

_____ **2.** una respuesta aproximada

_____ **3.** números que están cerca de los originales y que permiten obtener una solución de manera más rápida y sencilla

_____ **4.** una estrategia de estimación que consiste en usar los dígitos de la izquierda

Repaso de destrezas

Instrucciones: Indica la conclusión que sacas sobre el resultado del método de estimación. Explica tu conclusión.

1. Jamie necesita estimar la cantidad de autobuses que hacen falta para trasladar a personas al pícnic de la compañía. Cada autobús tiene capacidad para **56** personas y van **1,344** personas al pícnic. Jamie decide usar los números compatibles **60** y **1,200**. ¿Tendrá suficientes autobuses para trasladar a las personas?

2. Mai tiene $**485** en su cuenta corriente. Firma un cheque por $**211** para pagar la reparación de su carro. También necesita pagar una cuenta de teléfono de $**232** la semana próxima. Después de firmar el cheque para la reparación del carro, usa el método de estimación por la izquierda para estimar la cantidad de dinero de su cuenta corriente y la cantidad de dinero del cheque. ¿Le queda suficiente dinero en la cuenta corriente para pagar la cuenta de teléfono?

Práctica de destrezas

Instrucciones: Elige la respuesta apropiada para cada pregunta.

En la siguiente tabla se muestra el peso de tres animales de una granja.

Animal	Peso
Caballo Clydesdale	2,067 lb
Poni galés	478 lb
Caballo árabe	952 lb

1. ¿Aproximadamente cuántas libras más que el poni galés pesa el caballo Clydesdale?

   A. 500   C. 1,500
   B. 1,000   D. 2,500

2. Estima el cociente de **5,398 ÷ 87** con números compatibles.

   A. 54   C. 60
   B. 55   D. 62

3. Mario quiere comprar un pantalón por $**49**, una camiseta por $**25** y medias por $**6**. ¿Qué método de estimación debe usar para asegurarse de que tiene suficiente dinero para pagar todos los productos?

   A. redondear hacia arriba
   B. redondear hacia abajo
   C. dígitos de la izquierda
   D. números compatibles

4. Julieta quiere comprar seis ventanas nuevas para su casa. Las ventanas que quiere cuestan $**365** cada una. ¿Cuánto dinero debe reservar para comprarlas?

   A. $60
   B. $400
   C. $1,800
   D. $2,400

CONCEPTO CLAVE: Las operaciones matemáticas básicas deben realizarse siguiendo un orden específico para obtener la respuesta correcta.

Resuelve.

1. $46 + 51$
2. $34{,}762 - 4{,}875$
3. 15×172
4. 102×72
5. $1{,}145 - 132$
6. $3{,}413 \div 17$
7. $1{,}092 \div 26$
8. $1{,}892 + 412$

Orden de las operaciones

Una **expresión aritmética** es una expresión que tiene un valor numérico. Suele incluir más de una operación. Para hallar el valor de una expresión aritmética necesitas conocer el **orden de las operaciones**, es decir, el orden en el que deben resolverse las operaciones. Por ejemplo, en la expresión $8 - 4 \times 2$ parecería haber dos maneras de resolver el problema. Si comienzas de izquierda a derecha, restas primero y obtienes $8 - 4 = 4$; $4 \times 2 = 8$, que es una respuesta incorrecta. Si multiplicas primero, obtienes $4 \times 2 = 8$; $8 - 8 = 0$. Esa es la respuesta correcta.

Usa el siguiente conjunto de reglas cuando quieras hallar el valor de una expresión aritmética. Si una expresión incluye más de una operación del mismo tipo, resuelve esas operaciones de izquierda a derecha.

1) Resuelve las operaciones dentro de los paréntesis.

2) Resuelve las multiplicaciones y las divisiones.

3) Resuelve las sumas y las restas.

Ejemplo 1 Usar el orden de las operaciones

Halla el valor de la expresión $5 \times (6 - 2) \div 2 - 2$.

Paso 1 Resuelve las operaciones dentro de los paréntesis.
$5 \times 4 \div 2 - 2$

Paso 2 Resuelve las multiplicaciones y las divisiones. Trabaja de izquierda a derecha.
$20 \div 2 - 2$; $10 - 2$

Paso 3 Resuelve las sumas y las restas.
$10 - 2 = 8$; el valor de la expresión es 8.

Si la expresión no incluye las operaciones mencionadas en una regla, saltea el paso que incluye esa regla y sigue con el siguiente. Si una expresión incluye paréntesis dentro de otros paréntesis, trabaja de adentro hacia afuera.

Ejemplo 2 Hallar el valor de una expresión

$100 - (2 \times (9 - 2)) \times 3$

Paso 1   Resuelve las operaciones dentro de los paréntesis.
$100 - (2 \times 7) \times 3; 100 - 14 \times 3$

Paso 2   Resuelve las multiplicaciones y las divisiones.
$100 - 42$

Paso 3   Resuelve las sumas y las restas.
$100 - 42 = 58$; el valor de la expresión es 58.

APLICA LAS MATEMÁTICAS

Instrucciones: Usa el orden de las operaciones para resolver cada problema.

1. $(12 + 4) \div (1 + 7)$

2. $((30 - 8) \div 2) + 5$

3. $13 + 6 \times 2 \div 4 - 9$

4. $60 - (25 - (13 - 4))$

Estrategias de cálculo mental

A veces se puede determinar una solución sin escribir y sin usar una calculadora. El **cálculo mental** consiste en la aplicación de ciertas estrategias para hallar una respuesta sin escribir. Una **estrategia** es un plan. Conocer y practicar estas estrategias te permitirá ahorrar tiempo en diferentes situaciones, como, por ejemplo, en una prueba cronometrada.

Ceros

Existe una estrategia que consiste en usar atajos, es decir, maneras rápidas de calcular, para sumar o multiplicar cuando hay ceros. Por ejemplo, para multiplicar 48 por 100, primero escribe 48. Como 100 termina con dos ceros, agrega dos ceros después del 48.

Piensa: "$48 \times 1\underline{00} = 4{,}8\underline{00}$."

Otro ejemplo sería sumar 5,000, 14,000 y 6,000 pensando "$5 + 14 + 6 = 25$ y se agregan tres ceros".

Ejemplo 3 Multiplicar mentalmente 60 y 200

Multiplica 6 y 2 y agrega 3 ceros (**1** cero de 60 + **2** ceros de 200).

$$60 \times 200 = 12{,}000$$
$$\uparrow \qquad \uparrow \qquad \uparrow$$
$$6 \times 2 = 12$$

Cuando usas la información que conoces de una manera diferente o en una situación nueva, estás aplicando esa información.

Muchas destrezas matemáticas pueden aplicarse a problemas de la vida diaria. Por ejemplo, las estrategias de cálculo mental son útiles para sumar cantidades y hallar un total cuando haces las compras.

Algunos problemas incluyen una situación que podrías experimentar en tu vida. Por ejemplo, *Dan quiere ahorrar $**400** en los próximos **4** meses. ¿Cuánto debe ahorrar por semana?* Sabes que un mes tiene **4** semanas, así que multiplicas **4** semanas por **4** meses y obtienes **16** semanas. Luego divides $**400** por **16** semanas y obtienes $**25**. Debe ahorrar $**25** por semana.

En un cuaderno, escribe sobre una situación en la que compraste algo. ¿Cuánto costaba el producto? ¿Con cuánto dinero pagaste? ¿Cuánto cambio recibiste? Haz el cálculo.

CONEXIÓN
CON LAS
MATEMÁTICAS

Al escribir, cuando se
necesitan símbolos de
agrupado adicionales se
suelen usar símbolos como
corchetes [ ] y llaves { }. En
este libro se usan dos
pares de paréntesis como
los que viste en el ejemplo
2 para facilitar el uso de
la calculadora.

CONEXIÓN
CON LAS
MATEMÁTICAS

Cuando se emplea la
estrategia de compensación,
se trabaja de izquierda a
derecha. El orden en el que
se suman los números
compensados puede variar
el valor de la solución.

Por ejemplo, **43 − 25**:

43 − 5 − 25 + 5 =
38 − 25 + 5 = 13 + 5 = 18

Pero si se cambia el orden
en el que se suma y se
resta, se obtiene una
solución incorrecta.

(43 − 5) − (25 + 5) =
38 − 30 = 8, una solución
incorrecta.

Descomponer números

Existe otra estrategia, que es la de **descomponer números**. Consiste en pensar en los números como la suma de dos o más números menores. Aplica esta estrategia cuando consideres que es más fácil pensar en un número como la suma de dos números. Por ejemplo, para sumar $73 + 25$, piensa en 73 como $70 + 3$ y en 25 como $20 + 5$. Luego, suma $70 + 20$ y $3 + 5$, y así obtienes 98.

Ejemplo 4 Descomponer números

Jolene compró tres latas de jugo de frutas. Si cada lata cuesta 58 centavos, ¿cuánto gastó Jolene?

Paso 1 Elige la operación apropiada.
Como debes hallar el precio de varios objetos y conoces uno, elige la multiplicación.

Paso 2 Aplica la estrategia de descomponer números.
Piensa: $58 = 50 + 8$, entonces $50 \times 3 = 150$ y $8 \times 3 = 24$.
$150 + 24 = 174$

Paso 3 Escribe o indica la respuesta al problema.
174 centavos se escribe generalmente $1.74.
Jolene gastó $1.74 por las tres latas de jugo.

La última estrategia, que es la más común, es la **compensación** (o **sustitución**). Para aplicar esta estrategia, cambia un número para que sea más fácil resolver la operación necesaria y luego cambia el otro número de manera opuesta. Por ejemplo: $57 + 34 = (57 + 3) + (34 − 3) = 60 + 31 = 91$.

Ejemplo 5 Usar la compensación

Miguel recorrió 101 millas en carro. Connie recorrió 28 millas. ¿Cuántas millas más que Connie recorrió Miguel?

Paso 1 Elige la operación apropiada.
Las palabras clave *más que* indican que se trata de una resta.

Paso 2 Aplica la estrategia de cálculo mental de compensación.
Piensa: $101 − 28 = 101 − 1 − 28 + 1 =$
$100 − 28 + 1 = 72 + 1 = 73$

Paso 3 Escribe o indica la respuesta al problema.
Miguel recorrió 73 millas más que Connie.

Paso 4 Comprueba tu respuesta. Como la resta y la suma son operaciones inversas, la respuesta más 28 debe ser igual a 101.
Suma mentalmente $28 + 73$.
Piensa: $20 + 8 + 70 + 3 = 90 + 11 = 101$.
La respuesta es correcta.

Las estrategias de cálculo mental deberían permitirte ahorrar tiempo usando atajos siempre que sea posible. Recuerda que aun así debes conocer las operaciones básicas de suma y multiplicación para obtener la solución correcta.

38   Matemáticas

APLICA LAS MATEMÁTICAS

Instrucciones: Usa una estrategia de cálculo mental para resolver cada problema.

1. Meli trabajó **174** horas el mes pasado. Este mes trabajó **162** horas. ¿Cuántas horas trabajó en los dos meses en total?
2. Chantal tiene **45** cajas de sobres. En cada caja vienen **100** sobres. ¿Cuántos sobres tiene Chantal?

Repaso de vocabulario

Instrucciones: Completa el espacio en blanco con el término correcto.

el cálculo mental   el orden de las operaciones   estrategia   la compensación

1. Usa _____ para que los números de un problema sean más fáciles al calcular mentalmente.

2. Se llama _____ a un plan para resolver un problema.

3. Cuando hay múltiples operaciones en un problema, _____ indica en qué orden deben resolverse.

4. _____ es una manera de resolver problemas sin escribir y sin usar una calculadora.

Repaso de destrezas

Instrucciones: Resuelve cada problema. Indica qué información aplicaste de tu experiencia.

1. Los propietarios de una cafetería esperan vender **145** tazas de café cada mañana, con un extra de **50** tazas cada sábado y cada domingo. ¿Cuántas tazas de café esperan vender los propietarios por semana?

2. Coretta cambió todos los neumáticos de su carro. Cada neumático costó $**178**. ¿Cuánto gastó Coretta por todos los neumáticos?

3. El seguro del carro de Sheila cuesta $**636** al año. ¿Cuánto paga Sheila por mes?

Práctica de destrezas

Instrucciones: Responde cada pregunta.

1. ¿Cuál es el valor de $(8 + 3) \times 4 - 1$?
   A. 17
   B. 19
   C. 33
   D. 43

2. ¿Cuál es el valor de
   $(44 - (2 \times 14)) \div (3 + 5) + 8$?

   _____

3. Carter quiere encargar tarjetas de presentación para sus compañeros de trabajo. Necesita **100** tarjetas para cada uno de sus **36** compañeros. ¿Cuántas tarjetas debe encargar?
   A. 36
   B. 360
   C. 3,600
   D. 36,000

Resolución de problemas

CONCEPTO CLAVE: La resolución de problemas es una parte importante del estudio de las matemáticas y una parte importante de la vida diaria.

Resuelve cada problema con calculadora.

1. 289×97 **3.** $58,590 \div 62$ **5.** $2,894 + 19,073$ **7.** $96 \div 4$

2. 850×381 **4.** $407 - 388$ **6.** $1,411 \times 3,879$ **8.** $387 + 4,296$

El plan de cinco pasos

Se puede seguir el siguiente plan de cinco pasos para hallar una **solución**, es decir, una respuesta, a todo tipo de problemas y para ordenar el razonamiento.

Paso 1	Comprende la pregunta. Después de leer y volver a leer el problema con atención, determina qué se te pide hallar.
Paso 2	Determina qué información se necesita para resolver el problema. Luego, determina qué información es irrelevante para la pregunta.
Paso 3	Elige la operación o las operaciones más apropiadas para resolver el problema.
Paso 4	Resuelve el problema. Asegúrate de que la solución sea la respuesta a la pregunta.
Paso 5	Comprueba tu respuesta releyendo la pregunta para ver si la respuesta es **razonable**, es decir, si tiene sentido.

Ejemplo 1 Usar el plan de cinco pasos

Paulo trabaja de lunes a viernes, de 4 p. m. a 7 p. m. ¿Cuántas horas trabaja por semana?

Paso 1   Vuelve a leer el problema para comprenderlo bien. En el problema se pide hallar la cantidad de horas que Paulo trabaja por semana.

Paso 2   Determina qué información se necesita.
Paulo trabaja de lunes a viernes, de 4 p. m. a 7 p. m.

Paso 3   Elige la operación o las operaciones más apropiadas.
Multiplica 3 horas trabajadas cada día por 5 días a la semana.

Paso 4   Resuelve el problema.
$3 \times 5 = 15$. Por lo tanto, Paulo trabaja 15 horas por semana.

Paso 5   Comprueba tu respuesta.
Si Paulo trabaja tres horas cinco días a la semana, trabaja 15 horas por semana. La respuesta es razonable.

IDENTIFICAR INFORMACIÓN IRRELEVANTE

A veces un fragmento incluye información **irrelevante**, es decir, innecesaria. Es posible que existan detalles, u otro tipo de información, que puedan ignorarse al leer un fragmento o problema. Aprender a determinar qué información es irrelevante es de utilidad al momento de leer problemas.

No toda la información de un problema es necesaria, es decir, relevante, para hallar una solución. De hecho, en las situaciones del mundo real, la parte más difícil al usar las matemáticas suele ser el análisis de toda la información disponible para determinar lo que es realmente relevante para el problema. Es importante tener una noción clara de lo que se pide y de los detalles útiles para hallar la solución.

Para hallar información irrelevante, pregúntate: *¿Cómo se relaciona este detalle con la pregunta?*

Lee el siguiente problema e identifica la información irrelevante.

> Sally está haciendo un inventario de los objetos de cristal que vende en su tienda. Tiene 15 cajas de vasos verdes. En cada caja vienen 12 vasos que miden 8 pulgadas cada uno. Sally también tiene 9 cajas de vasos azules. En cada caja vienen 20 vasos. Los vasos son para agua y jugo. Si estos son los únicos vasos que tiene Sally en su tienda, ¿cuántos vasos tiene en total?

Se pregunta cuántos vasos tiene Sally en total. El tamaño, el color y el uso de los vasos son datos irrelevantes y pueden ignorarse. Los datos importantes son las 15 cajas con 12 vasos cada una y las 9 cajas con 20 vasos cada una. El resto es información irrelevante.

Práctica principal
Lograr precisión

La precisión es importante en las matemáticas, la ingeniería y las ciencias. Uno de los propósitos al hacer múltiples mediciones o al repetir experimentos es hallar respuestas precisas, es decir, respuestas con el mismo valor.

Tal vez hayas oído la expresión "mide dos veces, corta una". ¿Cuál es el propósito de medir dos veces? ¿Medir dos veces es suficiente?

Por ejemplo, los carpinteros miden varias veces antes de cortar una tabla de madera porque quieren lograr **precisión**. Si al medir varias veces obtienen el mismo valor, entonces se aseguran de que el valor es preciso.

En tu cuaderno, describe alguna situación en la en la que hayas hecho múltiples mediciones o hayas repetido los pasos de un experimento para comprobar los valores matemáticos. Explica la importancia de la precisión en tu trabajo.

Elegir una operación

Muchas veces la parte más difícil al resolver un problema es determinar si se debe sumar, restar, multiplicar o dividir.

Una manera de determinar la operación que se debe realizar es concentrarse en las palabras clave. Estas palabras suelen dar una pista de la operación apropiada. A continuación se incluyen algunas palabras o frases clave.

Suma	Resta	Multiplicación	División
suma	diferencia	producto	cociente
total	más...que	veces	repartir
en total	menos...que	doble ($\times$ 2)	dividido por
aumentó	menos	al hallar varios de una cantidad diferente	al conocer la cantidad de muchos y hallar uno
al combinar diferentes cantidades	disminuyó	al conocer la parte y hallar el total	al compartir, partir o repartir
	más lejos que		
	al comparar una cantidad con otra		

Compara los números relevantes del problema con la solución para determinar si elegiste la operación correcta.

Ejemplo 2 Elegir una operación para resolver un problema

Lamar recorrió 17 millas en bicicleta el sábado. El domingo recorrió 25 millas. ¿Cuántas millas recorrió Lamar en total?

Paso 1 Vuelve a leer el problema para comprender la pregunta.
En el problema se pide hallar la cantidad de millas que recorrió Lamar entre el sábado y el domingo.

Paso 2 Determina qué información se necesita.
Necesitas hallar la cantidad de millas que recorrió Lamar durante el fin de semana.

Paso 3 Elige la operación más apropiada.
La frase *en total* da la pista de que hay que sumar 17 y 25.

Paso 4 Resuelve el problema.
$17 + 25 = 42$
Lamar recorrió un total de 42 millas durante el fin de semana.

Paso 5 Comprueba tu respuesta. Para comprobar un problema de suma, resta uno de los números del problema a la respuesta. En este caso, resta 25 a 42. La respuesta es 17, el otro número del problema. La respuesta es correcta.

APLICA LAS MATEMÁTICAS

Instrucciones: Resuelve el siguiente problema usando el plan de cinco pasos. Indica qué operación usaste.

Marcela compró champú por $3, crema de enjuague por $2 y un cepillo por $2. Pagó con un billete de 10 dólares. ¿Cuánto costaron los productos en total?

Estrategias para la resolución de problemas
Hacer un dibujo

Para resolver un problema puedes hacer un dibujo o diagrama como ayuda para entender qué debes hallar.

Ejemplo 3 Hacer un dibujo para resolver un problema

Un tanque vacío mide 10 metros de alto. Mientas se lo llena, el nivel de agua aumenta 3 metros durante el día, pero, debido a una pérdida, disminuye 1 metro cada noche. ¿Cuántos días pasarán hasta que el agua alcance la parte superior del tanque?

Paso 1 Comprende la pregunta. Debes averiguar cuántos días tardará en llenarse el tanque.

Paso 2 Halla la información necesaria. Si solo escribes los tres números que aparecen en el problema (10, 3 y 1) y divides, obtendrás una respuesta incorrecta. Si haces un dibujo, verás que también debes restar.

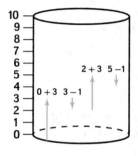

Paso 3 Elige una operación aritmética. Mira el dibujo y observa que las flechas indican un aumento de 3 metros y una disminución de 1 metro. Eso indica que hay que restar para hallar la verdadera altura que alcanza el agua durante un día entero. Luego, divide para hallar la cantidad de días.

Paso 4 Resuelve el problema. Asegúrate de responder la pregunta del problema. Una manera (si bien no es la única) es restar 1 a 3 y luego dividir 10 por el resultado. Por lo tanto, $10 \div (3 - 1) = 5$.

El tanque tardará cinco días en llenarse.

Paso 5 Comprueba la respuesta. Si divides 10 por 5, obtienes 2, que es la altura que el agua alcanza durante un día entero. La respuesta es razonable.

Destreza del siglo XXI
Conexión con la tecnología

Internet es un maravilloso recurso de aprendizaje que puede convertirse en una herramienta educativa eficaz, pero no todos los resultados de las búsquedas son iguales. Una buena regla general es priorizar los resultados correspondientes a organizaciones. Si el dominio contiene ".org", el sitio pertenece a una organización. Tu maestro de matemáticas también puede recomendarte algunos sitios apropiados para visitar.

En clase, trabajen juntos para crear una lista de sitios de Internet que sean fuentes confiables para el aprendizaje de las matemáticas.

CONEXIÓN CON LAS **MATEMÁTICAS**

No es necesario ser artista para practicar la estrategia "hacer un dibujo". Si sabes lo que estás dibujando y por qué, este método puede resultar muy útil.

APLICA LAS **MATEMÁTICAS**

Instrucciones: Explica qué estrategia usarías para resolver los siguientes problemas. Luego, resuélvelos.

1. Susan quiere vender **32** cebollas. En cada bolsa entran **7** cebollas. ¿Cuántas cebollas le quedarán a Susan después de vender las que puso en bolsas?

2. Cinco jugadores de basquetbol están parados en círculo. Cada jugador lanza la pelota a cada uno de los otros jugadores una vez. ¿Cuántas veces se lanza la pelota?

Probar y comprobar

Otra estrategia muy conocida para la resolución de problemas es la de probar y comprobar. Es un método que solemos usar en situaciones cotidianas.

Ejemplo 4 Probar y comprobar para resolver un problema

¿Qué dos números de 2 dígitos formados por los dígitos 1, 2, 3, 4 y 5, dan el mayor resultado al sumarse? No se puede repetir ningún dígito.

Paso 1 Comprende la pregunta.
Se pregunta qué dos números de 2 dígitos dan el mayor resultado al sumarse.

Paso 2 Halla la información necesaria.
Usa solo los dígitos 1, 2, 3, 4 y 5. No debes repetir ningún dígito.

Paso 3 Elige una operación aritmética.
Como se pide una suma, suma los dos números de 2 dígitos.

Paso 4 Resuelve el problema.
Primera prueba: Segunda prueba:
$54 + 32 = 86$ $53 + 42 = 95$
Respuesta: $53 + 42 = 95$

Paso 5 Comprueba la respuesta.
Evalúa la primera prueba. Pregúntate: ¿86 es un resultado razonable? No; al sumar 5 y 3 en el lugar de las decenas, se obtiene 80. Al cambiar el 3 por el 4, y al sumar 5 y 4 en el lugar de las decenas, se obtiene 90. El número 90 es mayor que 80.

Repaso de vocabulario

Instrucciones: Completa el espacio en blanco con el término correcto.

irrelevante   la solución   razonable

1. Hallar la respuesta a un problema es hallar _____ .

2. Cuando sumas para resolver un problema, comprueba que la suma que hallaste sea _____ .

3. Cuando entiendes lo que se te pide en una pregunta, es más fácil identificar la

   información _____ .

Instrucciones: Halla la información irrelevante en los siguientes problemas. Luego, resuélvelos.

1. Manny pagó **$3.15** por una tabla de madera de **96** pulgadas. ¿Cuántos pedazos de **8** pulgadas de largo puede cortar?

2. La Sra. O'Rourke trabajó **28** horas esta semana. El Sr. Martínez trabajó **32** horas. La Srta. Wong trabajó **41** horas. ¿Cuántas horas más que la Sra. O'Rourke trabajó la Srta. Wong?

3. Carlos compró **3** libras de papas, **2** libras de plátanos y **5** libras de manzanas. Gastó **$12.43**. ¿Cuántas libras pesan todos los productos en total?

4. En una venta de garaje, Chandler vendió **12** DVD a **$3** cada uno. También vendió su reproductor de DVD a **$20**. ¿Cuánto dinero obtuvo por sus DVD?

Práctica de destrezas

Instrucciones: Responde cada pregunta.

1. ¿Qué dos números de **2** dígitos formados por los dígitos **5, 6, 7** y **8** dan el mayor resultado al sumarse? No se puede repetir ningún dígito.

   A. 87 + 65
   B. 86 + 75
   C. 88 + 77
   D. 85 + 67

2. A partir del próximo mes, el alquiler de Jack aumentará **$30**. Si ahora está pagando **$415**, ¿cuánto costará el nuevo alquiler?

   _____

3. ¿Qué operación se debe usar para resolver el siguiente problema? El año pasado, **64,441,087** pasajeros viajaron desde el aeropuerto de la ciudad. El año anterior habían viajado desde el aeropuerto **51,943,567** pasajeros. ¿Cuántos pasajeros más que el año anterior partieron desde el aeropuerto el año pasado?

   A. suma
   B. resta
   C. división
   D. multiplicación

4. El servicio de recolección de basura de la ciudad de Kankakee cuesta **$156** al año. ¿Cuál es el costo mensual por la recolección de basura?

   _____

Repaso

Instrucciones: Elige la respuesta apropiada para cada pregunta.

1. ¿Cuál es el valor del dígito subrayado?

   6,1<u>3</u>5,012

   A. 3
   B. 30
   C. 30,000
   D. 35,012

2. ¿Cuál es el máximo común divisor de **36, 48 y 60**?

   A. 2
   B. 6
   C. 12
   D. 36

3. ¿Qué operación se debe realizar primero en la siguiente expresión?
   7 + (12 − 4) × 15 ÷ 3

   A. sumar 7 y 12
   B. restar 4 a 12
   C. multiplicar 4 por 15
   D. dividir 15 por 3

4. En la oficina de Yilin hay **124** empleados. Un día, **14** empleados estaban con licencia por enfermedad y **12** empleados estaban de vacaciones. ¿Cuántos empleados había en la oficina ese día?

   A. 98
   B. 122
   C. 126
   D. 150

5. ¿Cuánto es **4,572,013** redondeado a la unidad de millar más cercana?

   A. 4,600,000
   B. 4,570,000
   C. 4,572,000
   D. 4,573,000

6. Sandrine fue a la tienda para comprar más cebollas para la sopa. Las dos cebollas costaban $2.79 en total. Ella le dio al cajero $5.00. Usa la estimación para averiguar cuánto cambio recibió Sandrine.

   A. aproximadamente $3.00
   B. aproximadamente $1.75
   C. aproximadamente $2.50
   D. aproximadamente $2.00

7. ¿Cuál es el máximo común divisor de **14, 21 y 42**?

   A. 4
   B. 7
   C. 17
   D. 49

8. Un estadio tiene **11,260** asientos. Si se vendieron todos los boletos para **5** partidos consecutivos, ¿aproximadamente cuántas personas asistieron a esos juegos?

   A. 2,252
   B. 11,000
   C. 55,000
   D. 60,000

9. El mecánico de Winona cobra $65 por hora de trabajo más el costo de los repuestos. ¿Cuánto tendrá que pagarle ella si la reparación del carro requiere un repuesto nuevo de $215 y 3 horas de trabajo?

   A. $280
   B. $410
   C. $710
   D. $840

10. Carl resolvió **7,820 ÷ 68 = 115**. ¿Qué debe hacer para comprobar su respuesta?

    A. sumar 115 y 68
    B. restar 115 a 7,820
    C. multiplicar 115 por 68
    D. dividir 115 por 68

11. Tres amigos fueron a los bolos. En la tabla se muestran los puntajes de su primer lanzamiento.

Uppinder	James	Marietta
248	114	187

¿En cuál de las siguientes listas se muestran los puntajes que obtuvieron los amigos ordenados de mayor a menor?

A. James, Marietta, Uppinder
B. Marietta, Uppinder, James
C. James, Uppinder, Marietta
D. Uppinder, Marietta, James

12. ¿Cuál es el valor de
$15 + (26 - 6) \div (7 - (8 \div 4))$?

A. 19   C. 114
B. 34   D. 147

13. ¿Cuánto es $842 \div 27$?

A. 11 R50   C. 30 R2
B. 21 R5   D. 31 R5

14. La Sra. Cortez está enviando postales para recaudar fondos para el centro de jubilados del que forma parte. Tiene **2,000** postales. Necesita enviar **582** postales a las personas que viven cerca del centro, **491** postales a las tiendas de la zona y **361** postales a otras personas de su lista. También quiere tener **500** postales para entregar en un centro comercial de la zona. ¿Cuántas postales le sobrarán?

A. 66
B. 557
C. 1,934
D. No tiene suficientes postales.

15. Quietta tenía **$12,398** en su cuenta de ahorros. Extrajo **$762** para pagar el seguro de su carro. ¿Cuánto dinero quedó en su cuenta?

A. $4,778
B. $11,636
C. $12,436
D. $13,160

Comprueba tu comprensión

En la siguiente tabla, encierra en un círculo el número de los ítems que hayas respondido incorrectamente. Al lado de cada título de lección verás las páginas que puedes repasar para aprender el contenido sobre el que trata la pregunta. Repasa especialmente aquellas lecciones en las que hayas respondido incorrectamente la mitad de las preguntas o más.

Capítulo 1: Números naturales	Procedimiento	Concepto	Aplicación/ Representación/ Resolución de problemas
Valor de posición pp. 12–17	1		11
Sumar y restar números naturales pp. 18–21			4, 14
Multiplicar y dividir números naturales pp. 22–25	13		8
Factorización pp. 26–31	, 7		
Redondeo y estimación pp. 32–35	5		6
Expresiones aritméticas pp. 36–39	12	3	9
Resolución de problemas pp. 40–45		10	15

Decimales

Aunque no estés familiarizado con el término *decimales*, cada vez que compras algo los estás usando. Los decimales se usan para mostrar el valor de las cantidades que son menores que uno o el valor de las cantidades que no son números naturales. Si pagas $0.75 por un refresco, pagaste menos de un dólar. Los decimales también se usan para medir distancias. Si buscas en un sitio web la manera de ir desde tu casa hasta la oficina de correo más cercana, verás indicaciones como "Camina 0.4 millas hasta la calle Washington". ¿Qué distancia es 0.4 millas? El decimal indica que es menos que una milla. En el Capítulo 2 aprenderás a determinar la distancia, es decir, el valor de 0.4 millas, $0.75, y otras expresiones decimales.

Entre los **conceptos clave** que estudiarás están:

Lección 2.1: Introducción a los decimales
Los decimales representan una parte de un número. Son una extensión del sistema de valor de posición.

Lección 2.2: Sumar y restar decimales
Los decimales se suman y se restan usando el valor de posición como en el caso de los números naturales.

Lección 2.3: Multiplicar decimales
Multiplicar decimales es un proceso similar al de multiplicar números naturales.

Lección 2.4: Dividir decimales
Dividir decimales es similar a dividir números naturales. La diferencia fundamental es la posición del punto decimal en el cociente, es decir, la respuesta.

Establecer objetivos

Antes de comenzar este capítulo, establece tus objetivos de aprendizaje. Piensa en cómo te beneficiará aprender sobre los decimales.

Durante el transcurso de una semana, haz un registro de las situaciones en las que usas o encuentras decimales. Copia y completa la siguiente tabla.

Decimal	Dónde lo viste o lo usaste	Cómo se usó

Introducción a los decimales

CONCEPTO CLAVE: Los decimales representan una parte de un número. Son una extensión del sistema de valor de posición.

Identifica el valor del dígito subrayado.

1. 1,<u>7</u>34　　　**2.** <u>2</u>0,015　　　**3.** <u>1</u>8　　　**4.** <u>2</u>,986,123

Redondea cada número a la decena más cercana.

5. 57　　　**6.** 189　　　**7.** 296　　　**8.** 6,382

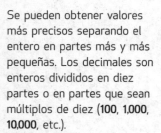
Entender los decimales

El sistema monetario de Estados Unidos se basa en el sistema **decimal**. Este sistema se basa en dividir un entero en diez partes iguales una o más veces. Piensa en los dólares como números naturales. Para los decimales menores que 1, piensa en valores de dinero menores que un dólar.

1 dólar = 10 monedas de 10¢ = 100 monedas de 1¢ o **centavos**, por lo tanto, 1 moneda de 10¢ = 1 décima de un dólar y 1 centavo = 1 centésima de un dólar.

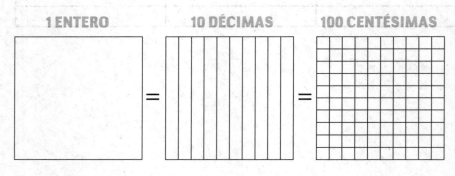

1 ENTERO　　**10 DÉCIMAS**　　**100 CENTÉSIMAS**

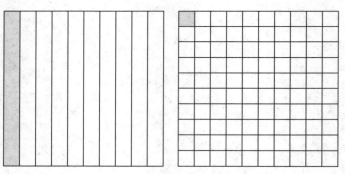

1 **décima** $= \frac{1}{10}$ de un entero y 1 **centésima** $= \frac{1}{100}$ de un entero.

Valor de posición en los decimales

La tabla de valor de posición de los números naturales se puede extender para que incluya valores decimales. El **punto decimal** se lee *con*.

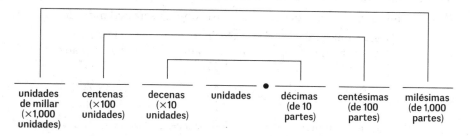

unidades de millar (×1,000 unidades)	centenas (×100 unidades)	decenas (×10 unidades)	unidades	décimas (de 10 partes)	centésimas (de 100 partes)	milésimas (de 1,000 partes)

Recuerda que las partes decimales son partes de un entero.

Ejemplo	Valor	Significado
0.1	1 décima	1 de 10 partes
0.01	1 centésima	1 de 100 partes
0.001	1 milésima	1 de 1,000 partes
0.0001	1 diezmilésima	1 de 10,000 partes
0.00001	1 cienmilésima	1 de 100,000 partes
0.000001	1 millonésima	1 de 1,000,000 partes

Comparar decimales

Cuando **comparas** decimales, determinas cuál tiene el mayor valor. Es similar a comparar números naturales. Primero hay que alinear los decimales por sus puntos decimales. Comienza por la izquierda y compara los valores de posición hasta que haya uno que sea diferente.

Ejemplo 1 Comparar 1.145 y 1.17

Paso 1	Alinea los números por el punto decimal.	1.1 4 5 1.1 7
	Si es necesario, agrega ceros al final de un decimal.	1.1 4 5 1.1 7 0
Paso 2	Comenzando desde la izquierda, mira los valores de posición hasta que halles uno que sea diferente.	1.1 4̲ 5 1.1 7̲ 0
Paso 3	Compara los dígitos. 7 > 4, entonces 1.17 > 1.145	

Práctica principal
Representar con matemáticas

Las tablas son herramientas útiles para mostrar ideas centrales de las matemáticas. Usaste tablas de valor de posición para mostrar los valores de los números naturales. Es posible extender hacia la derecha esas tablas de valor de posición para mostrar los valores de los números decimales. En esta tabla extendida se agrega un punto decimal, es decir, un punto entre los números naturales y los números decimales.

Puedes interpretar los datos de la tabla que está en esta página determinando el valor de posición de cada dígito del número. Observa la posición del punto decimal.

Escribe en un cuaderno en qué se parecen y en qué se diferencian la tabla de valor de posición para los números decimales y la tabla de valor de posición para los números naturales.

APLICA LAS MATEMÁTICAS

Instrucciones: Escribe <, >, o = para comparar los números.

1. 1.45 ___ 1.045
2. 4.52 ___ 4.273
3. 2.75 ___ 2.750
4. 2.81 ___ 6.81
5. 0.23 ___ 0.2300

Destreza principal
Aplicar conceptos de sentido numérico

Amelia y Rory están decidiendo cómo se redondea **7.48** al número natural más cercano. Rory dice que **7.48** se redondea a **7.5**, que se redondea a **8**. Amelia cree que Rory está equivocada porque piensa que **7.48** se redondea a **7**. En un cuaderno, escribe el proceso para redondear **7.48** al número natural más cercano y descubre quién tiene razón.

Redondear decimales

En la mayoría de los casos, los decimales se redondean como los números naturales. Cuando se redondea una cantidad de dinero, en general el valor se redondea hacia arriba al centavo más cercano.

Ejemplo 2 Redondear decimales

Redondea 1.537 al número natural, a la décima y a la centésima más cercanos.

Paso 1 Identifica el dígito del valor de posición que será redondeado.

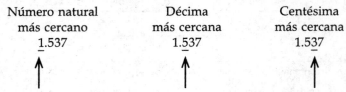

Paso 2 Observa el dígito que está inmediatamente a la derecha del valor que será redondeado. Si este dígito es 5 o mayor que 5, redondea hacia arriba al siguiente dígito. Si es menor que 5, redondea hacia abajo y mantén el dígito igual. Los dígitos que están a la derecha del redondeado se convierten en 0 (si son parte del número natural) o se eliminan (si son parte del decimal).

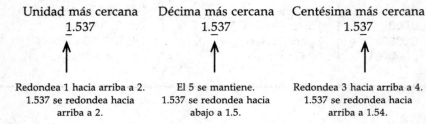

Ejemplo 3 Redondear dinero

Eric calculó los impuestos de los artículos que compró. Su calculadora mostró el número 2.0860. ¿Cuánto pagó de impuestos?

Cuando redondeas dinero, redondea a la centésima (o centavo). Observa el primer dígito que está a la derecha del lugar de las centésimas. Si es mayor que cinco, redondea el decimal a la siguiente centésima (o centavo).

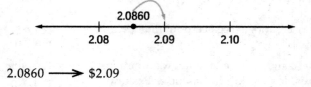

2.0860 ⟶ $2.09

APLICA LAS MATEMÁTICAS

Instrucciones: Redondea cada número al lugar indicado.

1. **6.145**, décimas
2. **2.952**, décimas
3. **15.876**, número natural
4. **5.009**, centésimas
5. **4.235**, centésimas
6. **12.366**, centésimas

Instrucciones: Completa el espacio en blanco con el término correcto.

el punto decimal   las centésimas   los decimales   un centavo   una décima

1. _____ se basan en un entero que se divide en diez partes iguales una o más veces.

2. El primer número que está a la derecha del punto decimal es _____.

3. _____ separa los números naturales de los números decimales.

4. En **2.34**, el **4** está en el lugar de _____ .

5. Una centésima de un dólar es _____ o una moneda de 1¢.

Instrucciones: Observa la tabla. Escribe el valor de cada dígito.

Unidades de millar	Centenas	Decenas	Unidades	.	Décimas	Centésimas
2	4	6	1	.	8	5

1. 2 _____   3. 6 _____   5. 8 _____

2. 4 _____   4. 1 _____   6. 5 _____

Instrucciones: Haz una tabla de valor de posición para cada número.

7. 1.45   9. veinticuatro con **31** centésimas

8. 32.091   10. cien con dos centésimas

Instrucciones: Elige la respuesta apropiada para cada pregunta.

1. ¿Qué número redondea **5412.8367** a la milésima más cercana?

   A. 5000
   B. 5400
   C. 5412.836
   D. 5412.837

2. ¿Qué bebida cuesta más?

MENÚ DE BEBIDAS CALIENTES	
Café con leche	$2.45
Café exprés	$2.39
Café con chocolate	$2.99
Café negro	$1.89

   A. café negro   C. café con chocolate
   B. café con leche   D. café exprés

Sumar y restar decimales

Objetivos de la lección

Serás capaz de:
- sumar decimales.
- restar decimales.

Destrezas

- **Destreza principal:**
  Realizar operaciones
- **Práctica principal:**
  Lograr precisión

CONCEPTO CLAVE: Los decimales se suman y se restan usando el valor de posición como en el caso de la suma y la resta de números naturales.

Suma o resta.

1. $41 + 29$ **2.** $325 - 149$ **3.** $6,009 + 932$ **4.** $6,108 - 42$

Compara los números en cada par. Escribe una expresión usando <, > o = al comparar.

5. $7.5 \;\square\; 2.19$ **6.** $9.88 \;\square\; 19.1$ **7.** $3.1 \;\square\; 0.85$ **8.** $17.9 \;\square\; 17.90$

Sumar decimales

Suma los decimales de la misma manera en la que sumas los números naturales. Observa los siguientes ejemplos.

Ejemplo 1 Sumar cantidades de dinero

Suma tres monedas de 25¢ y seis de monedas de 10¢.

Paso 1 Transforma las cantidades de dinero en centavos.

$$3 \text{ monedas de } 25¢ \longrightarrow 3 \times 25 \longrightarrow 75 \text{ centavos, es decir, } \$0.75$$

$$6 \text{ monedas de } 10¢ \longrightarrow 6 \times 10 \longrightarrow 60 \text{ centavos, es decir, } \$0.60$$

Paso 2 Suma los centavos.

```
  7 5   centavos          1
+ 6 0   centavos        $ 0 . 7 5
-------                +$ 0 . 6 0
1 3 5   centavos    o  ----------
                        $ 1 . 3 5
```

Vocabulario

agregar
alinear
organizar
tema
valor de posición
verticalmente

Destreza principal
Realizar operaciones

Evaristo y Sophie cuentan dinero que ganaron haciendo tareas domésticas. Evaristo tiene 2 monedas de 25¢, 7 de 10¢ y 12 de 1¢. Sophie tiene 3 monedas de 25¢, 5 de 10¢ y 7 de 1¢. Evaristo cree que tiene más dinero que Sophie porque tiene más monedas. En un cuaderno, determina cuánto ganó cada uno. ¿Tiene razón Evaristo? Si no la tiene, ¿qué estuvo mal en su razonamiento?

Ejemplo 2 Sumar por columnas

Suma $3.40 + 17.062 + 0.85$.

Paso 1 Escribe verticalmente los números, alineando los puntos decimales y los **valores de posición** (decenas, unidades, décimas, centésimas, milésimas).

Paso 2 Comenzando desde la derecha, suma de la misma manera que con los números naturales. Coloca ceros como ayuda para alinear posiciones si es necesario. Baja el punto decimal.

decenas	unidades	décimas	centésimas	milésimas
	3	4	0	
1	7	0	6	2
	0	8	5	

```
  1 1 1
  3 . 4 0 0
 17 . 0 6 2
+ 0 . 8 5 0
-----------
 21 . 3 1 2   Baja el punto decimal.
```

IDENTIFICAR LAS ORACIONES DEL TEMA

En general, en un párrafo bien organizado la oración del **tema** es una oración que establece la idea principal del párrafo. Aunque puede aparecer en cualquier parte del párrafo, la mayoría de las veces está al comienzo. Todas las otras oraciones del párrafo se relacionan con esta oración del tema y su propósito es explicar o apoyar la idea principal.

Para hallar la oración del tema, pregúntate: *¿Qué oración dice sobre qué es este párrafo?*

Lee el siguiente párrafo y subraya la oración del tema.

> (1) Sumar decimales es muy parecido a sumar números naturales.
> (2) Por ejemplo, cuando se suman 2.3 y 1.5, primero hay que escribir los números verticalmente, alineados por valor de posición. (3) También se deben alinear los puntos decimales. (4) Comienza por la derecha. (5) Suma 3 y 5 y obtendrás 8. (6) Luego, suma 2 y 1 y obtendrás 3. (7) Baja el punto decimal y obtendrás la respuesta 3.8.

La oración 1 establece un enunciado general sobre la semejanza entre sumar decimales y sumar números naturales. De la oración 2 a la 7 se da un ejemplo de la suma de dos decimales para mostrar que los pasos son iguales a los de la suma de números naturales. Solo la oración 1 es lo suficientemente general como para incluir las ideas de las otras oraciones. La oración 1 es la oración del tema.

Práctica principal
Lograr precisión

En muchos sentidos, calcular con decimales se parece a hacer operaciones con números naturales. Por ejemplo, los dígitos deben estar **alineados** (formando una fila) **verticalmente** (hacia arriba y abajo) según el valor de posición, el punto decimal debe estar ubicado de manera correcta y la respuesta debe tener la cantidad correcta de números decimales o ampliarla si es necesario (los números naturales necesitan cero lugares decimales). Sin embargo, hay diferencias. Se pueden pueden **agregar** ceros, es decir, escribirlos a la derecha de los números decimales según sea necesario, algo que no es posible en el caso de los números naturales.

Como se muestra más abajo, se pueden trazar líneas verticales que alineen los puntos decimales y los valores de posición de los números para **organizar** los dígitos, es decir, colocarlos en orden, y que estén preparados para la suma o la resta. En un cuaderno, escribe cuántos lugares decimales se necesitarán para la respuesta final antes de resolver el problema. Luego, halla el resultado.

$$
\begin{array}{r|c|c|c}
3. & 4 & & \\
17. & 0 & 6 & 2 \\
+ \ 0. & 8 & 5 & \\
\end{array}
$$

Usa una calculadora para hallar la suma de 1.79 + 8.03.

Presiona la tecla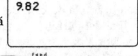

Presiona ① ⃝ ⃝ ⑦ ⑨ ⊕ ⑧ ⃝ ⃝ ⓪ ③ (enter)

La pantalla mostrará

```
9.82
```

.

Presiona las teclas (2nd) (table) si quieres que la suma se muestre como una fracción.

La pantalla mostrará

$$\frac{491}{50}$$

.

Instrucciones: Resuelve cada problema.

1. Tres monedas de 10¢ y seis monedas de 5¢ equivalen a $ _____.

2. 2.8 + 5.1 = _____   3.   1.54 + 0.165 + 0.3 = _____

Restar decimales

Resta los decimales de la misma manera en que restas números naturales. Observa los siguientes ejemplos.

Ejemplo 4 Restar decimales

Resta 2.13 a 12.6.

Paso 1 Escribe verticalmente el problema de resta.

```
  1 2. 6        Recuerda que se deben alinear los dígitos
−    2. 1 3     y los puntos decimales.
```

Paso 2 Si es necesario, coloca ceros a la derecha de un número. Resta. Baja el punto decimal al resultado.

```
                         5 10
  1 2. 6 0   ⟶    1 2. 6̶ 0̶     Piensa en 6 décimas como
−    2. 1 3      −    2. 1 3     5 décimas y 10 centésimas.
                     1 0. 4 7
```

Ejemplo 5 Restar decimales a números naturales

Resta 3.87 a 10.

Paso 1 Escribe verticalmente el problema de resta.

```
  1 0          Recuerda que se deben alinear
−    3. 8 7    los dígitos por el valor de posición.
```

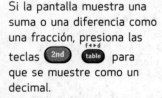

CONEXIÓN CON LAS **MATEMÁTICAS**

Si la pantalla muestra una suma o una diferencia como una fracción, presiona las teclas (2nd) (table) para que se muestre como un decimal.

Paso 2 Si es necesario, coloca ceros y un punto decimal después de un número natural. Resta.

$$
\begin{array}{r}
1\,0.0\,0 \\[-1pt]
-\ \ \ 3.8\,7 \\
\end{array}
\longrightarrow
\begin{array}{r}
\overset{9}{}\overset{9}{0}.\overset{9}{\cancel{0}}\,\overset{10}{\cancel{0}} \\[-1pt]
-\ \ \ 3.8\,7 \\ \hline
6.1\,3
\end{array}
$$

Piensa en **10** unidades como **9** unidades,
9 décimas y **10** centésimas.

Ejemplo 6 Restar números naturales a decimales

Resta 3 a 5.36.

Paso 1 Escribe verticalmente el problema de resta. Recuerda que se deben alinear de manera apropiada los dígitos y el punto decimal.

$$
\begin{array}{r}
\cancel{5}.\cancel{3}\cancel{6} \\[-1pt]
-\ \ 3.0\,0 \\ \hline
2.3\,6
\end{array}
$$

Paso 2 Resuelve el problema de resta. Observa que la parte decimal de 5.36 no cambió porque 3 no tiene decimales.

Resumen sobre la suma y la resta de decimales

Escribe verticalmente los números que se van a sumar o restar. Alinea por el valor de posición y por los puntos decimales. Si es necesario, coloca ceros o los puntos decimales que falten. Suma o resta los dígitos de derecha a izquierda de la misma manera en que lo harías en una suma o resta de números naturales.

APLICA LAS MATEMÁTICAS

Instrucciones: Resuelve cada problema.

1. 5.6 − 2.3   2. 12 − 3.47   3. 2.165 − 0.18

Repaso de vocabulario

Instrucciones: Completa cada espacio en blanco con el término correcto.

agregar   alinear   organizar   valor de posición   verticalmente

1. Cada uno de los dígitos del número **4.29** tiene su propio _____.

2. Cuando los números se escriben uno debajo del otro, están escritos _____.

3. Antes de sumar dos decimales, asegúrate de _____ los puntos decimales.

4. _____ un problema de suma o de resta es escribirlo de manera que la operación de suma o resta se haga más fácil.

5. Los ceros se pueden _____ a la derecha de los dígitos en un decimal.

Instrucciones: Traza líneas verticales en cada problema para mostrar que los dígitos se alinearon verticalmente, que se agregaron puntos decimales y ceros y que el problema está organizado para hallar la suma o la diferencia de un modo más fácil.

1.
```
    1 7. 3 5 0
  +5 0. 9 2 7
```

3.
```
    3. 8 9 0
  − 1. 4 2 6
```

2.
```
    4 2. 0 0 0
  − 3 6. 4 9 8
```

4.
```
    0. 1 8 0
    8. 9 2 1
  +3 9. 6 0 0
```

Instrucciones: Reescribe los siguientes problemas de una manera que sea más útil para hallar la suma o la diferencia.

5. 1.563 + 8.03

7. 7.5 − 1.004

6. 29 − 0.25

8. 0.23 + 1.006 + 80

Instrucciones: Identifica quién está equivocado y por qué.

9. Marco y Olivia trabajaron juntos para resolver un problema de resta. Cuando Marco restó .57 a 4.28, obtuvo 4.31, porque 8 − 7 = 1 y 5 − 2 = 3. Olivia restó .57 a 4.28 y obtuvo 3.71, porque 8 − 7 = 1 y 12 − 7 = 5.

10. Cuando estaban entrenando para una carrera, un día Charlie y Lucy corrieron 3.56 millas, y al día siguiente corrieron 5.87 millas. Charlie dice que corrieron un total de 9.43 millas y Lucy dice que corrieron 8.33 millas.

Práctica de destrezas

Instrucciones: Elige la respuesta apropiada para cada pregunta.

1. Calvino trazó segmentos de recta para mostrar la longitud de cada sección de una acera que quiere reparar. Las longitudes de las secciones son: **1.5** m, **1.8** m, **2.75** m y **2.9** m. ¿Cuánto metros de longitud tiene la acera?

   A. 3.37 m
   B. 6.2 m
   C. 6.95 m
   D. 8.95 m

2. Fátima restó **0.35** a **2.4** y obtuvo la respuesta correcta. ¿Cuáles pueden haber sido sus cálculos?

   A.
   $$\begin{array}{r} 0.\ 3\ 5 \\ -\ \ \ 2.\ 4 \\ \hline 0.\ 1\ 1 \end{array}$$

   B.
   $$\begin{array}{r} {\scriptstyle 1\ \ 14\ 10} \\ 2.\ \cancel{4}\ \cancel{0} \\ -\ 0.\ 3\ 5 \\ \hline 2.\ 1\ 5 \end{array}$$

   C.
   $$\begin{array}{r} {\scriptstyle \ \ 3\ 10} \\ 2.\ \cancel{4}\ 0 \\ -\ 0.\ 3\ 5 \\ \hline 2.\ 0\ 5 \end{array}$$

   D.
   $$\begin{array}{r} 2.\ 4\ 0 \\ +\ 0.\ 3\ 5 \\ \hline 2.\ 7\ 5 \end{array}$$

3. En este mes, en el pueblo de Chi la tasa de desempleo de los hombres solteros que tienen **16** años de edad es **13.1** por ciento. Si la tasa de desempleo de las mujeres solteras es **2.4** por ciento menor, ¿cuál es la tasa?

   A. 13.6 por ciento
   B. 15.5 por ciento
   C. 10.7 por ciento
   D. 18.4 por ciento

4. Mia tiene dos perros. Brutus pesa **12** kg y Buckeye pesa **15.25** kg. ¿Cuánto pesan Brutus y Buckeye en total?

   A. 27.25 kg
   B. 3.25 kg
   C. 15.37 kg
   D. 16.45 kg

Multiplicar decimales

CONCEPTO CLAVE: Multiplicar decimales es un proceso similar al de multiplicar números naturales.

Multiplica.

1. 4×9 2. 32×5 3. 19×24 4. 628×317

Suma.

5. $1.2 + 1.2 + 1.2 + 1.2 + 1.2$ 6. $3.15 + 3.15 + 3.15 + 3.15$

Multiplicar decimales

Los decimales se multiplican de la misma manera en que se multiplican los números naturales. Debes asegurarte de colocar el punto decimal en el lugar correcto del **producto** (la respuesta en un problema de multiplicación). Para hacerlo, suma la cantidad de lugares decimales de cada número que se multiplica. Comenzando por el extremo derecho del producto, cuenta la cantidad de lugares decimales hacia la izquierda y coloca el punto decimal. Observa los siguientes ejemplos.

Ejemplo 1 Multiplicar decimales

Multiplica 2.3 y 1.2.

Paso 1   Cuenta la cantidad de lugares decimales de los números originales.
2.3 tiene **1** dígito a la derecha del punto decimal.
1.2 tiene **1** dígito a la derecha del punto decimal.
El producto debe tener $1 + 1 = 2$ lugares decimales.

```
    2.3
 ×  1.2
 ───────
    4 6
  2 3
 ───────
  2.7 6
```

Paso 2   Escribe el problema y multiplica como lo haces con números naturales.

Paso 3   Comienza en el extremo derecho del producto. Desplázate dos lugares hacia la izquierda. Coloca el punto decimal entre el 2 y el 7.

Paso 4   Comprueba la respuesta estimando el producto.
2.3 es aproximadamente 2.   1.2 es aproximadamente 1.
$2 \times 1 = 2$
El producto de 2.3 y 1.2 debe ser un poco mayor que 2, entonces 2.76 parece razonable.

Ejemplo 2 Escribir ceros en el producto

Multiplica 3.9 y 0.025.

Paso 1 Cuenta la cantidad de lugares decimales de los números originales. 3.9 tiene **1** dígito a la derecha del punto decimal. 0.025 tiene **3** dígitos a la derecha del punto decimal. El producto debe tener $1 + 3 = 4$ lugares decimales.

$$
\begin{array}{r}
3.\ 9 \\
\times\ 0.02\ 5 \\
\hline
1\ 9\ 5 \\
7\ 8 \\
\hline
0.0\ 9\ 7\ 5
\end{array}
$$

Paso 2 Escribe el problema y multiplica como lo haces con números naturales.

Paso 3 Comienza en el extremo derecho del producto. Desplázate **4** lugares hacia la izquierda. Será necesario colocar un cero a la izquierda de 9 en el producto.

$3.9 \times 0.025 = 0.0975$, es decir, .0975

Paso 4 Comprueba tu respuesta estimando el producto. 3.9 es aproximadamente 4. Como la multiplicación es una suma repetida, suma 0.025 de manera de contarlo cuatro veces. Dado que 0.100 (la suma) está cerca de 0.0975 (el producto), el producto parece razonable.

$$
\begin{array}{r}
0.025 \\
0.025 \\
0.025 \\
+\ 0.025 \\
\hline
0.100
\end{array}
$$

Ejemplo 3 Multiplicar decimales con una calculadora

Usa una calculadora para hallar el producto de 0.985×2.1.

Presiona la tecla (on)

Presiona (0) (.) (9) (8) (5) (×) (2) (.) (1) (enter)

La pantalla mostrará

```
2.0685                Math ▲
```

.

APLICA LAS **MATEMÁTICAS**

Instrucciones: Aplica el proceso de multiplicación de decimales para hallar el valor de las siguientes cantidades.

1. 23 monedas de 10¢
2. 40 monedas de 25¢
3. 75 monedas de 5¢
4. 350 monedas de 1¢

Instrucciones: Halla los productos.

5. 0.5×0.3
6. 3×6.8
7. 0.025×1.3
8. 7.4×0.31

Destreza principal
Aplicar conceptos de sentido numérico

La multiplicación de decimales, como la de números naturales, es una suma repetida.

La profesora de matemáticas de Nina anuncia un examen. Dice "Habrá ocho preguntas y cada una vale **2.5** puntos. Le daré un crédito adicional a cualquiera que me muestre en el pizarrón dos maneras de determinar cuántos puntos obtendrán si responden correctamente todas las preguntas". Llama a Nina al frente. Primero ella escribe el número **2.5** ocho veces y suma la columna de números. Luego, multiplica 2.5×8. Cada vez su respuesta es **20**. Dice "Veinte puntos".

Con un compañero, escribe el producto de 2.3×3.2 como un problema de suma repetida. (Pista: puedes escribir un número como la suma de otros dos números, entonces el segundo **factor**, es decir, el segundo número que se multiplica, en este problema, **3.2**, se puede escribir como $3 + 0.2$.) Cuando termines, comprueba tu respuesta con el método que aprendiste para multiplicar decimales por otros decimales.

Ejemplo 4 Multiplicar decimales con ceros adicionales

Halla el producto de 1.350 y 6.9.

Paso 1 Escribe el problema de multiplicación alineando todo a la derecha e ignorando el valor de posición.

Paso 2 Haz la multiplicación como la harías si fueran números naturales. Determina la cantidad de lugares que se necesitan después del punto decimal (4).

$$
\begin{array}{r}
1.350 \\
\times\ 6.9 \\
\hline
12150 \\
8100\ \ \\
\hline
9.3150
\end{array}
$$

Si observas el dígito que se encuentra más a la derecha en el problema de multiplicación, notarás que es un cero y que no es necesario. Por lo tanto, el problema solo necesita 3 lugares decimales. ¿Por qué sucede esto? La cantidad de lugares decimales que se necesitan en el problema era la cantidad total de lugares decimales de los factores. Después de una mirada más detallada, puedes ver que uno de los factores, 1.350, no estaba escrito usando la cantidad mínima de lugares decimales. Se podría haber simplificado a 1.35 y así solo se habrían necesitado 3 lugares decimales.

Resumen de la multiplicación de decimales

Cuenta la cantidad total de lugares decimales del problema original. Multiplica como lo harías si se trataran de números naturales. Comenzando por el extremo a la derecha del producto, cuenta hacia la izquierda la cantidad requerida de lugares y coloca el punto decimal. Si es necesario, coloca ceros a la izquierda.

Destreza principal
Representar problemas del mundo real

Hay muchas situaciones del mundo real que requieren que multipliques decimales. Eso es porque muchas medidas del mundo real no son exactamente iguales a un número natural. Por ejemplo, piensa en la última vez que compraste algo por su peso, como fruta en la tienda.

Considera el siguiente problema: Jacqueline tiene un jardín rectangular que quiere cubrir durante el invierno para protegerlo del clima. El largo del jardín es **4.7** pies y el ancho es **3.56** pies. La cantidad de tela que necesita sería el área del jardín, es decir que esto sería un problema de multiplicación de decimales. En un cuaderno, determina cuánta tela tendría que comprar Jacqueline para cubrir el jardín.

Repaso de vocabulario

Instrucciones: Completa el espacio en blanco con el término que hace que la oración sea verdadera.

el producto   multiplicación   un factor

1. El número **0.4** es _____ en el problema **0.4 × 0.2 = 0.08**.

2. _____ de **4 × 0.6** es **2.4**.

3. La suma repetida es comúnmente conocida como _____.

Instrucciones: Escribe la cantidad de lugares decimales que tendrá cada producto.

1. $$\begin{array}{r} 1\,7.3 \\ \times 5.9\,2 \\ \hline \end{array}$$
2. $$\begin{array}{r} 4\,2.556 \\ \times 6.293 \\ \hline \end{array}$$
3. $$\begin{array}{r} 3.8\,9 \\ \times\ 1.4 \\ \hline \end{array}$$
4. $$\begin{array}{r} 3.18 \\ \times\ 92 \\ \hline \end{array}$$

Instrucciones: Halla el producto de los números naturales y, luego, úsalo para hallar el producto de los números decimales.

5. 15×12 1.5×1.2

6. 123×8 1.23×0.8

7. 7×9 0.7×9

8. 47×31 0.47×0.031

Práctica de destrezas

Instrucciones: Puedes usar una calculadora para responder estas preguntas. Elige la mejor respuesta.

1. Ralf sabe que el producto de **12** y **3** es **36**. ¿Cuál de las siguientes opciones explica mejor por qué Ralf sabe que **1.2 × 0.03** es igual a **0.036** y no **0.36**?

   A. 1.2 tiene un lugar decimal, entonces el producto debe tener un cero.

   B. Hay un cero en .03, entonces el producto solo debe tener un cero.

   C. El producto tiene tres lugares decimales. Es necesario colocar un cero para ubicar el punto decimal tres lugares a la izquierda de 6 en el producto.

   D. 1.2 tiene un lugar decimal y .03 tiene dos lugares decimales. 2 − 1 = 1, entonces el producto debe tener un cero.

2. Jana quiere comprar **6** toallas nuevas. Cada una cuesta $5.39. Ella multiplica 539 por 6. ¿Dónde debe colocar el punto decimal?

   A. a dos lugares del extremo derecho del producto

   B. a tres lugares del extremo derecho del producto

   C. a cuatro lugares del extremo derecho del producto

   D. a seis lugares del extremo derecho del producto

3. Chen quiere comprar **2.5** libras de carne picada. Si el precio es **$2.38** por libra, ¿cuánto pagará por 2.5 libras?

   A. $4.88

   B. $5.95

   C. $14.75

   D. $11.90

LECCIÓN 2.4

Dividir decimales

Objetivo de la lección

Serás capaz de:
• dividir decimales.

Destrezas

• **Destreza principal:**
Aplicar conceptos de sentido numérico

• **Destreza principal:**
Evaluar el razonamiento

Vocabulario

cociente
dividendo
divisor
evaluar
razonamiento
resumir

Destreza principal
Aplicar conceptos de sentido numérico

Cuando se dividen decimales es importante llevar la cuenta de la cantidad de lugares que se desplazó el punto decimal en el divisor y mover la misma cantidad de lugares en el dividendo. Si no lo haces, el resultado que obtendrás será equivocado en una diferencia de una potencia de diez.

Si un amigo y tú ganaron $27.36 juntando hojas de árboles, ¿cuánto recibiría cada uno si dividen el dinero en partes iguales?

CONCEPTO CLAVE: Dividir decimales es similar a dividir números naturales. La diferencia fundamental es la posición del punto decimal en el cociente, es decir, la respuesta.

Halla cada cociente.

1. $5\overline{)835}$ 3. $59{,}344 \div 16$ 5. $5{,}000 \div 1{,}000$ 7. $5{,}000 \div 10$

2. $30\overline{)510}$ 4. $16{,}000 \div 40$ 6. $5{,}000 \div 100$ 8. $5{,}000 \div 1$

Dividir decimales

Divide los decimales de la misma manera en la que divides los números naturales. Pero cuando el **divisor** (el número que se divide a otro número) es un decimal, desplaza el punto decimal hacia la derecha y escribe el divisor como un número natural. A continuación, mueve el punto decimal en el **dividendo** (el número que se divide) la misma cantidad de lugares que en el divisor. Coloca un punto decimal en el **cociente** (la respuesta) por encima del punto decimal del dividendo y divide. Observa los siguientes ejemplos.

Ejemplo 1 Dividir un decimal por un número natural

Divide 23.7 por 3.

$3\overline{)23.7}$

Paso 1 El divisor, 3, ya es un número natural, entonces coloca el punto decimal del cociente por encima del punto decimal del dividendo.

Paso 2 Divide como lo harías con números naturales.

$$\begin{array}{r} 7.9 \\ 3\overline{)23.7} \\ \underline{21}\downarrow \\ 2\,7 \\ \underline{2\,7} \\ 0 \end{array}$$

Ejemplo 2 Dividir un número natural por un decimal

Divide 18 por 2.4.

$2.4\overline{)18}$

Paso 1 El divisor, 2.4, no es un número natural, entonces desplaza el punto decimal 1 lugar hacia la derecha en el divisor y en el dividendo. Coloca el punto decimal en el cociente justo encima del punto decimal del dividendo nuevo.

$$\begin{array}{r} 7.5 \\ 24\overline{)180.} \\ \underline{168}\downarrow \\ 120 \\ \underline{120} \\ 0 \end{array}$$

Paso 2 Divide como lo harías con números naturales.

Ejemplo 3 Dividir un decimal por un decimal

Divide 17.5 entre 1.25.

$$1.25\overline{)1750}$$

Paso 1 Mueve el punto decimal del divisor para convertirlo en un número natural. En este caso, desplázalo 2 lugares a la derecha.

$$\begin{array}{r} 14 \\ 125\overline{)1750} \\ \underline{125} \\ 500 \\ \underline{500} \\ 0 \end{array}$$

Paso 2 Mueve el punto decimal del dividendo la misma cantidad de lugares que en el paso 1. Si es necesario, coloca ceros.

Paso 3 Coloca un punto decimal en el cociente justo encima del punto decimal del dividendo.

Paso 4 Divide como lo harías con números naturales.

Paso 5 Comprueba tu respuesta multiplicando el cociente por el divisor original. El producto debe ser el dividendo.

$$\begin{array}{r} 14 \\ \times\ 1.25 \\ \hline 17.50 \end{array}$$

14 ← cociente
× 1.25 ← divisor original
17.50 ← dividendo original

RESUMIR LAS IDEAS

Para **resumir** una parte de un texto, se lee todo el fragmento, se separa la información más importante de la menos importante y se reformula esa información importante con tus propias palabras.

Una manera de resumir un fragmento es seguir estos tres pasos: identificar las ideas principales, anotar algunos de los detalles de esas ideas principales y, luego, escribir tu resumen usándolas.

Lee el siguiente párrafo y resume las ideas.

Hay una relación cercana entre la división de números naturales y la división de decimales. Al dividir decimales, cuenta la cantidad de lugares decimales del divisor y así sabrás cuántos lugares debería desplazarse el punto decimal a la derecha para que el divisor se transforme en un número natural. Mueve los puntos decimales hacia la derecha en el divisor y en el dividendo esa cantidad de lugares. Luego, coloca el punto decimal en el cociente justo encima del punto decimal del dividendo. Por ejemplo, $0.2\overline{)4.28}$ se convierte en $2\overline{)42.8}$.

Ideas principales: dividir números naturales, dividir decimales, mover el punto decimal en el divisor, el dividendo y el cociente.

Resumen: Para dividir un decimal entre un decimal, mueve los puntos decimales en el divisor y el dividendo y, luego, coloca un punto decimal en el cociente.

Destreza principal
Evaluar el razonamiento

A veces, cuando se aprenden procedimientos matemáticos, es posible cometer errores en el **razonamiento**, es decir, en el proceso de pensar y hallar una solución. Por lo tanto, es importante **evaluar**, es decir, juzgar, tu razonamiento para ver si se ha cometido algún error en el procedimiento.

Imagina que un estudiante mira rápidamente el ejemplo **3** y saca una conclusión sobre cómo mover el punto decimal en todos los problemas de división que tengan decimales. En el problema de abajo, el estudiante volvió a ver lo que hizo y se dio cuenta del error en el razonamiento. Usó una destreza matemática que se llama *comprobar la respuesta*.

$$1.2\overline{)4.92}^{\,41.} \longrightarrow \begin{array}{r} 41. \\ \times\ 1.2 \\ \hline 82 \\ 41 \\ \hline 49.2 \end{array}$$

$4.92 \neq 49.2$

En un cuaderno, explica cuál fue el error de razonamiento del problema anterior. Luego, muestra cómo hallar el cociente de $4.92 \div 1.2$.

Probablemente escuchaste el término *tormenta de ideas*. La tormenta de ideas es una manera de abordar un problema a partir de un grupo de personas que comparten todas las ideas que se les ocurren mientras tratan de encontrar una solución. Hay estudios que indican que los grupos pueden hallar soluciones creativas cuando hay un libre intercambio de ideas. Una persona puede contribuir con una idea que genera otras ideas y, de este modo, el esfuerzo grupal encuentra soluciones a las que ninguna persona llegaría por su cuenta.

Al trabajar en grupo, alguien puede hacer dibujos que ayuden a visualizar el problema, otra persona puede anotar expresiones que representen el problema y otra persona puede ayudar al grupo a encontrar la solución.

Con un compañero, hagan una tormenta de ideas e intenten hallar otra solución para el ejemplo **4** que tenga una combinación diferente de billetes y monedas.

Yumi y dos de sus amigas ganaron $22.95 lavando carros un sábado. Si dividen el dinero en partes iguales, ¿cuánto recibe cada una?

Paso 1   Divide los dólares en partes iguales. Cada una recibe $7 y sobra $1 más los 95 centavos originales.

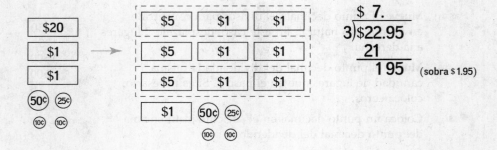

Paso 2   Los $1.95 que sobraron se pueden convertir en 19 monedas de 10¢ y 1 moneda de 5¢. Ahora divide 19 por 3. Cada amiga recibe 6 monedas de 10¢, es decir, 60 centavos, y sobran 1 moneda de 10¢ y la de 5¢.

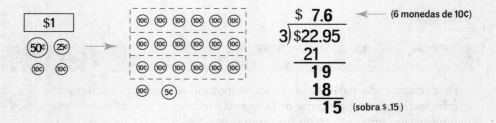

Paso 3   Transforma la moneda de 10¢ y la de 5¢ en 15 monedas de 1¢ y divide por 3. Cada amiga recibe 5 monedas de 1¢ más los 7 dólares y las 6 monedas de 10¢ que habían recibido antes. Entonces, cada una recibe $7.65.

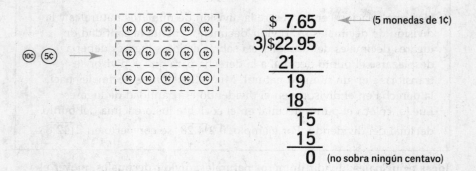

Paso 4   Comprueba la respuesta hallando una estimación con números comparables.

Como $24 dividido 3 es $8, las tres amigas deben recibir aproximadamente $8. El cociente, $7.65, redondeado al dólar más cercano es $8, por lo tanto, la respuesta es razonable.

Ejemplo 5 Dividir decimales con una calculadora

Usa una calculadora para hallar el cociente de 9.72 ÷ 1.2.

Presiona la tecla [on]

Presiona 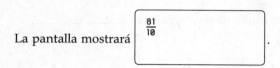.

La pantalla mostrará

> 8.1

Si quieres mostrar el resultado como una fracción, presiona las teclas [2nd] [table].

La pantalla mostrará

> $\frac{81}{10}$

CONEXIÓN
CON LAS
MATEMÁTICAS

El signo de división ÷ no es igual a presionar [2nd] [x^2], que se hace para hallar la raíz cuadrada de un número.

Resumen de la división de decimales

Cuando se dividen decimales, si el divisor es un decimal sigue estos pasos: mueve el punto decimal a la derecha para reescribir el divisor como un número natural y mueve hacia la derecha el punto decimal en el dividendo la misma cantidad de lugares. Si es necesario, agrega ceros. Luego, coloca un punto decimal en el cociente justo encima del nuevo punto decimal del dividendo. Finalmente, divide como con los números naturales.

APLICA LAS MATEMÁTICAS

Instrucciones: Divide.

1. 0.72 ÷ 8
2. 1.6)‾48
3. 42 ÷ 0.7
4. 1.6)‾1.44
5. 1.44 ÷ 0.3
6. 0.9)‾$5.4
7. 57.5 ÷ 2.5
8. 6)‾$4.80

Instrucciones: Completa cada una de las oraciones usando uno de los siguientes términos.

el cociente   el dividendo   el divisor   el razonamiento   evaluar

1. _____ en el problema 5)7.5 es 7.5.

2. _____ en el problema 5)7.5 es 1.5.

3. _____ en el problema 5)7.5 es 5.

4. Si colocas el punto decimal en el lugar incorrecto al momento de dividir, deberás _____ los pasos que seguiste para hallar la respuesta.

5. Puedes usar _____ matemático para determinar que una comida que cuesta **$24** se puede dividir en partes iguales entre **5** amigos.

Repaso de destrezas

Instrucciones: Al lado de cada problema está la cantidad de lugares que debe moverse el punto decimal tanto en el dividendo como en el divisor. Evalúa si esto es correcto o si muestra un error de razonamiento. Si hay un error, indica la cantidad correcta de lugares que hay que mover el punto decimal.

1. 8.9)36.223   1 lugar a la derecha

2. 0.35)1.127   2 lugares a la derecha

3. 26.35 ÷ 0.5   2 lugares a la derecha

4. 18 ÷ 0.02   2 lugares a la derecha

5. 5)21.15   2 lugares a la derecha

6. 53.9)60   0 lugares a la derecha

7. 3.92 ÷ 7   0 lugares a la derecha

8. 146.72 ÷ 0.16   1 lugar a la derecha

Instrucciones: Escribe un resumen de las ideas de cada párrafo.

9. Es fácil entender cómo se divide un decimal por un número natural. Como el divisor ya es un número natural, no es necesario mover los puntos decimales. Pero sí hay que escribir el decimal en el cociente justo encima del punto decimal en el dividendo. Luego, divide como divides con los números naturales.

10. Así como la resta es lo opuesto a la suma, la división es lo opuesto a la multiplicación. Por lo tanto, comprobar un problema de división es resolver un problema de multiplicación relacionado. Primero, convierte el problema de división en uno de multiplicación. Comprueba que el cociente × el divisor = el dividendo. Por ejemplo, para comprobar que **3.4 ÷ 0.2 = 17**, muestra que **17 × 0.2 = 3.4**.

Práctica de destrezas

Instrucciones: Puedes usar una calculadora para responder estas preguntas. Elige la mejor respuesta.

1. Durante los **8** días que Zuri acampó, llovió. Si la cantidad total de lluvia fue **5.44** pulgadas, ¿cuál fue el promedio diario de lluvia en pulgadas?

   A. 0.068
   B. 0.68
   C. 1.47
   D. 6.8

2. Malik dividió **16.56** por **0.9** y obtuvo la respuesta correcta. ¿Cuál puede haber sido su cálculo?

   A. $9\overline{)165.6}$ con 18.4

   B. $.9\overline{)16.56}$ con 1.84

   C. $9\overline{)1.656}$ con $.184$

   D. $9\overline{)1656.}$ con $184.$

3. Elvio compró **6** libras de plátanos por **$2.34**. ¿Cuál es el valor de cada libra en dólares?

   A. $0.39
   B. $2.56
   C. $2.28
   D. $3.66

4. Lomasi tardó **4.5** horas para recorrer **227.25** millas. ¿Cuál fue su promedio de millas por hora?

   A. 50.5
   B. 5.05
   C. 3.79
   D. 45

Instrucciones: Puedes usar una calculadora para responder estas preguntas. Elige la mejor respuesta.

1. En el número **2.707**, ¿cuál es la diferencia de valor entre los dígitos subrayados?

   A. **0.007** es **100** veces **0.7**.
   B. **0.7** es **10** veces **0.007**.
   C. **0.7** es **100** veces **0.007**.
   D. **0.7** es **70** más que **0.007**.

2. ¿Cuánto es **5.43 ÷ 1.2**?

   A. 0.4525
   B. 4.525
   C. 45.25
   D. 452.5

3. Ashaki compró **3** libras de plátanos a **$0.69** por libra. También compró **1.2** libra de cerezas a **$3.95** por libra y **2.5** libras de uvas a **$4.50** por libra. ¿Cuánto gastó en total?

   A. $15.84
   B. $17.96
   C. $18.06
   D. $22.80

4. Al final de la temporada, dos jugadores de béisbol tuvieron un promedio de bateo de **.206** y **.315**. ¿Cuál fue la diferencia entre ellos?

   A. .521
   B. .111
   C. .109
   D. .019

5. ¿Cuál es el valor de la expresión **2.5 + (0.1 × 56) ÷ (3 + 5)**?

   A. 0.9
   B. 3.2
   C. 8.7
   D. 27.267

6. ¿Cuál es la suma de **1.3 + 12.502 + 0.045**?

   A. 3.0002
   B. 12.56
   C. 13.252
   D. 13.847

7. ¿Cuál es una razón para que los ceros se deban agregar al final de un decimal?

   A. Los ceros se agregan para aumentar su valor.
   B. Los ceros se agregan para que sea más fácil alinear la suma y la resta.
   C. Los ceros se agregan para que el cociente tenga la cantidad correcta de lugares decimales.
   D. Nunca hay que agregar ceros al final de un decimal.

8. ¿Cuál es el cociente?

   $0.42\overline{)4.41}$

   A. 1.5
   B. 1.8522
   C. 3.99
   D. 10.5

9. ¿Cuál es el valor del dígito **7** en **12.372**?

   A. 7 décimas
   B. 7 centésimas
   C. 7 centenas
   D. 7 decenas

10. Rami multiplicó **4.52** por **0.95** y obtuvo **429.4**. ¿Qué error cometió?

    A. No alineó los lugares decimales cuando multiplicó.
    B. No agregó ceros al final del decimal.
    C. No contó los lugares decimales en ambos factores.
    D. No movió el punto decimal antes de multiplicar.

Repaso

Instrucciones: Para las preguntas **11** y **13** consulta la siguiente tabla.

Cuenta de electricidad de Felipe	
Mes	**Monto ($)**
Abril	65.97
Mayo	64.54
Junio	71.90
Julio	90.15

11. ¿En qué mes Felipe pagó menos por la electricidad?

A. abril
B. mayo
C. junio
D. julio

13. ¿Cuánto dinero más que en abril pagó Felipe en julio?

A. $26.61
B. $24.18
C. $18.25
D. $5.93

12. ¿Cuánto es **67.142** redondeado a la décima más cercana?

A. 70
B. 67.1
C. 67
D. 67.14

14. Como trabajadora independiente, a Aponee le pagan por hora. Cobra **$22.00** por hora. El viernes trabajó **7.25** horas. ¿Cuánto debe cobrar por ese trabajo?

A. $29.25
B. $159.50
C. $308
D. $1,595

Comprueba tu comprensión

En la siguiente tabla, encierra en un círculo el número de los ítems que hayas respondido incorrectamente. Al lado de cada título de lección verás las páginas que puedes repasar para aprender el contenido sobre el que trata la pregunta. Repasa especialmente aquellas lecciones en las que hayas respondido incorrectamente la mitad de las preguntas o más.

Capítulo 2: Decimales	Procedimiento	Concepto	Aplicación/ Representación/ Resolución de problemas
Introducción a los decimales pp. 50–53		1, 9 11, 12	
Sumar y restar decimales pp. 54–59	6	7	4, 13
Multiplicar decimales pp. 60–63	10		, 14
Dividir decimales pp. 64–69	2, 5, 8		

Fracciones

Como los decimales, las fracciones se usan para expresar números que son menores que uno y números que no sean números naturales. A menudo las personas usan fracciones en conversaciones que no tienen relación directa con las matemáticas, por ejemplo, "Pasé *medio* día tratando de que mi computadora funcionara" o "Se esperan para hoy tormentas de nieve en *un tercio* del país".

Las fracciones son importantes tanto en lo doméstico como en lo laboral. Cuando se sigue una receta casi siempre hay fracciones. Si usas fracciones cuando compras verduras o carne, te darán la cantidad exacta que necesitas: $1\frac{1}{2}$ libra de carne picada o $\frac{3}{4}$ libra de hongos. La carpintería, la plomería y otros trabajos relacionados con la construcción también requieren de una comprensión de las fracciones: $12\frac{1}{2}$ pies de molduras de madera o un caño de $\frac{3}{4}$ pulg. Incluso programar una reunión o una entrevista requiere del uso de fracciones: una reunión o una entrevista de $\frac{1}{2}$ hora a una hora y *cuarto*.

A medida que estudies las reglas y las operaciones con fracciones, piensa en la manera en que son parte de nuestra vida cotidiana.

Entre los **conceptos clave** que estudiarás están:

Lección 3.1: Introducción a las fracciones
Representar, comparar y ordenar fracciones para comprender y desarrollar su significado y valor.

Lección 3.2: Sumar y restar fracciones
Comprender y aplicar estrategias para hallar las sumas y las diferencias de fracciones que tengan denominadores iguales o distintos.

Lección 3.3: Multiplicar y dividir fracciones
Ampliar y desarrollar ideas sobre la multiplicación y la división para incluir la multiplicación y la división de fracciones.

Lección 3.4: Números mixtos
Comprender los números mixtos y realizar operaciones básicas de suma, resta, multiplicación y división con números mixtos.

Antes de comenzar este capítulo, establece tus objetivos de aprendizaje.
Piensa en cómo te beneficiará ampliar tus conocimientos sobre las fracciones.

Usa la tabla de acciones y fracciones que está a continuación para pensar en las fracciones con cada comida. Escribe las fracciones que usas o escuchas. Puedes escribir palabras (*medio* o *un cuarto*), números ($\frac{1}{2}$ o $\frac{1}{4}$) o una combinación de ambas cosas. Agrega más acciones a la primera columna para las actividades adicionales de tu día que tengan fracciones.

Acción	Fracción	Cómo se usó
Pedir comida		
Comprar comida		
Preparar comida		
Compartir comida		

Introducción a las fracciones

CONCEPTO CLAVE: Representar, comparar y ordenar fracciones para comprender y desarrollar su significado y valor.

Escribe el decimal que se muestra en cada diagrama.

1. 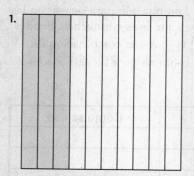 2.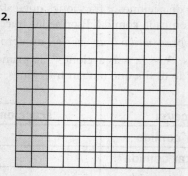

Compara los decimales de cada par usando <, >, o =.

3. 0.2 _____ 0.8   **4.** 0.67 _____ 0.55   **5.** 0.7 _____ 0.70

Comprender las fracciones

Los decimales implican cualquier cantidad de partes de un entero hecho de 10, 100, 1,000, etc. Las **fracciones** son otra manera de mostrar partes de un entero. Una **fracción** está hecha de dos números: el numerador y el denominador. Por ejemplo, la fracción $\frac{3}{4}$ tiene a 3 como numerador y a 4 como denominador. El **numerador** indica la cantidad de partes que tomamos y el **denominador** es la cantidad total de partes del entero.

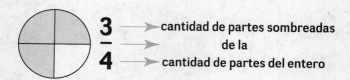

3 ——→ cantidad de partes sombreadas
——→ de la
4 ——→ cantidad de partes del entero

Ejemplo 1 Escribir la fracción que muestra un diagrama

¿Qué fracción se muestra en el diagrama?

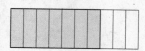

Paso 1   Cuenta la cantidad total de partes sombreadas que tiene el diagrama. Ese es el numerador de la fracción. Hay 7 partes sombreadas, entonces el numerador es 7.

Paso 2   Cuenta la cantidad total de partes que tiene el entero. Este es el denominador de la fracción. Hay 10 partes en el entero, entonces el denominador es 10.

Paso 3 Escribe la fracción con el numerador en la parte superior y el denominador en la parte inferior: $\frac{7}{10}$.

El numerador de una fracción es el número que está arriba. Es el que indica la cantidad de partes que tomamos. El denominador de una fracción es el número que está abajo. Es el que señala la cantidad de partes que tiene el entero.

RECONOCER DETALLES

Además de las ideas principales, normalmente los textos contienen detalles. En general son aspectos específicos de la información relacionados con la idea principal. Los detalles pueden describir, cuantificar o respaldar la idea principal.

Reconocer los detalles es una destreza que te ayudará a comprender lo que lees.

Lee el siguiente texto y reconoce los detalles.

> (1) Una **fracción** es una manera de representar las partes de un entero.
> (2) El **denominador** es el número que está abajo. (3) Muestra en cuántas partes iguales se dividió el entero. (4) El **numerador** es el número que está arriba. (5) Indica cuántas de las partes iguales están siendo contadas.

¿Cuáles son los detalles del fragmento anterior?

_____

_____

_____

La idea principal del fragmento queda establecida en la oración 1: una fracción representa las partes de un entero. Los detalles que apoyan y extienden la idea están en las oraciones 2, 3, 4 y 5. Las oraciones 2 y 4 describen qué representan los diferentes números de una fracción. Las oraciones 3 y 5 explican cómo se relacionan los números con las partes de un entero.

Destreza principal
Interpretar representaciones de datos

Un **diagrama** es un dibujo o una imagen que muestra información matemática o de otro tipo. Por eso, aprender a interpretar la información de los diagramas es una destreza importante. Los diagramas que aparecen en esta lección son herramientas que se pueden usar para representar visualmente las fracciones. Cada diagrama de un entero está dividido en partes y algunas de las partes están sombreadas. Las partes sombreadas **representan**, es decir, simbolizan, el numerador. La cantidad total de partes del entero representa el denominador.

En un cuaderno, haz un diagrama para representar la fracción $\frac{2}{5}$. Explica de qué manera el diagrama representa esta fracción.

CONEXIÓN CON LAS MATEMÁTICAS

Cuando haces un diagrama para representar una fracción, no importa qué tipo de figura dibujas siempre y cuando se pueda dividir fácilmente en la cantidad correcta de partes iguales.

APLICA LAS MATEMÁTICAS

Instrucciones: Escribe la fracción mostrada en el diagrama.

1.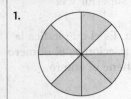

_____

3.

2.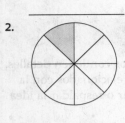

_____

4.

Escribir fracciones equivalentes

Las **fracciones equivalentes** son fracciones que tienen el mismo valor. Cualquier fracción multiplicada por alguna forma de 1 generará una fracción equivalente. Las formas de 1 son cualquier fracción en la que el numerador es igual al denominador, como $\frac{1}{1}$, $\frac{2}{2}$, $\frac{6}{6}$ o $\frac{102}{102}$. Observa los siguientes diagramas.

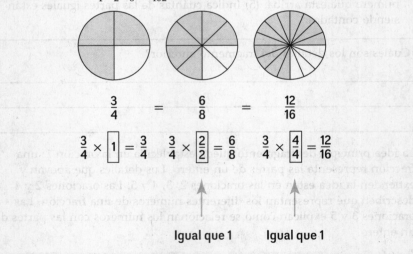

$$\frac{3}{4} = \frac{6}{8} = \frac{12}{16}$$

$$\frac{3}{4} \times \boxed{1} = \frac{3}{4} \qquad \frac{3}{4} \times \boxed{\frac{2}{2}} = \frac{6}{8} \qquad \frac{3}{4} \times \boxed{\frac{4}{4}} = \frac{12}{16}$$

Igual que 1   Igual que 1

Una fracción está en su **mínima expresión** cuando el numerador y el denominador no pueden dividirse de manera exacta (con resto de cero) por el mismo número natural (distinto de 1). Dado que las fracciones se pueden escribir como muchas fracciones equivalentes, escribir una fracción en su mínima expresión hace que la comparación de valores sea más fácil.

Ejemplo 2 Escribir fracciones equivalentes

Escribe tres fracciones equivalentes a $\frac{4}{5}$.

Paso 1 Multiplica $\frac{4}{5}$ por tres formas diferentes de 1.

$$\frac{4}{5} \times \frac{4}{4} = \frac{16}{20}; \qquad \frac{4}{5} \times \frac{20}{20} = \frac{80}{100}; \qquad \frac{4}{5} \times \frac{50}{50} = \frac{200}{250}$$

Paso 2 Escribe las tres fracciones equivalentes: $\frac{16}{20}$; $\frac{80}{100}$; $\frac{200}{250}$.

Ejemplo 3 Hallar una fracción equivalente específica

Escribe una fracción con un denominador igual a 12 que sea equivalente a $\frac{21}{36}$.

Paso 1 Plantea el problema: $\frac{21}{36} = \frac{?}{12}$.

Paso 2 Divide por una forma de 1.
Como $36 \div 3 = 12$, divide el numerador y el denominador por 3 $\left(\frac{3}{3} = 1\right)$.
$$\frac{21}{36} \div \frac{3}{3} = \frac{7}{12}$$

Paso 3 Comprueba tu respuesta multiplicando $\frac{7}{12}$ por $\frac{3}{3}$.
$$\frac{7}{12} \times \frac{3}{3} = \frac{21}{36}$$
La respuesta es correcta. $\frac{7}{12}$ es equivalente a $\frac{21}{36}$.

Ejemplo 4 Reescribir una fracción en su mínima expresión

Reescribe $\frac{20}{24}$ como una fracción en su mínima expresión.

Paso 1 Divide el numerador y el denominador por un número o varios hasta que ambos no se puedan dividir más.
$$\frac{20}{24} = \frac{20}{24} \div \frac{2}{2} = \frac{10}{12} \div \frac{2}{2} = \frac{5}{6} \text{ o}$$
$$\frac{20}{24} = \frac{20}{24} \div \frac{4}{4} = \frac{5}{6}$$

Paso 2 Escribe $\frac{20}{24}$ en su mínima expresión: $\frac{5}{6}$.

Ejemplo 5 Usar una calculadora para reducir una fracción a su mínima expresión

Usa una calculadora para reducir $\frac{28}{32}$ a su mínima expresión.

Presiona el botón on.

Presiona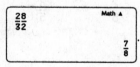

Presiona enter

La pantalla debe mostrar

$\frac{28}{32}$	Math ▲
	$\frac{7}{8}$

La fracción $\frac{28}{32}$ en su mínima expresión es $\frac{7}{8}$.

En resumen, para hallar fracciones equivalentes, multiplica la fracción por formas de 1, como $\frac{2}{2}$, $\frac{10}{10}$ o $\frac{50}{50}$. Para hallar fracciones equivalentes específicas, multiplica o divide por formas de 1.

Para reescribir fracciones en su mínima expresión, divide el numerador y el denominador por el mismo número o números hasta que ambos ya no se puedan dividir o usa una calculadora.

APLICA LAS **MATEMÁTICAS**

Instrucciones: Empareja la letra de cada número o fracción con
el número natural o la fracción apropiada.

_____ **1.**	una fracción equivalente a $\frac{2}{3}$	**A.** 3
_____ **2.**	el numerador que falta en la ecuación $\frac{15}{25} = \frac{?}{5}$	**B.** $\frac{1}{3}$
_____ **3.**	el numerador que falta en la ecuación $\frac{7}{9} = \frac{?}{27}$	**C.** $\frac{10}{15}$
_____ **4.**	$\frac{16}{18}$ escrita en su mínima expresión	**D.** $\frac{8}{9}$
_____ **5.**	$\frac{14}{42}$ escrita en su mínima expresión	**E.** 21

Comparar y ordenar fracciones

A menudo es necesario comparar fracciones. Cuando hay más de dos
fracciones, se suelen escribir en un orden que va de menor a mayor o de mayor
a menor. Una manera de comparar las fracciones es usar una recta numérica.
Otra forma es hallar un denominador común para ambas fracciones y comparar
los numeradores.

Ejemplo 6 Usar una recta numérica para comparar fracciones

¿Cuál es mayor: $\frac{7}{10}$ o $\frac{3}{5}$?

Paso 1 Traza una recta numérica con quintos y décimos.

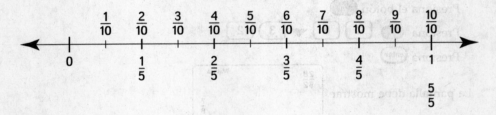

Paso 2 Ubica ambas fracciones sobre la recta numérica.

Como $\frac{7}{10}$ está a la derecha de $\frac{3}{5}$, $\frac{7}{10}$ es mayor que $\frac{3}{5}$. Escribe $\frac{7}{10} > \frac{3}{5}$.

Ejemplo 7 Hallar un denominador común para comparar fracciones

Compara $\frac{5}{6}$ y $\frac{7}{8}$.

Paso 1 Identifica un denominador común para las dos fracciones. Haz una lista con los múltiplos de 6 y de 8 hasta que encuentres un **múltiplo común**, es decir, un número que es múltiplo de los dos denominadores.

Múltiplos de 6: **6** (6 × 1), **12** (6 × 2), **18** (6 × 3), **24** (6 × 4)

Múltiplos de 8: **8** (8 × 1), **16** (8 × 2), **24** (8 × 3)

Paso 2 Reescribe $\frac{5}{6}$ y $\frac{7}{8}$ como fracciones que tienen un denominador de 24 (el múltiplo común).

$$\frac{5}{6} = \frac{?}{24} \longrightarrow \frac{5 \times 4}{6 \times 4} = \frac{20}{24} \qquad \frac{7}{8} = \frac{?}{24} \longrightarrow \frac{7 \times 3}{8 \times 3} = \frac{21}{24}$$

Paso 3 Compara los numeradores.

Como 20 < 21, $\frac{20}{24} < \frac{21}{24}$ y $\frac{5}{6} < \frac{7}{8}$.

Ejemplo 8 Ordenar fracciones

Escribe el conjunto de fracciones en orden de menor a mayor.

$$\frac{3}{4}, \frac{2}{3}, \frac{5}{6}$$

Paso 1 Reescribe las fracciones usando un denominador común.

Como 12 es un múltiplo común de 3, 4 y 6, reescribe las fracciones usando 12 como el denominador común.

$$\frac{3}{4} = \frac{3 \times 3}{4 \times 3} = \frac{9}{12} \qquad \frac{2}{3} = \frac{2 \times 4}{3 \times 4} = \frac{8}{12} \qquad \frac{5}{6} = \frac{5 \times 2}{6 \times 2} = \frac{10}{12}$$

Paso 2 Compara los numeradores.

Como 8 < 9 < 10, $\frac{8}{12} < \frac{9}{12} < \frac{10}{12}$ y $\frac{2}{3} < \frac{3}{4} < \frac{5}{6}$.

APLICA LAS MATEMÁTICAS

Instrucciones: Responde las siguientes preguntas.

1. ¿Cómo usarías una recta numérica para comparar las fracciones $\frac{3}{4}$ y $\frac{7}{8}$?

   _____

2. ¿Cómo usarías un denominador común para comparar $\frac{1}{4}$ y $\frac{1}{6}$?

   _____

3. Ordena los siguientes números de mayor a menor.

   $$\frac{7}{9}, \frac{2}{3}, \frac{5}{6}$$

   _____

Las fracciones equivalentes son fracciones que representan el mismo número, como $\frac{1}{2}$ y $\frac{2}{4}$ o 3 y $\frac{3}{1}$. Usar fracciones equivalentes puede ayudar a resolver problemas que hallamos en la vida cotidiana.

Considera el siguiente problema: la señora Lenhart preparó **3** pasteles de manzana para su clase de quinto grado. Cortó cada pastel en **8** porciones para que sus estudiantes lo compartieran. ¿Cuántas porciones de pastel compartieron los estudiantes de la señora Lenhart? En un cuaderno, escribe la fracción equivalente apropiada multiplicando la forma correcta de 1.

Antes de cortar

Después de cortar

Instrucciones: Completa las oraciones usando una de las siguiente palabras.

el denominador   el numerador   fracciones equivalentes
mínima expresión   un múltiplo común   una fracción

1. _____ está hecha de dos partes. Es una manera de mostrar las partes de un entero.

2. El número que está en la posición de abajo de una fracción es _____. Indica la cantidad de partes que tiene el entero.

3. Una fracción está en su _____ cuando el numerador y el denominador no se pueden dividir de manera exacta por el mismo número natural (distinto de 1).

4. _____ de una fracción es el número que está en el lugar de arriba. Muestra la cantidad de partes.

5. Un denominador común de dos o más fracciones se puede hallar buscando _____ de las fracciones.

6. Las fracciones que tienen el mismo valor son _____.

Instrucciones: Subraya y menciona los detalles de cada texto. Luego, explica de qué manera los detalles apoyan la idea principal.

1. Las fracciones equivalentes tienen el mismo valor. Una manera de hallar una fracción equivalente es multiplicando una fracción por una forma de 1. Una forma de 1 es cualquier fracción en la que el numerador y el denominador son iguales, como $\frac{5}{5}$. Otra manera de hallar una fracción equivalente es dividiendo por una forma de 1.

_____

_____

_____

2. Hay varias maneras de comparar dos fracciones. Una manera es hallando un denominador común. Enumera los múltiplos de cada denominador. El primer múltiplo común es el mínimo común denominador de las dos fracciones. Reescribe las fracciones con el denominador común. Luego, compara los numeradores de las fracciones para determinar cuál es la fracción menor y cuál es la fracción mayor.

_____

_____

_____

Instrucciones: Usa un diagrama para representar las fracciones que están a continuación. Explica cómo las representa el diagrama.

3. $\frac{6}{7}$ 4. $\frac{5}{6}$ 5. $\frac{3}{8}$ 6. $\frac{4}{9}$

Instrucciones: Usa diagramas para mostrar las siguientes fracciones equivalentes.

7. la cantidad de doceavos equivalentes a $\frac{3}{4}$ 8. la cantidad de quintos equivalentes a $\frac{8}{10}$

Instrucciones: Puedes usar una calculadora para responder estas preguntas. Elige la mejor respuesta.

1. ¿En cuál de las siguientes opciones las fracciones están ordenadas de menor a mayor?

   A. $\frac{2}{5}, \frac{1}{2}, \frac{5}{8}$

   B. $\frac{2}{3}, \frac{5}{6}, \frac{5}{8}$

   C. $\frac{3}{4}, \frac{4}{5}, \frac{7}{10}$

   D. $\frac{1}{2}, \frac{3}{5}, \frac{5}{9}$

3. Un centro comunitario está preparando equipos de sóftbol mixtos en el verano. De las personas que se anotaron para los equipos, $\frac{4}{7}$ son mujeres. Si se anotaron **42** personas, ¿cuántas son mujeres?

   A. 28

   B. 24

   C. 20

   D. 16

2. ¿Qué fracción está representada por la parte sombreada del diagrama?

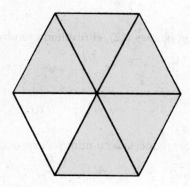

   A. $\frac{1}{8}$

   C. $\frac{5}{6}$

   B. $\frac{1}{6}$

   D. $\frac{7}{8}$

4. ¿Qué fracción está escrita en su mínima expresión?

   A. $\frac{7}{35}$

   B. $\frac{4}{18}$

   C. $\frac{18}{21}$

   D. $\frac{14}{25}$

Sumar y restar fracciones

CONCEPTO CLAVE: Comprender y aplicar estrategias para hallar las sumas y las diferencias de fracciones que tengan denominadores iguales o distintos.

Empareja cada fracción con una fracción equivalente.

_____ 1. $\frac{6}{10}$ _____ 2. $\frac{5}{14}$ _____ 3. $\frac{9}{15}$

A. $\frac{27}{45}$ B. $\frac{25}{70}$ C. $\frac{12}{20}$

Escribe cada fracción en su mínima expresión.

4. $\frac{12}{15}$ _____   5. $\frac{18}{42}$ _____   6. $\frac{26}{50}$ _____

Sumar y restar fracciones con denominadores iguales

Cuando sumas o restas fracciones, mira si los denominadores son **iguales** o **distintos**.

Ejemplo 1 Sumar fracciones con denominadores iguales

Suma $\frac{5}{12}$ y $\frac{7}{12}$.

Paso 1 Mira los denominadores. Si son iguales (12), el resultado tendrá ese denominador (12).

$$\frac{5}{12} + \frac{7}{12} = \frac{\square}{12}$$

Paso 2 Suma los numeradores.

$$\frac{5}{12} + \frac{7}{12} = \frac{12}{12}$$

Paso 3 **Simplifica** la respuesta, es decir, redúcela a su mínima expresión.

$\frac{12}{12} = 1$, entonces $\frac{5}{12} + \frac{7}{12} = \frac{12}{12} = 1$

Ejemplo 2 Restar fracciones con denominadores iguales

Resta $\frac{1}{10}$ a $\frac{7}{10}$.

Step 1 Mira los denominadores. Son iguales (10), entonces el resultado tendrá el mismo denominador (10).

$$\frac{7}{10} - \frac{1}{10} = \frac{\square}{10}$$

Step 2 Resta los numeradores.

$$\frac{7}{10} - \frac{1}{10} = \frac{6}{10}$$

Step 3 Simplifica la respuesta.

$$\frac{6}{10} \div \frac{2}{2} = \frac{6 \div 2}{10 \div 2} = \frac{3}{5}, \text{ entonces } \frac{7}{10} - \frac{1}{10} = \frac{6}{10} = \frac{3}{5}$$

Cuando repases los dos ejemplos anteriores de suma o resta de fracciones con denominadores iguales, recuerda la secuencia de pasos. Primero, suma o resta los numeradores. Los denominadores serán los mismos que los originales. Luego, si es necesario, escribe la suma o diferencia en su mínima expresión.

APLICA LAS MATEMÁTICAS

Instrucciones: Halla cada suma o diferencia. Reduce la respuesta a su mínima expresión.

1. $\frac{5}{12} + \frac{3}{12}$ _____   3. $\frac{7}{18} - \frac{1}{18}$ _____

2. $\frac{31}{36} - \frac{5}{36}$ _____   4. $\frac{11}{20} + \frac{7}{20}$ _____

Sumar y restar fracciones con denominadores distintos

Cuando sumas o restas fracciones que tienen denominadores que no son iguales, primero halla fracciones equivalentes que tengan un **denominador común**, es decir, un múltiplo común de los denominadores de las dos fracciones. Luego, suma o resta las fracciones.

A veces los problemas del mundo real relacionados con fracciones son acerca de cosas como la mitad de una pizza. Es fácil sumar o restar fracciones cuando puedes visualizar las porciones individuales de una pizza que representan partes de la pizza entera. Una pizza tiene **8** porciones y tu hermana y tú han comido **4** de ellas. ¿Cuánto queda de la pizza? Es sencillo notar que queda la mitad. Una vez que te familiarizaste con las fracciones, por supuesto, ya no necesitas visualizar las partes reales de un entero para sumar o restar. Serás capaz de realizar operaciones con fracciones en una hoja o con una calculadora.

Suma $\frac{7}{12}$ y $\frac{1}{3}$.

Paso 1 Mira los denominadores. Son distintos (12 y 3). Halla un múltiplo común de esos dos números: 12.

Paso 2 Halla una fracción equivalente a $\frac{1}{3}$ usando un denominador común de 12.

$\frac{1}{3} = \frac{\square}{12}$ Piensa: $3 \times ? = 12$

$\frac{1}{3} \times \frac{4}{4} = \frac{4}{12}$ Multiplica por $\frac{4}{4}$, es decir, 1.

Paso 3 Suma usando doceavos.

$\frac{7}{12} = \frac{7}{12}$ Suma los numeradores.

$+ \ \frac{1}{3} = \frac{4}{12}$

$\frac{11}{12}$ El nuevo denominador es 12.

La respuesta ya está en su mínima expresión.

Ejemplo 4 Restar fracciones con denominadores distintos

Resta $\frac{1}{5}$ a $\frac{3}{4}$.

$$\frac{3}{4} = \frac{\square}{20}$$
$$- \ \frac{1}{5} = \frac{\square}{20}$$

Paso 1 Mira los denominadores. Son distintos (5 y 4). Un múltiplo común es 20, porque $5 \times 4 = 20$.

Paso 2 Halla fracciones equivalentes a $\frac{1}{5}$ y $\frac{3}{4}$ usando 20 como denominador.

$\frac{3}{4} = \frac{\square}{20}$ Piensa: $4 \times ? = 20$

$\frac{3}{4} \times \frac{5}{5} = \frac{15}{20}$ Multiplica por $\frac{5}{5}$, es decir, 1.

$\frac{3}{4} = \frac{15}{20}$

$\frac{1}{5} = \frac{\square}{20}$ Piensa: $5 \times ? = 20$

$\frac{1}{5} \times \frac{4}{4} = \frac{4}{20}$ Multiplica por $\frac{4}{4}$, es decir, 1

$\frac{1}{5} = \frac{4}{20}$

Paso 3 Resta usando doceavos.

$\frac{3}{4} = \frac{15}{20}$ Resta los nuevos numeradores.

$- \ \frac{1}{5} = \frac{4}{20}$

$\frac{11}{20}$ El nuevo denominador es 20.

La respuesta ya está en su mínima expresión.

Ejemplo 5 Usar una calculadora para sumar o restar fracciones

Resuelve $\frac{9}{10} - \frac{1}{15}$.

Presiona el botón (on).

Presiona (n/d) (9) ▼ (1) (0) ▶ (−) (n/d) (1) ▼ (1) (5).

Presiona (enter).

La pantalla debe mostrar

$$\frac{9}{10} - \frac{1}{15} \qquad \text{Math} \blacktriangle \qquad \frac{5}{6}$$

$\frac{9}{10} - \frac{1}{15} = \frac{5}{6}$

Ejemplo 6 Resolver un problema con denominadores distintos

Ray pasó $\frac{1}{12}$ hora elongando antes de correr por la mañana. Corrió durante $\frac{2}{3}$ hora. ¿Qué parte de una hora pasó Ray elongando y corriendo?

Paso 1 Plantea el problema.

$$\frac{1}{12} = \frac{\square}{12}$$
$$+ \ \frac{2}{3} = \frac{\square}{12}$$

Paso 2 Suma.

$$\frac{1}{12} = \frac{1}{12}$$
$$+ \ \frac{2}{3} = \frac{8}{12}$$
$$\overline{\qquad \frac{9}{12}}$$

Paso 3 Simplifica. $\frac{9}{12} = \frac{3}{4}$

La secuencia para sumar y restar fracciones con denominadores distintos es la siguiente. Primero se debe hallar un denominador común. En segundo lugar hay que escribir las fracciones equivalentes con el nuevo denominador. En tercer lugar hay que sumar o restar los numeradores. En cuarto lugar, si es necesario, escribe la respuesta en su mínima expresión.

APLICA LAS MATEMÁTICAS

Instrucciones: Completa los espacios en blanco.

1. Para resolver $\frac{3}{8} + \frac{1}{3}$, es necesario encontrar un múltiplo común de _____ y _____. Un múltiplo común es _____. El resultado en su mínima expresión es _____.

2. Para resolver $\frac{5}{6} - \frac{1}{3}$, es necesario encontrar un múltiplo común de _____ y _____. Un múltiplo común es _____. El resultado en su mínima expresión es _____.

Instrucciones: Empareja cada término con uno de los enunciados que están a continuación.

_____ 1. denominador común   _____ 3. simplificar

_____ 2. denominadores iguales   _____ 4. denominadores distintos

A. Es lo que haces para reducir una fracción, como $\frac{2}{10}$, a su mínima expresión.

B. Describe fracciones como $\frac{11}{12}$ y $\frac{2}{15}$, cuyos denominadores no son iguales.

C. Un ejemplo sería 12 porque es un múltiplo de los denominadores de $\frac{2}{3}$ y $\frac{3}{4}$.

D. Las fracciones $\frac{3}{10}$ y $\frac{7}{10}$ son ejemplos por sus denominadores.

Instrucciones: Escribe los pasos que seguirías para hallar la suma o la diferencia de las siguientes fracciones. Luego, halla el resultado.

1. $\frac{3}{10} + \frac{2}{5}$ 2. $\frac{13}{15} - \frac{4}{15}$

Instrucciones: Describe los pasos que seguirías para hallar la diferencia entre $\frac{7}{8}$ y $\frac{3}{10}$ en tu calculadora. Luego, halla el resultado.

3. _____

_____

_____

_____

_____

_____

Práctica de destrezas

Instrucciones: Elige la respuesta apropiada para cada pregunta.

1. La suma de $\frac{1}{6}$ y otra fracción es $\frac{7}{12}$. ¿Cuál es la otra fracción?

   A. $\frac{5}{12}$

   B. $\frac{6}{12}$

   C. $\frac{2}{3}$

   D. $\frac{3}{4}$

2. Una tabla muestra los tipos de clavos que se usan según el espesor de la madera prensada. El rango del espesor va de $\frac{1}{4}$ pulg a $\frac{3}{4}$ pulg. En pulgadas, ¿cuál es la diferencia de espesor de la madera prensada?

   A. $\frac{1}{4}$

   B. $\frac{1}{2}$

   C. $\frac{3}{4}$

   D. 1

Instrucciones: Reduce las fracciones a su mínima expresión.

3. Jorge pasó $\frac{1}{2}$ hora quitando maleza de su jardín trasero y $\frac{3}{12}$ hora en su jardín de entrada. ¿Cuánto tiempo más, en una fracción de hora, pasó quitando maleza en el jardín trasero?

   _____

4. Maya compró $\frac{3}{4}$ yarda de tela para forrar una banqueta. Cuando intentó hacerlo, le faltó $\frac{1}{8}$ yarda. ¿Cuántas yardas de tela en total necesita Maya para forrar la banqueta?

   _____

Multiplicar y dividir fracciones

Serás capaz de:

• multiplicar fracciones.

• dividir fracciones.

Destrezas

• **Destreza principal:**
Aplicar el sentido
numérico

• **Destreza principal:**
Realizar operaciones

Vocabulario

inverso multiplicativo
invertir
recíproco

CONEXIÓN
CON LAS
MATEMÁTICAS

Los números naturales se
pueden reescribir como
fracciones colocando el
número natural en el
numerador y escribiendo el
denominador como 1. $3 = \frac{3}{1}$,
$100 = \frac{100}{1}$ y $67 = \frac{67}{1}$.

Asegúrate de no confundir
los números naturales con
las fracciones que son
equivalentes a 1. $\frac{4}{4} = 1$,
mientras que $\frac{4}{1} = 4$.

CONCEPTO CLAVE: Ampliar y desarrollar ideas sobre la multiplicación y
la división para incluir la multiplicación y la división de fracciones.

Escribe cada fracción en su mínima expresión.

1. $\frac{16}{28}$ _____   2. $\frac{45}{80}$ _____

3. $\frac{88}{96}$ _____   4. $\frac{12}{16}$ _____

Multiplicar fracciones

Dos fracciones se pueden multiplicar si se multiplican los numeradores y
los denominadores y se simplifica el producto.

Ejemplo 1 Multiplicar una fracción por una fracción

Multiplica $\frac{5}{8}$ y $\frac{3}{4}$.

Paso 1 Multiplica los numeradores. Luego, multiplica los denominadores.

$$\frac{5}{8} \times \frac{3}{4} = \frac{5 \times 3}{8 \times 4} = \frac{15}{32}$$

Paso 2 Si es necesario, reescribe la respuesta en su mínima expresión.
En este caso, ya está en su mínima expresión.

Ejemplo 2 Usar una calculadora para multiplicar fracciones

Halla $\frac{8}{15} \times \frac{5}{8}$.

Presiona el botón **on**

Presiona  8 ▼ 15 ▶ ✕ 5 ▼ 8.

Presiona **enter**.

La pantalla debe mostrar

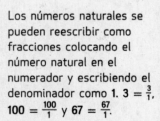

$$\frac{8}{15} \times \frac{5}{8} = \frac{1}{3}$$

APLICA LAS MATEMÁTICAS

Instrucciones: Empareja cada problema de multiplicación con su producto. Todos los productos están en su mínima expresión.

_____ 1. $\frac{1}{5} \times \frac{3}{8}$ _____ 3. $\frac{9}{10} \times \frac{5}{6}$

_____ 2. $\frac{7}{12} \times \frac{2}{3}$ _____ 4. $\frac{11}{25} \times \frac{9}{11}$

  A. $\frac{3}{4}$ B. $\frac{9}{25}$ C. $\frac{3}{40}$ D. $\frac{7}{18}$

Dividir fracciones

La multiplicación y la división son operaciones inversas. Para dividir por una fracción, debes multiplicar el dividendo por el **recíproco** (el número que al multiplicarse por el divisor arroja como resultado un producto de 1) del divisor. Para hallar el recíproco de cualquier número, **invierte**, es decir, da vuelta, la fracción o cambia los lugares del numerador y del denominador. Por ejemplo, la forma invertida de

$\frac{3}{7}$ es $\frac{7}{3}$. En este caso, $\frac{7}{3}$ es el recíproco de $\frac{3}{7}$ porque $\frac{7}{3} \times \frac{3}{7} = \frac{21}{21} = 1$.

Después de cambiar el signo de división por el de multiplicación y el divisor por su recíproco, multiplica las fracciones.

Ejemplo 3 Dividir por una fracción

Halla $3 \div \frac{1}{16}$.

Paso 1 Cambia el signo de división por el de multiplicación e invierte el divisor (multiplica por el recíproco del divisor).

$3 \div \frac{1}{16} = \frac{3}{1} \times \frac{16}{1}$ $(3 = \frac{3}{1})$

Paso 2 Ahora es un problema de multiplicación. Multiplica los numeradores y los denominadores.

$\frac{3}{1} \times \frac{16}{1} = \frac{3 \times 16}{1 \times 1} = \frac{48}{1} = 48$

Paso 3 Si es necesario, simplifica escribiendo la respuesta en su mínima expresión. En este caso, la respuesta está en su mínima expresión.

Ejemplo 4 Usar una calculadora para dividir fracciones

Halla $\frac{5}{9} \div \frac{2}{3}$.

Presiona el botón **on**.

Presiona  5 ▼ 9 ▶ ÷ 2 ▼ 3 **enter**.

La pantalla debe mostrar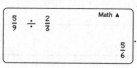

$\frac{5}{9} \div \frac{2}{3} = \frac{5}{6}$

Destreza principal
Aplicar el sentido numérico

Juan tiene una empresa que se dedica a sacar la nieve. Del dinero que gana, $\frac{1}{2}$ es para pagarles a sus empleados (y la otra mitad es para los gastos de mantenimiento). Juan tiene **5** empleados (incluyéndolo a él mismo) y les paga lo mismo a todos. ¿Qué fracción de la cantidad de dinero total que gana Juan es para pagarle a un solo empleado? Si es necesario, usa la siguiente barra de fracción para determinar la fracción correcta.

CONEXIÓN CON LAS MATEMÁTICAS

Otra manera de ver el ejemplo 3 es preguntarte: _¿Cuántos dieciseisavos hay en 3 enteros?_

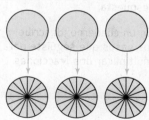

1 entero es igual a **16** (**1 × 16**) dieciseisavos.

2 enteros son iguales a **32** (**2 × 16**) dieciseisavos.

3 enteros son iguales a **48** (**3 × 16**) dieciseisavos.

Por lo tanto, $3 \div \frac{1}{16}$ es igual a **3 × 16**.

Al recíproco también se lo llama **inverso multiplicativo**.

Destreza principal
Realizar operaciones

Las matemáticas dependen de la **regularidad**, es decir, la repetición de patrones. Habrás notado que en este libro a menudo se usa una forma de resolución de los problemas que supone seguir una serie de pasos. También habrás visto que una secuencia específica de pasos se usa con regularidad para resolver problemas relacionados.

Por ejemplo, cuando divides una fracción por otra fracción, repites los mismos pasos en el mismo orden. Primero, cambias el signo de división por el de multiplicación. Luego, inviertes el divisor. Después, multiplicas los numeradores. Lo siguiente es multiplicar los denominadores. Finalmente, si es posible, simplificas la respuesta.

En un cuaderno, describe los pasos que seguiste para multiplicar dos fracciones.

APLICA LAS MATEMÁTICAS

Instrucciones: Resuelve los siguientes problemas.

1. Escribe un problema de matemáticas que muestre cómo hallar la cantidad de tercios en **9**. Luego, halla la cantidad de tercios. Muestra tu trabajo.

_____

_____

_____

2. Una pica es una medida de $\frac{1}{6}$ pulgada. Generalmente se usan para medir texto. Si una línea de texto mide **3** pulgadas de longitud, ¿cuántas picas mide?

_____

Repaso de vocabulario

Instrucciones: Completa los espacios en blanco uno de los siguientes términos.

inverso multiplicativo   invertir   recíproco

1. El recíproco es igual que el _____.

2. El _____ de 18 es $\frac{1}{18}$.

3. Cuando divides fracciones, es necesario _____ el divisor.

Repaso de destrezas

Instrucciones: Describe los pasos que seguirías para dividir dos fracciones cualesquiera usando una calculadora.

1. _____

_____

_____

_____

_____

Práctica de destrezas (continuación)

2. Fahrenheit y Celsius son escalas de temperatura. Puedes pasar temperaturas de una escala a la otra. Por ejemplo, para convertir **104** grados Fahrenheit a grados Celsius, resta **32** a **104**. Luego, multiplica por $\frac{5}{9}$. Con lo que sabes sobre las relaciones inversas, ¿cómo convertirías **40** grados Celsius a grados Fahrenheit? Muestra los cálculos para apoyar tu razonamiento.

_____

_____

_____

_____

_____

Práctica de destrezas

Instrucciones: Elige la respuesta apropiada para cada pregunta.

1. ¿Cuál de estas opciones es el cociente de $\frac{2}{3}$ dividido por $\frac{4}{5}$?

A. $\frac{8}{15}$

B. $\frac{5}{6}$

C. $\frac{6}{5}$

D. $\frac{15}{8}$

2. ¿Cuántas columnas de $\frac{1}{2}$ pulgada puede colocar Ana en una tabla que mide **10** pulgadas de longitud?

A. 5
B. 10
C. 15
D. 20

3. Un grupo de personas está limpiando un camino de **15** millas después de una tormenta. Si el grupo limpia $\frac{3}{5}$ milla por día, ¿cuántos días les llevará limpiar el camino?

A. 25
B. 15
C. 9
D. 3

4. Tyrone dice que el cociente de $\frac{1}{4} \div \frac{5}{8}$ es $\frac{5}{32}$. ¿Cuál de estas opciones describe mejor el enunciado de Tyrone?

A. Tiene razón.
B. Se olvidó de invertir el divisor antes de multiplicar.
C. Se olvidó de invertir el dividendo antes de multiplicar.
D. Se olvidó de invertir las dos fracciones antes de multiplicar.

Números mixtos

CONCEPTO CLAVE: Comprender los números mixtos y realizar las operaciones básicas de suma, resta, multiplicación y división con números mixtos.

Halla cada suma o diferencia. Si es necesario, simplifica la respuesta.

1. $\frac{3}{10} + \frac{3}{5}$ **2.** $\frac{7}{8} - \frac{1}{3}$

Halla cada producto o cociente. Si es necesario, simplifica la respuesta.

3. $\frac{5}{9} \times \frac{3}{7}$ **4.** $\frac{2}{3} \div \frac{5}{6}$

Sumar y restar números mixtos

La suma de un número natural y una fracción es un **número mixto**. Por ejemplo, $2\frac{3}{5}$ es igual a $1 + 1 + \frac{3}{5}$, o $\frac{5}{5} + \frac{5}{5} + \frac{3}{5}$. El diagrama muestra que $2\frac{3}{5}$ es igual que $\frac{13}{5}$.

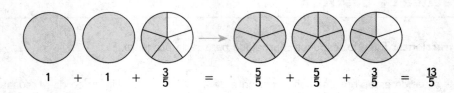

$$1 \quad + \quad 1 \quad + \quad \frac{3}{5} \quad = \quad \frac{5}{5} \quad + \quad \frac{5}{5} \quad + \quad \frac{3}{5} \quad = \quad \frac{13}{5}$$

Una fracción con un numerador mayor o igual que su denominador es una **fracción impropia**. Una fracción con un numerador que es menor que el denominador es una **fracción propia**. Recuerda que una fracción impropia que tiene un numerador igual al denominador, como $\frac{9}{9}$, $\frac{16}{16}$ o $\frac{100}{100}$, es equivalente a 1.

Ejemplo 1 Sumar números mixtos

Suma $2\frac{4}{5}$ y $1\frac{1}{3}$.

Paso 1 Mira los denominadores. Son diferentes (5 y 3).	$2\frac{4}{5} = 2\frac{12}{15}$
Paso 2 **Convierte** las fracciones, es decir, halla fracciones equivalentes con un denominador común de 15.	$+1\frac{1}{3} = 1\frac{5}{15}$
Paso 3 Suma los números naturales.	$3\frac{17}{15}$
Paso 4 Suma las fracciones convertidas.	

Paso 5 **Reduce,** es decir, simplifica la respuesta escribiéndola en su mínima expresión. Como $\frac{17}{15}$ es una fracción impropia, piensa:

$$3\frac{17}{15} = 3 + \frac{15}{15} + \frac{2}{15} = 4\frac{2}{15}$$

RESUMIR DETALLES DE APOYO

Generalmente los textos tienen muchos **detalles** de apoyo, es decir, información que apoya la idea principal. A veces tratar de recordar cada uno de los detalles es demasiado difícil. Resumir estos detalles es una manera de analizar la información de un modo general. Un resumen no tiene todos y cada uno de los detalles de información de un texto, sino que incluye solo los detalles más importantes y los presenta en forma clara.

Cuando haces un resumen, los detalles que son similares se pueden agrupar juntos. Por ejemplo, "Javier leyó 5 libros en junio, 6 libros en julio y 4 en agosto" se puede resumir como "Javier leyó 15 libros en el verano".

Algunos detalles se pueden omitir en tu resumen. "El seguro de Maggie cubre la salud, la visión y el plan dental. Tiene un seguro de vida opcional. Los gastos deducibles son bajos. Su tarjeta de seguro tiene nubes azules". Si el objetivo del texto es describir el seguro de Maggie, el detalle sobre las nubes se puede omitir.

Lee el siguiente texto. A medida que lo lees, identifica los detalles más importantes.

Isra quiere comprar un paquete de televisión por cable e Internet. El plan que le gusta se llama Paquete plateado. Tiene 5 canales de aire, 30 canales básicos de cable y 40 canales de cables especializados. También incluye un canal de películas. Por una pequeña tarifa puede agregar un dispositivo de grabación digital (DGD) que viene con un control remoto que lleva 2 pilas AA. La conexión a Internet está incluida. Ella cree que es una buena opción porque le encanta ver películas. Los otros paquetes que ofrece la misma empresa no le gustan tanto.

Un buen resumen contendrá las características del paquete: 75 canales, 1 canal de películas, la opción del DGD y el servicio de Internet. Los detalles como qué tipo de pilas lleva el control remoto se pueden omitir.

Como en las situaciones del mundo real no siempre hay números naturales, es más probable que aparezcan fracciones mixtas o fracciones impropias en los cálculos. Considera el siguiente problema.

Claire está entrenando para un maratón. Corre $8\frac{1}{3}$ millas el lunes, $9\frac{4}{5}$ millas el martes, $11\frac{5}{6}$ millas el miércoles, **12** millas el jueves y $14\frac{7}{8}$ millas el viernes. ¿Cuántas millas corrió Claire en la semana? Si quisiera correr **100** millas durante toda la semana, incluyendo el sábado y el domingo, ¿cuántas millas más debería correr durante el fin de semana para lograr su objetivo? En un cuaderno, escribe la ecuación correcta para determinar cuántas millas ha corrido Claire. Luego, responde las preguntas.

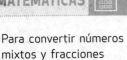
Ejemplo 2 Restar números mixtos

Resta $1\frac{3}{4}$ a $3\frac{1}{6}$.

Paso 1 Mira los denominadores. Son distintos (4 y 6).

$3\frac{1}{6} = 3\frac{2}{12}$

Paso 2 Convierte las fracciones usando 12 como el denominador.

$- 1\frac{3}{4} = 1\frac{9}{12}$

Paso 3 Resta las partes fraccionarias y los números naturales. Si no es posible, convierte el primer número mixto quitando 1 al número natural, convirtiéndolo en una fracción y sumándolo a la fracción. Entonces,

$3\frac{2}{12} = 2 + 1 + \frac{2}{12} = 2 + \frac{12}{12} + \frac{2}{12} = 2\frac{14}{12}$.

Paso 4 Resta las fracciones convertidas y los nuevos números naturales.

$3\frac{1}{6} = 3\frac{2}{12} = 2\frac{14}{12}$

Paso 5 Si es necesario, simplifica la respuesta. En este caso, $1\frac{5}{12}$ está en su mínima expresión.

$- 1\frac{3}{4} = 1\frac{9}{12} = 1\frac{9}{12}$

$1\frac{5}{12}$

Multiplicar y dividir números mixtos

Cuando multiplicas y divides números mixtos, primero debes convertir los números mixtos en fracciones impropias. Luego, sigue los pasos para multiplicar y dividir fracciones.

Ejemplo 3 Multiplicar números mixtos

Multiplica $1\frac{2}{3}$ y $2\frac{1}{5}$.

Paso 1 Convierte los números mixtos en fracciones impropias.

$1\frac{2}{3} = \frac{(1 \times 3) + 2}{3} = \frac{5}{3}; 2\frac{1}{5} = \frac{(2 \times 5) + 1}{5} = \frac{11}{5}$

Paso 2 Multiplica las fracciones impropias multiplicando los numeradores y los denominadores.

$1\frac{2}{3} \times 2\frac{1}{5} = \frac{5}{3} \times \frac{11}{5} = \frac{55}{15}$

Paso 3 Convierte la fracción impropia en un número mixto y simplifica la fracción.

$\frac{55}{15} = 3\frac{10}{15} = 3\frac{2}{3}$

Ejemplo 4 Dividir números mixtos

Halla $1\frac{3}{8} \div \frac{1}{2}$.

Paso 1 Convierte los números mixtos en fracciones impropias.

$$1\frac{3}{8} \div \frac{1}{2} = \frac{11}{8} \div \frac{1}{2}$$

Paso 2 Cambia el signo de división por el de multiplicación e invierte el divisor.

$$\frac{11}{8} \div \frac{1}{2} = \frac{11}{8} \times \frac{2}{1}$$

Paso 3 Ahora es un problema de multiplicación. Termínalo multiplicando los numeradores y los denominadores y simplificando el resultado si es necesario.

$$\frac{11}{8} \times \frac{2}{1} = \frac{22}{8} = \frac{11}{4} = 2\frac{3}{4}$$

CONEXIÓN CON LAS MATEMÁTICAS

Practica la conversión de números mixtos en fracciones impropias. Puedes convertir el número mixto $3\frac{2}{5}$ en la fracción impropia equivalente: $3\frac{2}{5} = \frac{17}{5}$.

Ejemplo 5 Usar una calculadora con números mixtos

Resuelve $2\frac{1}{2} \div 3\frac{1}{2}$.

Presiona el botón (on).

Presiona

La pantalla debe mostrar

$2\frac{1}{2}$ ÷ $3\frac{1}{2}$	Math ▲
	$\frac{5}{7}$

$$2\frac{1}{2} \div 3\frac{1}{2} = \frac{5}{7}$$

APLICA LAS MATEMÁTICAS

Instrucciones: Indica la operación que usarás para resolver el problema. Luego, resuélvelo.

1. Un caballo de fuerza es la potencia necesaria para elevar **33,000** libras una distancia de un pie en un minuto. Si esto es unas $1\frac{1}{2}$ vez la potencia que puede tener un caballo en promedio, ¿cuánto peso sería esperable que elevara un caballo normal en una distancia de un pie en un minuto?

_____

Instrucciones: Elige el término correcto de los paréntesis para completar cada oración.

1. Si una fracción es (propia, impropia), entonces el numerador es mayor o igual al denominador.

2. (Los números mixtos, Las fracciones impropias) tienen una parte fraccionaria y una parte que es un número natural.

3. Cuando sumas o restas números mixtos, es posible que necesites (reducir, convertir) las fracciones usando un denominador común.

4. La parte fraccionaria de un número mixto es una (fracción propia, fracción impropia).

5. Se (reduce, convierte) una fracción cuando se la escribe en su mínima expresión.

Repaso de destrezas

Instrucciones: Resume los detalles de cada texto. Explica por qué ciertos detalles se omiten.

1. Para dividir fracciones y números mixtos, debes convertir cualquier número mixto en una fracción impropia. Una fracción impropia tiene un numerador mayor o igual que el denominador. Por ejemplo, si el divisor de un problema de división es $3\frac{1}{8}$, debes convertirlo en la fracción impropia $\frac{25}{8}$. Luego, debes invertir el divisor. El divisor es el número por el que divides. El dividendo es el número que divides. Después, multiplicas los numeradores y los denominadores. A veces el resultado no está en su mínima expresión. Si ese es el caso, simplifícalo. Si el resultado simplificado es una fracción impropia, reescríbela como un número mixto o un número natural.

_____

Instrucciones: Usa las relaciones que hiciste en tu cuaderno para describir o explicar lo siguiente.

2. Describe las similitudes entre sumar fracciones y sumar números mixtos o entre restar fracciones y restar números mixtos.

_____

3. Explica cómo se pueden aplicar los pasos que seguiste para multiplicar o dividir fracciones a la multiplicación o la división de números mixtos.

_____

Práctica de destrezas

Instrucciones: Elige la respuesta apropiada para cada pregunta.

1. Kamil usó $2\frac{2}{3}$ tazas de harina para preparar una tanda de galletas de limón para el día de campo de la empresa. Si quiere preparar $1\frac{1}{2}$ tanda de galletas de limón, ¿cuántas tazas de harina debe usar?

   A. $1\frac{1}{6}$

   B. $1\frac{7}{9}$

   C. 4

   D. $4\frac{1}{6}$

2. Resuelve $10\frac{3}{4} - 6\frac{4}{5}$.

   A. $3\frac{19}{20}$

   B. $4\frac{1}{10}$

   C. $4\frac{9}{20}$

   D. $4\frac{19}{20}$

3. ¿Cuál es el primer paso a la hora de resolver el siguiente problema?
   $$4\frac{7}{12} \div 3\frac{1}{10}$$

   A. hallar un denominador común para $\frac{7}{12}$ y $\frac{1}{10}$

   B. invertir el divisor y multiplicar

   C. multiplicar los numeradores y los denominadores de las partes fraccionarias

   D. convertir los números mixtos en fracciones impropias

4. Un restaurante tiene $6\frac{1}{2}$ galones de una salsa secreta. Una receta para hacer cerdo asado lleva $\frac{3}{4}$ galón de la salsa secreta. ¿Cuántas recetas *completas* se pueden preparar con esta salsa?

   A. 9   C. 7

   B. 8   D. 5

Instrucciones: Elige la mejor respuesta para cada pregunta.

1. ¿Qué fracción está escrita en su mínima expresión?

   A. $\frac{4}{8}$

   B. $\frac{4}{14}$

   C. $\frac{4}{15}$

   D. $\frac{4}{16}$

2. ¿Cuál es el primer paso para hallar la suma de $\frac{2}{4}$ y $\frac{1}{3}$?

   A. sumar los numeradores
   B. convertir las fracciones
   C. sumar los denominadores
   D. hallar un denominador común

3. El jueves Yamina trabajó $4\frac{2}{3}$ horas por la mañana y $2\frac{7}{8}$ horas por la tarde. ¿Cuántas horas trabajó en total ese día?

   A. $7\frac{13}{24}$ C. $6\frac{13}{24}$

   B. $7\frac{5}{24}$ D. $6\frac{9}{24}$

4. Un escritor escribió $2\frac{3}{8}$ páginas por hora durante $7\frac{1}{2}$ horas. ¿Cuántas páginas escribió en total?

   A. $5\frac{12}{17}$ C. $16\frac{13}{17}$

   B. $14\frac{1}{8}$ D. $17\frac{13}{16}$

5. ¿Cuál es el producto de dos factores que son fracciones propias positivas?

   A. una fracción cuyo valor es menor que los factores
   B. una fracción cuyo valor es mayor que los factores
   C. un número mixto
   D. un número cuyo valor es igual al factor mayor

6. ¿Cuál es el siguiente paso para hallar $4\frac{2}{7} \div 2\frac{1}{7}$?

   A. $\frac{7}{30} \times \frac{15}{7}$

   B. $\frac{30}{7} \div \frac{15}{7}$

   C. $2\frac{1}{7} \div 4\frac{2}{7}$

   D. $\frac{7}{30} \times \frac{15}{7}$

7. Una receta requiere 1 taza de manteca $2\frac{2}{3}$ tazas de harina, $\frac{1}{2}$ taza de azúcar y 1 taza de pasas. Si Kalie duplica la receta, ¿cuántas tazas de harina tiene que usar?

   A. $6\frac{1}{3}$ C. $4\frac{1}{3}$

   B. $5\frac{1}{3}$ D. $3\frac{1}{6}$

8. ¿Cuál es el primer paso para hallar $2\frac{1}{5} - 1\frac{3}{5}$?

   A. hallar un denominador común para las fracciones
   B. convertir el primer número mixto
   C. convertir los dos números mixtos
   D. restar los numeradores de las fracciones

9. Nichelle necesita **6** tablas que miden $3\frac{1}{3}$ pies de longitud cada una para hacer estantes. Quiere cortar los estantes de una tabla larga y que no sobre nada. ¿Cuántos pies de longitud debe tener la tabla original?

   A. 15

   B. 18

   C. $19\frac{1}{2}$

   D. 20

12. ¿Qué fracción impropia en su mínima expresión es igual a $4\frac{2}{7}$?

   A. $\frac{15}{7}$

   B. $\frac{30}{7}$

   C. $\frac{13}{7}$

   D, $\frac{28}{7}$

10. Jake tenía $7\frac{3}{5}$ galones de pintura para madera. Después de pintar unas escaleras, le quedaban $5\frac{2}{3}$ galones de pintura. ¿Cuántos galones de pintura usó Jake para pintar las escaleras?

   A. $2\frac{14}{15}$

   B. $1\frac{14}{15}$

   C. $1\frac{1}{2}$

   D. $1\frac{1}{15}$

13. ¿Qué conjunto de fracciones está ordenado de mayor a menor?

   A. $\frac{4}{5}, \frac{7}{9}, \frac{3}{4}, \frac{4}{6}$

   B. $\frac{3}{4}, \frac{4}{6}, \frac{7}{9}, \frac{4}{5}$

   C. $\frac{4}{5}, \frac{4}{6}, \frac{7}{9}, \frac{3}{4}$

   D. $\frac{3}{4}, \frac{4}{6}, \frac{4}{5}, \frac{7}{9}$

11. Ayca restó $10\frac{5}{7} - 8\frac{2}{9}$ y obtuvo $2\frac{3}{63}$. ¿Qué error cometió?

   A. No halló un denominador común.

   B. No restó correctamente los números naturales.

   C. No convirtió correctamente las fracciones.

   D. Sumó en vez de restar.

14. ¿Cuál es el primer paso de una secuencia de pasos para dividir números mixtos?

   A. Cambiar el signo de división por el de multiplicación.

   B. Hallar un denominador común para la parte fraccionaria de los números mixtos.

   C. Convertir los números mixtos en fracciones impropias.

   D. Multiplicar las fracciones impropias.

Repaso

En la siguiente tabla, encierra en un círculo el número de los ítems que hayas respondido incorrectamente. Al lado de cada título de lección verás las páginas que puedes repasar para aprender el contenido sobre el que trata la pregunta. Repasa especialmente aquellas lecciones en las que hayas respondido incorrectamente la mitad de las preguntas o más.

Capítulo 3: Fracciones	Procedimiento	Concepto	Aplicación/ Representación/ Resolución de problemas
Introducción a las fracciones pp. 74–81	1	13	
Sumar y restar fracciones pp. 82–87		2	
Multiplicar y dividir fracciones pp. 88–91		5	
Números mixtos pp. 92–97	6, 8, 12	11, 14	3, 4, 7, 9, 10

UNIDAD 2

Álgebra básica

Enteros

CAPÍTULO 4

Los enteros son un conjunto de números que incluye a los números naturales y a los negativos de los números naturales distintos de cero. Los enteros pueden compararse, ordenarse, sumarse, restarse, multiplicarse y dividirse. El concepto de *valor absoluto,* que es la distancia de un número con respecto al 0 en la recta numérica, es esencial para comprender los enteros y las operaciones que se pueden realizar con ellos. Los enteros son números positivos y negativos.

Los enteros se usan en la vida cotidiana. Puedes registrar las ganancias (+) o las pérdidas (–) en la bolsa de valores según los valores aumenten o disminuyan. Si controlas tu cuenta corriente o administras tu cuenta bancaria por Internet, tal vez notes que en ciertos momentos tu saldo baja a menos de cero. Si vives en un clima frío, seguramente has experimentado temperaturas bajo cero. Siempre que escuches o leas acerca de números positivos o negativos, estarás aprendiendo sobre los enteros.

Entre los **conceptos clave** que estudiarás están:

Lección 4.1: Introducción a los enteros y al valor absoluto
Identificar, comparar y ordenar enteros y hallar su valor absoluto para comprender mejor su significado y su valor.

Lección 4.2: Sumar enteros
Dos maneras de hallar la suma de dos enteros son usar una recta numérica y aplicar una secuencia de reglas.

Lección 4.3: Restar enteros
Restar dos enteros sumando productos y cocientes que se está restando.

Lección 4.4: Multiplicar y dividir enteros
Aplicar reglas para hallar productos y cocientes de enteros.

Lección 4.5: Cuadrícula de coordenadas
La cuadrícula de coordenadas es un método para ubicar puntos en el plano mediante direcciones y números.

Antes de comenzar este capítulo, establece tus objetivos de aprendizaje. Piensa en cómo te beneficiará aprender sobre los enteros.

- ¿Qué esperas aprender de las lecciones de este capítulo sobre los enteros?

_____

_____

_____

_____

_____

- ¿De qué modo crees que los enteros se asemejan a los números naturales?

_____

_____

_____

_____

Introducción a los enteros y al valor absoluto

CONCEPTO CLAVE: Identificar, comparar y ordenar enteros, así como hallar su valor absoluto para comprender mejor su significado y su valor.

Ubica cada número en la recta numérica.

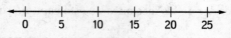

1. 1   **2.** 23   **3.** 7   **4.** 4

Usa los símbolos menor que (<), mayor que (>) o igual a (=) para comparar los números en cada par.

5. 5 □ 9   **6.** 31 □ 0   **7.** 62 □ 14   **8.** 18 □ 18

Comprender los enteros

El conjunto de los **enteros** está formado por los números naturales positivos y negativos y el cero (..., –3, –2, –1, 0, 1, 2, 3, ...) y puede representarse en una recta numérica. El conjunto de los enteros es **infinito**, es decir que se extiende sin fin hacia la izquierda y hacia la derecha del 0 en la recta numérica. Un entero tiene una distancia con respecto al 0 y una dirección (positiva o negativa). Por ejemplo, el entero +5 tiene una dirección positiva y una distancia de 5 con respecto al 0. El entero –5 tiene una dirección negativa y una distancia de 5 con respecto al 0. Como +5 y –5 están a la misma distancia con respecto al 0 pero tienen direcciones opuestas, se los denomina números **opuestos**.

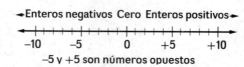

–5 y +5 son números opuestos

Ejemplo 1 Hallar los opuestos de enteros

Usa la recta numérica de la página anterior para obtener el opuesto de –8.

Paso 1   Cuenta cuán lejos está de 0 el número indicado.

         –8 está 8 unidades a la izquierda de 0.

Paso 2   Cuenta la misma distancia desde 0 en la dirección opuesta. El número que está a esa distancia es el opuesto del número indicado. El número que está 8 unidades a la derecha de 0 es +8.

         El opuesto de –8 es +8.

Ejemplo 2 Usar una recta numérica para comparar enteros

Compara –13 y +7.

Paso 1   Ubica los dos enteros en la recta numérica.

```
            −13              +7
  ◄─┼─┼─┼─┼─●─┼─┼─┼─┼─┼─●─┼─┼─┼─┼─►
   −20 −16 −12 −8  −4   0  +4 +8 +12+16+20
```

Paso 2   El valor de los números aumenta a medida que te desplazas por la recta numérica de izquierda a derecha. Como –13 está a la izquierda de +7, –13 es menor (<) que +7. Como +7 está a la derecha de –13, +7 es mayor (>) que –13. Estas dos formulaciones son comparaciones correctas de –13 y +7.

         –13 < +7   o   +7 > –13

Ejemplo 3 Usar una recta numérica para ordenar enteros

Ordena los enteros +13, –5, +7 y –17 de menor a mayor.

Paso 1   Ubica los enteros en la recta numérica.

```
     −17          −5        +7  +13
  ◄─┼─●─┼─┼─┼─┼─┼─●─┼─┼─┼─┼─●─┼─●─┼─┼─►
   −20 −16 −12 −8  −4   0  +4 +8 +12+16+20
```

Paso 2   Escribe los números de izquierda a derecha tal como aparecen en la recta numérica. –17, –5, +7, +13

Destreza principal
Aplicar conceptos de sentido numérico

Como resultado de tu estudio de los números naturales, números positivos y números negativos, ya tienes una base sólida en conceptos numéricos. Puedes aplicar este conocimiento de los números en general para comenzar a estudiar el valor absoluto. También puedes usar rectas numéricas cuando aprendas sobre el valor absoluto en esta lección, pues son una excelente herramienta visual que te ayudará a comprender y explicar este nuevo concepto. Por ejemplo, observa la recta numérica de abajo. ¿A cuántos pies bajo el nivel del mar (**0** pies) se encontró el fósil de dinosaurio?

Luego de leer la lección, escribe y explica en tu cuaderno el concepto de valor absoluto usando tus propias palabras.

Un entero que no tiene el signo + ni el – se considera un entero positivo.

APLICA LAS MATEMÁTICAS

Instrucciones: Identifica si cada número es un entero. Si lo es, indica su opuesto.

1. +4   2. –19   3. 4.5   4. 3   5. $\frac{2}{3}$

Instrucciones: Compara. Escribe > o < en cada □.

6. +1 □ –5   7. –1 □ +8   8. 23 □ –9   9. 0 □ +12

Destreza principal
Representar problemas del mundo real

Parecería que los números negativos no se usan en el mundo real. Por ejemplo, no se pueden recorrer **–100** millas en carro. Lo mismo podría suponerse de los valores absolutos, pero no es cierto. Los números negativos se usan en la vida cotidiana, pero no lo notamos, porque los valores absolutos han tomado su lugar.

Imagina que sacas una tarjeta de crédito en un banco. Como todavía no has comprando nada, tu saldo es $0.00. Luego de hacer algunas compras, recibes un resumen donde se te informa que tu saldo es $125.00. ¿Significa que tienes $125.00 en tu cuenta? No. Como compraste por un valor de $125.00, ahora tu saldo es –$125.00, ya que le debes ese dinero al banco. El número de tu saldo es el total de dinero que no tienes (contando desde el 0). ¡Precisamente esto es el valor absoluto! Escribe en un cuaderno qué significa que el saldo de tu cuenta bancaria sea negativo.

Valor absoluto

Como los enteros opuestos están a la misma distancia de cero, tienen el mismo **valor absoluto**. El valor absoluto es la distancia que separa a un número de 0. La distancia nunca es negativa; por lo tanto, el valor absoluto es siempre un número positivo. El valor absoluto se señala mediante rayas verticales. Por ejemplo, el valor absoluto de +2 se escribe $|+2|$. Como +2 está a 2 unidades de 0, $|+2| = 2$.

Ejemplo 4 Valor absoluto

Halla los valores de $|+4|$ y $|-4|$.

Paso 1 El entero +4 está a 4 unidades de 0 en la recta numérica. $|+4| = 4$.

Paso 2 El entero –4 está a 4 unidades de 0 en la recta numérica. $|-4| = 4$.

Observa que $|+4| = |-4|$.

APLICA LAS MATEMÁTICAS

Instrucciones: Halla cada valor absoluto.

1. $|+9|$ 2. $|-12|$ 3. $|+13|$ 4. $|-25|$

Repaso de vocabulario

Instrucciones: Completa cada oración con el término correcto.

el opuesto   el valor absoluto   infinito   un entero

1. _____ de un entero positivo es un entero negativo.

2. El cero no es _____ positivo ni negativo.

3. Cuando un conjunto de números es _____, los números continúan sin fin.

4. _____ de un número es siempre positivo.

Instrucciones: Usa la siguiente recta numérica para determinar qué número es mayor. Indica tu respuesta escribiendo *mayor que* o *menor que* en los espacios en blanco.

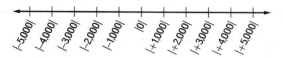

1. −4,351 es _____ +10.

2. +380 es _____ −200.

3. −4,999 es _____ −5,000.

4. 0 es _____ +800.

Instrucciones: Resuelve cada problema. Usa una recta numérica para justificar tu respuesta.

5. Las temperaturas mínimas promedio de esta semana fueron: **20** °F, **15** °F, **−2** °F, **0** °F, **18** °F, **−6** °F y **4** °F. Ordénalas de la más fría a la más cálida.

_____

6. Un río cercano a la casa de María está a **194** pies sobre el nivel del mar. Un río cercano a la casa de Cecilia está a **600** pies sobre el nivel del mar. Compara las alturas de ambos ríos usando enteros y los símbolos > o <.

_____

Práctica de destrezas

Instrucciones: Elige la mejor respuesta para cada pregunta.

1. Cuando la caldera se rompió el invierno pasado, la temperatura en el auditorio descendió a −3 °C. ¿Cuál es el opuesto de −3?

   A. −6
   B. −3
   C. +3
   D. +6

2. ¿Qué opción muestra −32, +24, −10, 0 y +316 ordenados de menor a mayor?

   A. 0, −10, +24, −32, +316
   B. +316, +24, 0, −10, −32
   C. 0, −32, −10, +24, +316
   D. −32, −10, 0, +24, +316

3. Ariana bucea a **89** pies bajo el nivel del mar. ¿Qué entero expresa su ubicación actual?

   A. 89
   B. −89
   C. +89
   D. |89|

4. ¿Qué opción explica una manera de hallar el valor absoluto de un entero?

   A. escribir el opuesto del entero que está entre rayas verticales
   B. comparar el entero con su opuesto
   C. contar cuán lejos de 0 está el entero en la recta numérica
   D. contar cuán lejos de su opuesto está el entero en la recta numérica

Sumar enteros

CONCEPTO CLAVE: Dos maneras de hallar la suma de dos enteros son usar una recta numérica y aplicar una secuencia de reglas.

Halla cada suma o diferencia.

1. $4 + 5$ **2.** $8 + 2$ **3.** $9 - 7$ **4.** $10 - 4$

Usa un signo menor que (<), mayor que (>) o igual a (=) para comparar los números de cada par.

5. $|+5| \square |-9|$ **6.** $|-3| \square |0|$ **7.** $|+8| \square |+4|$ **8.** $|-81| \square |+14|$

Usar una recta numérica para sumar enteros

Puedes usar una recta numérica para sumar dos enteros. Usa el **signo** (ya sea que el entero sea positivo [+] o negativo [−]) de los **sumandos**, es decir, los números que se suman, para saber qué dirección seguir en la recta numérica.

Ejemplo 1 Sumar un entero negativo

Suma $+4 + (-6)$.

Paso 1 Ubica el primer sumando, +4, en la recta numérica.

Paso 2 Desplázate 6 unidades hacia la izquierda, pues estás sumando un número **negativo** (−), es decir, menor que cero, cuyo valor absoluto es 6.

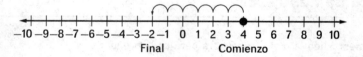

Paso 3 La suma es el número del punto en el que terminaste. En este caso, es −2.

$$+4 + (-6) = -2$$

Ejemplo 2 Sumar un entero positivo a un entero negativo

Sin darse cuenta, Michael gastó $15 más que el dinero que tenía disponible en su cuenta bancaria. Para evitar que le cobren un recargo, depositó inmediatamente $100. ¿Cuánto dinero tiene ahora en su cuenta?

Paso 1 Determina cuál es el primer sumando. Considerando que Michael gastó $15 de más, Michael tiene −$15 en su cuenta.

Paso 2 Escribe el problema de suma. Michael sumó $100 a su cuenta; por lo tanto, la suma es −15 + 100.

Paso 3 En una recta numérica, comienza en −15 y desplázate 100 unidades hacia la derecha.

Paso 4 La suma es el número del punto en el que terminaste. En este caso, es 85. Por lo tanto, Michael tiene ahora $85 en su cuenta bancaria.

SEGUIR UNA SECUENCIA DE PASOS

Algunos pasajes describen acciones que suceden en un determinado orden, llamado **secuencia**. Palabras como *primero, luego, después* y *finalmente* señalan el orden en el que suceden las acciones.

Las secuencias explican el orden de las actividades de una persona. *Sabina fue a la tienda, luego caminó hasta el correo y compró estampillas. Después de eso, envió sus cartas. Finalmente, regresó a su casa.*

Las acciones no siempre están escritas en el orden en el que suceden. *Tahir terminó de leer las últimas sesenta páginas de una novela. Antes de eso, había lavado los platos. Cuando terminó la novela, hizo café y lo sirvió en la taza que había lavado esa mañana.* Aquí se describen cuatro acciones, pero sucedieron en un orden diferente al que se describe por escrito. Tahir lavó una taza, leyó sesenta páginas para terminar una novela, hizo café y lo sirvió en la taza limpia. Las frases *antes, cuando terminó* y *había lavado esa mañana* dan pistas sobre la secuencia.

A veces una secuencia de sucesos puede ser un conjunto de instrucciones. *Para seguir el orden de las operaciones, primero realiza las operaciones entre paréntesis, luego realiza las multiplicaciones y divisiones de izquierda a derecha. Finalmente, realiza las sumas y las restas de izquierda a derecha.*

Lee el siguiente pasaje. Organiza las oraciones en el orden en el que ocurrieron las acciones. Escribe las palabras clave que te ayudaron a ordenarlas.

---

(1) Nayo constató que la temperatura de la noche era 25 °F usando un termómetro. (2) Antes, había medido la temperatura de la tarde usando el mismo método, y el resultado fue 57 °F. (3) Nayo había querido medir la diferencia de temperatura del mediodía con respecto a la de la noche. (4) Luego restó 25 °F a 57 °F y obtuvo 32 °F como resultado. (5) Finalmente, supo que la temperatura había bajado 32 °F desde el mediodía hasta la noche.

---

3 (había querido), 2 (antes), 1 (de la noche), 4 (luego), 5 (finalmente)

Práctica principal
Razonar de manera abstracta

Tal vez hayas oído sobre personas que hacen muchas tareas a la vez. Los números también pueden tener esta característica: hacen el "trabajo" de los números positivos y de los números negativos. Comprender lo que representa un número negativo te permitirá trabajar con esos números cuando realizas operaciones simples, como sumar y restar. En este tipo de cálculos simples, razonas de manera abstracta, es decir, trabajas directamente con números y no con cosas que puedes tocar y contar.

Por ejemplo, imagina que quieres saber cuánto caminas cada día en un período de dos semanas. Razona de manera abstracta para hallar la respuesta. Dicho de otro modo, escribe el problema de forma matemática, sin usar ninguna palabra.

CONEXIÓN
CON LAS
MATEMÁTICAS

Los **sumandos** son los números que se suman.

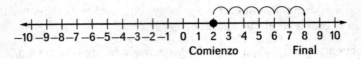

Destreza principal
Realizar operaciones

Las rectas numéricas son una excelente herramienta para sumar un entero positivo y uno negativo, porque permiten **ilustrar**, es decir, usar detalles gráficos para explicar operaciones con enteros. Usando rectas numéricas, puedes demostrar los resultados de cada operación que realices. Para sumar un entero positivo, te desplazas hacia la derecha de la recta numérica. Para sumar un entero negativo, te desplazas hacia la izquierda. Cuando sumas dos enteros positivos, siempre obtienes un resultado positivo. La suma un enteros negativos da un resultado negativo. Cuando sumas un número positivo y uno negativo, primero te mueves en una dirección y luego en la dirección opuesta. El resultado será positivo si el valor absoluto del número negativo es el número menor. De lo contrario, el resultado será cero o un número negativo.

En tu cuaderno, explica por qué podrías obtener cero como resultado cuando sumas un número positivo y uno negativo. Puedes usar una recta numérica para representar casos en los que la suma de los dos números elegidos da cero como resultado.

Suma $+2 + (+6)$.

Paso 1 Ubica el primer sumando, $+2$, en la recta numérica.

Paso 2 Desplázate 6 unidades hacia la derecha, pues estás sumando un número **positivo** (+) (es decir, mayor que cero) cuyo valor absoluto es 6.

$$+2 + (+6) = +8$$

Paso 3 La suma es el número del punto en el que terminaste. En este caso, es $+8$.

En conclusión, para sumar enteros usando una recta numérica, primero halla el primer sumando. Luego, desplázate hacia la derecha para sumar un número positivo o hacia la izquierda para sumar un número negativo.

APLICA LAS MATEMÁTICAS

Instrucciones: Empareja cada problema con su suma. Usa una recta numérica como ayuda.

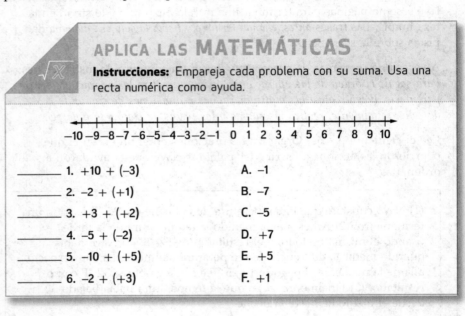

_____ 1. $+10 + (-3)$ A. -1

_____ 2. $-2 + (+1)$ B. -7

_____ 3. $+3 + (+2)$ C. -5

_____ 4. $-5 + (-2)$ D. $+7$

_____ 5. $-10 + (+5)$ E. $+5$

_____ 6. $-2 + (+3)$ F. $+1$

Usar reglas para sumar enteros

Sumar enteros con el mismo signo es parecido a sumar números naturales. El signo de la suma depende del signo de los enteros.

Ejemplo 4 Sumar dos enteros positivos

Halla $+5 + (+7)$.

Paso 1	Halla los valores absolutos.	$+5 + (+7)$
Paso 2	Suma los valores absolutos. Luego, usa el signo de los enteros para determinar el signo del resultado. Si los sumandos son positivos, el resultado será positivo.	$\|+5\| = 5 \quad \|+7\| = 7$ $5 + 7 = 12$ $+5 + (+7) = +12$

Ejemplo 5 Sumar dos enteros negativos

Halla $-5 + (-7)$.

Paso 1	Halla los valores absolutos.	$\|-5\| + \|-7\|$
Paso 2	Suma los valores absolutos. Luego, usa el signo de los enteros para determinar el signo del resultado. Si los sumandos son negativos, el resultado será negativo.	$\|-5\| = 5 \quad \|-7\| = 7$ $5 + 7 = 12$ $-5 + (-7) = -12$

Sumar enteros de signos diferentes es parecido a restar números naturales. El signo de la suma depende del signo del entero de mayor valor absoluto.

Ejemplo 6 Sumar enteros de signos opuestos

Halla $+5 + (-7)$.

Paso 1	Halla y resta los valores absolutos.	$+5 + (-7)$
Paso 2	Usa el signo del entero de mayor valor absoluto. Como -7 tiene un valor absoluto mayor, usa el signo menos, con lo cual obtienes -2.	$\|+5\| = 5 \quad \|-7\| = 7 \quad 7 > 5$ $7 - 5 = 2$ $+5 + (-7) = -2$

En conclusión: para aplicar reglas para sumar enteros con el mismo signo, sigue la misma secuencia de pasos cada vez. Primero suma los valores absolutos de los enteros y luego usa el signo de los enteros.

Para sumar enteros con signos diferentes, también debes seguir la misma secuencia de pasos cada vez. Primero resta los valores absolutos de los enteros y luego usa el signo del entero de mayor valor absoluto.

APLICA LAS **MATEMÁTICAS**

Instrucciones: Empareja cada problema con su suma.

_____	1. $+10 + (+2)$	A.	-14
_____	2. $-2 + (-12)$	B.	-10
_____	3. $+8 + (+8)$	C.	-16
_____	4. $-7 + (-9)$	D.	0
_____	5. $-6 + (+6)$	E.	$+12$
_____	6. $-12 + (+2)$	F.	$+16$

Instrucciones: Completa las oraciones usando uno de los siguientes términos:

el signo   los sumandos   negativos   positivos

1. Los números situados a la izquierda de **0** en una recta numérica son números _____ .

2. Los números situados a la derecha de **0** en una recta numérica son números _____ .

3. _____ son los números que se suman en una expresión de suma.

4. _____ de un número indica si es positivo o negativo.

Instrucciones: Copia la recta numérica e ilustra cómo hallar la suma de cada expresión de abajo.

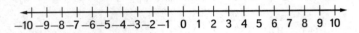

$$-10\;-9\;-8\;-7\;-6\;-5\;-4\;-3\;-2\;-1\quad 0\quad 1\quad 2\quad 3\quad 4\quad 5\quad 6\quad 7\quad 8\quad 9\quad 10$$

1. $+8 + (+1)$

3. $-10 + (+6)$

5. $-9 + (-1)$

2. $+7 + (-3)$

4. $+3 + (-5)$

6. $-3 + (+9)$

Instrucciones: Escribe la secuencia de pasos que debe seguirse para hallar la suma de las siguientes expresiones.

7. $+8 + (+12)$

8. $+14 + (-9)$

9. $-15 + (+7)$

Instrucciones: Lee cada pasaje y ordena las oraciones según el orden en el que sucedieron las acciones. Escribe las palabras clave que te resultaron útiles para ordenar las oraciones.

10. **(1)** Primero, Samuel trazó una recta numérica. **(2)** Luego, marcó la ubicación de –3 en la recta numérica. **(3)** Después, contó hacia la derecha 5 unidades porque estaba sumando un **5** positivo a –**3** negativo. **(4)** Finalmente, Samuel halló que la suma de –**3** más +**5** es +**2**.

11. **(1)** Julio sabía que el resultado de la suma sería positivo. **(2)** Antes había hallado que el valor absoluto de +**6** era mayor que el valor absoluto de –**1**. **(3)** Julio había querido hallar la suma de +**6** + (–**1**). **(4)** Luego de todos estos cálculos, halló que la suma era +**5**. **(5)** Había restado **6** – **1** y había obtenido **5** como resultado.

Práctica de destrezas

Instrucciones: Elige la mejor respuesta para cada pregunta.

1. ¿Cuál de las siguientes opciones explica por qué la suma de −9 y +16 es un número positivo?

   A. +16 está a la derecha de 0 en la recta numérica y −9 está a la izquierda de 0.

   B. Un número positivo más un número negativo es siempre un número positivo.

   C. −9 tiene un valor absoluto mayor que +16 y su signo no es positivo.

   D. +16 tiene un valor absoluto mayor que −9 y su signo es positivo.

2. La temperatura promedio de hoy fue −5 °F. Ayer la temperatura promedio fue 6 °F mayor que la de hoy. ¿Cuál fue la temperatura promedio de ayer?

   A. −11 °F

   B. −1 °F

   C. 1 °F

   D. 11 °F

3. La solución al problema que Alba estaba tratando de resolver es un entero negativo. ¿Cuál de los siguientes problemas podría ser el de Alba?

   A. +8 + (−4)

   B. −8 + (+4)

   C. −6 + (+6)

   D. +7 + (−6)

4. Un buceador descendió primero 35 pies bajo el nivel del mar para encontrarse con un colega. Luego, subió 10 pies para desanudar una cuerda. ¿A qué profundidad se detuvo el buceador para desanudar la cuerda?

   A. −45 pies

   B. −25 pies

   C. 25 pies

   D. 45 pies

Restar enteros

Objetivos de la lección

Serás capaz de:

- usar una recta numérica para restar enteros.
- usar la suma de enteros opuestos para hallar la diferencia entre dos enteros.

Destrezas

- **Destreza principal:** Realizar operaciones
- **Destreza principal:** Representar problemas del mundo real

Vocabulario

marca
punto
resolver

CONEXIÓN CON LAS MATEMÁTICAS

La suma y la resta son operaciones opuestas. Para restar enteros en una recta numérica, haz lo opuesto que hiciste para sumar enteros.

- Desplázate hacia la izquierda de la recta numérica para restar un entero positivo.
- Desplázate hacia la derecha de la recta numérica para restar un entero negativo.

CONCEPTO CLAVE: Restar dos enteros sumando el opuesto del entero que se está restando.

Usa la recta numérica para hallar cada suma.

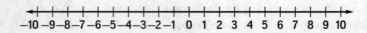

1. $+1 + (-7)$ 2. $-6 + (+4)$ 3. $-10 + (+2)$ 4. $+4 + (-10)$

Halla cada suma.

5. $+10 + (-15)$ 6. $-7 + (+13)$ 7. $-6 + (+8)$ 8. $+5 + (-12)$

Usar una recta numérica para restar enteros

Puedes usar una recta numérica para **resolver**, es decir, hallar el resultado, de un problema de resta con enteros. En la siguiente recta numérica, cada **marca**, es decir, cada división, señala un entero.

Ejemplo 1 Restar un entero negativo

Halla $+4 - (-6)$.

Paso 1 Ubica el primer número, $+4$, en la recta numérica.

Paso 2 Desplázate 6 unidades hacia la derecha, puesto que estás restando un número negativo cuyo valor absoluto es 6. Si estuvieras sumando -6, deberías desplazarte 6 unidades hacia la izquierda. Pero como estás realizando la operación opuesta a la suma, es decir, estás restando, desplázate 6 unidades hacia la derecha.

Comienzo   Final
$+4 - (-6) = +10$

Paso 3 El número del **punto**, es decir, el lugar específico, en donde terminas, es la diferencia. En este caso, es $+10$.

Ejemplo 2 Restar un entero positivo

Halla −2 − (+6).

Paso 1 Ubica el primer número, −2, en la recta numérica.

Paso 2 Desplázate 6 unidades hacia la izquierda, puesto que estás restando un número positivo cuyo valor absoluto es 6.

$$-2-(+6) = -8$$

Paso 3 El número del punto en donde terminas es la diferencia. En este caso, es −8.

Usar la suma para restar enteros

Restar enteros es parecido a sumar enteros. De hecho, puedes reescribir un problema de resta como si fuera un problema de suma y luego sumar.

Ejemplo 3 Restar un entero positivo

Halla +5 − (+7).

Paso 1 Reescribe el problema de manera que sumes el opuesto del entero que se está restando.

Paso 2 Aplica las reglas para sumar enteros.

−7 es el opuesto de +7
$+5 − (+7) \longrightarrow +5 + (−7)$
$|+5| = 5 \qquad |−7| = 7$
$7 − 5 = 2 \qquad 7 > 5;$
por lo tanto,
$+5 + (−7) = −2$
 y
$+5 − (+7) = −2$

Ejemplo 4 Restar un entero negativo

Halla +5 − (−9).

Paso 1 Reescribe el problema de manera que sumes el entero opuesto.

Paso 2 Aplica las reglas para sumar enteros.

+9 es el opuesto de −9
$+5 − (−9) \longrightarrow +5 + (+9)$
$5 + 9 = 14;$ por lo tanto,
$+5 + (+9) = +14$
 y
$+5 − (−9) = +14$

Destreza principal
Representar problemas del mundo real

Reflexiona acerca de este problema que tiene operaciones con enteros. Ginger corrió **11** millas al norte desde su casa para llegar a la casa de su amiga para el almuerzo. Luego, corrió **6** millas en dirección al sur, hacia el parque en donde enseña adiestramiento de perros. ¿A cuántas millas de su casa está Ginger? En un cuaderno, traza una recta numérica y úsala para hallar la respuesta correcta al problema.

APLICA LAS MATEMÁTICAS

Instrucciones: Empareja cada problema con su diferencia.

_____ 1. $+10 - (+2)$ A. -12

_____ 2. $-2 - (-12)$ B. -10

_____ 3. $+8 - (+8)$ C. 0

_____ 4. $-3 - (-9)$ D. $+6$

_____ 5. $-6 - (+6)$ E. $+8$

_____ 6. $-8 - (+2)$ F. $+10$

Repaso de vocabulario

Instrucciones: Completa cada oración con el término correcto de la lista.

el punto   marcas   resolver

1. Las rectas numéricas tienen _____ que indican ciertos números.

2. Cuando usas una recta numérica para restar, _____ donde terminas es la diferencia.

3. _____ un problema de suma es hallar la suma.

Repaso de destrezas

Instrucciones: En cada par de expresiones, copia la recta numérica. Luego, utiliza la recta numérica para realizar las operaciones y resolver las expresiones. Si son iguales, añade un signo igual para hacer una ecuación.

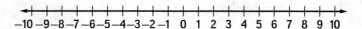

$$-10\ -9\ -8\ -7\ -6\ -5\ -4\ -3\ -2\ -1\ \ 0\ \ 1\ \ 2\ \ 3\ \ 4\ \ 5\ \ 6\ \ 7\ \ 8\ \ 9\ \ 10$$

1. $+8 + (+2)$ y $+8 - (-2)$ 2. $+4 + (-5)$ y $+4 - (+5)$

Instrucciones: Describe cómo hallar la suma y la diferencia sin usar una recta numérica. Compara y contrasta las operaciones.

3. $+12 + (+11)$ y $+12 - (-11)$ 4. $+7 + (-3)$ y $+7 - (+3)$

Instrucciones: Explica lo siguiente.

5. Usa lo que aprendiste acerca de la suma y resta de enteros para explicar cómo sabes que $+10 - (-3)$ es igual a un número positivo sin necesidad de resolver el problema.

Práctica de destrezas

Instrucciones: Elige la mejor respuesta para cada pregunta.

1. La temperatura afuera a las **3:00** p. m. era **3** °F. A las **9** p. m. la temperatura había bajado **8** °F. ¿Cuál era la temperatura a las **9** p. m.?

    A. +11 °F   **C.** −5 °F

    B. +5 °F   **D.** −11 °F

2. Al resolver la ecuación +7 − (−5) en la recta numérica, ¿cuáles de los siguientes pasos seguirías?

    A. ubicar +7 en la recta numérica, luego desplazarte **5** unidades hacia la izquierda

    B. ubicar +7 en la recta numérica, luego desplazarte **5** unidades hacia la derecha

    C. ubicar −5 en la recta numérica, luego desplazarte **7** unidades hacia la izquierda

    D. ubicar −5 en la recta numérica, luego desplazarte **7** unidades hacia la derecha

3. El subsuelo de un edificio está a **40** pies bajo el nivel de la calle. La pared exterior de los cimientos está **8** pies más abajo. En relación con el nivel de la calle, ¿a cuántos pies se encuentra la pared exterior del subsuelo?

    A. +48 pies

    B. +32 pies

    C. −32 pies

    D. −48 pies

4. El saldo de la cuenta corriente de May era $245. May emitió un cheque por $302. En caso de que no hubiera ningún impuesto al cheque, ¿cuál sería ahora el saldo?

    A. −$57

    B. −$55

    C. $57

    D. $547

5. El estaño se funde a aproximadamente **231** °C y el oxígeno se funde a aproximadamente −**218** °C. ¿Cuál es la diferencia entre la temperatura de fusión del estaño y la del oxígeno?

    A. 453 °C   **C.** −249 °C

    B. 449 °C   **D.** −449 °C

6. ¿Cuál es la diferencia entre −92 y 114?

    A. −206

    B. −22

    C. 22

    D. 206

7. ¿Cuál de las siguientes operaciones tendrá un resultado negativo?

    A. −23 + 24

    B. −23 − (−24)

    C. 24 + (−23)

    D. −23 − 24

8. ¿Cuál de las siguientes opciones explica por qué −**9** menos +**16** da como resultado un número negativo?

    A. +**16** está a la derecha de **0** en la recta numérica y −**9** está a la izquierda de **0**.

    B. −**9** es el primer número del problema y es negativo.

    C. Un número negativo menos un número positivo equivale a sumar dos números negativos.

    D. Un número negativo menos un número positivo da como resultado un número negativo cuando el segundo número es mayor que el primero.

Multiplicar y dividir enteros

CONCEPTO CLAVE: Usar reglas para hallar el producto y el cociente de enteros.

Halla cada suma o diferencia.

1. $-4 + (-4)$
2. $-8 + (-8)$
3. $+9 + (+9)$
4. $+4 + (+4)$
5. $-12 - (-6)$
6. $-10 - (-5)$
7. $+14 - (+7)$
8. $+20 - (+10)$

Multiplicar enteros

Recuerda que la multiplicación es una suma repetida. Una acción **repetida** sucede una y otra vez. Puedes recurrir a tus conocimientos de la suma de enteros del mismo signo para multiplicar enteros.

Ejemplo 1 Positivo × positivo = Positivo

Halla $+4 \times (+3)$.

Paso 1 Reescribe el problema como una suma repetida.

Paso 2 Suma +3 cuatro veces. Recuerda que un número positivo más un número positivo es un número positivo.
$+4 \times (+3) = +12$

$4 \times (+3) =$
$(+3) + (+3) + (+3) + (+3) = +12$

Ejemplo 2 Positivo × negativo = Negativo

Halla $+4 \times (-3)$.

Paso 1 Reescribe el problema como una suma repetida.

Paso 2 Suma −3 cuatro veces. Recuerda que un número negativo más un número negativo es un número negativo.
$+4 \times (-3) = -12$

$4 \times (-3) =$
$(-3) + (-3) + (-3) + (-3) = -12$

Recuerda que cada entero tiene un opuesto. Ten en cuenta esta idea como ayuda para comprender que un número negativo multiplicado por un número positivo da como resultado un número negativo, y que un número negativo multiplicado por un número negativo da como resultado un número positivo.

LEER UNA TABLA

Una **tabla** es una manera de organizar la información en **filas** y **columnas**. Una tabla tiene celdas que contienen información organizadas de forma horizontal (filas) y vertical (columnas) para hacer que la información sea más fácil de comprender. Una tabla tiene un título y rótulos. En el **título** se especifica lo que muestra la tabla. Los rótulos identifican la información en filas y columnas separadas.

Analiza la siguiente tabla y luego responde las preguntas.

CANTIDAD DE MINUTOS QUE ATIAN UTILIZÓ EN SU CELULAR

	Miércoles	Jueves	Viernes	Sábado
Día	23	46	10	0
Noche y fin de semana	113	38	24	176

En el título se especifica que la tabla muestra la cantidad de minutos que usó Atian en el transcurso de cuatro días. Puedes buscar un dato específico. También puedes buscar más de un dato y sumar, restar o comparar los números. Para hallar información específica, primero identifica en qué fila y en qué columna se encuentra la información. Luego, busca la celda en la que la fila y la columna se cruzan. Para saber la cantidad de minutos utilizados durante el día en el transcurso del jueves, busca *Día*. Después, desplázate por la fila hasta la columna *Jueves*.

1. ¿Cuál es el total de minutos que usó Atian durante el día en el transcurso de los 4 días? Para hallar el total, suma todos los minutos de la fila *Día*: $23 + 46 + 10 + 0 = 79$ minutos, es decir, 1 hora y 19 minutos.

2. ¿Cuántos minutos de noche y fin de semana más que minutos de día usó Atian el miércoles?
   Halla la cantidad de minutos que usó el miércoles: 113 por la noche, 23 durante el día. Considerando que debes indicar *cuántos minutos más*, resta los valores: $113 - 23 = 90$ minutos, es decir, 1 hora y 30 minutos.

3. En el transcurso de los cuatro días, ¿Atian usó más minutos de *Día* o de *Noche y fin de semana*?
   Esta pregunta se refiere al total de minutos usados de cada tipo. Suma todos los minutos de *Día*: $23 + 46 + 10 + 0 = 79$. Luego, suma todos los minutos de *Noche y fin de semana*:
   $113 + 38 + 24 + 176 = 351$. Compara los dos números. $351 > 79$; por lo tanto, Atian usó más minutos de *Noche y fin de semana* que de *Día*.

Destreza principal
Interpretar representaciones de datos

Las tablas son una forma útil de organizar y representar información y datos. Por otra parte, las tablas pueden presentar una gran cantidad de información. Piensa en cuando aprendiste a leer. Después de un tiempo, las marcas negras que aparecían cuando abrías el libro comenzaron a tener sentido. Descubriste la clave. De la misma manera, aprenderás a leer tablas.

Presta atención al modo en que los datos están organizados en filas y en columnas. Mira también el título de la tabla y los rótulos; ambos dan claves que ayudan a explicar la información específica que se presenta.

Lee la siguiente tabla. Luego, en un cuaderno, escribe un párrafo en el que describas la información presentada en la tabla.

Concurrencia al parque

	Niños	Niñas
Junio	77	80
Julio	110	157
Agosto	191	142

¿Qué filas o columnas podrías agregar a la tabla para dar más información?

Práctica principal
Usar estratégicamente las herramientas apropiadas

Es fácil distraerse con toda la información que contiene una tabla. Tómate siempre el tiempo para analizar, es decir, estudiar, la información que se presenta, a fin de entender lo que dice la tabla. Lee el título y los rótulos. Por ejemplo, una tabla titulada **"Temperatura (°F)"** podría estar informando las "temperaturas en grados Fahrenheit" que se registraron durante una semana.

Observa la siguiente tabla y escribe tus respuestas a las preguntas.

Temperaturas (°F)

	Máxima	Mínima
Lunes	13°	2°
Martes	20°	3°
Miércoles	6°	−10°

1. ¿Cuál es la escala de temperatura que se utiliza?

2. ¿Cuál fue el rango de temperaturas del martes?

3. ¿Qué día tuvo la mayor diferencia entre las temperaturas máxima y mínima?

Ejemplo 3 Negativo × positivo = Negativo

Halla $-4 \times (+3)$.

Recuerda que +4 es el opuesto de −4. Piensa en $-4 \times (+3)$ como el *opuesto de* $+4 \times (+3)$.
$+4 \times (+3) = +12$ (Ver ejemplo 1)
El *opuesto de* $+4 \times (+3) = $ *opuesto de* $+12$ (es decir, −12); por lo tanto, $-4 \times (+3) = -12$.

Ejemplo 4 Negativo × negativo = Positivo

Halla $-4 \times (-3)$.

Piensa en $-4 \times (-3)$ como el *opuesto de* $+4 \times (-3)$.
$+4 \times (-3) = -12$ (Ver ejemplo 2)
El *opuesto de* $+4 \times (-3) = $ *opuesto de* -12 (es decir, +12); por lo tanto, $-4 \times (-3) = +12$.

Cuando dos enteros tienen el mismo signo, su producto será positivo, y cuando dos enteros tienen signos diferentes, su producto será negativo.

APLICA LAS MATEMÁTICAS

Instrucciones: Empareja cada problema con su producto.

_____ 1. $+5 \times (-7)$ A. +35

_____ 2. $-5 \times (-7)$ B. −35

_____ 3. $+4 \times (+8)$ C. −32

_____ 4. $-4 \times (+8)$ D. +32

Dividir enteros

Recuerda que la división y la multiplicación son operaciones **inversas**, es decir, opuestas. Esto significa que puedes usar un problema de multiplicación relacionado como ayuda para resolver un problema de división.

Ejemplo 5 Positivo ÷ positivo = Positivo

Halla $+10 \div (+5)$.

Piensa: ¿Qué número puedes multiplicar por +5 para obtener un producto de +10? ¿Ese número será positivo o negativo?
Como $+5 \times +2 = +10$, entonces $+10 \div (+5) = +2$.

Ejemplo 6 Positivo ÷ negativo = Negativo

Halla $+10 \div (-5)$.

Piensa: ¿Qué número puedes multiplicar por −5 para obtener un producto de +10? Como $-5 \times -2 = +10$, entonces $+10 \div (-5) = -2$.

Ejemplo 7 Negativo ÷ positivo = Negativo

Halla $-10 \div (+5)$.

Piensa: ¿Qué número puedes multiplicar por $+5$ para obtener un producto de -10? Como $+5 \times -2 = -10$, entonces $-10 \div (+5) = -2$.

Ejemplo 8 Negativo ÷ negativo = Positivo

Halla $-10 \div (-5)$.

Piensa: ¿Qué número puedes multiplicar por -5 para obtener un producto de -10? Como $-5 \times +2 = -10$, entonces $-10 \div (-5) = +2$.

Cuando dos enteros tienen el mismo signo, su cociente será positivo, y cuando dos enteros tienen signos diferentes, su cociente será negativo.

CONEXIÓN CON LAS MATEMÁTICAS

Esta tabla muestra las reglas para dividir enteros.

Dividir enteros		
Dividendo	Divisor	Cociente
+	+	+
+	−	−
−	+	−
−	−	+

APLICA LAS MATEMÁTICAS

Instrucciones: Empareja cada problema con su cociente.

_____ 1. $+24 \div (+8)$ A. $+5$

_____ 2. $-24 \div (+8)$ B. -5

_____ 3. $+45 \div (-9)$ C. -3

_____ 4. $-45 \div (-9)$ D. $+3$

Repaso de vocabulario

Instrucciones: Completa las oraciones usando uno de los siguientes términos.

el inverso   el título   las columnas   las filas   repetido   una tabla

1. _____ de una tabla se encuentra por lo general encima de ella.

2. _____ de multiplicar por **−4** es dividir por **−4**.

3. **−6** está _____ tres veces cuando se formula **−6 × 3** como un problema de suma.

4. _____ son las divisiones verticales de una tabla.

5. _____ son las divisiones horizontales de una tabla.

6. _____ es una herramienta para organizar información.

Instrucciones: Esta tabla muestra cada uno de los tres enteros asignados a distintos estudiantes. Usa la tabla para responder las siguientes preguntas.

ENTEROS ASIGNADOS A CADA ESTUDIANTE

Estudiante	Primer entero	Segundo entero	Tercer entero
Mandisa	−1	+8	−5
Tuan	+6	−2	+12
Reyna	−14	−7	−9
Wil	+2	+9	+18

1. ¿Cuál es el producto del segundo y el tercer entero de Reyna?

2. ¿Cuál es el producto del segundo entero de Mandisa y el primer entero de Wil?

3. ¿Cuál es el cociente del tercer entero de Wil dividido por su primer entero?

4. ¿Cuál es el cociente del tercer entero de Tuan dividido por su primer entero?

5. ¿Cuál es el cociente del tercer entero de Tuan dividido por su segundo entero?

Instrucciones: Usa la siguiente tabla para responder las preguntas.

Población de Smithville (en cientos)

Año	1990	2000	2010
Población	42	55	68

6. ¿Qué indica la segunda columna?

7. ¿Qué indica la segunda fila?

8. ¿Cuánto mayor que en **1990** era la población de Smithville en **2000**?

9. Si la población de Smithville aumenta de igual manera cada **10** años, ¿cuál piensas que será la población de Smithville en **2020**?

Práctica de destrezas

Instrucciones: Elige la mejor respuesta para cada pregunta.

1. ¿Cuál de las siguientes opciones explica por qué el producto de –3 y +2 es un número negativo?

   A. +2 está a la derecha de 0 en la recta numérica y –3 está a la izquierda de 0.

   B. Un número negativo multiplicado por un número con un valor absoluto mayor es negativo.

   C. La suma de +2 + (+2) es un número positivo.

   D. La suma de –3 + (–3) es un número negativo.

2. Cuando Marcie enciende por primera vez su nuevo refrigerador, la temperatura es **20** °C. La temperatura desciende **2°** por hora. ¿Cuál es la expresión que representa la cantidad de horas que le lleva al refrigerador disminuir **36°**?

   A. 20 + (–36) ÷ (–2)

   B. –36 ÷ (–2)

   C. 36 ÷ (–2)

   D. (20 – (–36)) ÷ (–2)

3. ¿Cuál es el resultado de –12 × (–7)?

   A. 84

   B. 72

   C. –72

   D. –84

4. Un buceador desciende **10** pies cada **20** segundos. ¿Cuál es la ubicación del buceador en pies con respecto a la superficie luego de **120** segundos?

   A. –60

   B. –16

   C. 6

   D. 60

Cuadrícula de coordenadas

Objetivos de la lección

Serás capaz de:

- marcar e identificar puntos en una cuadrícula de coordenadas.

Destrezas

- **Destreza principal:** Interpretar representaciones de datos
- **Práctica principal:** Entender los problemas

Vocabulario

coordenada x
coordenada y
cuadrícula
eje x
eje y
origen
par ordenado
perpendicular
plano de coordenadas

CONEXIÓN CON LAS MATEMÁTICAS

Cuando dos líneas son **perpendiculares**, se cruzan formando **4** esquinas, es decir, ángulos de **90°**.

CONCEPTO CLAVE: La cuadrícula de coordenadas es un método para ubicar puntos en el plano mediante direcciones y números.

Responde las siguientes preguntas.

1. ¿Dónde están ubicados los números positivos en una recta numérica horizontal?

2. ¿Dónde están ubicados los números negativos en una recta numérica horizontal?

Plano de coordenadas

Un **plano de coordenadas** o cuadrícula de coordenadas está formado por dos rectas numéricas perpendiculares. La recta numérica horizontal se denomina **eje x** y la recta numérica vertical se denomina **eje y**. El punto en el que las dos líneas se cruzan, (0, 0), se llama **origen**.

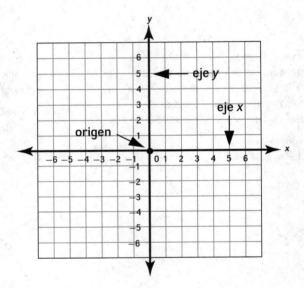

Un punto en el plano de coordenadas se nombra a partir de dos coordenadas (números): una **coordenada x** y una **coordenada y**. Juntas, las coordenadas forman un **par ordenado**. El par es *ordenado* puesto que el *orden* de las coordenadas es importante. La coordenada x siempre va primero, y la coordenada y siempre va después. Se escriben así: (x, y). El par ordenado indica exactamente dónde está el punto en el plano de coordenadas.

En este plano de coordenadas, el punto *P* es el origen: (0, 0). La coordenada *x* indica cuán a la izquierda o a la derecha del origen se encuentra un punto. La coordenada *y* indica cuán arriba o abajo con respecto al origen se encuentra un punto. El punto *A* está en (2, 5): 2 unidades a la derecha y 5 unidades arriba del origen. El punto *B* está en (−3, 2): 3 unidades a la izquierda y 2 unidades arriba del origen.

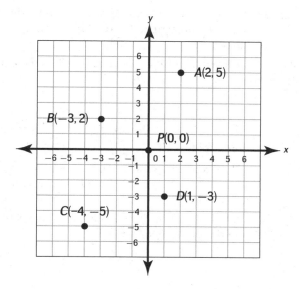

Usa el siguiente plano de coordenadas para analizar los ejemplos que siguen.

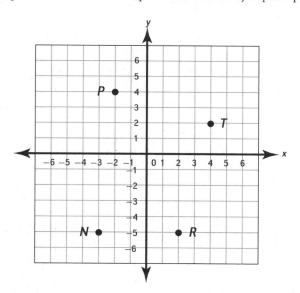

Una coordenada positiva está a la derecha o arriba del origen, mientras que una coordenada negativa está a la izquierda o abajo del origen

Destreza principal
Interpretar representaciones de datos

Una cuadrícula es una de las muchas maneras en las que puedes representar datos. El tipo de cuadrícula que aparece en esta lección se denomina cuadrícula de coordenadas. Saber cómo "leer" la información de una cuadrícula de coordenadas es una destreza importante.

Las escalas en una cuadrícula de coordenadas son las mismas que las de las rectas numéricas de enteros. Los dos ejes de una cuadrícula de coordenadas tienen nombres: el eje *x* y el eje *y*. Puedes usar estos dos ejes para ubicar puntos en cualquier parte de la cuadrícula. Cada punto de la cuadrícula se identifica por un par ordenado de números: primero el valor de *x* y luego el de *y*.

Trabaja con un compañero para practicar cómo marcar puntos en un plano de coordenadas. Deben turnarse para dibujar la cuadrícula y marcar dos o tres coordenadas. Mientras uno hace esto, el otro debe nombrar los pares ordenados del plano de coordenadas.

Durante el transcurso del día, Javier paró con su carro en tres lugares. Luego de salir de su casa, manejó **3** millas hacia el oeste hasta "Repuestodo", una tienda de artículos para carros, **4** millas hacia el sur hasta la librería "Nelson" y **6** millas hacia el norte y **5** millas hacia el este hasta la tienda "D&L". Si su casa es el origen, determina cuántas millas hacia el norte, hacia el sur, hacia el este y hacia el oeste, o cualquiera de esas combinaciones, se trasladó Javier partiendo desde su casa.

En tu cuaderno, usa una cuadrícula de coordenadas y marca en ella el camino que recorrió Javier para poder encontrar su ubicación actual.

Ejemplo 1 Marcar un punto en una cuadrícula de coordenadas

¿Cuál es la letra del punto que está en (2, −5)?

Paso 1 Comienza en el origen. Cuenta 2 unidades hacia la derecha y 5 unidades hacia abajo.

Paso 2 Identifica el punto para R. El punto que está en (2, −5) es R.

Ejemplo 2 Identificar el par ordenado de un punto

¿Cuál es el par ordenado del punto T?

Paso 1 Comienza en el origen. Cuenta la cantidad de unidades hacia la derecha hasta que T esté arriba: 4. Cuenta la cantidad de unidades hacia arriba hasta T: 2.

Paso 2 Escribe el par ordenado: (4 hacia la derecha, 2 hacia arriba) = (4, 2). El par ordenado del punto T es (4, 2).

Ejemplo 3 Identificar el par ordenado de un punto

¿Cuál es el par ordenado del punto N?

Paso 1 Comienza en el origen. Cuenta la cantidad de unidades hacia la izquierda hasta que N esté abajo: 3. Cuenta la cantidad de unidades hacia abajo hasta N: 5.

Paso 2 Escribe el par ordenado: (3 hacia la izquierda, 5 hacia abajo) = (−3, −5). El par ordenado del punto N es (−3, −5).

Usa el siguiente plano de coordenadas para responder la pregunta.

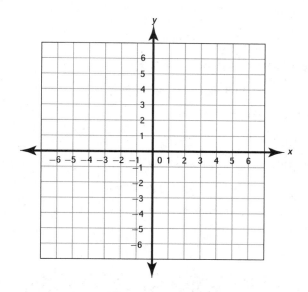

Las coordenadas del punto *W* son (–2, 5). ¿Cuál es la ubicación del punto *W*? Marca tu respuesta en la gráfica de arriba.

APLICA LAS **MATEMÁTICAS**

$\sqrt{x}$

Instrucciones: Para cada par ordenado, escribe la letra del punto correspondiente en la cuadrícula de coordenadas.

1. (3, –2)

2. (8, 5)

3. (–9, –4)

4. (–4, 2)

Instrucciones: Escribe el par ordenado para cada punto en la cuadrícula de coordenadas de la derecha.

5. *K*(,)

6. *E*(,)

7. *F*(,)

8. *P*(,)

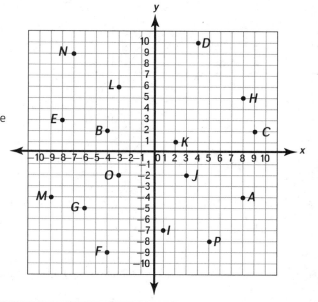

Instrucciones: Empareja las palabras de la columna de la izquierda con sus descripciones a la derecha.

1. _____ plano de coordenadas
2. _____ par ordenado
3. _____ origen
4. _____ perpendicular
5. _____ eje *x*
6. _____ coordenada *x*
7. _____ eje *y*
8. _____ coordenada *y*

A. una cuadrícula hecha de líneas horizontales y verticales

B. la recta numérica vertical de una cuadrícula

C. la recta numérica horizontal de una cuadrícula

D. el primer número de un par ordenado

E. el segundo número de un par ordenado

F. el punto en el que los ejes *x* e *y* se cruzan

G. dos líneas que se cruzan y forman un ángulo de **90°**

H. un par de números que corresponden a un punto en el plano de coordenadas.

Instrucciones: Usa la siguiente cuadrícula de coordenadas para responder cada pregunta.

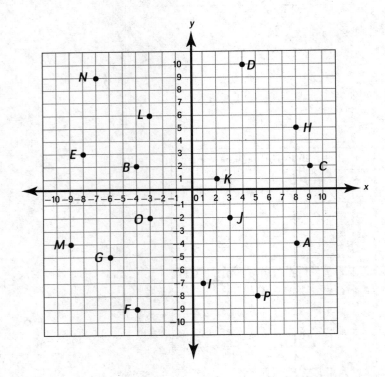

1. ¿Para qué punto comenzarías en el origen, te desplazarían hacia la derecha **8** unidades y luego te moverías **4** unidades hacia abajo?

2. Explica cómo hallarías el par ordenado que ubica el punto *C*.

3. ¿Qué puntos tienen una coordenada *x* positiva y una coordenada *y* positiva?
   A. *C, D, H, K*　　**B.** *F, G, M, O*　　**C.** *B, E, L, N*　　**D.** *A, J, L, P*

Práctica de destrezas

Instrucciones: Elige la mejor respuesta para cada pregunta.

1. ¿Qué dos puntos, cuando se marcan y se unen en la cuadrícula de coordenadas, forman un segmento de recta que es una línea vertical?

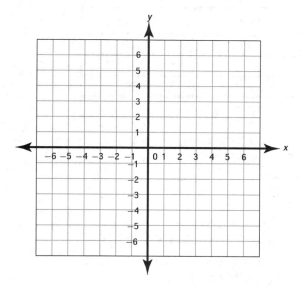

   A. (2, 6), (8, 6)
   B. (2, –4), (0, 6)
   C. (–4, –4), (–6, –6)
   D. (2, 4), (2, –6)

2. ¿Qué opción describe cómo marcar el punto en (3, –7) en la cuadrícula de coordenadas?

   A. Comienza en 3. Desplázate 7 unidades hacia la izquierda.
   B. Comienza en el origen. Desplázate 3 unidades hacia la izquierda y 7 hacia arriba.
   C. Comienza en el origen. Desplázate 3 unidades hacia la derecha y 7 hacia abajo.
   D. Comienza en –7. Desplázate 3 unidades hacia abajo.

Instrucciones: Marca cada respuesta en la cuadrícula de coordenadas correspondiente.

3. Las coordenadas del punto A son (–6, 5). ¿Dónde se ubica el punto A?

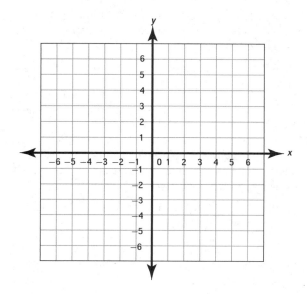

4. Las coordenadas del punto B son (4, –3). ¿Dónde se ubica el punto B?

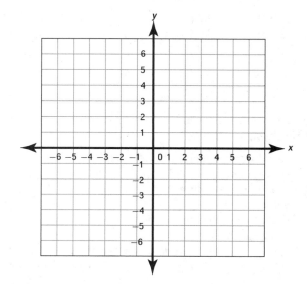

Repaso

Instrucciones: Elige la mejor respuesta para cada pregunta.

En las preguntas **1** y **2** se usa la siguiente cuadrícula de coordenadas.

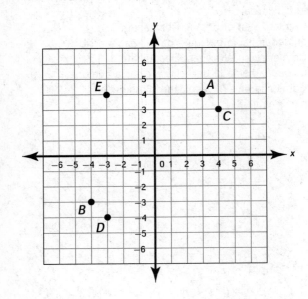

1. ¿Qué punto se ubica en (–3, –4)?

A. *A* C. *C*

B. *B* D. *D*

2. ¿Cuáles son las coordenadas del punto *E*?

A. (–3, 4) C. (3, 4)

B. (4, –3) D. (–4, 3)

3. Cuando multiplicas cuatro enteros, ¿en qué caso el resultado es positivo?

A. cuando exactamente uno de los enteros es negativo

B. cuando exactamente tres de los enteros son negativos

C. cuando exactamente tres de los enteros son positivos

D. cuando los cuatro enteros son negativos

4. Kofi registró las ganancias y las pérdidas de su inventario durante cuatro meses.

Mes	Cambio
Junio	+102
Julio	–24
Agosto	+89
Septiembre	–225

¿Qué fue el cambio neto en los cuatro meses en los que registró su inventario?

A. –440 C. 58

B. –58 D. 440

5. ¿Qué opción describe cómo ubicar el punto (–8, 9) en el plano de coordenadas?

A. Desde el origen, desplázate **8** unidades hacia la derecha. Luego, desde allí desplázate **9** unidades hacia arriba.

B. Desde el origen, desplázate **8** unidades hacia la derecha. Luego, desde allí desplázate **9** unidades hacia abajo.

C. Desde el origen, desplázate **8** unidades hacia la izquierda. Luego, desde allí desplázate **9** unidades hacia abajo.

D. Desde el origen, desplázate **8** unidades hacia la izquierda. Luego, desde allí desplázate **9** unidades hacia arriba.

6. La cartera de inversiones de Sovann perdió $**300** por mes en el transcurso de los últimos **10** meses. ¿Cuál fue el cambio total en dólares en los últimos **10** meses?

A. $3,000 C. –$30

B. $30 D. –$3,000

7. Denver se encuentra a aproximadamente **5,280** pies por encima del nivel del mar. Nueva Orleans se encuentra a aproximadamente **10** pies bajo el nivel del mar. ¿Cuál es la diferencia aproximada en pies?

A. 5,290 C. –5,270

B. 5,270 D. –5,290

8. Un barco de pesca de camarones lanza sus redes a una profundidad aproximada de **20** metros. Un barco de pesca de cangrejos lanza sus redes a una profundidad aproximada de **120** metros. ¿Qué expresión puede usarse para saber a cuántas veces la profundidad de la red para pescar camarones está la red para pescar cangrejos?

    A. $-20 \div (-120)$
    B. $20 \div (-120)$
    C. $-120 \div (-20)$
    D. $-120 \div 20$

10. ¿Qué lista está ordenada de menor a mayor?

    A. 0, −2, 14, 31, −35
    B. −35, −2, 0, 14, 31
    C. 14, −2, −35, 0, −31
    D. 31, 14, 0, −2, −35

9. Faiza tenía un saldo inicial de **$178** en su cuenta bancaria. Depositó **$250**, retiró **$60** en el cajero automático, se le cobró un cargo de **$2** por el retiro y emitió un cheque por **$187**. ¿Cuál de las siguientes opciones muestra cómo hallar su saldo final?

    A. $178 + (+250) + (-60) + (-2) + (-187)$
       $= 179$
    B. $178 + (+250) - (-60) - (-2) - (-187)$
       $= 677$
    C. $-178 + (+250) + (-60) + (-2) + (-187)$
       $= -177$
    D. $-178 + (+250) - (-60) - (-2) - (-187)$
       $= 321$

11. El valor absoluto se utiliza para determinar la distancia desde cero. También puede usarse para determinar la distancia desde otros números. Por ejemplo, $|7 - 3| = 4$ muestra que **7** está a una distancia de **3** unidades de **4**. ¿Qué par de números está a la misma distancia de **2**?

    A. −5 y 9
    B. −4 y 4
    C. 7 y 5
    D. 0 y −2

Comprueba tu comprensión

En la siguiente tabla, encierra en un círculo el número de los ítems que hayas respondido incorrectamente. Al lado de cada título de lección, verás las páginas que puedes repasar para aprender el contenido sobre el que trata la pregunta. Repasa especialmente aquellas lecciones en las que hayas respondido incorrectamente la mitad de las preguntas o más.

Capítulo 4: Enteros	Procedimiento	Concepto	Aplicación/ Representación/ Resolución de problemas
Introducción a los enteros y al valor absoluto pp. 104–107	10		11
Sumar enteros pp. 108–113	9		4
Restar enteros pp. 114–117			7
Multiplicar y dividir enteros pp. 118–123		3	6, 8
Cuadrícula de coordenadas pp. 124–129	1, 2	5	

El álgebra es un lenguaje que puedes utilizar para resolver problemas de la vida real. Se puede convertir una expresión verbal en una expresión algebraica. Un vendedor de carros usados organiza una rebaja en la que venderá un carro por $1,500 *menos que el precio original de cualquier carro del concesionario.* La frase $1,500 *menos que el precio original de cualquier carro del concesionario* se puede convertir en una expresión algebraica, $n - 1,500$, en la que n representa *el precio original de cualquier carro del concesionario* y $- 1,500$ representa $1,500 *menos que.* Se puede hallar el valor para la expresión del precio de venta de cualquier carro reemplazando n por el precio original del carro.

Las situaciones de la vida real que abarcan números y relaciones se pueden convertir en ecuaciones y desigualdades. Se puede generalizar un patrón usando expresiones y ecuaciones. Los patrones pueden ser numéricos (con números) o visuales (un patrón que repite imágenes). ¿Qué patrones puedes observar en tu vida diaria?

Entre los **conceptos clave** que estudiarás están:

Lección 5.1: Expresiones
Las situaciones matemáticas y las situaciones de la vida real se pueden representar con expresiones que se pueden simplificar y evaluar.

Lección 5.2: Resolver ecuaciones de un paso
Usar ecuaciones para representar situaciones y usar operaciones inversas para resolver ecuaciones de un paso.

Lección 5.3: Resolver ecuaciones de dos pasos
Usar dos operaciones inversas para resolver ecuaciones de dos pasos.

Lección 5.4: Resolver desigualdades de uno y dos pasos
Usar operaciones inversas para resolver desigualdades de uno y dos pasos.

Lección 5.5: Identificar patrones
Identificar, representar y generalizar patrones usando expresiones y ecuaciones.

Establecer objetivos

Antes de comenzar este capítulo, establece tus objetivos de aprendizaje. Piensa en cómo te beneficiará fortalecer tu comprensión de las expresiones, ecuaciones y patrones.

Busca patrones todos los días. Identifica si los patrones usan números o imágenes (es decir, si son numéricos o visuales) y, luego, determina qué expresión algebraica podrías escribir para describir el patrón. Un caso aparece como ejemplo.

Patrón	Numérico	Visual	Expresión
Dos patos y un conejo en cada cuadrado de la colcha de un niño		√	La cantidad de patos en cualquier número de cuadrados c es $2c$.

Expresiones

CONCEPTO CLAVE: Las situaciones matemáticas y de la vida real se pueden representar con expresiones que se pueden simplificar y evaluar.

Halla cada suma o diferencia.

1. $1.24 + 8.3$ **2.** $-12 - (-3)$ **3.** $-18 + 3$

Halla cada producto o cociente.

4. 1.2×3.5 **5.** $-56 \div (-4)$ **6.** $-3 \times (-6)$

Objetivos de la lección

Serás capaz de:

- convertir representaciones verbales y simbólicas de expresiones.
- simplificar expresiones.
- evaluar expresiones.

Destrezas

- **Destreza principal:**
  Evaluar expresiones
- **Práctica principal:**
  Entender los problemas

Vocabulario

coeficiente
expresión algebraica
expresión matemática
expresión simbólica
expresión verbal
término constante
variable

Representaciones verbales y simbólicas de expresiones

Una **expresión matemática** o numérica es cualquier combinación de símbolos, números y operaciones. Las expresiones matemáticas se pueden utilizar para representar muchas cosas diferentes. Además, se pueden utilizar varias expresiones para describir un mismo objeto. Por ejemplo, tanto 2×5 como $6 + 4$ representan el número 10. Pero la expresión 2×5 puede representar la cantidad total de jugadores en la cancha en un momento dado durante un partido de basquetbol y la expresión $6 + 4$ puede representar la cantidad total de frutas compradas en una tienda (6 manzanas y 4 naranjas). Una expresión se puede considerar como una totalidad o como un conjunto de partes.

Ejemplo 1 Expresiones matemáticas

-3 $5 \times (-8)$ $78 - 23(2 + 1)$

Se puede simplificar una expresión numérica usando el orden de las operaciones.

Ejemplo 2 Simplificar una expresión matemática

Simplifica $21 - 5(3)$.

Usa el orden de las operaciones y multiplica 5 por 3. $5 \times 3 = 15$
Luego, resta el resultado a 21. $21 - 15 = 6$

Una **expresión algebraica** o expresión variable es una combinación de números, una o más variables y operaciones. Una **variable** es un símbolo que representa un número o valor desconocido y se escribe en cursiva, como x. Un número que se multiplica por una variable se denomina **coeficiente**. Un número que se suma o resta en una expresión variable se denomina **término constante**.

Las expresiones algebraicas también se pueden utilizar para representar situaciones de la vida real. Por ejemplo, la expresión $2l+2a$ puede representar el perímetro de un rectángulo, puesto que los dos largos deben sumarse a los dos anchos. Además, usando la propiedad distributiva, la expresión se puede reescribir como $2(l+a)$, que establece que la suma del largo y el ancho debe duplicarse para hallar el perímetro.

Ejemplo 3 Expresiones algebraicas o variables

Identifica la variable, el coeficiente y el término constante de cada expresión algebraica o variable.

expresión	variable	coeficiente	término constante
$2 + x$	x	1	2
m	m	1	0
$3n - 8$	n	3	-8

Una **expresión simbólica** es una expresión que usa variables, números y símbolos de operaciones.

CONEXIÓN CON LAS MATEMÁTICAS

La multiplicación en las expresiones se puede mostrar de varias maneras. Cada una de las siguientes maneras representa una multiplicación.

$8n$ $8 \cdot n$ $8(n)$

IDENTIFICAR PALABRAS CLAVE

Algunas oraciones pueden ser confusas o complicadas. Concentrarse en las palabras más importantes de la oración, es decir, las palabras clave, puede ser de ayuda para que el lector comprenda mejor el significado de esa oración. Para identificar palabras clave, busca el sujeto (*quién* o *qué*) y la acción (lo que el sujeto hizo). Considera la siguiente oración: *Marion, al sumar, restar, multiplicar y simplificar varios números, halló el valor de la expresión.*

¿Quién? Marion
¿Qué hizo? Halló el valor de la expresión.

Marion halló el valor de la expresión. Todo lo demás son solo detalles.

Lee el siguiente pasaje e identifica las palabras clave de cada oración.

> (1) Las variables son una parte de las expresiones matemáticas que representan un valor desconocido. (2) Pueden ser una letra u otro símbolo, siempre y cuando en un problema se utilice la misma variable uniformemente. (3) Las variables pueden ser números positivos o negativos, decimales, fracciones y otro tipo de números reales. (4) Hay muchas reglas para aprender a trabajar con variables.

1. variables, valor desconocido

2. letra, otro símbolo

3. número real

4. reglas

Cuando una variable aparece sola, se da por sentado que el coeficiente siempre es **1**.

Destreza principal
Evaluar expresiones

A menudo, como ya sabes, para resolver un problema matemático debes seguir una serie de pasos en un orden lógico. La estrategia de paso a paso para resolver problemas de este libro provee un **marco de trabajo,** es decir, una estructura, para explicar cómo llegaste a la solución determinada. Usa la misma estrategia de paso a paso para explicar una solución. Por ejemplo, para explicar la solución del ejemplo **4** puedes decir: "Primero, asigné la variable *n* para representar el número desconocido. Luego, identifiqué la operación correcta de la expresión verbal **5** *menos que*. Esta expresión me permitió inferir que debo restar...".

Luego de completar la pregunta **1** de Práctica de destrezas en la página **139**, escribe en tu cuaderno los pasos que seguiste para resolver el problema.

Ejemplo 4 Escribir una expresión variable que represente una expresión verbal

Escribe la expresión variable para *5 menos que el doble de un número.*

Paso 1 Asigna una variable al número desconocido.
La letra *n* representa el número desconocido.

Paso 2 Identifica la operación o las operaciones de la expresión verbal.
La expresión *5 menos que* indica que *5* se debe restar a un número; por lo tanto, la operación es la resta.
La expresión *el doble de un número* significa 2 veces un número; por lo tanto, la otra operación es multiplicación.

Paso 3 Escribe la expresión variable: $2n - 5$.

Ejemplo 5 Escribir una expresión que represente una situación del mundo real

Tomás tiene un plan de telefonía celular que cobra una tarifa fija de $35.00 por mes más $0.25 por cada mensaje de texto. Escribe una expresión algebraica que muestre la tarifa mensual del plan de telefonía celular de Tomás.

Paso 1 Asigna una variable al valor desconocido.
El valor desconocido es la cantidad de mensajes de texto.
La letra *t* representa la cantidad de mensajes de texto.

Paso 2 Identifica la operación o las operaciones de la situación.
La palabra *más* indica suma. La frase *$0.25 por cada mensaje de texto* indica multiplicación.

Paso 3 Escribe la expresión algebraica.
$35.00 es el cargo mensual y $0.25t$ es el cargo por los mensajes de texto.
$35.00 + 0.25t$

Una **expresión verbal** está escrita en palabras y números. La representación verbal puede ser matemática o puede referirse a una situación del mundo real.

Ejemplo 6 Convertir una expresión en una frase verbal

$3m + 4$

Paso 1 Identifica la variable.
La variable es m.

Paso 2 Identifica la operación o las operaciones.
$3m$ significa 3 veces m; $+4$ significa sumar 4.

Paso 3 Escribe una frase verbal.
Una manera de escribir una frase verbal para $3m + 4$ es *tres veces un número* m *más cuatro*.
Otra manera es escribir una situación del mundo real para $3m + 4$:
Martín pagó una tarifa de $4 por única vez para suscribirse al club del café en el trabajo y pagó $3 por cada una de las semanas posteriores.

APLICA LAS MATEMÁTICAS

Instrucciones: Escribe cada frase verbal como una expresión variable.

1. un número con un incremento de **12** _____

2. **$250** menos que el doble del salario de Rahman _____

Instrucciones: Escribe cada expresión variable como una frase verbal.

3. $4t \div 2$ _____

4. $c - 9$ _____

Evaluar expresiones

Cuando **evalúas** una expresión, es decir, cuando hallas su valor, sustituyes la variable por un valor dado y luego realizas la operación.

Ejemplo 7 Evaluar una expresión

Evalúa $x + 7$ cuando $x = -2$.

Paso 1 Sustituye la variable por el valor dado.
$x + 7 = -2 + 7$

Paso 2 Realiza la operación.
$-2 + 7 = 5$
El valor de $x + 7$ cuando $x = -2$ es 5.

Cuando haya más de una operación, usa el orden de las operaciones:

1. Resuelve las operaciones entre paréntesis.

2. Resuelve las multiplicaciones y las divisiones de izquierda a derecha.

3. Resuelve las sumas y las restas de izquierda a derecha.

Práctica principal
Entender los problemas

Debido a que los problemas del mundo real se encuentran dentro de situaciones como las que experimentamos en la vida diaria, estos brindan una manera de sumar, restar, multiplicar y dividir objetos reales. Estás trabajando con cantidades reales. Imagina que quieres escribir tu propio problema de ese tipo. Cualquier persona que lea tu problema tendrá que sumar para poder resolverlo. ¿Qué dirías? Afortunadamente hay palabras clave que les indican a los lectores las operaciones que deben utilizar para resolver este tipo de problemas. Consulta la siguiente tabla, que enumera palabras clave para las cuatro operaciones principales.

Operación	Palabra clave
Suma	agregar, sumar, total, todo junto, con un incremento de, en total
Resta	sustraer, diferencia, más que, menos que, más lejos que
Multiplicación	multiplicar, total, producto, veces, doble
División	dividir, cociente, cada, promedio, separar

Milena caminó 3 millas el sábado y 2 millas el domingo. ¿Cuánto más lejos caminó el sábado? Las palabras clave *cuánto más lejos* y *caminó* indican que debes restar las cantidades que Milena caminó.

En un cuaderno, haz una lista de las palabras clave que aparezcan en los problemas de esta lección. Escribe si cumplieron su función exitosamente, es decir, si le permitieron al lector inferir las operaciones de suma, resta, multiplicación y división para resolver el problema.

Evalúa $a + 4b$ cuando $a = -10$ y $b = 1.5$.

Paso 1 Sustituye las variables por los valores dados.
$$a + 4b = -10 + 4 \times 1.5$$

Paso 2 Usa el orden de las operaciones.
Primero, realiza la multiplicación: $-10 + 4 \times 1.5 = -10 + 6$
Luego, realiza la suma: $-10 + 6 = -4$
El valor de $a + 4b$ cuando $a = -10$ y $b = 1.5$ es -4.

APLICA LAS **MATEMÁTICAS**

Instrucciones: Evalúa cada expresión. Usa el orden de las operaciones si es necesario.

1. $13.6 - a$ cuando $a = 2.9$ _____
2. $-3m + n$ cuando $m = 4$ y $n = 6$ _____
3. $c + d$ cuando $c = -5$ y $d = 2$ _____
4. $-5x \div 2y$ cuando $x = 8$ e $y = -5$ _____

Repaso de vocabulario

Instrucciones: Empareja cada término con la letra que lo describe.

1. _____ expresión algebraica
2. _____ coeficiente
3. _____ término constante
4. _____ expresión matemática
5. _____ expresión simbólica
6. _____ variable
7. _____ expresión verbal

A. un número que se suma o resta en una expresión variable

B. un símbolo que representa un número o valor desconocido

C. una expresión escrita que utiliza una combinación de palabras y números

D. una expresión que utiliza variables, números y símbolos de operaciones

E. un número que multiplica una variable

F. otro nombre para una expresión variable

G. otro nombre para una expresión numérica

Instrucciones: Identifica las palabras clave de cada pasaje.

1. (1) Para escribir una expresión algebraica a partir de una expresión verbal, identifica las palabras clave. (2) La cantidad desconocida en la expresión es lo que representa la variable. (3) Las palabras clave también indican qué números y operaciones se deben utilizar.

2. (1) Para evaluar la expresión $g + 2h$ cuando $g = 4$ y $h = -3$, primero sustituye las variables por los valores dados. (2) Para evitar errores, asegúrate de que hayas sustituido las variables por los valores correctos, especialmente si hay más de una. (3) El segundo paso es realizar la operación o utilizar el orden de las operaciones si hay más de una operación. En este caso, primero multiplica y, luego, suma.

Instrucciones: Responde la siguiente pregunta utilizando lo que aprendiste acerca de evaluar expresiones.

3. ¿Qué ideas aplicarías para evaluar la expresión $2x + y$ cuando $x = -3$ e $y = 4$? Evalúa la expresión.

Práctica de destrezas

Instrucciones: Elige la mejor respuesta para cada pregunta.

1. ¿Cuál es el valor de $s + 5t$ cuando $s = 3$ y $t = -2$?

   A. -16
   B. -7
   C. 9
   D. 13

2. ¿Qué frase describe mejor la expresión $3x - 8$?

   A. el número x menos ocho veces tres
   B. ocho menos tres veces un número x
   C. tres veces un número x menos ocho
   D. tres veces el número x y 8 negativo

3. Jamila compró una escalera y alquiló un motocultor para realizar unos trabajos en el patio trasero. La escalera costó $\$48.75$ y el costo del alquiler del motocultor es $\$18$ por día. ¿Qué expresión puede utilizar Jamila para hallar el costo de realizar los trabajos en su patio trasero?

   A. $48.75 + 18$
   B. $(48.75 + 18)d$
   C. $48.75 - 18d$
   D. $48.75 + 18d$

4. ¿Qué expresión representa -17 menos que el producto de -12 y algún número?

   A. $-17 - (-12)x$
   B. $-12 - 17x$
   C. $-12x - (-17)$
   D. $-12x + (-17)$

Resolver ecuaciones de un paso

Objetivos de la lección

Serás capaz de:

• entender y escribir ecuaciones.

• resolver ecuaciones de un paso.

Destrezas

• **Destreza principal:** Entender los problemas

• **Práctica principal:** Representar problemas aritméticos del mundo real

Vocabulario

ecuación
ecuación equivalente
operaciones inversas
signo igual
solución

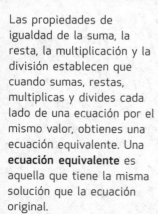

CONEXIÓN CON LAS
MATEMÁTICAS

Las propiedades de igualdad de la suma, la resta, la multiplicación y la división establecen que cuando sumas, restas, multiplicas y divides cada lado de una ecuación por el mismo valor, obtienes una ecuación equivalente. Una **ecuación equivalente** es aquella que tiene la misma solución que la ecuación original.

CONCEPTO CLAVE: Usar ecuaciones para representar situaciones y usar operaciones inversas para resolver ecuaciones de un paso.

Escribe una expresión para cada situación. Usa n *como variable.*

1. la suma de un número y cuatro _____

2. tres veces un número con una disminución de uno _____

3. un número dividido en ocho partes iguales _____

Evalúa cada expresión cuando $x = -1$ *e* $y = 3$.

4. $x - y$ _____   5. $2y + x$ _____   6. $3(x + y)$ _____

Entender y escribir ecuaciones

Una **ecuación** es un enunciado matemático que indica que dos expresiones son iguales. En álgebra, una ecuación tiene por lo menos una variable, que representa un valor desconocido. Por lo general es una letra. Se coloca un **signo igual** (=) entre las dos expresiones para mostrar un enunciado matemático de equivalencia.

Ejemplo 1 Escribir una ecuación para una situación

Bao trabaja 4 horas y gana $72. Escribe una ecuación que se pueda utilizar para hallar cuánto gana por hora.

Paso 1 Identifica la variable.
La letra d representa la cantidad en dólares que gana Bao por hora.

Paso 2 Identifica la operación.
Multiplica la cantidad de horas por los dólares por hora para obtener el total de ganancias. $4d$ representa la operación.

Paso 3 Escribe la ecuación usando las dos cantidades.
$4d$ es igual a $72. La ecuación es $4d = 72$.

La **solución** de una ecuación es el valor de la variable que hace que la ecuación sea un enunciado verdadero.

Ejemplo 2 Comprobar las soluciones

¿Es 13 una solución para la ecuación $x + 12 = 25$?

Paso 1 Sustituye la variable por el número o la solución.
$13 + 12 = 25$

Paso 2 Determina si la solución da como resultado un enunciado verdadero.
$25 = 25$; por lo tanto, 13 es una solución de $x + 12 = 25$.

APLICA LAS MATEMÁTICAS

Instrucciones: Escribe una ecuación para cada situación.

1. la suma de un número y dos es tres _____

2. la edad de Anya menos cinco es doce _____

Instrucciones: Explica si el valor dado para la variable es una solución de la ecuación.

3. $7c = 42$; $c = 8$ _____

4. $y + 7 = 3$; $y = -4$ _____

Práctica principal
Entender los problemas

Resolver ecuaciones

Usa **operaciones inversas** para resolver una ecuación. Las operaciones inversas son operaciones opuestas y se anulan entre sí.

- La operación inversa de la suma es la resta.

- La operación inversa de la resta es la suma.

- La operación inversa de la multiplicación es la división.

- La operación inversa de la división es la multiplicación.

Ejemplo 3 Resolver una ecuación de suma

Resuelve la ecuación $y + 4 = 21$.

Paso 1 Identifica la operación utilizada en la ecuación.
Hay un signo de suma; por lo tanto, la operación es la suma.

Paso 2 Identifica la operación inversa.
El inverso de la suma es la resta.

Paso 3 Usa la operación inversa para resolver la ecuación.
En este caso, resta 4 a cada lado del signo igual.

$$\begin{aligned} y + 4 &= 21 \\ -4 \quad & \quad -4 \\ \hline y &= 17 \end{aligned}$$

Paso 4 Comprueba la solución.
$17 + 4 = 21$ es un enunciado verdadero; por lo tanto, la solución es 17.
$y = 17$.

En ocasiones, las preguntas matemáticas pueden ser complicadas, puesto que pueden contener información que no necesitas saber para resolver el problema. Por ejemplo, considera este problema: "La escuela de Mariska solicitó **100** meriendas para una excursión estudiantil. Veinticinco eran meriendas vegetarianas y **75** meriendas contenían sándwiches de carne. El costo de cada merienda era **$4.50**. ¿Cuánto gastó la escuela en la compra de las meriendas?". Antes de tener en cuenta la información provista, debes concentrarte en la pregunta que debes resolver, que aparece en la última oración: "¿Cuánto gastó la escuela en la compra de las meriendas?". Luego, vuelve a la pregunta para determinar qué información necesitas saber para resolver el problema. ¿Necesitas saber la cantidad de meriendas vegetarianas o con carne? No, puedes ignorar esos detalles, puesto que no los necesitas para resolver el problema.

Antes de responder la pregunta **4** de Práctica de destrezas en la página **143**, dibuja una tabla de dos columnas en tu cuaderno: "Información que necesito" e "Información que puedo ignorar". Luego, completa las dos columnas en tu lista. Finalmente, resuelve el problema.

Aprender a realizar operaciones en la clase o cuando estás haciendo la tarea te prepara para resolver los tipos de problemas aritméticos del mundo real con los que te encontrarás en la vida diaria. Puedes usar la suma, por ejemplo, para calcular el costo de dos pares de pantalones vaqueros cuando la tienda indica que el precio original de cada par es $23.95. Primero, convierte el problema en una ecuación: $23.95 + $23.95 = x. Por otro lado, como el precio de cada par es el mismo, te darás cuenta de que puedes utilizar la multiplicación: $23.95 × 2 = x. Ambas ecuaciones darán el mismo resultado: $47.90.

Considera el siguiente problema. La biblioteca local cobra $0.10 por copia para hacer fotocopias. Has diseñado un volante para anunciar la próxima feria que tendrá lugar en la escuela y necesitas hacer **150** copias. ¿Cuánto gastarás para hacer las copias? En un cuaderno, escribe una ecuación para el problema.

Ejemplo 4 Resolver una ecuación de multiplicación

Resuelve la ecuación $3a = 24$.

Paso 1 Identifica la operación utilizada en la ecuación.
$3a$ significa $3 \times a$; por lo tanto, la operación es la multiplicación.

Paso 2 Identifica la operación inversa.
El inverso de la multiplicación es la división.

Paso 3 Usa la operación inversa para resolver la ecuación. En este caso, divide cada lado del signo igual por 3.
$$3a = 24 \qquad \frac{3a}{3} = \frac{24}{3} \qquad 1a = 8 \qquad a = 8$$

Paso 4 Comprueba la solución.
$3 \times 8 = 24$ es un enunciado verdadero; por lo tanto, la solución es 8. $a = 8$

Ejemplo 5 Resolver una ecuación de resta

Resuelve la ecuación $x - 8 = 18$.

Paso 1 Identifica la operación utilizada en la ecuación.
Hay un signo de resta; por lo tanto, la operación es la resta.

Paso 2 Identifica la operación inversa.
El inverso de la resta es la suma.

Paso 3 Usa la operación inversa para resolver la ecuación. En este caso, suma 8 a cada lado del signo igual.
$$\begin{aligned} x - 8 &= 18 \\ +8 \quad &+8 \\ \hline x &= 26 \end{aligned}$$

Paso 4 Comprueba la solución.
$26 - 8 = 18$ es un enunciado verdadero; por lo tanto, la solución es 26.
$x = 26$.

Ejemplo 6 Resolver una ecuación de división

Resuelve la ecuación $\frac{z}{6} = 5$.

Paso 1 Identifica la operación utilizada en la ecuación.
$\frac{z}{6}$ significa $z \div 6$; por lo tanto, la operación es la división.

Paso 2 Identifica la operación inversa.
El inverso de la división es la multiplicación.

Paso 3 Usa la operación inversa para resolver la ecuación. En este caso, multiplica cada lado del signo igual por 6.
$$\frac{z}{6} \times 6 = 5 \times 6$$
$$z = 30$$

Paso 4 Comprueba la solución.
$\frac{30}{6} = 5$ es un enunciado verdadero; por lo tanto, la solución es 30. $z = 30$.

APLICA LAS **MATEMÁTICAS**

Instrucciones: Resuelve cada ecuación.

1. $5y = 35$ _____

2. $n - 1 = 10$ _____

3. $\frac{z}{3} = 2$ _____

4. $y + 20 = 21$ _____

Instrucciones: Empareja cada término con uno de los enunciados de abajo.

_____ 1. signo igual _____ 3. ecuación equivalente _____ 5. solución

_____ 2. ecuación _____ 4. operaciones inversas

A. tiene la misma solución que otra ecuación
B. el valor de una variable que hace que una ecuación sea un enunciado verdadero
C. un enunciado que indica que dos expresiones son iguales
D. se utiliza entre las dos expresiones en una ecuación
E. las operaciones que son opuestas y se anulan entre sí

Repaso de destrezas

Instrucciones: Usa lo que aprendiste acerca de hallar la información importante para responder las siguientes preguntas.

1. ¿En qué parte de un problema te debes concentrar para hallar la información que necesitas saber para resolver el problema?

_____

2. ¿Qué herramienta te permite anular el resultado de otra operación?

_____

Práctica de destrezas

Instrucciones: Elige la mejor respuesta para cada pregunta.

1. Maemi solicitó una merienda para cada asistente a su reunión. Cada merienda cuesta $16. El costo total fue $80. ¿Cuál de las siguientes ecuaciones se puede utilizar para hallar cuántas meriendas solicitó Maemi?

   A. $16t = 80$ C. $80 - t = 16$
   B. $16 + t = 80$ D. $\frac{t}{16} = 80$

2. ¿Cuál de las siguientes opciones es una solución para $2 + b = 14$?

   A. $b = 28$
   B. $b = 16$
   C. $b = 12$
   D. $b = 7$

3. Nizhoni quiere comprobar la solución de $\frac{n}{6} = 6$. ¿Qué debe hacer para comprobar la solución?

   A. multiplicar la solución por 6
   B. sumar 6 a la solución
   C. restar 6 a la solución
   D. sustituir n por la solución en la ecuación

4. Tamika es una representante de soluciones informáticas que trabaja en un centro de atención telefónica. Habitualmente trabaja **7** horas por día y recibe **84** llamadas en un turno promedio. Tamika usa la ecuación $7x = 84$ para hallar la cantidad de llamadas que contesta por hora. ¿Cuántas llamadas puede atender Tamika en una hora?

   A. 12   C. 77
   B. 18   D. 588

Resolver ecuaciones de dos pasos

Objetivos de la lección

Serás capaz de:

• convertir enunciados verbales en ecuaciones de dos pasos.

• resolver ecuaciones de dos pasos.

Destrezas

• **Práctica principal:** Entender los problemas

• **Destreza principal:** Evaluar expresiones

Vocabulario

afectar
aislar
ecuación de dos pasos

CONCEPTO CLAVE: Usar dos operaciones inversas para resolver ecuaciones de dos pasos.

Empareja cada ecuación con su solución.

_____ 1. $x + 3 = 12$ _____ 3. $4x = 24$

_____ 2. $x - 3 = -4$ _____ 4. $\frac{x}{3} = 4$

A. $x = 6$ **B.** $x = 9$ **C.** $x = 12$ **D.** $x = -1$

Convertir enunciados verbales en ecuaciones de dos pasos

Una **ecuación de dos pasos** es una ecuación que contiene dos operaciones diferentes, como la multiplicación y la resta en la ecuación $3t - 7 = 14$. Para convertir un enunciado verbal en una ecuación, representa la incógnita con una variable, identifica las dos operaciones y, luego, escribe la ecuación.

Ejemplo 1 Convertir una oración en una ecuación

Cuatro veces un número más cuatro es doce.

Paso 1 Elige una variable para representar el valor desconocido. La letra n representa el número desconocido.

Paso 2 Identifica las expresiones de cada lado del signo igual. La palabra *es* representa el signo igual; por lo tanto, *cuatro veces un número más cuatro* está de un lado y *12* está del otro lado.

Paso 3 Identifica las dos operaciones. La frase *cuatro veces un número* indica multiplicación, es decir, $4n$. La frase *más cuatro* indica suma, es decir, $+ 4$.

Paso 4 Escribe la ecuación. La ecuación es $4n + 4 = 12$.

Ejemplo 2 Convertir una situación del mundo real en una ecuación

Mai-Ling debe ahorrar $2,000 para el adelanto de un carro. Ahorró $500 hasta ahora y piensa ahorrar el resto en 6 meses. Escribe una ecuación que muestre cuánto debe ahorrar por mes para llegar al adelanto de $2,000.

Paso 1 Elige una variable para el valor desconocido. Mai-Ling quiere saber cuánto debe ahorrar por mes para el adelanto. Esa es la incógnita. La letra d representa la cantidad de dólares que debe ahorrar por mes.

Paso 2 Identifica las expresiones de cada lado del signo igual. El total que Mai-Ling necesita ahorrar es $2,000; por lo tanto, esa cifra va de un lado del signo igual. Del otro lado del signo igual se encuentra la cantidad de dólares desconocida que debe ahorrar por mes durante los próximos 6 meses y los $500 que ya tiene ahorrados.

Paso 3 Identifica las dos operaciones en un lado de la ecuación. 6 meses $\times$ d indica multiplicación, es decir, $6d$. La frase y $500 indica suma, es decir, $+\ 500$.

Paso 4 Escribe la ecuación. Un lado de la ecuación está representado por $6d$ $+\ 500$. El otro lado está representado por 2,000. Esto muestra que el dinero que Mai-Ling ahorre en 6 meses más el dinero que ya tiene es igual a $2,000. La ecuación es $6d + 500 = 2,000$.

Resolver ecuaciones de dos pasos

La meta en la resolución de cualquier ecuación es **aislar** la variable. Aislar la variable es dejar la variable sola en un lado de la ecuación. En una ecuación de dos pasos, realiza dos operaciones inversas para aislar la variable.

Resolver ecuaciones de dos pasos requiere realizar una secuencia de pasos que se deben seguir en un orden determinado. Cuando resuelvas ecuaciones de dos pasos, realiza las operaciones en el orden inverso al orden de las operaciones.

CONEXIÓN CON LAS MATEMÁTICAS

Recuerda que la variable de una ecuación puede ser cualquier letra. En general las letras n o x se utilizan para representar un número desconocido, pero se puede usar cualquier letra. En las situaciones del mundo real, a menudo la variable es la primera letra de la incógnita, como c para *costo*. A pesar de que frecuentemente sucede esto, no siempre es así. Lo importante que se debe recordar es que la variable siempre representa un valor o número desconocido.

¿Qué representan los valores en un problema? La respuesta a esta pregunta es el primer paso en la resolución de un problema; por lo tanto, es importante entender el problema antes de comenzar. Observa los rótulos. ¿Un número representa una distancia? ¿Tiempo? Presta atención a la ubicación de los puntos decimales, ya que su posición en un número **afecta** el valor de posición de cada dígito del número, es decir, tiene un efecto sobre este. ¿Estás multiplicando decenas? ¿Centenas? También ten en cuenta si la ecuación contiene una mezcla de números positivos y negativos. Obtendrás la respuesta incorrecta si tratas un número negativo como un número positivo en tus cálculos.

Después de terminar de leer el ejemplo **4**, vuelve a resolver el problema, pero esta vez resuélvelo como si la primera expresión fuese un valor positivo, es decir, **2x**. Luego, compara tu respuesta con la respuesta original. Notarás cómo la solución se vería afectada si hubieses leído mal el valor en el problema original y hubieses tratado la expresión –2x como si fuese un valor positivo. Compara las dos respuestas. –2 ≠ 2

Ejemplo 3 Resolver una ecuación que incluya suma y multiplicación

Resuelve la ecuación $3x + 6 = 24$.

Paso 1 Identifica cada operación de la ecuación y su operación inversa. $3x$ significa $3 \times x$; por lo tanto, la primera operación es una multiplicación. Su inverso es la división. Hay un signo más; por lo tanto, la segunda operación es una suma. Su inverso es la resta.

Paso 2 Identifica el orden en el que se deben realizar las operaciones inversas. Primero, usa la resta para anular la suma. Luego, usa la división para anular la multiplicación.

Paso 3 Realiza la primera operación inversa en cada lado de la ecuación. Resta 6 a cada lado de la ecuación.

$$3x + 6 = 24$$
$$\underline{-6 \quad -6}$$
$$3x \qquad 18$$

Paso 4 Realiza la segunda operación inversa en cada lado de la ecuación. Divide cada lado de la ecuación por 3.

$$3x = 18 \qquad \frac{3x}{3} = \frac{18}{3} \qquad x = 6$$

Paso 5 Comprueba la solución sustituyendo la variable por la solución en la ecuación original.

$$3(6) + 6 = 24 \quad 18 + 6 = 24 \quad \text{El enunciado es verdadero; por lo tanto, } x = 6.$$

Ejemplo 4 Resolver una ecuación que incluya resta y multiplicación

Resuelve la ecuación $-2x - 4 = -8$.

Paso 1 Identifica cada operación de la ecuación y su operación inversa. La primera operación es una multiplicación. Su inverso es la división. La segunda operación es una resta. Su inverso es la suma.

Paso 2 Identifica el orden en el que se deben realizar las operaciones inversas. Primero, usa la suma para anular la resta. Luego, usa la división para anular la multiplicación.

Paso 3 Realiza la primera operación inversa en cada lado de la ecuación. Suma 4 a cada lado de la ecuación.

$$-2x - 4 = -8$$
$$\underline{+4 \quad +4}$$
$$-2x \qquad -4$$

Paso 4 Realiza la segunda operación inversa en cada lado de la ecuación. Divide cada lado de la ecuación por –2.

$$-2x = -4 \qquad \frac{-2x}{-2} = \frac{-4}{-2} \qquad x = 2$$

Paso 5 Comprueba la solución sustituyendo la variable por la solución en la ecuación original.

$$-2(2) - 4 = -8 \quad -4 + (-4) = -8$$

El enunciado es verdadero; por lo tanto, $x = 2$.

Observa que en el ejemplo 4 sumaste 4 a ambos lados del signo igual para resolver el problema. Pero esto es lo mismo que restar su negativo. De esa manera, en ambos ejemplos, la resta se realizó primero. Esto se debe a que la suma y la resta son esencialmente la misma operación, puesto que restar un número negativo es lo mismo que sumar un número positivo.

Ejemplo 5 Resolver una ecuación que incluya suma y división

Resuelve la ecuación $\frac{x}{-8} + 2 = 5$.

Paso 1 Identifica cada operación de la ecuación y su operación inversa. La primera operación es una división. Su inverso es la multiplicación. La segunda operación es una suma. Su inverso es la resta.

Paso 2 Identifica el orden en el que se deben realizar las operaciones inversas. Primero, usa la resta para anular la suma. Luego, usa la multiplicación para anular la división.

Paso 3 Realiza la primera operación inversa en cada lado de la ecuación. Resta 2 a cada lado de la ecuación
$$\frac{x}{-8} + 2 = 5 \qquad \frac{x}{-8} + 2 - 2 = 5 - 2 \qquad \frac{x}{-8} = 3$$

Paso 4 Realiza la segunda operación inversa en cada lado de la ecuación. Multiplica cada lado de la ecuación por −8.
$$\frac{x}{-8} = 3 \qquad \frac{x}{-8} \times (-8) = 3(-8) \qquad x = -24$$

Paso 5 Comprueba la solución sustituyendo la variable por la solución en la ecuación original.
$$\frac{-24}{-8} + 2 = 5 \quad 3 + 2 = 5 \quad \text{El enunciado es verdadero; por lo tanto,}$$
$$x = -24.$$

Ejemplo 6 Resolver una ecuación que incluya resta y división

Resuelve la ecuación $\frac{x}{4} - 7 = 3$.

Paso 1 Identifica cada operación de la ecuación y su operación inversa. $\frac{x}{4}$ significa $x \div 4$; por lo tanto, la primera operación es una división. Su inverso es la multiplicación. Hay un signo menos; por lo tanto, la segunda operación es una resta. Su inverso es la suma.

Paso 2 Identifica el orden en el que se deben realizar las operaciones inversas. Primero, usa la suma para anular la resta. Luego, usa la multiplicación para anular la división.

Paso 3 Realiza la primera operación inversa en cada lado de la ecuación. Suma 7 a cada lado de la ecuación.
$$\frac{x}{4} - 7 = 3 \qquad \frac{x}{4} - 7 + 7 = 3 + 7 \qquad \frac{x}{4} = 10$$

Paso 4 Realiza la segunda operación inversa en cada lado de la ecuación. Multiplica cada lado de la ecuación por 4.
$$\frac{x}{4} = 10 \qquad \frac{x}{4} \times 4 = 10 \times 4 \qquad x = 40$$

Paso 5 Comprueba la solución sustituyendo la variable por la solución en la ecuación original.
$$\frac{40}{4} - 7 = 3 \qquad 10 - 7 = 3 \quad \text{El enunciado es verdadero; por lo tanto,}$$
$$x = 40.$$

De la misma manera que la suma y la resta son muy similares (como vimos en la página anterior), las operaciones de multiplicación y división también son similares. Observa que en los dos ejemplos de división, la división se podría haber escrito como el producto de la variable y una fracción. Por ejemplo, $x \div 4$ se podría haber reescrito como $\frac{1}{4} \times x$. Por lo tanto, podrías haber dividido por $\frac{1}{4}$, que es lo mismo que multiplicar por 4. Esto se debe a que la multiplicación y la división son tan similares como lo son la suma y la resta entre sí.

CONEXIÓN CON LAS MATEMÁTICAS

Sigue las reglas de las operaciones con enteros cuando resuelvas ecuaciones con enteros. Recuerda que los enteros son el conjunto de los números naturales y sus negativos.

Para sumar signos iguales: suma los valores absolutos. Usa el signo.

Para sumar signos diferentes: resta el valor absoluto menor al valor absoluto mayor. Usa el signo del valor absoluto mayor.

Para restar un entero: suma su opuesto.

Para multiplicar y dividir: si los signos son iguales, el producto o cociente es positivo. Si los signos son diferentes, el producto o cociente es negativo.

Destreza principal
Evaluar expresiones

Las expresiones aritméticas y algebraicas son similares en algunos aspectos. Ambas contienen números, símbolos y operaciones. Por supuesto, hay diferencias importantes. Las expresiones aritméticas como $5 \times (-8)$ o $78 - 23(2 + 1)$ son bastante sencillas de resolver. Simplemente debes sumar, restar, multiplicar o dividir los números para obtener una solución. Pero las expresiones algebraicas incluyen valores desconocidos que se representan con una mezcla de números y variables. ¿Qué debes hacer para resolver la ecuación algebraica $5x + 4 = 24$? En un cuaderno, escribe la ecuación y la solución.

1. $5x + 1 = 41$ _____
2. $\frac{x}{6} - 12 = -10$ _____
3. $\frac{x}{-8} + 6 = 14$ _____
4. $-2x + 3 = 1$ _____

Repaso de vocabulario

Instrucciones: Completa los espacios en blanco con una de las siguientes palabras o frases.

afectar   aislar   una ecuación de dos pasos

1. _____ se resuelve realizando dos operaciones.

2. Para _____ una variable, debes dejar la variable sola en un lado de la ecuación.

3. Si anulas las operaciones en el orden incorrecto, esto puede _____ tu respuesta.

Repaso de destrezas

Instrucciones: Responde las siguientes preguntas.

1. Explica de qué manera la habilidad de comprender la secuencia te ayudó a resolver las ecuaciones de dos pasos.

   _____

   _____

   _____

2. Describe la secuencia que usarías para resolver la ecuación $6x + 3 = -9$.

   _____

   _____

   _____

3. Describe una secuencia que podrías usar para resolver cualquier ecuación de dos pasos.

   _____

   _____

   _____

Práctica de destrezas

Instrucciones: Elige la mejor respuesta para cada pregunta.

1. ¿Qué ecuación describe mejor la siguiente oración: *Un número dividido por ocho más tres es cincuenta y uno?*

   A. $n + \frac{3}{8} = 51$

   B. $\frac{8}{n} + 3 = 51$

   C. $\frac{n}{8} + 3 = 51$

   D. $8 + \frac{3}{n} = 51$

2. Daniel maneja **49** millas para llegar al trabajo, que es **7** millas menos que el doble de la cantidad de millas que maneja Eduardo. ¿Qué ecuación muestra la cantidad de millas m que maneja Eduardo para llegar al trabajo?

   A. $2m - 7 = 49$

   B. $2(m - 7) = 49$

   C. $2m + 7 = 49$

   D. $2(m + 7) = 49$

Instrucciones: Resuelve los problemas.

3. ¿Cuál es la solución para la ecuación $\frac{n}{7} + 12 = 58$?

   _____

4. Ibrahim ahorró **$2,000**. Está planeando comprar una computadora y accesorios nuevos que cuestan **$3,650**. Ibrahim gana **$150** en comisiones por cada bicicleta fija que vende. Escribió esta ecuación para calcular cuántas bicicletas deberá vender este mes para poder comprar la computadora.

   $150b + 2,000 = 3,650$

   ¿Cuántas bicicletas fijas debe vender Ibrahim?

   _____

Resolver desigualdades de uno y dos pasos

Objetivos de la lección

Serás capaz de:

- convertir enunciados verbales en desigualdades.
- resolver desigualdades de un paso.
- resolver desigualdades de dos pasos.

Destrezas

- **Destreza principal:**
  Resolver desigualdades
- **Práctica principal:**
  Evaluar el razonamiento

Vocabulario

desigualdad
infinito
invertir

CONEXIÓN CON LAS
MATEMÁTICAS

Usa estos signos para convertir enunciados verbales en desigualdades.

<
menor que **menos que**
≤
menor que o igual a; **como máximo;** **no más que**
>
mayor que **más que**
≥
mayor que o igual a; **como mínimo;** **no menos que**

CONCEPTO CLAVE: Usar operaciones inversas para resolver desigualdades de uno y dos pasos.

Compara los números de cada par usando <, > o =.

1. 0.10 _____ 0.1
2. 14 _____ 23
3. 186 _____ 183
4. −2 _____ −5
5. −54 _____ −50
6. 8.57 _____ 8.5

Convertir enunciados verbales en desigualdades

Una **desigualdad** es un enunciado en el cual se coloca un signo de desigualdad entre dos expresiones, como $t + 6 \geq 2$. Los signos de desigualdad son < (menor que), ≤ (menor que o igual a), > (mayor que) y ≥ (mayor que o igual a).

Las desigualdades y las ecuaciones son similares en algunos aspectos. Por ejemplo, ambas contienen expresiones que combinan números y variables. En otras palabras, hay una conexión, es decir, una relación, entre las desigualdades y las ecuaciones. Pero también hay diferencias. El signo de desigualdad indica que las expresiones que se comparan no son iguales.

Debido a que hay una conexión entre desigualdades y ecuaciones, convertir un enunciado verbal en una desigualdad es similar a convertir un enunciado en una ecuación. Primero, elige una variable para la incógnita. Luego, identifica las operaciones en el enunciado y elige el signo de desigualdad que representa el enunciado. Por último, escribe la desigualdad.

Ejemplo 1 Convertir un enunciado verbal en una desigualdad de un paso

Un número con un incremento de 5 no es mayor que 9.

Paso 1 Elige una variable que represente el número desconocido. La letra n representa el número desconocido.

Paso 2 Identifica la operación y escribe la expresión. La frase *con un incremento de 5* indica suma. La expresión es $n + 5$.

Paso 3 Identifica el signo de desigualdad en el enunciado verbal. La frase *no es mayor que* significa menor que o igual a; por lo tanto, el signo es ≤.

Paso 4 Escribe la desigualdad. $n + 5 \leq 9$

Ejemplo 2 Convertir un enunciado verbal en una desigualdad de dos pasos

Antonio pagará no menos de $115 en total por dos boletos para el juego de fútbol americano más $35 por meriendas.

Paso 1   Elige una variable que represente la incógnita.
La incógnita es el costo de un boleto.
La letra b representa el costo de un boleto.

Paso 2   Identifica la operación y escribe la expresión.
La frase *dos boletos* indica multiplicación, puesto que
$2 \times b$ será el costo de dos boletos. La expresión
más $35 indica suma.
La expresión es $2b + 35$.

Paso 3   Identifica el signo de desigualdad en el enunciado verbal.
La frase *no menos de* significa mayor que o igual a; por lo tanto, el signo es $\geq$.

Paso 4   Escribe la desigualdad.
$2b + 35 \geq 115$

CONEXIÓN CON LAS MATEMÁTICAS

Las propiedades de desigualdad de la suma, la resta, la multiplicación y la división establecen que si sumas, restas, multiplicas o divides cada lado de la desigualdad por el mismo número, la desigualdad sigue siendo verdadera. La excepción es cuando se multiplica o se divide por un número negativo. En estos casos se debe invertir la dirección del signo de desigualdad para que la desigualdad siga siendo verdadera.

APLICA LAS MATEMÁTICAS

Instrucciones: Convierte cada enunciado verbal en una desigualdad de uno o dos pasos.

1. Un número menos **8** es más que **12**.

2. El costo del almuerzo más $3 de propina es por lo menos **$10**.

3. Cuatro más que el doble de un número es menos que **25**.

4. Un representante de Ace Plumbing le dijo a un cliente que tres horas de trabajo más la tarifa de mantenimiento de **$25** es no menos de **$310**.

Resolver desigualdades de un paso

Resuelve desigualdades de la misma manera que resuelves ecuaciones. Usa operaciones inversas para aislar la variable.

La **solución de la desigualdad** es el conjunto de todos los números que hacen que esa desigualdad sea verdadera. Estos conjuntos contienen una cantidad **infinita**, es decir, sin fin, de números.

La solución $r > 12$ indica que todos los números mayores que 12 son una solución para la desigualdad. Esto significa que hay un número infinito de soluciones correctas para esta desigualdad.

Destreza principal
Resolver desigualdades

Ya tienes algo de experiencia resolviendo ecuaciones de uno y dos pasos con una variable. Mucho de lo que aprendiste resolviendo dichas ecuaciones puede aplicarse al proceso de resolver desigualdades. Por ejemplo, debes aislar la variable. También debes seguir el orden de las operaciones. Hay una diferencia importante entre resolver ecuaciones y resolver desigualdades. Al multiplicar o dividir ambos lados de una desigualdad por un número negativo, debes invertir el signo de desigualdad.

En un cuaderno, resuelve la ecuación $14y > -2$ y, luego, resuelve $-14y > 2$.

Ejemplo 3 Usar la suma para resolver una desigualdad

Resuelve la desigualdad $r - 2 > 10$.

Paso 1 Identifica la operación en la desigualdad y su inverso.
La operación es una resta y su inverso es la suma.

Paso 2 Usa la operación inversa para resolver la desigualdad. En este caso, suma 2 a cada lado de la desigualdad.

$$\begin{array}{rr} r - 2 > & 10 \\ +2 \quad\; & +2 \\ \hline r > & 12 \end{array}$$

Paso 3 Comprueba la solución. Como r es mayor que 12, sustituye la variable por un número mayor que 12, como 12.5, en la desigualdad original.
$12.5 - 2 > 10 \qquad 10.5 > 10 \qquad$ Esto es verdadero; por lo tanto, $r > 12$.

Ejemplo 4 Usar la resta para resolver una desigualdad

Resuelve la desigualdad $h + 6 \leq 3$.

Paso 1 Identifica la operación en la desigualdad y su inverso.
La operación es una suma y su inverso es la resta.

Paso 2 Usa la operación inversa para resolver la desigualdad.

$$\begin{array}{rr} h + 6 \leq & 3 \\ -6 \quad\; & -6 \\ \hline h \leq & -3 \end{array}$$

Paso 3 Comprueba la solución. Como h es menor o igual a −3, sustituye la variable por −3 en la desigualdad original.
$-3 + 6 \leq 3 \qquad 3 \leq 3 \qquad$ Esto es verdadero; por lo tanto, $h \leq -3$.

Como tal vez hayas notado en los dos ejemplos anteriores, en ambos había que restar el número que se está sumando (o restando). En el ejemplo 3 restaste −2 en ambos lados para resolver la desigualdad (restar un número negativo es lo mismo que sumar). De la misma manera, en el ejemplo 4 restaste 6 a ambos lados para resolver la desigualdad. También hay similitudes entre resolver desigualdades que incluyen multiplicación y división.

Una de las diferencias más importantes entre resolver ecuaciones y resolver desigualdades es que si divides o multiplicas por un número negativo para resolver la desigualdad, debes **invertir** el signo de desigualdad, es decir, cambiar su dirección. Si un signo es $\leq$, se convierte en $\geq$ cuando inviertes su dirección. Si multiplicas o divides por un número positivo, la dirección del signo no se invierte.

Ejemplo 5 Usar la división para resolver una desigualdad

Resuelve la desigualdad $-4b \geq 20$.

Paso 1 Identifica la operación en la desigualdad y su inverso.
La operación es una multiplicación y su inverso es la división.

Paso 2 Usa la operación inversa para resolver la desigualdad. En este caso, la operación inversa es la división por un entero negativo. Deberás invertir la dirección del signo de desigualdad de $\geq$ a $\leq$.

$$\frac{-4b}{-4} \geq \frac{20}{-4} \qquad\qquad b \leq -5$$

Paso 3 Comprueba la solución. Como b es menor o igual a –5, sustituye la variable por –5 o un número menor que –5, como –6, en la desigualdad original.

$-4(-5) \geq 20 \quad 20 \geq 20$

$-4(-6) \geq 20 \quad 24 \geq 20 \qquad$ Esto es verdadero; por lo tanto, $b \leq -5$.

APLICA LAS **MATEMÁTICAS**

Instrucciones: Resuelve cada desigualdad.

1. $-3t > 15$

2. $x - 14 \leq -12$

3. $\frac{a}{6} \leq -1$

4. $c + 2 < 9$

Ejemplo 6 Usar la multiplicación para resolver una desigualdad

Resuelve la desigualdad $\frac{y}{3} < -12$.

Paso 1 Identifica la operación en la desigualdad y su inverso.
La operación es una división y su inverso es la multiplicación.

Paso 2 Usa la operación inversa para resolver la desigualdad. La operación inversa es una multiplicación por un número positivo; por lo tanto, *no* deberás invertir la dirección del signo de desigualdad.

$\frac{y}{3} < -12 \qquad \frac{y}{3} \times 3 < -12 \times 3 \qquad y < -36$

Paso 3 Comprueba la solución. Como y es menor que –36, sustituye la variable por un número menor que –36 en la desigualdad original, como –39.

$\frac{-39}{3} < -12 \qquad -13 < -12 \qquad$ Esto es verdadero; por lo tanto, $y < -36$.

En los ejemplos 3 y 4, habrás notado que en ambas desigualdades se utilizó la resta para resolver. Lo mismo sucedió en los ejemplos 5 y 6. En ambos ejemplos puedes dividir por el número que se multiplica por la variable.

En el ejemplo 5 la variable se multiplica por –4 y en el ejemplo 6 la variable se multiplica por $\frac{1}{3}$. Para resolver estos ejemplos, dividiste por –4 y 3 (el recíproco de $\frac{1}{3}$), respectivamente.

Resolver desigualdades de dos pasos

Para resolver desigualdades de dos pasos, debes utilizar dos operaciones inversas. En general, realiza las sumas o las restas antes que las multiplicaciones o las divisiones. De la misma manera que en las desigualdades de un paso, invierte la dirección del signo de desigualdad si debes multiplicar o dividir por un número negativo.

Práctica principal
Evaluar el razonamiento

La precisión es de suma importancia para resolver desigualdades de dos pasos. Primero debes seguir los dos pasos en el orden correcto: suma y resta antes que multiplicación y división. También debes ser consciente de los casos en los que tus cálculos requieren invertir la dirección del signo de desigualdad.

Ernesto resuelve el siguiente problema: $-5x - 25 \geq 50$. Primero divide cada lado por –5, pero no invierte la dirección del signo de desigualdad cuando divide por un número negativo. Como consecuencia, obtiene $x + 5 \geq -10$. Luego resta 5 a ambos lados y obtiene $x \geq -15$. Comprueba su solución reemplazando x por **–14**.
$-5(-14) - 25 \geq 50;$
$70 - 25 \geq 50; 45 \ngeq 50.$

¿Qué hizo mal? En el primer paso, dividió ambos lados de la desigualdad por –5 correctamente, pero debió haber recordado que era necesario invertir el signo de desigualdad. Hizo primero la división y, luego, la suma, que era un camino válido para llegar a la solución. Cometió el error en el paso de la división.

Vuelve a resolver el problema de Ernesto, pero esta vez suma primero y luego divide. Comprueba tu solución.

Ejemplo 7 Usar la suma y la multiplicación para resolver desigualdades de dos pasos

Resuelve la desigualdad $\frac{k}{-8} - 1 < 2$.

Paso 1 Identifica cada operación de la desigualdad y su inverso.
La primera operación es una división y su inverso es la multiplicación.
La segunda operación es una resta y su inverso es la suma.

Paso 2 Identifica el orden en el que se deben realizar las operaciones inversas.
Usa la suma para anular la resta y, luego, usa la multiplicación para anular la división.

Paso 3 Realiza la primera operación inversa en cada lado de la desigualdad.
Suma 1 a cada lado de la desigualdad.
$$\frac{k}{-8} - 1 < 2 \qquad \frac{k}{-8} - 1 + 1 < 2 + 1 \qquad \frac{k}{-8} < 3$$

Paso 4 Realiza la segunda operación inversa en cada lado de la desigualdad. Multiplica cada lado por –8. Como multiplicas por un número negativo, debes invertir la dirección del signo de desigualdad de < a >.
$$\frac{k}{-8} < 3 \qquad \frac{k}{-8} \times (-8) > 3 \times (-8) \qquad k > -24$$

Paso 5 Comprueba la solución. Sustituye la variable por un número mayor que –24 en la desigualdad original. Elige un número que pueda dividirse fácilmente por –8, como –16.
$$\frac{-16}{-8} - 1 < 2 \qquad 2 - 1 < 2 \qquad 1 < 2 \qquad \text{Esto es verdadero; por lo tanto, } k > -24.$$

Ejemplo 8 Usar la resta y la división para resolver desigualdades de dos pasos

Resuelve la desigualdad $6p + 21 \geq 39$.

Paso 1 Identifica cada operación de la desigualdad y su inverso.
La primera operación es una multiplicación y su inverso es la división.
La segunda operación es una suma y su inverso es la resta.

Paso 2 Identifica el orden en el que se deben realizar las operaciones inversas.
Usa la resta para anular la suma y, luego, usa la división para anular la multiplicación.

Paso 3 Realiza la primera operación inversa en cada lado de la desigualdad. Resta 21 a cada lado de la desigualdad.
$$6p + 21 \geq 39 \qquad 6p + 21 - 21 \geq 39 - 21 \qquad 6p \geq<> 18$$

Paso 4 Realiza la segunda operación inversa en cada lado de la desigualdad. Divide cada lado por 6. Como divides por un número positivo, *no* debes invertir la dirección del signo de desigualdad.
$$6p \geq 18 \qquad \frac{6p}{6} \geq \frac{18}{6} \qquad p \geq 3$$

Paso 5 Comprueba la solución. Como p es mayor o igual a 3, elige un número mayor o igual a 3, como 4, para sustituir la variable en la desigualdad original.
$$6(4) + 21 \geq 39 \qquad 24 + 21 \geq 39 \qquad 45 \geq 39$$
Esto es verdadero; por lo tanto, $p \geq 3$.

APLICA LAS MATEMÁTICAS

Instrucciones: Resuelve cada desigualdad.

1. $3x + 10 < 7$ _____

2. $\frac{y}{5} - 7 \leq 2$ _____

3. $\frac{m}{-2} + 6 \geq 20$ _____

4. $-7b - 11 > 10$ _____

Instrucciones: Empareja cada palabra con un enunciado.

1. _____ desigualdad

2. _____ infinito

3. _____ invertir

A. se extiende indefinidamente

B. tipo de oración matemática que contiene $<$, $>$, $\leq$ o $\geq$ entre dos expresiones

C. lo que se le hace al signo de desigualdad cuando se multiplica o se divide por un número negativo para resolver la desigualdad

Repaso de destrezas

Instrucciones: Responde las siguientes preguntas.

1. Convierte $x - 4 > 6$ en un enunciado verbal.

_____

2. Describe de qué manera las conexiones que hiciste entre resolver ecuaciones y resolver desigualdades te ayudaron a aprender a resolver desigualdades.

_____

Práctica de destrezas

Instrucciones: Elige la mejor respuesta para cada pregunta.

1. ¿Qué enunciado describe mejor la desigualdad $x + 4 \leq 10$?

   A. Un número con un incremento de **4** es por lo menos **10**.
   B. Un número más **4** es como máximo **10**.
   C. Un número y **4** es menos que **10**.
   D. Un número más **4** es no menos que **10**.

2. Nina usó la desigualdad $4s + 35 \geq 180$ para hallar la menor cantidad que deberá pagar para aprender a usar una base de datos. ¿Qué opción es la menor cantidad que deberá pagar por cada sesión s?

   A. $80.00
   B. $53.75
   C. $36.25
   D. $10.00

3. ¿Qué desigualdad es equivalente a la desigualdad $-5x > 5$?

   A. $x < -25$
   B. $x > -25$
   C. $x > -1$
   D. $x < -1$

4. El gerente de una imprenta estimó que le costaría no más de $65 imprimir **100** volantes, incluidos $15 del costo del papel. ¿Qué desigualdad se puede utilizar para hallar el mayor costo por volante?

   A. $100v + 15 \leq 65$
   B. $100v + 15 \geq 65$
   C. $100v - 15 \leq 65$
   D. $100v - 15 < 65$

Identificar patrones

CONCEPTO CLAVE: Identificar, representar y generalizar patrones usando expresiones y ecuaciones.

Convierte cada frase verbal en una expresión o ecuación.

1. Dos veces un número es diez.
2. tres veces un número menos cinco

Evalúa cada expresión cuando $x = 4$.

3. $12x$
4. $7x + 2$

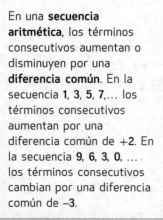
Escribir expresiones para representar patrones

Un **patrón numérico** es un conjunto de números relacionados por una regla. La **regla** es la operación o las operaciones utilizadas para formar el patrón. Una vez que conoces la regla, puedes **generalizarla**. Eso significa que puedes escribir una expresión o ecuación que describa el patrón. La regla debe funcionar para todos los números del patrón. A veces el patrón que descubres es una **diferencia común**, que es cuando la diferencia entre los términos consecutivos de una secuencia de números es la misma, o común.

Una **secuencia** es un conjunto de números en un orden específico. Un **término** de una secuencia es un número de la secuencia. Por ejemplo, 3 es el primer término de la secuencia 3, 6, 9, 12, 15, ...

Ejemplo 1 Escribir una regla con una operación

Escribe una expresión que represente el patrón de la secuencia 3, 6, 9, 12, 15, 18, ...

Paso 1 Dibuja una tabla que muestre la posición y el número de cada término de la secuencia. Rotula la posición del término n.

Posición del término n	1	2	3	4	5	6
Número en la secuencia	3	6	9	12	15	18

Paso 2 Halla la diferencia común entre los números consecutivos de cada fila.
En la primera fila se suma 1 al número anterior para obtener el número siguiente; por lo tanto, la diferencia común es 1.
En la segunda fila se suma 3 al número anterior para obtener el número siguiente; por lo tanto, la diferencia común es 3.

Paso 3 Usa la diferencia común para hallar y escribir una regla para el patrón.
La diferencia común de la segunda fila es 3 veces la diferencia de la primera fila; por lo tanto, la regla puede ser 3 veces n, es decir, $3n$.

Paso 4 Prueba la regla en por lo menos tres números de la tabla.
Sustituye n por 1, 4, y 6 para ver si obtienes 3, 12 y 18 en la secuencia.
$3n = 3(1)$, es decir, 3 $3n = 3(4)$, es decir, 12 $3n = 3(6)$ es decir, 18
Todos son verdaderos; por lo tanto, la regla es $3n$.

HACER UNA TABLA

Por lo general, las tablas tienen filas y columnas que contienen tipos específicos de información. Un pasaje puede contener mucha información y es posible que no siempre esté organizada. Las tablas permiten al lector registrar información y revisarla rápidamente de una manera organizada.

A menudo la parte más difícil de hacer una tabla es decidir qué información se debe incluir y cuál es la mejor manera de disponerla. El primer paso es determinar cuántas categorías de información se presentan y cuál es la mejor manera de organizarlas.

Lee el siguiente pasaje y crea una tabla de la información.

Catalina encontró tres apartamentos que le gustaron. El primero tenía 1 dormitorio y 1 baño. El alquiler era $600 por mes e incluía la calefacción y el agua caliente. El estacionamiento costaba $50 por mes en un garaje cubierto. El segundo tenía 2 dormitorios y 1 baño. El alquiler era $750 por mes. La calefacción y el agua caliente estaban incluidas, pero el estacionamiento costaba $75 por mes. El último apartamento tenía 1 dormitorio y 1 baño, un balcón y un lavavajillas. El alquiler era $700 por mes y el estacionamiento estaba incluido. La calefacción y el agua caliente no estaban incluidas en el alquiler.

El pasaje describe tres apartamentos; por lo tanto, la tabla debería tener tres filas. Ahora, vuelve a leer el pasaje y busca detalles acerca de cada apartamento, como el alquiler, la cantidad de dormitorios y baños y los cargos extra (por ejemplo, calefacción y estacionamiento). Dos de los apartamentos también tienen información extra; por lo tanto, la tabla también debería tener una fila para "otros".

	Cantidad de dormitorios/ baños	Alquiler ($)	Estacionamiento ($)	Calefacción/ agua caliente incluidas	Otros
Apartamento 1	1/1	600	50	Sí	Estacionamiento cubierto
Apartamento 2	2/1	750	75	Sí	Ninguno
Apartamento 3	1/1	700	0	No	Balcón, lavavajillas

Destreza principal
Resolver problemas aritméticos del mundo real

Un pasaje de un problema matemático puede contener mucha información desorganizada. Al organizar la información presentada en un problema del mundo real, en las tablas se pueden detectar patrones o relaciones entre los números que tal vez no fueran evidentes. Resolver problemas se vuelve más sencillo cuando utilizas una tabla para disponer o estructurar los datos importantes.

Katiah registró las temperaturas máximas y mínimas de cada día durante una semana. Las temperaturas máximas fueron: domingo, **74°**, lunes, **76°**, martes, **78°**, miércoles, **72°**, jueves, **71°**, viernes, **81°** y sábado, **80°**. Las temperaturas mínimas fueron: domingo, **59°**, lunes, **61°**, martes, **63°**, miércoles, **57°**, jueves, **56°**, viernes, **66°** y sábado, **65°**. ¿Cuál es la diferencia entre la temperatura máxima y la mínima de cada día? ¿Hay una diferencia común?

Para responder estas preguntas, completa la siguiente tabla.

Temperaturas (°F)

Día	Temperatura máxima	Temperatura mínima
Dom.	74	59
		61
Mar.	78	
Miér.		
Vier.		
Sáb.		

En algún momento, da un paso atrás y tómate un momento para reflexionar acerca de lo que has aprendido. Cuando resuelves un problema, no debes simplemente repetir de memoria las series de pasos que encontraste en cada uno de los ejemplos de las lecciones que estudiaste. Debes poder comprender por qué cada paso es importante, así como también las conexiones entre los diferentes pasos. Si verdaderamente entiendes la lógica matemática, puedes resolver problemas que pueden diferir un poco de los que ya has visto. La reflexión crítica es una manera de llegar a este nivel de comprensión.

Considera una secuencia, que comienza con 1, 4, 9, 16, 25, … A diferencia de otros patrones que has visto, este patrón no tiene una diferencia común (3, 5, 7, 9, …). ¿Puedes de todas formas hallar un patrón en esta secuencia? ¿Qué regla aplica? En un cuaderno, escribe lo que sucede con cada término como ayuda para hallar un patrón.

APLICA LAS MATEMÁTICAS

Instrucciones: Dibuja una tabla para cada secuencia. Luego, escribe una regla para representar la secuencia.

1. 4, 8, 12, 16, 20, 24, …

2. 5, 8, 11, 14, 17, 20, …

Una ecuación de dos variables describe el patrón entre dos cantidades y tiene dos variables, como x e y. La variable sobre la que aplicas la regla es la **variable de entrada**. El resultado es la **variable de salida**. Escribe la variable de salida que equivale a la regla, como $y = 2x$.

Ejemplo 2 Escribir una regla con dos operaciones

Escribe una ecuación para representar el patrón que se muestra en la tabla.

x	1	2	3	4	5	6
y	9	14	19	24	29	34

Paso 1 Halla las diferencias comunes para los valores de x e y.
La diferencia común para los valores de x es 1.
La diferencia común para los valores de y es 5.

Paso 2 Usa la diferencia común para hallar y escribir una regla para el patrón. La diferencia común para los valores de y es 5; por lo tanto, la regla podría ser $y = 5x$.

Paso 3 Intenta aplicar la regla en al menos tres números de la tabla.
Si $x = 1$, entonces $y = 9$, y $5(1) = 5$.
$5 \neq 9$. La regla no es correcta.

Paso 4 Intenta sumar o restar un número de la regla para obtener el valor de y. Si funciona, intenta aplicar la nueva regla en otros dos números. La diferencia entre 9 y 5 es 4; por lo tanto, suma 4 a la regla para producir una nueva regla: $y = 5x + 4$.
Si $x = 1$, entonces $y = 9$, y $5(1) + 4 = 9$.
Si $x = 4$, entonces $y = 24$, y $5(4) + 4 = 24$.
Si $x = 6$, entonces $y = 34$, y $5(6) + 4 = 34$.
Estos casos son verdaderos; por lo tanto, la regla es $y = 5x + 4$.

Ejemplo 3 Hallar los números que siguen en un patrón

Halla los siguientes tres números que siguen en la secuencia 1, 3, 5, 7, 9, 11, ...

Paso 1 Dibuja una tabla que muestre la posición y el número de cada término de la secuencia. Rotula la posición del término n.

Posición del término, n	1	2	3	4	5	6	7	8	9
Número en la secuencia	1	3	5	7	9	11			

Paso 2 Escribe una regla para la secuencia. Observa los primeros tres números de cada fila. Si multiplicas 1 por 2 y restas 1, obtendrás 1. Multiplica 2 por 2 y resta 1 y obtendrás 3. Multiplica 3 por 2 y resta 1 y obtendrás 5. Por lo tanto, la regla es $2n - 1$.

Paso 3 Para hallar los tres números que siguen en la secuencia, usa la regla $2n - 1$:

$2 \times 7 - 1 = 13$ $\quad$ $2 \times 8 - 1 = 15$ $\quad$ $2 \times 9 - 1 = 17$

Posición del término, n	1	2	3	4	5	6	7	8	9
Número en la secuencia	1	3	5	7	9	11	13	15	17

Ejemplo 4 Hallar cualquier número de un patrón

¿Cuál es el vigésimo término en el patrón 3, 7, 11, 15, 19, 23, ...?

Paso 1 Dibuja una tabla.

Posición del término, n	1	2	3	4	5	6
Número en la secuencia	3	7	11	15	19	23

Paso 2 Escribe una regla. Hay una diferencia común de 1 para la primera fila y una diferencia común de 4 para la segunda fila. Si multiplicas cada término de la primera fila por 4 y, luego, restas 1, obtendrás los números del patrón. La regla es $4n - 1$.

Paso 3 Aplica la regla al término que debes hallar. Debes hallar el vigésimo término. Sustituye $n = 20$ en la regla, $4n - 1$.

$4(20) - 1 = 79$; el vigésimo término del patrón es 79.

Instrucciones: Completa los espacios en blanco con la palabra o frase correcta que aparece a continuación.

diferencia común   generalizar   la variable de entrada
la variable de salida   un patrón numérico   un término

1. Al _____ un patrón, escribes una expresión o ecuación para describir la regla del patrón.

2. _____ es uno de los números de una secuencia.

3. Cuando se analiza un patrón, _____ es el resultado de aplicar la regla a _____.

4. La diferencia entre los términos consecutivos de una secuencia se denomina _____.

5. _____ es un conjunto de números relacionados por una regla.

Repaso de destrezas

Instrucciones: Usa lo que aprendiste acerca de hallar patrones para responder las siguientes preguntas.

1. Explica el proceso que usarías para hallar un patrón para la secuencia 1, 4, 7, 10, 13, ...
   Luego, halla el patrón y escribe la regla.

   _____
   _____
   _____
   _____

2. Explica por qué, luego de hallar un patrón, es útil escribir la regla del patrón usando una expresión o una ecuación.

   _____
   _____
   _____
   _____

Práctica de destrezas

Instrucciones: Elige la mejor respuesta para cada pregunta.

1. Dae-Jung está pensando en cambiar el servicio de correo postal de su empresa. En la siguiente tabla se muestran los costos para enviar y manipular paquetes de diferentes pesos. ¿Qué ecuación muestra el patrón entre las libras *l* y el costo *c*?

Cantidad de libras, *l*	1	2	3	4	5
Costo total, *c*	8	10	12	14	16

A. $c = 8l$
B. $c = l + 7$
C. $c = 2l + 7$
D. $c = 2l + 6$

2. Elías dice que la expresión **4**n describe el patrón de la secuencia que se muestra en la tabla.

Posición del término, *n*	1	2	3	4	5
Número en la secuencia	5	9	13	17	21

¿Cuál de los siguientes enunciados describe mejor el enunciado de Elías?

A. Tiene razón.
B. Utilizó solo la diferencia común en lugar de la diferencia común más **1**, es decir, **4**n **+ 1**.
C. Debería haber sumado **4** a n para que la regla fuera n **+ 4**.
D. La regla debe ser **5**n porque **1** × **5** es **5**.

3. ¿Cuál es el número que sigue en el patrón?

39, 77, 115, 153, 191

A. 209
B. 219
C. 229
D. 239

4. Zoey escribió la ecuación $n = 12m$ para describir el patrón de una de las siguientes tablas. ¿Qué tabla utilizó?

A.

m	1	2	3	4	5
n	12	24	36	48	60

B.

m	1	2	3	4	5
n	11	22	33	44	55

C.

m	1	2	3	4	5
n	12	20	28	36	44

D.

m	1	2	3	4	5
n	12	22	32	42	52

Instrucciones: Elige la mejor respuesta para cada pregunta.

1. ¿Cuál es la solución de x en la ecuación?

   $-8x + 11 = 35$

   A. $x = -24$
   B. $x = -3$
   C. $x = 3$
   D. $x = 5$

2. ¿Cuál es el valor de $5x - 3y$ cuando $x = 7$ e $y = -8$?

   A. -61
   B. 11
   C. 59
   D. 61

3. Atian es **7** años menor que **5** veces la edad de su hijo. Si Atian tiene **43** años, ¿cuántos años tiene su hijo?

   A. 9 años
   B. 10 años
   C. 11 años
   D. 12 años

4. Chuma alquila un martillo neumático por una tarifa de alquiler de **$45** y **$13** por día. ¿Qué ecuación le permitirá a Chuma calcular el costo total t de alquilar el martillo neumático por d días?

   A. $t = 13d + 45$
   B. $t = 45d - 13$
   C. $d = 45t + 13$
   D. $t = 45d + 13$

5. ¿Cómo se puede resolver $\frac{y}{-12} = -36$?

   A. Se dividen ambos lados de la ecuación por -12.
   B. Se multiplican ambos lados de la ecuación por 12.
   C. Se dividen ambos lados de la ecuación por -36.
   D. Se multiplican ambos lados de la ecuación por -12.

Instrucciones: Usa la siguiente tabla para las preguntas 6 y 7.

x	1	2	3	4	5
y	7	12	17	22	27

6. ¿Qué ecuación describe la regla de la tabla?

   A. $y = 7x + 5$
   B. $y = 4x + 3$
   C. $y = x + 6$
   D. $y = 5x + 2$

7. Si se sigue el patrón de la tabla anterior, ¿cuál será el décimo término de la secuencia?

   A. 16   C. 52
   B. 43   D. 75

8. ¿Cuáles son los tres términos que siguen en la secuencia 4, 7, 10, 13,…?

   A. 14, 15, 16
   B. 15, 16, 17
   C. 16, 19, 22
   D. 19, 22, 25

9. ¿Cuál es el valor de $-5n - 23$ cuando $n = -11$?

   A. -88
   B. -32
   C. 32
   D. 88

10. Diego cobrará no más de $265 por 2 juegos de frenos y una tarifa de instalación de $85. ¿Qué opción es un valor posible para un juego de frenos?

A. $200
B. $190
C. $100
D. $90

11. ¿$x \geq -8$ es la solución para qué desigualdad?

A. $-4x \leq 32$
B. $-4x \leq -32$
C. $-4x \geq -32$
D. $4x \leq -32$

12. El precio de venta al público de un reloj es dos veces el precio de venta al por mayor más $15. El precio del reloj, después del incremento del precio, es $465. ¿Cuál es el precio de venta al por mayor del reloj?

A. $215   C. $450
B. $225   D. $915

13. Los precios de los boletos para el teatro se muestran en la tabla.

Cantidad de boletos	1	2	3	4
Costo ($)	45	90	135	180

¿Qué respuesta es la regla para la cantidad de boletos (b) y el costo de los boletos (c)?

A. $c = 2b$
B. $2c = b$
C. $45c = b$
D. $c = 45b$

14. ¿Cuáles son los dos pasos para hallar la solución de $\frac{a}{6} + 17 \leq 53$?

A. restar 17, luego multiplicar por 6 en ambos lados de la desigualdad
B. sumar 17, luego dividir por 6 en ambos lados de la desigualdad
C. multiplicar por 6, luego restar 17 en ambos lados de la desigualdad
D. dividir por 6, luego sumar 17 en ambos lados de la desigualdad

Comprueba tu comprensión

En la siguiente tabla, encierra en un círculo el número de los ítems que hayas respondido incorrectamente. Al lado de cada título de lección verás las páginas que puedes repasar para aprender el contenido sobre el que trata la pregunta. Repasa especialmente aquellas lecciones en las que hayas respondido incorrectamente la mitad de las preguntas o más.

Capítulo 5: Expresiones y ecuaciones	Procedimiento	Concepto	Aplicación/ Representación/ Resolución de problemas
Expresiones pp. 134–139	2, 9		
Resolver ecuaciones de un paso pp. 140–143		5	
Resolver ecuaciones de dos pasos pp. 144–149	1		3, 4, 12
Resolver desigualdades de uno y dos pasos pp. 150–155	11	14	10
Identificar patrones pp. 156–161	7, 8	6, 13	

Ecuaciones lineales y funciones

Se pueden observar ecuaciones lineales en muchas situaciones de la vida diaria. La cantidad de agua que sale de un grifo llena un fregadero de manera lineal. El costo de una cierta cantidad de productos se representa linealmente.

Las ecuaciones lineales se pueden usar para representar información y para analizar esas representaciones. Aprenderás a resolver sistemas de ecuaciones lineales y aprenderás lo que significa la solución en términos gráficos, numéricos y algebraicos.

Otra herramienta que se usa para representar datos es el diagrama de dispersión. El diagrama de dispersión se puede usar para representar información linealmente, y también como ayuda para predecir más información que no está dada.

Entre los **conceptos clave** que estudiarás están:

Lección 6.1: Ecuaciones lineales
Graficar ecuaciones lineales y determinar si la relación entre dos cantidades es lineal.

Lección 6.2: Graficar ecuaciones lineales
Graficar ecuaciones lineales escritas de distintas maneras.

Lección 6.3: Pares de ecuaciones lineales
Reconocer que la solución a un par de ecuaciones lineales es el punto de intersección entre esas rectas y resolver el par algebraicamente.

Lección 6.4: Diagramas de dispersión
Comprender que un diagrama de dispersión representa datos de manera gráfica, que se puede aproximar con una función y que se puede usar para predecir otros datos según la fuerza de la función de aproximación.

Lección 6.5: Funciones
Reconocer funciones algebraica y gráficamente.

Establecer objetivos

Antes de comenzar este capítulo, establece tus objetivos de aprendizaje.

- ¿Qué esperas aprender sobre las ecuaciones lineales, sobre su resolución y sobre los diagramas de dispersión?

  _____

  _____

  _____

- ¿En qué situaciones de la vida cotidiana has encontrado funciones lineales?

  _____

  _____

  _____

- ¿De qué manera puedes usar tu conocimiento previo como ayuda para comprender las funciones lineales?

  _____

  _____

  _____

Ecuaciones lineales

Objetivos de la lección

Serás capaz de:

- trazar una recta que represente la relación lineal entre dos conjuntos de números.
- determinar gráficamente el valor de la variable dependiente.
- determinar si una variable independiente y una variable dependiente están linealmente vinculadas.
- escribir la ecuación de una recta a partir de una descripción verbal de la relación entre dos conjuntos de números.

Destrezas

- **Destreza principal:** Resolver problemas aritméticos del mundo real
- **Destreza principal:** Resolver ecuaciones lineales

Vocabulario

distancia horizontal
distancia vertical
ecuación lineal
intersección con *y*
pendiente
relación lineal
variable dependiente
variable independiente

CONCEPTO CLAVE: Una variable es algo que se quiere medir. Existen dos tipos de variables: independientes y dependientes. Una **variable independiente** tiene un valor que permanece igual. Es decir, no se ve afectada por una **variable dependiente**. Una variable dependiente es un valor que depende de otros factores.

Una variable independiente, como la cantidad de tiempo que pasas estudiando para un examen de matemáticas, es algo que controlas. Afecta a la variable dependiente, que es la calificación que obtienes en el examen. Otro ejemplo: el tipo de ejercicio que decides hacer es la variable independiente. Afecta a tu ritmo cardíaco, que es la variable dependiente.

*Dos variables tienen una **relación lineal** si sus puntos de correspondencia se encuentran en la misma recta del plano de coordenadas. Eso implica que a medida que la variable independiente aumenta (o disminuye), la variable dependiente aumenta (o disminuye) proporcionalmente.*

Un plano de coordenadas es una superficie de dos dimensiones en la que puedes marcar puntos. Cada punto se encuentra determinado por un par de coordenadas x e y.

Marca los siguientes pares de coordenadas en el plano de coordenadas de abajo.

(1, 2), (3, 3), (6, 0), (0, 7), (5, 8), (9, 10)

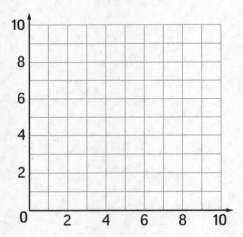

Relaciones lineales

Las relaciones lineales son un concepto muy importante tanto en las matemáticas como en las ciencias. También aparecen en muchas situaciones en las que te encuentras en la vida cotidiana, ¡a veces sin que te des cuenta!

Imagina que ahorraste suficiente dinero para comprar un nuevo celular. Según el plan de tu nuevo celular, puedes mandar hasta 200 mensajes de texto por mes a una tarifa fija de $5.00. Por cada mensaje que envíes una vez que superes los 200, deberás pagar 20 centavos adicionales, es decir, $0.20.

En enero enviaste 210 mensajes de texto, lo que significa que enviaste 10 mensajes de texto adicionales. Puedes calcular el costo de los mensajes de texto.

Costo total de los mensajes de texto = $5.00 + ($0.20 × 10) = $5.00 + $2.00 = $7.00

tarifa fija   costo de los mensajes adicionales

Por lo tanto, por 10 mensajes adicionales, el costo mensual de los mensajes de texto es $7.00.

En febrero enviaste 215 mensajes de texto, lo que significa que enviaste 15 mensajes de texto adicionales. Puedes calcular el costo total de los mensajes de texto.

Costo total de los mensajes de texto = $5.00 + ($0.20 × 15) = $5.00 + $3.00 = $8.00

La siguiente tabla muestra el costo total de los mensajes de texto correspondiente a dos meses.

Cantidad de mensajes de texto adicionales	Costo total de los mensajes de texto
10	7
15	8

Se puede expresar la misma información como dos pares de coordenadas en los que el primer número representa la cantidad de mensajes de texto adicionales y el segundo número representa el costo de los mensajes de texto.

$$(10, 7) \qquad (15, 8)$$

Puedes marcar estos puntos en el plano de coordenadas: el eje horizontal representa la cantidad de mensajes de texto adicionales, y el eje vertical representa el costo de los mensajes de texto en dólares.

Las matemáticas se utilizan para resolver diversos problemas de la vida cotidiana. Por ejemplo, una asesora de crédito aconseja a sus clientes no gastar más del **25** por ciento de su ingreso mensual en alquiler. La asesora puede usar las matemáticas para representar los costos. Eso le permite ayudar a sus clientes a limitar la búsqueda de apartamentos a aquellos que puedan pagar. ¿Cuánto debería ganar una persona por mes para poder pagar un alquiler mensual de $**600.00**?

Salario mensual (en dólares)	Alquiler máximo (25% del salario mensual en dólares)
1,000	250.00
1,250	312.50
1,500	375.00
1,750	437.50
2,000	500.00
2,250	562.50
2,500	625.00

Recuerda que en geometría aprendiste que si tienes dos puntos sobre un plano puedes trazar una recta que pase por ambos puntos.

Puedes usar esta recta para determinar el costo de los mensajes de texto para cualquier cantidad de mensajes de texto adicionales *sin* tener que hacer cálculos.

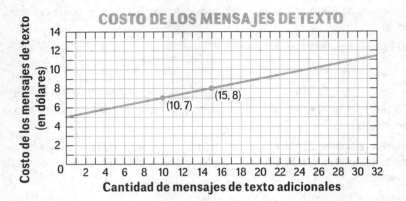

¿Cómo sabes que la línea que trazaste te dará el costo correcto de los mensajes de texto para cualquier cantidad de mensajes de texto adicionales? Para comprobarlo, puedes usar otra información que ya conozcas. Recuerda que, según tu plan de celular, debes pagar $5.00 si envías hasta 200 mensajes de texto, es decir, si usas cero mensajes adicionales.

$$(0, 5)$$

Puedes expresar esta información como un par de coordenadas y representarla en el plano de coordenadas.

El punto (0, 5) se encuentra sobre la recta; por lo tanto, puedes usar esa recta con seguridad para determinar el costo de los mensajes de texto para cualquier cantidad de mensajes de texto adicionales.

Supongamos que en marzo enviaste 230 mensajes de texto. Eso significa que enviaste 30 mensajes adicionales. Ubica el número 30 sobre el eje horizontal. Luego, traza una línea vertical punteada hasta la recta, como se muestra en color anaranjado en la gráfica de la página siguiente. Luego, traza una línea punteada horizontal que vaya hasta el eje vertical, como se muestra en la gráfica de la parte superior de la página 169.

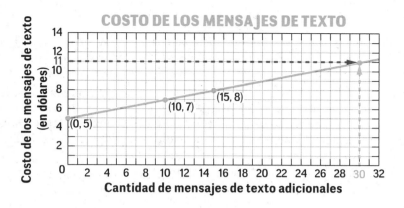

En la gráfica se muestra que si enviaste 30 mensajes de texto adicionales en marzo, el costo de los mensajes de texto es $11.00. Eso corresponde al punto (30, 11) en el plano de coordenadas.

Completar una tabla de datos

Usa el diagrama para completar la tabla de datos.

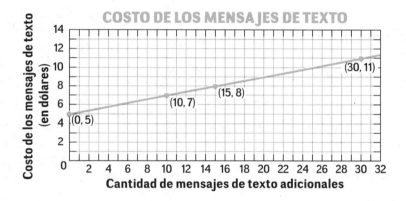

Los puntos, es decir, los pares de coordenadas, se encuentran sobre la misma recta. Esto significa que existe una relación lineal entre la cantidad de mensajes de texto adicionales y el costo de los mensajes de texto.

En matemáticas se usan términos especiales para describir dos valores que tienen una relación lineal. La cantidad de mensajes de texto adicionales es la variable independiente. El costo de los mensajes de texto es la variable dependiente. El costo de los mensajes de texto es la variable dependiente porque su valor *depende* de la cantidad de mensajes de texto adicionales. En otras palabras, debes saber la cantidad de mensajes de texto adicionales para poder determinar el costo total de los mensajes de texto.

También puedes identificar si existe una relación lineal entre la cantidad de mensajes de texto adicionales y el costo de los mensajes de texto. Observa la tabla de datos que completaste. Existe un patrón en los datos. Cada vez que la cantidad de mensajes de texto adicionales aumenta en 5, el costo de los mensajes de texto aumenta un dólar. Esto indica que existe una relación lineal entre las dos variables.

Cantidad de mensajes de texto adicionales	Costo de los mensajes de texto (en dólares)	Par de coordenadas
0	5	(0, 5)
5		
10	7	(10, 7)
15	8	(15, 8)
20		
25		
30	11	(30, 11)

Destreza del
siglo XXI
Pensamiento crítico y
resolución de problemas

Las ecuaciones lineales
se pueden encontrar en
el comercio, las ciencias
sociales, la economía, las
ciencias y la ingeniería. En
el comercio, por ejemplo,
las ecuaciones lineales
representan los costos
totales luego de sumar a
las compras los impuestos
sobre las ventas. En
ingeniería, las ecuaciones
lineales muestran la
relación entre la velocidad
y el tiempo en los cálculos
de distancia. En ciencias,
las ecuaciones lineales
muestran las relaciones
existentes entre el
comportamiento animal y
el medio ambiente, como,
por ejemplo, la frecuencia
del canto de los grillos
según las distintas
temperaturas externas.
Las ecuaciones lineales
también representan las
relaciones existentes
entre variables en los
datos sociales, como, por
ejemplo, la frecuencia de
uso del teléfono celular y
los momentos del día. Las
personas usan ecuaciones
lineales para predecir
acontecimientos y para
comprender y resolver
problemas complejos con
mayor facilidad.

Elige un dispositivo
electrónico que uses
durante el día. Registra
la cantidad de veces que
usas ese dispositivo y
durante cuánto tiempo lo
usas durante un período
de varios días. Luego,
grafica los resultados.
Describe los patrones que
surjan de los datos.

Ecuaciones lineales

En la sección anterior graficaste una recta para representar una relación lineal. Existen casos en los que es preferible que una ecuación represente la relación lineal entre dos valores. Esas ecuaciones se llaman **ecuaciones lineales**.

Recuerda tu plan de mensajes de texto. Puedes escribir una ecuación que te ayude a calcular el costo de los mensajes de texto cuando envías mensajes de texto adicionales. Sabes que el costo de los mensajes de texto es igual a la tarifa fija ($5.00) más la cantidad de mensajes adicionales multiplicada por $0.20 (20 centavos).

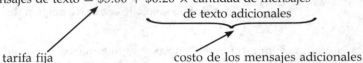

costo de los mensajes de texto = $5.00 + $0.20 × cantidad de mensajes de texto adicionales

tarifa fija   costo de los mensajes adicionales

Antes de continuar, quita el signo de dólar ($) y asigna letras a las variables con las que trabajarás. Eso te ayudará a escribir la ecuación.

Usa la letra y para identificar la variable dependiente.

$$y = \text{costo de los mensajes de texto}$$

Usa la letra x para identificar la variable independiente.

$$x = \text{cantidad de mensajes de texto adicionales}$$

Luego de sustituir, la ecuación queda así:

$$y = 5 + 0.2x$$

Reordena los términos del lado derecho de la ecuación.

$$y = 0.2x + 5$$

Esta ecuación representa la recta que trazaste en la sección anterior. Observa cómo se relacionan la ecuación y la recta.

El eje y corresponde a los valores del costo de los mensajes de texto. Cada costo se representa con la letra y. El número 5 es la **intersección con y**. Representa el punto en el que la recta cruza al eje y (eje vertical).

COSTO DE LOS MENSAJES DE TEXTO

El número 0.2 se denomina **pendiente** de la recta. La pendiente indica la inclinación de la recta. Una recta horizontal tiene una pendiente de cero. Una recta que se inclina hacia la derecha y hacia arriba tiene una pendiente positiva. Una recta que se inclina hacia la derecha y hacia abajo tiene una pendiente negativa.

Para calcular la pendiente de una recta puedes tomar dos puntos que se encuentren sobre la misma y compararlos. Por ejemplo, usa los puntos (15, 8) y (30, 11), como se observa en la gráfica de abajo.

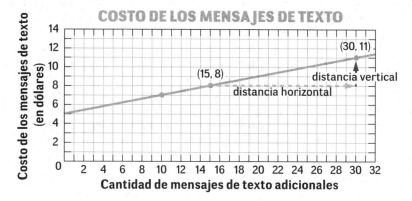

La pendiente de una recta se define como la razón entre la distancia vertical y la distancia horizontal, es decir,

$$pendiente = \frac{distancia\ vertical}{distancia\ horizontal}$$

La **distancia vertical** entre dos coordenadas se calcula hallando la diferencia entre las coordenadas verticales, es decir, las coordenadas y.

$$distancia\ vertical = 11 - 8 = 3$$

En este caso, la distancia vertical es positiva.

La **distancia horizontal** entre dos coordenadas se calcula hallando la diferencia entre las coordenadas horizontales, es decir, las coordenadas x.

$$distancia\ horizontal = 30 - 15 = 15$$

Por lo tanto, la pendiente de esta recta es:

$$pendiente = \frac{3}{15} = 0.2$$

En general la ecuación de una recta, es decir, la ecuación lineal, se escribe como

$$y = mx + b,$$

donde m es la pendiente y b es la intersección con y. Por lo tanto, para este ejemplo,

$$m = 0.2$$
$$b = 5$$

APLICA LAS MATEMÁTICAS

Instrucciones: Usa la gráfica para determinar dos puntos de coordenadas. Usa los puntos de coordenadas para calcular la pendiente.

¿Qué número representa m, es decir, la pendiente de la recta?

_____

Los datos para calcular la elasticidad de los amortiguadores se pueden graficar como la pendiente de la gráfica. Sigue estos pasos para calcular la pendiente.

1. Elige dos puntos sobre la recta. Será más fácil hacer los cálculos si eliges puntos cuyos valores sean fáciles para trabajar, como (**300, 1.2**) y (**500, 2**).

2. La pendiente es la distancia vertical dividida por la distancia horizontal. Primero, determina la distancia vertical entre los puntos, que equivale a la diferencia entre las coordenadas y de cada punto. Por lo tanto, la distancia vertical = **2 − 1.2 = 0.8**.

3. Luego, determina la distancia horizontal entre los puntos, que equivale a la diferencia entre las coordenadas x de cada punto. Por lo tanto, la distancia horizontal = **500 − 300 = 200**.

4. Ahora, calcula la pendiente = $\frac{\text{distancia vertical}}{\text{distancia horizontal}} = \frac{0.8}{200}$ = **0.004**. Los amortiguadores tienen poca elasticidad, lo que significa que se necesita mucho peso para comprimirlos.

¿Alguna vez colocaste algo pesado en la parte de atrás de un carro o una camioneta y notaste que la parte trasera se movía hacia abajo? Eso ocurre porque el peso hace que se compriman los amortiguadores del sistema de suspensión. Imagina que eres un ingeniero automotriz y que estás probando la suspensión de una camioneta poniéndole diferentes pesos en la parte de atrás y midiendo cuánto se mueve hacia abajo. Los ingenieros denominan **elasticidad** de los amortiguadores a la razón del movimiento descendente a la fuerza del peso. Cuanto menor es la elasticidad, mayor es la dificultad para comprimir el amortiguador. La elasticidad de los amortiguadores se puede mostrar como la pendiente de la gráfica de abajo. Consulta la columna de la izquierda, "Resolver ecuaciones lineales", para conocer los pasos que deben seguirse para calcular la pendiente.

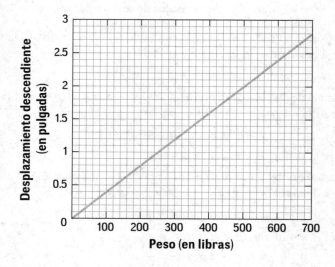

Repaso de vocabulario

Instrucciones: Empareja cada término con su ejemplo.

1. _____ pendiente

2. _____ intersección con y

3. _____ distancia vertical

4. _____ distancia horizontal

5. _____ relación lineal

6. _____ variable dependiente

7. _____ variable independiente

A. la distancia horizontal entre dos puntos de una recta

B. el valor en el que la recta cruza al eje vertical

C. una variable que permanece igual, es decir, que no se ve afectada, por otras variables

D. la distancia vertical entre dos puntos de una recta

E. el nivel de inclinación de una recta

F. una variable cuyo valor depende de otros factores

G. una relación entre dos variables en una gráfica que se puede representar trazando una línea recta entre ellas

Al principio de esta lección usamos la gráfica de una ecuación lineal para determinar el valor de la variable dependiente a partir del valor de la variable independiente. También podemos determinar el valor de esas variables a partir de la ecuación lineal.

En el ejemplo en el que estudiamos la relación entre el peso aplicado a la parte trasera de una camioneta y el movimiento descendente de los amortiguadores, podemos expresar la ecuación lineal como

$y = 0.004x$,

donde y es el movimiento descendente de los amortiguadores en pulgadas y x es el peso en libras. Si queremos calcular el movimiento descendente, y, para un peso determinado, x, reemplazamos x por el valor correspondiente y calculamos el valor de y. Por ejemplo, si ponemos sobre la parte de atrás de la camioneta un objeto que pesa **200** libras, el movimiento descendente será

$y = 0.004 \times 200 = 0.8$ pulgadas

Repaso de destrezas

Instrucciones: Indica si las rectas de los siguientes diagramas son lineales o no. Explica tus respuestas.

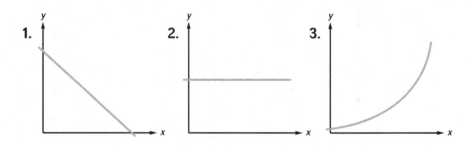

1. _____

_____

2. _____

_____

3. _____

_____

Instrucciones: Lee el siguiente problema. Luego, responde las preguntas **5** a **8** que se muestran a continuación.

Planeas viajar a Canadá, donde la temperatura se mide en grados Celsius y no en grados Fahrenheit. Descubres que la ecuación lineal que determina la temperatura en grados Fahrenheit a partir de la temperatura en grados Celsius es

$$F = 1.8C + 32,$$

donde F es la temperatura en grados Fahrenheit y C es la temperatura en grados Celsius. Antes de viajar, creas una gráfica lineal que te permite convertir rápidamente grados Celsius en grados Fahrenheit. Esto te permitirá conocer la temperatura exterior para poder elegir la ropa adecuada. Ubica la recta en la siguiente gráfica.

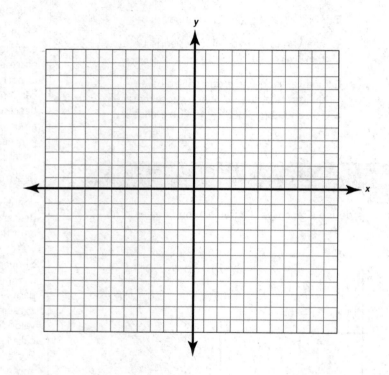

5. ¿Cuál es la variable independiente?

_____

6. ¿Cuál es la variable dependiente?

_____

7. ¿Cuál será la pendiente de la recta?

_____

8. ¿Cuál será la intersección con y?

_____

Práctica de destrezas

Instrucciones: Usa el organigrama de abajo para escribir tus respuestas.

1. Muestra los pasos que deben seguirse para determinar la pendiente de una recta que se traza en un plano de coordenadas. Numera cada paso.

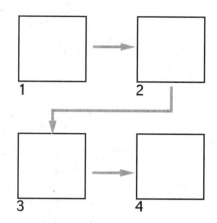

Instrucciones: Usa la siguiente gráfica para elegir la mejor respuesta para cada pregunta.

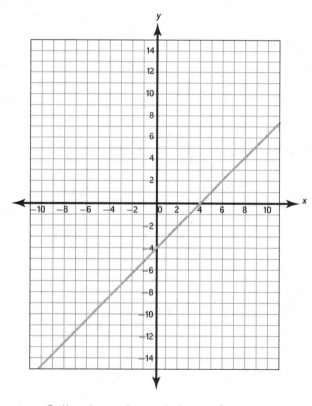

2. ¿Cuál es la pendiente de la recta?

   A. 4   C. 1
   B. −4   D. −1

3. ¿Cuál es la intersección con y?

   A. 4   C. 0
   B. −4   D. 1

Instrucciones: Usa la siguiente gráfica para elegir la mejor respuesta.

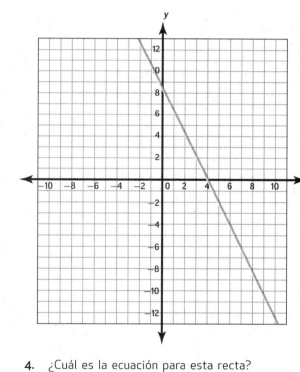

4. ¿Cuál es la ecuación para esta recta?

   A. $y = 2x + 8$
   B. $y = 2x - 8$
   C. $y = -2x - 8$
   D. $y = -2x + 8$

Graficar ecuaciones lineales

CONCEPTO CLAVE: Existen dos maneras de graficar una ecuación lineal: (1) si se conocen dos pares de coordenadas de una recta; o (2) si se conocen uno de los pares de coordenadas de la recta y su pendiente.

Si una variable independiente aumenta (o disminuye) y la variable dependiente aumenta (o disminuye) proporcionalmente, existe una relación lineal entre ambas variables. Si el aumento o la disminución son desproporcionales, no existe una relación lineal.

Se graficaron los datos de las siguientes tablas. Observa la recta de la ecuación en la primera gráfica. La línea recta muestra una relación proporcional entre las variables Tiempo y Distancia.

Ahora observa la segunda gráfica. Puedes ver que es imposible unir los puntos con una línea recta, lo que significa que en este ejemplo en particular no existe una relación proporcional, es decir, lineal, entre la altitud y la temperatura.

TIEMPO Y DISTANCIA

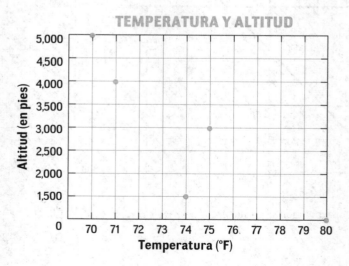

TEMPERATURA Y ALTITUD

Graficar ecuaciones lineales

Para graficar una ecuación lineal debes conocer la pendiente de la recta y un punto de la misma. La pendiente, que también se denomina **gradiente**, es el nivel de inclinación que tiene la recta en el plano.

Por ejemplo, imaginemos que la pendiente de una relación lineal entre dos variables es 5. Imaginemos también que el punto (3, 4) se encuentra sobre la recta. ¿Cómo puedes graficar la recta que representa la ecuación lineal?

Primero, marca el punto (3, 4) en un plano de coordenadas. Recuerda que un plano de coordenadas es una superficie de dos dimensiones sobre la cual se marcan puntos que se ubican a través de sus coordenadas x e y.

Cuando calculas la pendiente de una recta, combinas varias operaciones. Para calcular la distancia vertical entre dos puntos de una recta, restas las coordenadas y de ambos puntos. Del mismo modo, para calcular la distancia horizontal entre dos puntos de una recta, restas las coordenadas x de ambos puntos. Luego, para calcular la pendiente, divides la distancia vertical por la distancia horizontal.

Si los puntos de la recta están representados por (x_1, y_1) y (x_2, y_2), la ecuación para calcular la pendiente, m, es

$$m = \frac{y_2 - y_1}{x_2 - x_1}$$

Resume lo que aprendiste arriba en un proceso de tres pasos.

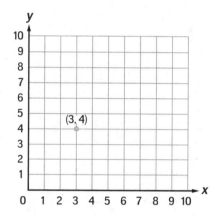

Se dice que la pendiente representa la "distancia vertical sobre la distancia horizontal". Recuerda que en la lección anterior aprendiste que la distancia vertical es el cambio en y, que se produce hacia arriba o hacia abajo. La distancia horizontal es el cambio en x, que se produce hacia la izquierda o hacia la derecha. La pendiente es la distancia vertical dividida por la distancia horizontal.

$$pendiente = \frac{distancia\ vertical}{distancia\ horizontal} = 5 = \frac{5}{1}$$
$$distancia\ vertical = 5$$
$$distancia\ horizontal = 1$$

En la gráfica de la derecha, empieza por el punto (3, 4) y desplázate hasta el punto (4, 4). Observa que la distancia horizontal del punto (3, 4) al punto (4, 4) equivale a 1.

Luego, desplázate hasta el punto (4, 9). Observa que la distancia vertical desde el punto (4, 4) equivale a 5.

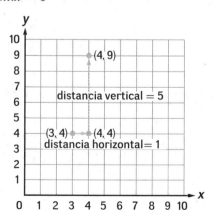

Destreza principal
Interpretar gráficas y funciones

Decidiste ahorrar dinero para poder comprar un *smartphone*. Empiezas con **20** dólares en tu cuenta bancaria y todos los meses sumas **30** dólares. Imagina que quieres graficar una recta que represente la cantidad total de dinero que hay en tu cuenta por mes.

Conoces un punto de la recta. Es (**0, 20**), donde el primer número es la cantidad de meses (comienzas en el mes cero) y el segundo número es la cantidad total de dinero en tu cuenta bancaria (comienzas con **20** dólares).

También puedes determinar la pendiente de la recta. Ahorras **30** dólares por mes, lo que implica que la cantidad total en tu cuenta bancaria *aumenta* **30** dólares por cada mes que pasa. Piensa en esos valores como la distancia vertical y la distancia horizontal.

pendiente = $\frac{\text{distancia vertical}}{\text{distancia horizontal}} = \frac{30}{1}$ mes

Usa la forma punto-pendiente para graficar esta recta: $y - y_1 = m(x - x_1)$

Usa la variable x para representar la cantidad de meses y la variable y para representar la cantidad total de dinero en tu cuenta bancaria. Utiliza el eje horizontal para la cantidad de meses y el eje vertical para la cantidad total de dinero en tu cuenta bancaria.

Usa la gráfica de la recta para predecir cuánto dinero tendrás dentro de siete meses.

APLICA LAS MATEMÁTICAS

Instrucciones: Dos conjuntos de datos tienen una relación lineal. Una gráfica de esa relación incluye los puntos (**5, 35**) y (**10, 45**). ¿Cuál es la pendiente de la recta que une esos puntos?

_____

Forma punto-pendiente

Recuerda que debes tener dos puntos para definir una recta. Ahora que marcaste (3, 4) y (4, 9), puedes trazar la recta que los une. Esa recta es la gráfica de la ecuación lineal.

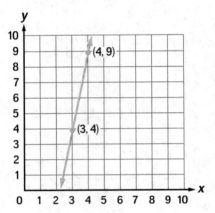

¿Cómo puedes determinar la ecuación de esta recta? Puedes usar la **forma punto-pendiente** de la ecuación de una recta:

$$y - y_1 = m(x - x_1)$$

En la forma punto-pendiente de la ecuación de una recta, x_1 es la coordenada x del punto que se conoce de la recta, cuyas coordenadas fueron dadas al principio. También se dio información sobre y_1, la coordenada y de ese punto, y m es la pendiente de la recta. Por lo tanto, en este ejemplo tienes:

$$x_1 = 3$$
$$y_1 = 4$$
$$m = 5$$

Si ponemos esos números en la forma punto-pendiente, obtenemos:

$$y - 4 = 5(x - 3)$$
$$y - 4 = 5x - 15$$
$$y = 5x - 11$$

Forma pendiente-intersección

Hay un caso especial de la forma punto-pendiente. Si la coordenada x del punto dado es cero, ese punto es la intersección con y de la recta. Recuerda que la intersección con y es el punto donde la recta **interseca**, es decir, cruza, al eje y. En este caso, la forma de la ecuación se llama **forma pendiente-intersección**, y se representa a través de la ecuación

$$y = mx + b,$$

donde m es la pendiente de la recta y b es la intersección con y. El par de coordenadas que representa la intersección con y es $(0, b)$.

Esta ecuación es muy útil cuando se te da la ecuación de una recta y la quieres graficar. Por ejemplo, imagina que te dan la siguiente ecuación:

$$y = 2x - 7$$

Para graficar la recta, puedes usar el mismo procedimiento que aprendiste para la forma punto-pendiente. Tenemos la pendiente, $m = 2$, y la intersección con y, $b = -7$, lo que implica que la gráfica de la recta cruza al eje y en el punto $(0, -7)$, como se observa a continuación:

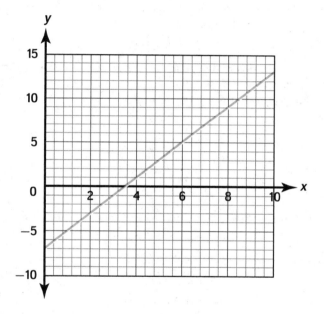

Destreza del siglo XXI
Pensamiento crítico y resolución de problemas

Las gráficas de las ecuaciones lineales son muy útiles para predecir las tendencias que siguen un patrón lineal. Por ejemplo, una economista determina que el aumento del costo de vida en una determinada ciudad ha seguido un patrón lineal durante los últimos treinta años. Ella puede usar esa tendencia para predecir razonablemente el costo de vida en esa ciudad durante los siguientes años. Los gobernadores de la ciudad pueden usar esos datos para anticipar futuros aumentos en los costos y elaborar los nuevos presupuestos de la ciudad.

Piensa en un costo que tengas todos los meses, como compras realizadas en tiendas de libros o de música a través de Internet, o el pago mensual del servicio de telefonía celular. Registra los pagos que hiciste durante los últimos seis meses. Grafica los datos para determinar si tus gastos aumentan, disminuyen o permanecen igual mes a mes. ¿Cómo te ayudan los resultados a planificar el futuro?

Forma de dos puntos

Ya sabes que si conoces dos puntos de una recta, puedes graficar una ecuación lineal. Imagina que tienes dos puntos, (1, 50) y (3, 100), y trazas la recta que une ambos puntos, como se muestra a continuación.

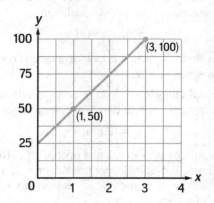

¿Cómo puedes determinar la ecuación de esta recta? Puedes usar la **forma de dos puntos** de la ecuación de una recta:

$$y - y_1 = \frac{y_2 - y_1}{x_2 - x_1}(x - x_1)$$

En la forma de dos puntos de la ecuación, x_1 e y_1 son la coordenada x y la coordenada y del primer punto, y x_2 e y_2 son la coordenada x y la coordenada y del segundo punto. Por lo tanto, en este ejemplo, tienes:

$$x_1 = 1$$
$$y_1 = 50$$
$$x_2 = 3$$
$$y_2 = 100$$

Si ponemos esos números en la forma de dos puntos, obtenemos:

$$y - 50 = \frac{100 - 50}{3 - 1}(x - 1)$$
$$y - 50 = \frac{50}{2}(x - 1)$$
$$y - 50 = 25(x - 1)$$
$$y - 50 = 25x - 25$$
$$y = 25x + 25$$

Si comparas la forma de dos puntos de la ecuación con la forma pendiente-intersección, observarás que la pendiente es 25 y que la intersección con y es 25. Analiza la gráfica de la recta en la figura de arriba para comprobar si la pendiente y la intersección con y son correctas.

Repaso de vocabulario

Instrucciones: Usa uno de los siguientes términos para completar cada oración.

intersecta   la forma de dos puntos   la forma pendiente-intersección
la forma punto-pendiente   un subíndice

1. Cuando conoces uno de los puntos de una recta y la pendiente de la misma, puedes usar _____ para hallar la ecuación de la línea.

2. La intersección con y de una recta es el punto donde la recta _____ al eje y.

3. Cuando usas la forma $y = mx + b$ para hallar la ecuación de una recta, usas _____.

4. Cuando tienes dos puntos en un plano de coordenadas, puedes usar _____ para hallar la ecuación de una recta.

5. Una letra, figura o número es _____ si se encuentra debajo del renglón.

Repaso de destrezas

Instrucciones: Empareja cada forma de la ecuación de una recta con el momento en el que se usa.

1. _____ forma pendiente-intersección

2. _____ forma punto-pendiente

3. _____ forma de dos puntos

A. Usa esta forma para determinar la ecuación de una recta cuando conoces la intersección con y y su pendiente.

B. Usa esta forma para determinar la ecuación de una recta cuando conoces dos puntos de la misma.

C. Usa esta forma para determinar la ecuación de una recta cuando conoces su pendiente y un punto de la misma.

CONEXIÓN CON LAS MATEMÁTICAS

Recuerda que, en la forma punto-pendiente, puedes usar un punto (x_1, y_1) y una pendiente dada m para hallar la ecuación de una línea recta usando la fórmula $y - y_1 = m(x - x_1)$. Es importante no confundirse al ver el **subíndice**, el número escrito debajo y a la derecha de cada coordenada en el par de coordenadas. Recuerda que el subíndice indica el par de coordenadas que tienes, que usarás para hallar la ecuación.

Por ejemplo, imagina que quieres determinar la ecuación de una línea recta que tiene una pendiente (m) de **3** y pasa por el punto (**2**, **4**). Usarías la forma punto-pendiente $y - y_1 = m(x - x_1)$ para hallar la ecuación:

$y - y_1 = m(x - x_1)$
$y - 4 = 3(x - 2)$
$y - 4 = 3x - 6$
$y = 3x - 2$

Repaso de destrezas (continuación)

4. En tu primera visita a New York City tomas un taxi desde el aeropuerto hasta el hotel. En la parada de taxis ves un letrero que brinda información sobre las tarifas.

> **TARIFAS DE TAXI DE NYC**
>
> **$2.00 Recargo de aeropuerto**
> **$5.00 Tarifa inicial**
>
> **MÁS**
>
> **$2.00 por milla**

Traza la recta que representa la tarifa total, donde los valores de la tarifa total estén en el eje vertical y las cantidades de millas estén en el eje horizontal. Usa la variable y para representar la tarifa total y usa la variable x para representar la cantidad de millas. Dibuja la gráfica desde $x = 0$ hasta **10** millas. ¿Cuál es la ecuación para esta recta? Expresa la ecuación usando la forma pendiente-intersección.

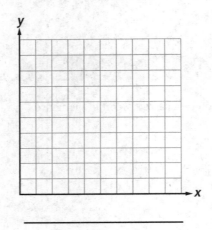

_____

Instrucciones: Responde lo siguiente.

1. Un compañero afirma que es posible graficar una recta conociendo solo su pendiente. Explica si esa afirmación es correcta.

_____

_____

_____

Instrucciones: Usa la siguiente gráfica para responder las preguntas.

Hace poco aprovechaste una oferta de la tarjeta de crédito para comprar sin interés una bicicleta que cuesta $700. Todos los meses pagas $150 o el saldo, si este es menor. En la gráfica de la recta, el eje vertical representa el saldo que se debe y el eje horizontal representa la cantidad de meses.

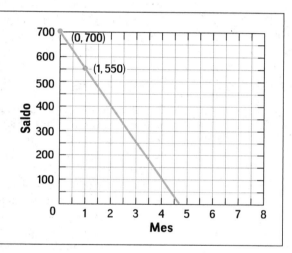

2. ¿Cuántos meses tardarás en pagar la compra que hiciste con la tarjeta de crédito? Toma como referencia la gráfica para explicar tu respuesta.

_____

_____

_____

3 Calcula la pendiente de la gráfica. Explica qué representa la pendiente. Usa los términos *distancia vertical* y *distancia horizontal* en tu explicación.

_____

_____

_____

4 ¿Cuál es la intersección con *y* en la gráfica? ¿Qué representa?

_____

Pares de ecuaciones lineales

CONCEPTO CLAVE: Un par de ecuaciones lineales forma un sistema de dos ecuaciones lineales simultáneas. La solución a un sistema de dos ecuaciones lineales en dos variables corresponde a un punto de intersección de sus gráficas, porque los puntos de intersección satisfacen ambas ecuaciones de manera simultánea.

En las lecciones previas graficaste rectas en gráficas separadas para representar relaciones lineales específicas y representaste la relación lineal entre dos variables como una ecuación lineal.

Dos variables tienen una relación lineal si sus puntos correspondientes están sobre la misma recta en el plano de coordenadas, la superficie de dos dimensiones sobre la que puedes marcar puntos mediante un par de coordenadas x e y. Cada par de puntos de coordenadas (x, y) sobre la recta es una solución a la ecuación lineal que representa la recta. Estos valores hacen que la relación entre el lado izquierdo y el lado derecho del signo de la ecuación sea verdadera. Estos puntos satisfacen la ecuación.

Ecuaciones lineales simultáneas

Dos ecuaciones que se satisfacen mediante el mismo conjunto de variables forman un sistema de dos ecuaciones lineales simultáneas. La palabra **simultáneo** significa "que ocurre al mismo tiempo". Un **sistema de ecuaciones lineales simultáneas** es un conjunto de ecuaciones lineales. Para resolver un sistema, busca los valores de las variables que hacen que las ecuaciones sean verdaderas simultáneamente. Si graficas cada una de las ecuaciones lineales del conjunto, el punto en el que se intersecan es una única solución común, lo que significa que el punto está en cada una de las rectas. Las ecuaciones lineales simultáneas pueden ser objetos matemáticos o modelos o representaciones de situaciones del mundo real.

Un modelo del mundo real

Es posible que en algún momento tengas que tomar una decisión en la que debas comparar dos alternativas financieras. A menudo esas alternativas se pueden representar con una relación lineal. Por ejemplo, imagina que quieres adquirir un plan de mensajes de texto. Tienes dos opciones:

Opción 1: Pagar una tarifa fija de $5.00 por los primeros 200 mensajes y $0.20 por cada uno de los mensajes siguientes.

Opción 2: Pagar una tarifa fija de $20.00 por los primeros 200 mensajes y $0.05 centavos por cada uno de los mensajes siguientes.

¿Qué opción te conviene más? ¿Cómo lo sabes? Puedes usar la información de cada opción para escribir la ecuación de una recta.

Opción 1: $y = 0.20x + 5$
Opción 2: $y = 0.05x + 20$

Para saber cuál es la mejor opción, calcula el costo de una cantidad determinada de mensajes. Eliges el número 210 para representar la cantidad de mensajes que enviaste en un mes, lo que significa que excediste en 10 mensajes la cantidad de mensajes permitida.

Opción 1: $y = 0.20x + 5$
Costo total de los mensajes de texto = \$5.00 + (\$0.20 $\times$ 10) = \$5.00 + \$2.00 = \$7.00

Opción 2: $y = 0.05x + 20$
Costo total de los mensajes de texto = \$20.00 + (\$0.05 $\times$ 10) = \$20.00 + \$0.50 = \$20.50

La opción 1 parece ser un mejor plan si envías 210 mensajes. Sin embargo, decides analizar los planes con una cantidad diferente de mensajes de texto. Esta vez decides enviar un total de 400 mensajes de texto. Son 200 mensajes más de los que permite tu plan sin pagar un costo adicional. Puedes reemplazar x por 200 en la ecuación de cada opción y resolver cada ecuación para determinar el costo.

Opción 1: $y = 0.20x + 5$
Costo total de los mensajes de texto = \$5.00 + (\$0.20 $\times$ 200) = \$5.00 + \$40.00 = \$45.00

Opción 2: $y = 0.05x + 20$
Costo total de los mensajes de texto = \$20.00 + (\$0.05 $\times$ 200) = \$10.00 + \$20.00 = \$30.00

Si envías muchos mensajes de texto por mes, la opción 1 te costará \$15.00 más que la opción 2. Predecir la cantidad de mensajes de texto que enviarás te ayuda a determinar qué opción es más económica.

Puedes pensar en estas opciones alternativas como en un sistema de ecuaciones relacionadas.

Imagina que decides graficar los planes para compararlos con mayor detenimiento. Puedes usar rectas para determinar el costo de cualquier cantidad de mensajes de texto *sin* hacer cálculos. Sabes que cualquier punto de la recta satisface su ecuación lineal. Por lo tanto, un punto común de intersección te indicará cuántos mensajes de texto tendrán los mismos costos.

En la siguiente tabla se muestra el costo total de los mensajes de texto en los dos planes que estás comparando.

Cantidad de mensajes superior a 200	Opción 1 Costo (\$)	Opción 2 Costo (\$)
0	5.00	20.00
100	25.00	25.00
150	35.00	27.50
200	45.00	30.00

El **método de sustitución**
ofrece una manera directa
de resolver un par de
ecuaciones lineales sin
graficar. En el método de
sustitución resuelves una
de las ecuaciones para
hallar el valor de una
de las variables, y luego
reemplazas esa misma
variable por el valor que
hallaste en la otra ecuación.
Por ejemplo, si tienes
$3a + 4b = 5$ y $a - b = 3$,
puedes hallar el valor
de a en términos de b
en la segunda ecuación.
Luego, puedes reemplazar
la variable a por esa
solución en la primera
ecuación para hallar el
valor de b. Finalmente,
puedes reemplazar la
variable b por el valor
correspondiente en alguna
de las ecuaciones para
hallar el valor de a.

1. $3a + 4b = 5$

2. $a - b = 3$
$a = 3 + b$

3. $3(3 + b) + 4b = 5$
$9 + 3b + 4b = 5$
$7b + 9 = 5$
$7b = -4$
$b = -\frac{4}{7}$

4. $a - (-\frac{4}{7}) = 3$
$a + \frac{4}{7} = 3$
$a = 3 - \frac{4}{7}$
$a = 2\frac{3}{7}$

Usa el método de
sustitución para hallar la
solución al par lineal:

1. $3a + 4b = 5$

2. $a + b = 3$

Para trazar las rectas, marca dos puntos para cada plan en el plano de coordenadas. En la gráfica, el eje horizontal debe representar la cantidad de mensajes que excede los 200 mensajes permitidos por cada plan y el eje vertical debe representar el costo en dólares. Observa el punto de intersección de las rectas.

Puedes usar las rectas para determinar el costo de cualquier cantidad de mensajes de texto superior a 200 *sin* tener que hacer cálculos. Las rectas se intersecan en el punto (100, 25). Este punto es la solución de las rectas, y se llama **punto de equilibrio**. Muestra el lugar en el que el costo de los planes es el mismo ($25.00). Si sigues las rectas hacia arriba a partir de ese punto, la diferencia en los costos se hace más evidente.

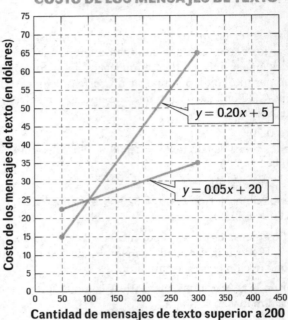

COSTO DE LOS MENSAJES DE TEXTO

Costo de los mensajes de texto (en dólares)

$y = 0.20x + 5$

$y = 0.05x + 20$

Cantidad de mensajes de texto superior a 200

APLICA LAS MATEMÁTICAS

Instrucciones: Imagina que compartes el uso y el costo de un teléfono con un miembro de tu familia. Es posible que cada uno envíe **250** mensajes adicionales por mes (es decir, **250** mensajes más de lo que permite el plan). Si pagas la mitad de la cuenta de teléfono, ¿cuánto pagarías con cada plan?

Opción 1: _____

Opción 2: _____

Combinar métodos para resolver pares de ecuaciones lineales

Al comienzo de la lección graficaste rectas para representar un sistema de ecuaciones lineales simultáneas. Existen casos en los que es preferible resolver el sistema sin graficar.

El **método de suma** se basa en el principio de que sumar el mismo valor a ambos lados de una ecuación no modifica la igualdad de la relación. El método de suma también se conoce como método de eliminación porque usa un proceso para **eliminar**, es decir, cancelar, variables para resolver una ecuación. Considera este par de ecuaciones:

$2x + 3y = -12$
$2x - 3y = 4$

Si sumas las ecuaciones, los términos con y se cancelan, es decir, suman 0:

$2x + 3y + 2x - 3y = -12 + 4$
$$4x = -8$$
$$x = -2$$

Para hallar el valor de y, usa el método de sustitución que estudiaste en esta lección. Reemplaza la variable x por -2 en la primera ecuación:

$2(-2) + 3y = -12$
$$-4 + 3y = -12$$
$$3y = -8$$
$$y = -\frac{8}{3}$$

Ahora reemplaza x por -2 e y por $-\frac{8}{3}$ en la segunda ecuación para comprobar tu respuesta:

$2(-2) - 3(-\frac{8}{3}) = 4$
$$-4 + 8 = 4$$
$$4 = 4$$

Destreza principal
Resolver ecuaciones simples por inspección

No todos los pares de ecuaciones tienen una solución única. Considera las ecuaciones $3p + 2q = 4$ y $3p + 2q = 5$. No existe una solución única, porque $3p + 2q$ no puede ser igual a **4** y **5** de manera simultánea. Si graficaras estas ecuaciones, dibujarías dos rectas paralelas. La pendiente sería la misma, pero la intersección con y sería diferente.

Ahora considera las ecuaciones $3p + 2q = 4$ y $6p + 4q = 8$. Observa que puedes dividir la segunda ecuación por el factor común **2**. Por lo tanto, estas ecuaciones son equivalentes. Por consiguiente, existe una cantidad infinita de soluciones. Si graficaras esas ecuaciones, observarías que son rectas idénticas, lo que significa que las pendientes y las intersecciones son las mismas.

Examina el siguiente par de ecuaciones: $x + y = 1$ y $3x + 3y = 3$. ¿Cómo describirías las rectas que aparecerían en la gráfica de esas ecuaciones?

CONEXIÓN
CON LAS
MATEMÁTICAS

Para determinar si usar el método de suma es una manera apropiada de eliminar una variable, primero analiza si puedes manipular una o ambas ecuaciones para eliminar una de las variables. Considera el siguiente ejemplo:

$$3a + 2b = 4$$
$$4a + 2b = 5$$

Para eliminar una variable, puedes multiplicar una ecuación por –1.

$$-(3a + 2b) = -4$$
$$-3a - 2b = -4$$
$$4a + 2b - 3a - 2b = 5 - 4$$
$$4a - 3a = 1$$
$$a = 1$$

Repaso de vocabulario

Instrucciones: Empareja cada término con su ejemplo.

1. _____ método de suma

2. _____ eliminar

3. _____ punto de equilibrio

4. _____ simultáneo

5. _____ método de sustitución

6. _____ sistema de ecuaciones lineales simultáneas

A. cancelar

B. mantiene la relación de igualdad entre ambos lados de una ecuación

C. ocurre al mismo tiempo

D. un conjunto de ecuaciones que se satisfacen mediante el mismo conjunto de variables

E. el par de coordenadas que representa una solución común a dos ecuaciones simultáneas en dos variables

F. técnica para resolver ecuaciones simultáneas, en la que primero se debe hallar el valor de una variable en términos de la otra

Repaso de destrezas

Instrucciones: Indica si los sistemas de dos ecuaciones lineales tienen **0**, **1** o una cantidad infinita de soluciones. Explica tus respuestas.

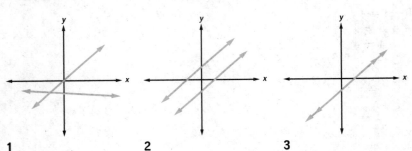

1   2   3

1. _____

2. _____

3. _____

Instrucciones: Lee el problema. Luego, responde las preguntas.

Se invirtió una parte de $100,000 ($x$) con un retorno de la inversión del 3 por ciento después de un año. El resto de la inversión (y) obtuvo un retorno del 1 por ciento. El retorno total de la inversión fue $1,800.

4. ¿Qué ecuación muestra el rédito de la inversión?

_____

5. ¿Qué ecuación muestra la forma en la que se dividieron los $100,000?

_____

6. ¿Cuánto dinero se invirtió a una tasa de retorno del **3** por ciento?

_____

7. ¿Cuánto dinero se invirtió a una tasa de retorno del **1** por ciento?

_____

Práctica de destrezas

Instrucciones: Resuelve cada par de ecuaciones lineales.

1. $x + y = 20$
$x + y = 40$

   A. $x = 120; y = -100$
   B. $x = 30; y = -10$
   C. soluciones infinitas
   D. no tiene solución

3. $5a - 3b = 12$
$3a - 5b = 14$

   A. $a = \frac{17}{8}, b = \frac{29}{8}$

   B. $a = \frac{29}{8}, b = \frac{17}{8}$

   C. $a = \frac{-9}{8}, b = \frac{17}{8}$

   D. $a = \frac{9}{8}, b = -\frac{17}{8}$

2. $5a - 4b = 12$
$3a + 4b = 20$

   A. $a = 2; b = 4$
   B. $a = 4; b = 2$
   C. $a = 4; b = -2$
   D. $a = -2; b = 4$

Instrucciones: Lee el problema. Halla la solución.

4. Se invirtió una parte de $20,000 a una tasa de retorno del **6** por ciento. El remanente se invirtió a una tasa de retorno del **4** por ciento. El retorno total de la inversión fue $1,000. Escribe un par de ecuaciones que se puedan usar para hallar cuánto se invirtió a cada tasa.

_____

_____

Diagramas de dispersión

CONCEPTO CLAVE: Podemos usar el concepto de correlación para describir la relación entre dos variables que generalmente siguen un patrón lineal pero no pueden describirse con una ecuación lineal. Graficar datos en un diagrama de dispersión y construir una línea de tendencia puede determinar la fuerza y la dirección de la correlación entre las variables.

Hasta ahora usamos ecuaciones para definir relaciones lineales entre dos variables. Por ejemplo, imagina que comienzas a ahorrar dinero para comprar un par de auriculares. Comienzas con $50 y luego ahorras $20 por mes. Puedes graficar los datos como se muestra a continuación.

Mes	Ahorros totales (en dólares)
0	50
1	70
2	90
3	110
4	130
5	150
6	170

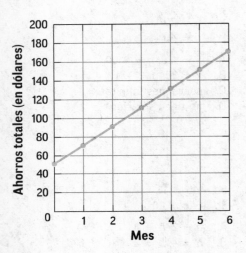

Puedes escribir la ecuación de esta línea:

$$y = 20x + 50$$

donde y es el total de ahorros y x es el mes. Si observas con atención la gráfica, notarás que todos los puntos están exactamente sobre una línea que los une.

Diagramas de dispersión

Es posible que te encuentres con dos conjuntos de variables que dan como resultado una gráfica cuyos puntos de datos no están *exactamente* sobre una línea pero sí cerca de la misma. Veamos un ejemplo.

La dueña de un puesto de helados anota el promedio de helados que vende basándose en las temperaturas máximas estimadas para el día. Los datos se muestran en la página 191 en una tabla y un diagrama.

El diagrama facilita ver que no todos los puntos de datos están sobre la misma línea. Por el contrario, parecen estar dispersos. Por lo tanto, estos tipos de diagramas se denominan **diagramas de dispersión**.

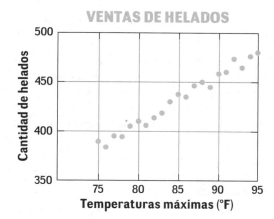

VENTAS DE HELADOS

En este diagrama de dispersión, todos los puntos de datos están tan cerca que puedes dibujar una línea que los una. Este tipo de línea se denomina **línea de tendencia**, y muestra de manera gráfica la relación entre las temperaturas máximas diarias y la cantidad de helados que se vendieron.

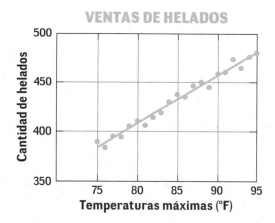

VENTAS DE HELADOS

Temperaturas máximas diarias (°F)	Promedio de helados vendidos
75	389
76	384
77	395
78	394
79	405
80	410
81	406
82	413
83	418
84	430
85	437
86	435
87	446
88	450
89	445
90	459
91	460
92	473
93	465
94	476
95	481

CONEXIÓN CON LAS **MATEMÁTICAS**

Instrucciones: Dibuja una línea de tendencia aproximada para el siguiente diagrama de dispersión, en el que se muestran los resultados de un estudio acerca de la relación existente entre la cantidad diaria de ejercicio que hace una persona y la cantidad de horas de sueño.

EJERCICIO Y HORAS DE SUEÑO

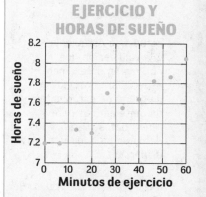

Si observas todos los puntos de datos en el diagrama de dispersión, verás que algunos están por encima de la línea de tendencia, que otros están por debajo de la línea de tendencia y que otros están casi exactamente en la línea de tendencia.

Imagina los valores de la distancia vertical entre todos los puntos y la línea de tendencia. La línea de tendencia es la línea para la cual la distancia general entre los puntos y ella es mínima.

Los datos de las temperaturas máximas diarias y la cantidad de helados que se vendieron siguen un patrón lineal cercano o **correlación**. Por lo tanto, puedes decir que existe una **correlación lineal** entre las variables de las temperaturas máximas diarias y la cantidad de helados que se vendieron.

Los diagramas de dispersión son una manera de anotar datos, pero los datos solo tienen valor si los analizas y buscas relaciones entre variables. Las posiciones de los puntos en un diagrama de dispersión brindan información sobre la relación. Trazar una línea de tendencia a través de los puntos es una manera rápida y eficaz de determinar si existe una relación y cuán cercana es.

Imagina que un especialista en educación quiere saber si existe una relación entre la cantidad de horas que estudia un estudiante y la calificación que obtiene en un examen. El especialista encuestó a un grupo de estudiantes de matemáticas para reunir datos y graficó los datos en un diagrama de dispersión.

HORAS DE PREPARACIÓN PARA EL
EXAMEN Y CALIFICACIÓN DEL EXAMEN

Los puntos se encuentran sobre la línea de tendencia o cerca de la misma. Estos puntos y la línea de tendencia ofrecen información acerca de la relación entre dos variables. ¿Cómo describirías esa relación?

Correlaciones lineales

Cuando existen relaciones entre dos variables, esas relaciones pueden describirse como positivas o negativas. Primero analicemos las correlaciones positivas.

Correlaciones positivas y negativas

Recuerda el diagrama de dispersión que mostraba la relación entre las temperaturas máximas diarias y la cantidad de helados que se vendieron. Cuanto mayor era la temperatura, mayores eran las ventas. Como las dos variables aumentaban a la vez, la pendiente de la línea de tendencia es positiva; por lo tanto, puedes decir que existe una **correlación positiva** entre las dos variables.

También es posible que exista una correlación negativa entre dos variables. Considera la relación existente entre la cantidad de horas que un estudiante mira televisión y su promedio de calificaciones.

En el siguiente diagrama de dispersión se muestran los datos reunidos a partir de una encuesta realizada a estudiantes. Observa con atención los puntos y la línea de tendencia.

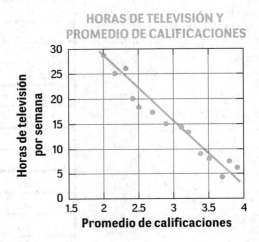

Es fácil observar una relación entre las dos variables. Los puntos están sobre la línea, o cerca de la misma. Pero la línea de tendencia de este conjunto de datos tiene una pendiente negativa, lo cual significa que cuanto mayor es la cantidad de horas que se mira televisión, menor es el promedio de calificaciones. El diagrama de dispersión muestra una **correlación negativa** entre las variables.

Correlaciones no lineales

Puedes investigar datos que siguen de manera aproximada un patrón lineal y revelan una correlación lineal entre las variables. También es posible investigar y representar datos que siguen de manera aproximada un patrón no lineal. Aquí tienes dos ejemplos.

Modelo cuadrático: tamaños de rocas que mueve la corriente del río

Una hidróloga trabaja en un parque nacional. Quiere averiguar de qué manera la velocidad de la corriente de un río determina el tamaño de las rocas que dicha corriente puede arrastrar río abajo. Ella reúne y grafica los datos.

Velocidad de la corriente del río (m/s)	Diámetro de las rocas arrastradas río abajo (mm)
0.5	10
1.0	19
1.5	40
2.0	72
2.5	96
3.0	140
3.5	175

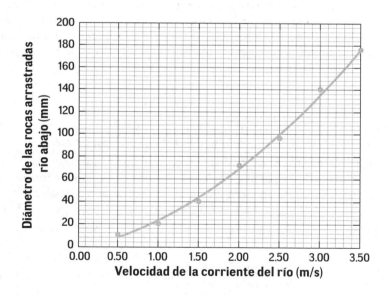

Al igual que con los datos que siguen de cerca un patrón lineal, podemos trazar una línea de tendencia. Aquí la línea de tendencia es una **curva cuadrática**, lo que significa que el tamaño de las rocas que el río puede arrastrar río abajo es proporcional a la velocidad del río elevada a la segunda potencia. *Cuadrático* es un término algebraico que refiere al cuadrado de un valor desconocido. De esta manera, el tamaño de la roca aumentará mucho más rápido que la velocidad del río.

Imagina que una compañía de publicidad usó dos estilos diferentes de anuncios publicitarios para promover las ventas de sus productos en línea. La compañía quiere saber qué estilo de anuncio generó más ventas. Para eso reunieron datos de cada uno y graficaron los datos en un diagrama de dispersión.

Puedes trazar una línea de tendencia aproximada para cada diagrama de dispersión. Explica lo que indica la forma de cada línea de tendencia acerca de la relación entre la cantidad de sitios Web que usan cada estilo de anuncio y las ventas.

Modelo exponencial o de potencia: respuesta de una bacteria a un tratamiento con antibióticos

El asistente de un laboratorio médico analiza cómo responde una bacteria a un nuevo tipo de antibiótico. Quiere saber cuán rápido el antibiótico mata la bacteria una vez que se lo deposita en un cultivo de bacterias. El asistente anota y grafica los resultados.

Tiempo (horas)	Cantidad de bacterias en el cultivo
0	10,000
2	7,075
4	4,018
6	2,818
8	2,333
10	1,071
12	908

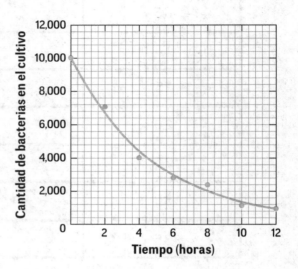

Aquí, la línea de tendencia es una **curva exponencial** "decreciente", lo que significa que la línea de tendencia disminuye con mayor rapidez al principio y disminuye más lentamente a medida que el tiempo aumenta. Se la llama curva exponencial porque, cuando se la escribe con una fórmula, la variable no está en la base de la función (x^2) sino en el exponente (2^x). La curva exponencial también puede llamarse curva de potencia.

Fuerza de la correlación

Además de la dirección de una correlación (positiva o negativa) y de la forma de una correlación (lineal o no lineal), también puedes describir una correlación en términos de su fuerza.

Al comienzo de esta lección analizaste un diagrama de dispersión en el que se mostraba la relación entre las temperaturas máximas diarias y la cantidad de helados vendidos. Los puntos de datos estaban muy cerca de la línea de tendencia. Por lo tanto, decimos que existe una **correlación fuerte** entre las dos variables. Veamos otro ejemplo para diferenciar una correlación fuerte de una débil.

Un especialista en educación física encuesta a estudiantes para hallar la relación entre su altura y su peso.

Los puntos de los datos no están tan cerca de la línea de tendencia como lo estaban en el ejemplo de los helados que vimos más arriba. Por lo tanto, decimos que existe una **correlación débil** entre las dos variables.

También podrías encontrar datos que no parecen seguir ningún patrón. Por ejemplo, imagina que decides hacer una encuesta para ver si existe una relación entre el promedio de calificaciones de los estudiantes y su altura.

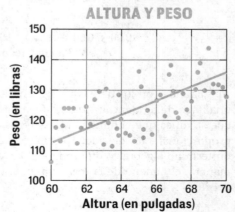

ALTURA Y PESO

Los datos del diagrama de dispersión no muestran **ninguna correlación**. Por lo tanto, no existe ninguna línea de tendencia. No existe ninguna relación entre las variables del promedio de calificaciones y la altura.

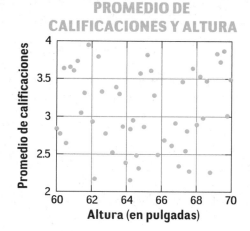

PROMEDIO DE CALIFICACIONES Y ALTURA

Valores extremos y agrupamientos

A veces los puntos de un diagrama de dispersión no aparecen donde esperabas o no aparecen de manera uniforme a lo largo de la línea de tendencia.

En una tienda se vende ropa deportiva para jóvenes. El encargado estudia los registros de ventas para determinar si existe una relación entre la altura y el peso de sus principales compradores. Anotó los datos en un diagrama de dispersión como el que ves a continuación.

Si bien los datos tienen una correlación positiva, este diagrama de dispersión tiene varias características interesantes. Observa el punto que está claramente alejado de la línea de tendencia. Estos tipos de puntos se denominan **valores extremos**. Además, observa que los puntos de datos forman dos grupos bien diferenciados o **agrupamientos**.

ALTURA Y PESO

CONEXIÓN
CON LAS
MATEMÁTICAS

A veces los valores extremos y los agrupamientos aparecen en un diagrama de dispersión como resultado de un error al reunir los datos. Pero esto no siempre es así, por lo que es importante analizar con detenimiento los valores extremos y los agrupamientos para asegurarse de que son la consecuencia de errores.

En el diagrama de dispersión de la tienda, el valor extremo no es un error. Representa a un joven que juega como defensa en el equipo de fútbol americano de su escuela. El peso del joven es mayor que el peso típico de alguien de su altura.

A su vez, los agrupamientos del diagrama de dispersión no son errores. Después de revisarlo varias veces, el encargado se sorprendió al ver que ninguno de sus clientes mide entre **65.5** y **68** pulgadas.

APLICA LAS MATEMÁTICAS

Instrucciones: Vuelve a observar el diagrama de dispersión en el que se muestra la altura y el peso de los compradores jóvenes. Si bien hay agrupamientos y un valor extremo, esto casi no afecta a la línea de tendencia. Identifica el patrón que siguen los puntos de datos y explica su significado. En otras palabras, explica de qué manera la altura y el peso cambian de manera simultánea.

_____

_____

_____

_____

Instrucciones: Elige un término para completar cada oración.

línea de tendencia   un agrupamiento   un diagrama de dispersión   un valor extremo
una correlación   una correlación lineal   una correlación negativa   una correlación no lineal
una correlación positiva

1. Si el valor de una variable aumenta y el valor de la otra variable disminuye, existe _____ entre las variables.

2. Si el valor de una variable aumenta y el valor de la otra variable aumenta, existe _____ entre las variables.

3. _____ es una representación gráfica de la relación entre dos variables.

4. Si dos variables siguen un patrón claramente reconocible, entonces existe _____ entre las dos variables.

5. Si los puntos en un diagrama de dispersión aumentan o disminuyen proporcionalmente, entonces existe _____ entre las variables que representan.

6. _____ está situado más lejos de la línea de tendencia que los otros puntos de un diagrama de dispersión.

7. _____ es un conjunto de puntos que se encuentran muy cerca entre sí en un diagrama de dispersión.

8. Si la línea de tendencia en un diagrama de dispersión es cuadrática o exponencial, entonces existe _____ entre las variables.

9. La línea o curva alrededor de la cual se encuentran los puntos en un diagrama de dispersión se denomina _____.

Repaso de destrezas

Instrucciones: Lee el texto. Luego completa la actividad.

1. ¿Cuántos valores extremos aparecen en el siguiente diagrama de dispersión? Explica cómo determinaste qué puntos son valores extremos.

_____

_____

_____

_____

EFECTO DE LA TEMPERATURA SOBRE LOS GRILLOS

2. El siguiente diagrama de dispersión muestra el largo y el ancho en centímetros de los caparazones de almejas que se encuentran en una playa.

LARGO Y ANCHO DE LOS CAPARAZONES DE ALMEJA EN UNA PLAYA

Describe la correlación entre las variables de largo y ancho.

_____

_____

3. Los datos de la siguiente tabla muestran la cantidad de publicaciones en un sitio Web de música y la cantidad de canciones que descargan los usuarios diariamente. Crea un diagrama de dispersión con estos datos y traza la línea de tendencia que mejor se adapte a los datos.

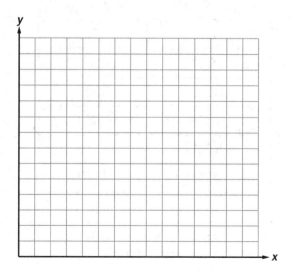

Publicaciones en un sitio Web de música	Descargas de música
10,000	900
20,000	1,300
25,000	1,800
30,000	1,500
35,000	1,600
40,000	2,100
50,000	2,200
55,000	2,700
60,000	2,500
65,000	2,600
70,000	2,800
75,000	2,900
80,000	2,800
90,000	3,000
95,000	3,100

Instrucciones: Lee el texto. Luego completa la actividad.

1. Empareja las descripciones de las correlaciones con el diagrama de dispersión correspondiente.

_____ A. correlación negativa fuerte

_____ B. no hay correlación

_____ C. correlación positiva débil

Gráfica 1	Gráfica 2	Gráfica 3
		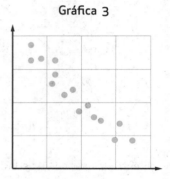

2. Un funcionario de la salud pública reunió datos sobre la cantidad de vacunas contra la gripe que las clínicas aplicaron durante un mes determinado y la cantidad de pacientes con gripe que se presentaron ese mismo mes. El funcionario anotó los datos en la tabla de la derecha. Usa los datos para crear un diagrama de dispersión. Traza una línea de tendencia a través de los puntos de datos.

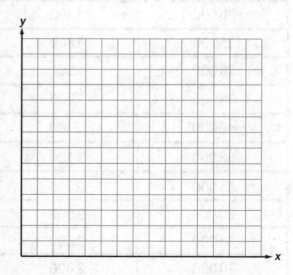

Vacunas aplicadas contra la gripe	Personas con gripe
7,846	6,832
7,994	6,971
8,216	6,726
8,364	6,453
8,631	6,238
8,772	5,807
8,901	5,563
9,114	5,019

Usa la línea de tendencia para identificar el tipo de relación existente entre las variables.

_____

_____

_____

3. Un especialista en lectura está haciendo una investigación en niños y adolescentes sobre los niveles de lectura según la edad. El especialista reúne los datos que se muestran en el diagrama de dispersión de abajo. Identifica si hay agrupamientos en los datos y enciérralos en un círculo. Además, identifica si hay valores extremos. Resume el significado de cada valor extremo. Proporciona una explicación posible acerca de lo que podrían indicar los valores extremos.

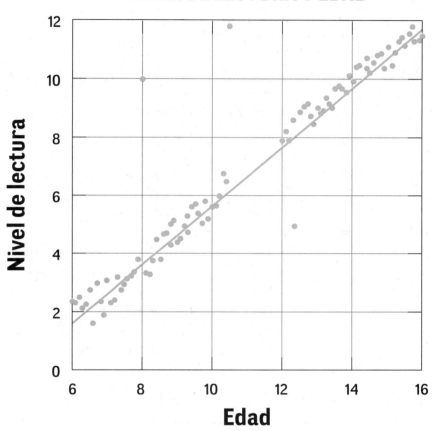

NIVEL DE LECTURA Y EDAD

_____

_____

_____

_____

_____

_____

_____

_____

Funciones

Objetivos de la lección

Serás capaz de:

- identificar una función.
- determinar si una ecuación representa una función.

Destrezas

- **Destreza principal:** Desarrollar líneas de razonamiento
- **Destreza principal:** Interpretar gráficas y funciones

Vocabulario

entrada
función
función lineal
función no lineal
prueba de la línea vertical
salida

CONCEPTO CLAVE: Puedes considerar una función como un conjunto de instrucciones que te indican qué hacer con la entrada, es decir, los valores que ingresas. El resultado de las instrucciones se denomina salida. Las funciones son ecuaciones que proveen solo una salida por cada entrada.

En una lección anterior aprendiste sobre las ecuaciones lineales y algunas de las maneras en las que se aplican. Por ejemplo, imagina que eres un constructor. Puedes usar una ecuación lineal para determinar el costo de los materiales de construcción (en dólares) para una casa de un tamaño determinado (en pies cuadrados). La ecuación lineal es

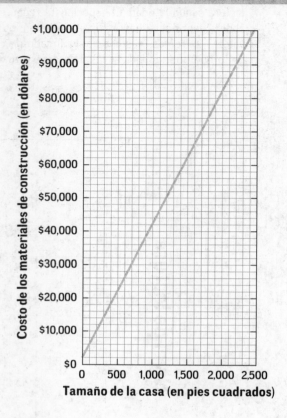

$$y = 40x + 2{,}000$$

donde x es el tamaño de la casa (en pies cuadrados) e y es el costo de los materiales de construcción. Examina la gráfica de esta ecuación lineal.

¿Qué es una función?

Una **función** es una ecuación matemática con dos variables: una variable de **entrada** que va en la ecuación y una variable de **salida** que se obtiene a partir de la variable de entrada. Una regla para recordar es que las funciones proveen solo una salida por cada entrada.

Puedes pensar en una función como un conjunto de instrucciones que te indican qué hacer con la entrada para hallar el valor de la salida. Los matemáticos suelen describir una función como una "caja negra", como la que ves en el dibujo de abajo. Piensa en ella como una computadora que toma el valor de entrada, sigue las instrucciones acerca de qué hacer con él y produce un valor de salida. En el dibujo, la entrada se rotula con la letra x, mientras que la salida se rotula con la letra y.

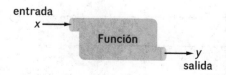

¿Es una función?

Recuerda que la definición de una función establece que solo hay una salida por cada entrada. Esta definición te ayudará a determinar si una ecuación representa una función.

Al comienzo de esta lección observamos una ecuación lineal que relacionaba el tamaño de una casa con el costo de los materiales de construcción requeridos para construirla:

$$y = 40x + 2{,}000$$

donde x es el tamaño de la casa (en pies cuadrados) e y es el costo de los materiales de construcción. Si seleccionas un valor para el tamaño de la casa, puedes calcular el costo de los materiales. Imaginemos que el valor de $x = 1{,}500$ pies cuadrados. Ahora puedes hallar el valor de y.

$$y = (40 \times 1{,}500) + 2{,}000 = 60{,}000 + 2{,}000 = 62{,}000$$

Entonces, el costo de los materiales de construcción para construir una casa de 1,500 pies cuadrados es $62,000. La ecuación ofrece una sola respuesta posible para cada tamaño de casa. Esto también puede verse en la gráfica de la ecuación lineal. Si seleccionas cualquier valor de x, solo hay un valor posible de y. Entonces, para cada entrada, o tamaño de casa, solo existe una salida, o costo de los materiales. Por lo tanto, la ecuación lineal $y = 40x + 2{,}000$ es una función.

Ahora considera la siguiente ecuación:

$$y = \sqrt{x}$$

Si $x = 25$, el valor de y es 5, porque $5 \times 5 = 25$. Pero el valor de y también podría ser –5, porque $-5 \times -5 = 25$. Por lo tanto, para esta ecuación hay dos respuestas posibles. En otras palabras, para cualquier entrada x, hay dos valores posibles para la salida, y. Esto no cumple con la definición de función, que establece que solo existe una salida para cada entrada. Por lo tanto, esta ecuación **no** es una función.

Observa la gráfica de esta ecuación, que muestra dos valores de y cuando $x = 25$. Observa que, como estos puntos tienen la misma coordenada x, están sobre la misma línea vertical.

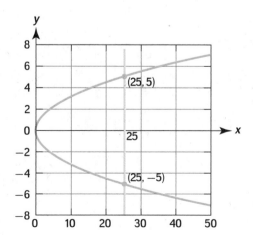

Destreza principal
Desarrollar líneas de razonamiento

Sin darte cuenta, ya has trabajado con funciones. Una ecuación lineal es un ejemplo de función. Por ejemplo, en una lección anterior calculaste la temperatura en grados Fahrenheit a partir de la temperatura en grados Celsius. La ecuación lineal de esta función es

$$F = 1.8C + 32$$

La variable C, la temperatura en grados Celsius, es la entrada. Este es el valor que conocemos. La variable F, la temperatura en grados Fahrenheit, es la salida. Este es el valor que queremos hallar.

Ahora volvamos a la idea de función como una "caja negra" o una computadora. Imagina que cuando ingresas la temperatura en grados Celsius, la computadora muestra la temperatura en grados Fahrenheit. Llamemos a esta computadora "conversor de temperatura".

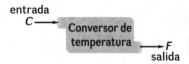

entrada
salida

¿Qué "instrucciones" sigue el conversor de temperatura? Usa la ecuación lineal $F = 1.8C + 32$ para escribir las instrucciones.

Puedes hacer la **prueba de la línea vertical** para determinar si una ecuación es una función. Examina la línea de la gráfica de la página anterior. Luego, presta atención a la línea vertical $x = 25$. Observa que cruza la gráfica de la ecuación en dos puntos. Esto indica que hay dos valores de salida, 5 y −5, para un valor de entrada, 25. Dado que la línea vertical cruza la gráfica en más de un punto, la ecuación no es una función. No cumple con la definición de función, que establece que solo puede haber una salida por cada entrada.

Categorías de funciones

Las funciones pueden clasificarse en dos categorías amplias: funciones lineales y funciones no lineales. A lo largo de este capítulo trabajaste con funciones lineales. Una **función lineal** tiene la forma

$$y = mx + b$$

donde m es la pendiente de la recta y b es la intersección con y.

Si una función no tiene esta forma, se trata de una **función no lineal**. Veamos dos ejemplos que muestran la diferencia entre las funciones lineales y no lineales.

Perímetro de un cuadrado

El perímetro de un cuadrado es la suma de las longitudes de todos sus lados. La ecuación que representa el perímetro, P, es

$$P = l + l + l + l$$
$$P = 4l$$

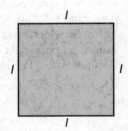

donde l es la longitud de cada lado. Como tiene la forma $y = mx + b$, esta ecuación representa una función lineal.

$$y = mx + b$$

$$P = 4l$$

La pendiente es 4 y la intersección con y es 0. Mira la gráfica de esta función. Observa que todos los puntos están sobre una línea recta, lo que confirma que la fórmula para hallar el perímetro, $P = 4l$, es una función lineal.

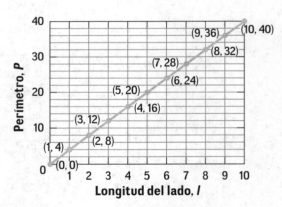

Área de un cuadrado

El área de un cuadrado es el producto de la longitud de dos de sus lados. La ecuación que representa el área, A, es

$$A = l \times l$$
$$A = l^2$$

Como ves, esta función se puede graficar. Observa que los puntos no están sobre una línea recta. Por lo tanto, la ecuación $A = l^2$ es una función no lineal. Se trata más precisamente de una función cuadrática.

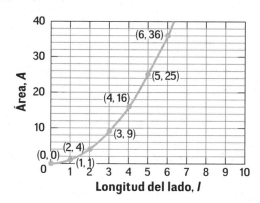

Destreza principal
Interpretar gráficas y funciones

Cuando se te pide graficar una función o interpretar la gráfica de una función, siempre es útil observar su ecuación si está disponible. Puedes observar la forma de la función para determinar si es lineal o no lineal. Recuerda que si la función tiene la forma

$$y = mx + b,$$

entonces la función es lineal. Si no tiene esa forma, entonces la función es no lineal.

APLICA LAS MATEMÁTICAS

Instrucciones: Rotula cada gráfica como función lineal o no lineal.

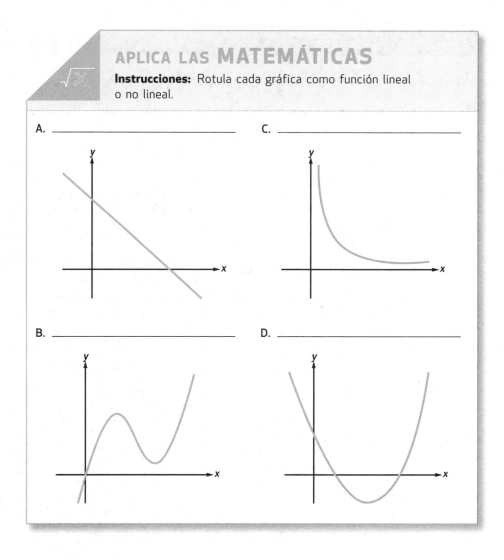

A. _____

C. _____

B. _____

D. _____

La circunferencia de un círculo, C, está dada por la ecuación $C = 2\pi r$, y el área de un círculo, A, está dada por la ecuación $A = \pi r^2$. Explica cómo puedes determinar si cada una de estas funciones es lineal o no lineal sin hacer cálculos ni gráficas.

Pista: Puedes comparar cada una de estas ecuaciones con la forma de una función lineal. Recuerda que la ecuación de una función lineal es $y = mx + b$, donde y es la variable dependiente y x es la variable independiente. Si puedes reescribir una ecuación usando la forma $y = mx + b$, es una función lineal. Si no puedes hacerlo, no es una función lineal.

Repaso de vocabulario

Instrucciones: Usa los siguientes términos para completar las oraciones. Observa que algunos términos pueden usarse en más de una oración.

entrada   la prueba de la línea vertical   una función
una función lineal   una función no lineal   una salida

1. Una ecuación es _____ si tiene solo _____ por cada

_____.

2. _____ tiene la forma $y = mx + b$.

3. Los puntos de _____ no están todos sobre una línea recta.

4. _____ puede ayudar a determinar si la gráfica de una ecuación

es _____ o no.

Repaso de destrezas

Instrucciones: Encierra en un círculo la respuesta correcta para cada pregunta.

1. Puedes pensar en una función como

   A. un punto sobre una línea.
   B. un conjunto de instrucciones.
   C. un conjunto de figuras geométricas.
   D. un grupo de preguntas matemáticas.

2. La prueba de la línea vertical te ayuda a determinar si

   A. una función es lineal o no lineal.
   B. una gráfica representa una función.
   C. una función es una "caja negra".
   D. una ecuación está bien graficada.

Instrucciones: Lee el problema. Luego sigue las instrucciones.

3. Imagina que estás programando una computadora. Detalla las "instrucciones" paso por paso para la siguiente función no lineal. Incluye las palabras *entrada* y *salida* en tus instrucciones.

$$y = x^2 + 2x + 1$$

_____

_____

_____

_____

_____

_____

Práctica de destrezas

Instrucciones: Lee el problema. Luego sigue las instrucciones.

1. Determina si las gráficas son funciones.

A. _____

B. _____

C. _____

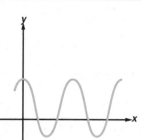

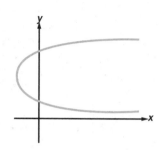

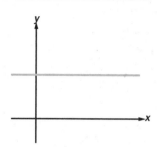

2. La energía potencial (EP) de un objeto está relacionada con su posición vertical. Es decir, está relacionada con la altura del objeto por sobre el nivel del suelo. La energía potencial (en kilojulios) de un objeto está dada por la ecuación

$$EP = \frac{mgh}{1000}$$

donde m es la masa del objeto, g es una constante relacionada con la gravedad, **9.8**, y h es la altura por sobre el nivel del suelo.

Usa los datos de la tabla para hallar la EP de una persona con una masa de **90** kg que sube en ascensor de a **10** metros.

Masa (en kg)	g	Altura (en m)	EP (en kj)
90	9.8	0	
90	9.8	10	
90	9.8	20	
90	9.8	30	
90	9.8	40	
90	9.8	50	

3. Dibuja una gráfica para marcar los valores de EP que hallaste en el problema anterior.

4. ¿La gráfica que dibujaste representa una función? Si es así, ¿es una función lineal o no lineal? Explica tus respuestas.

_____

_____

Instrucciones: Resuelve cada actividad.

1. ¿Cuál de las siguientes ecuaciones NO es una ecuación lineal?

   A. $y = 0$
   B. $y = 5x + 2$
   C. $y = x + 5$
   D. $y = \frac{1}{x} + 4$

2. El costo mensual de tu plan de telefonía celular, C, está dado por la ecuación lineal $C = 0.1\,D + 5$, donde D es la cantidad de llamadas realizadas durante un mes. Si esta línea se traza con C en el eje vertical y D en el eje horizontal, ¿cuál de las siguientes opciones muestra la pendiente correcta, m, y la intersección con y correcta, b?

   A. $m = 0.15, b = 5$
   B. $m = 1, b = 5$
   C. $m = 5, b = 0.1$
   D. $m = 0.1, b = 5$

4. Una línea con una pendiente positiva
   A. tiene una inclinación hacia arriba y hacia la izquierda.
   B. es vertical.
   C. es horizontal.
   D. tiene una inclinación hacia arriba y hacia la derecha.

5. ¿Cuál es la pendiente de la línea que atraviesa los puntos (5, 9) y (–1, –3)?

   A. $\frac{1}{2}$
   B. -2
   C. 2
   D. $-\frac{1}{2}$

6. Usa el método de sustitución para hallar el valor de cada variable. Luego ingresa los valores que halles para comprobar tu trabajo.

   $2x - 2y = -2$
   $4x + y = 16$

3. ¿Cuál de los siguientes conjuntos de datos sigue un patrón lineal?

   A.

Hora (a. m.)	6	7	8	9	10	11
Temperatura	60	64	68	70	74	80

   B.

Hora (a. m.)	6	7	8	9	10	11
Temperatura	60	64	68	72	76	80

   C.

Hora (a. m.)	6	7	8	9	10	11
Temperatura	60	60	61	61	62	62

   D.

Hora (a. m.)	6	7	8	9	10	11
Temperatura	60	62	64	65	69	72

7. ¿Cuál es la pendiente de la línea de la gráfica?

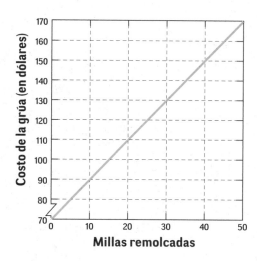

A. 9
B. 2
C. 70
D. −2

8. ¿Qué gráfica representa una función?

A.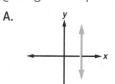

B.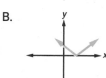

C.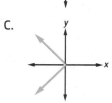

D.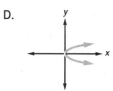

9. ¿Cuál de los siguientes conjuntos de datos representa una función no lineal?

A.

Semana	1	2	3	4	5	6
Saldo de la cuenta	10	20	30	40	50	60

B.

Semana	1	2	3	4	5	6
Saldo de la cuenta	20	40	60	80	100	120

C.

Semana	1	2	3	4	5	6
Saldo de la cuenta	1	4	9	16	25	36

D.

Semana	1	2	3	4	5	6
Saldo de la cuenta	10	10	10	10	10	10

10. ¿Cuál de las siguientes ecuaciones representa una función lineal?

  A. el área de un cuadrado, $A = l^2$
  B. el área de un círculo, $A = \pi r^2$
  C. la circunferencia de un círculo, $C = 2\pi r$
  D. el volumen de un cubo, $V = l^3$

11. Los datos que se muestran en el diagrama de dispersión

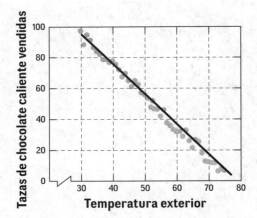

  A. muestran una correlación lineal y positiva.
  B. muestran una correlación lineal y negativa.
  C. no muestran una correlación.
  D. muestran una correlación no lineal.

12. ¿Qué línea de tendencia se adapta mejor a los datos que se muestran en el diagrama de dispersión?

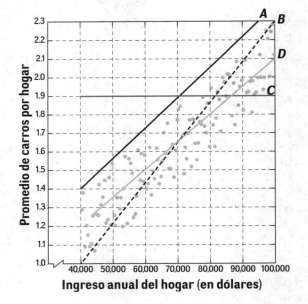

  A. A
  B. B
  C. C
  D. D

Comprueba tu comprensión

En la siguiente tabla, encierra en un círculo el número de los ítems que hayas respondido incorrectamente. Al lado de cada título de lección verás las páginas que puedes repasar para aprender el contenido sobre el que trata la pregunta. Repasa especialmente aquellas lecciones en las que hayas respondido incorrectamente la mitad de las preguntas o más.

Capítulo 6: Ecuaciones lineales y funciones	Procedimiento	Concepto	Aplicación/ Representación/ Resolución de problemas
Ecuaciones lineales pp. 166–175	1, 3	4	2
Graficar ecuaciones lineales pp. 176–183	5		7
Pares de ecuaciones lineales pp. 184–189			6
Diagramas de dispersión pp. 190–199		11, 12	
Funciones pp. 200–205	10	8	9

UNIDAD 3

Más sobre sentido numérico y operaciones

Razones, proporciones y porcentajes

Muchos problemas de la vida real contienen razones, proporciones y porcentajes. Tal vez tengas que usar una razón de agua a jugo concentrado al preparar una jarra de jugo de naranja, o quizás debas usar una proporción para obtener las dimensiones de una habitación a partir de un plano. Los porcentajes son muy comunes en la vida diaria. Los anuncios de productos indican porcentajes de descuentos. Los impuestos están basados en porcentajes de ingreso, valor de la propiedad o montos de ventas.

En este capítulo verás y usarás las importantes relaciones entre fracciones, decimales y porcentajes.

Entre los **conceptos clave** que estudiarás están:

Lección 7.1: Razones y tasas
Aprender a escribir razones para comprender el significado de una tasa unitaria.

Lección 7.2: Tasas unitarias y relaciones proporcionales
Aprender a convertir a tasas unitarias y determinar si dos razones son proporcionales.

Lección 7.3: Resolver proporciones
Aprender a usar proporciones para resolver problemas.

Lección 7.4: Introducción a los porcentajes
Los porcentajes, como los decimales y las fracciones, representan una parte de un total.

Lección 7.5: Resolver problemas con porcentajes
Los decimales, las fracciones y las proporciones pueden usarse para resolver problemas con porcentajes.

Lección 7.6: Usar porcentajes en el mundo real
El interés simple se puede calcular usando una fórmula y porcentajes.

Establecer objetivos

Antes de comenzar este capítulo, establece tus objetivos de aprendizaje. Piensa en los lugares y los momentos en los que puedes usar razones, proporciones o porcentajes en la vida diaria.

Los porcentajes abundan en las situaciones del mundo real. La mejor manera de dominar los porcentajes es aprovechar todas las situaciones en las que los ves diariamente y resolverlos. Usa un cuaderno para registrar todos los momentos en los que usas porcentajes en el transcurso de una semana.

- ¿Dónde tuviste que usar porcentajes más a menudo?

- ¿Descubriste algún porcentaje que haya sido resuelto incorrectamente? Por ejemplo, ¿un descuento era de 25% cuando el anuncio decía que había 15% de descuento?

- ¿Preferirías que un anuncio dijese $10 dólares o 10% de descuento? ¿En qué situaciones es mejor contar con un monto de descuento en dólares? ¿En qué situaciones es mejor contar con un porcentaje de descuento?

LECCIÓN 7.1 — Razones y tasas

Objetivos de la lección

Serás capaz de:
- entender y escribir razones.
- entender y encontrar tasas unitarias y precios unitarios.

Destrezas

- **Destreza principal:** Entender conceptos relacionados con las razones
- **Práctica principal:** Usar razonamiento de razones y tasas

Vocabulario

parafrasear
precio unitario
razón
tasa
tasa unitaria

CONCEPTO CLAVE: Aprender cómo escribir razones para comprender el significado de una tasa unitaria.

Escribe cada fracción en su mínima expresión.

1. $\frac{15}{25}$　　2. $\frac{14}{28}$　　3. $\frac{8}{12}$　　4. $\frac{9}{15}$

5. Haz un dibujo que muestre que 3 de 4 partes iguales están sombreadas.

Entender razones

Una **razón** es una comparación entre dos números. Usa una razón para comparar los números 2 y 7. Hay tres maneras diferentes de escribir la razón:

Usar la palabra *a*.　　**Usar los dos puntos (:).**　　**Escribir una fracción.**

　2 a 7　　　　　　2:7　　　　　　$\frac{2}{7}$

Piensa en la razón como una fracción. De la misma manera que las fracciones $\frac{2}{7}$ y $\frac{7}{2}$ no son iguales, las razones "2 a 7" y "7 a 2" tampoco son iguales. Por lo tanto, el orden de los dos números en una razón es importante. Una razón habitualmente se reduce a su mínima expresión.

Ejemplo 1 Escribir una razón

En la familia de Roberto hay 2 niños y 4 niñas. ¿Cuál es la razón de niños a niñas en la familia de Roberto?

Paso 1 Escribe la razón de una de estas tres formas. Sigue el orden de la frase *razón de niños a niñas* para obtener el orden de los números en la razón. *Niños* está primero, de manera que el número que representa la cantidad de niños va a la izquierda de la palabra *a* o de los dos puntos o como numerador de la fracción. El número que representa la cantidad de *niñas* se ubicará a la derecha de la palabra *a* o de los dos puntos o como denominador de la fracción.

Usar la palabra *a*.　**Usar los dos puntos.**　**Escribir una fracción.**

2 niños a 4 niñas　　2 niños:4 niñas　　$\frac{2 \text{ niños}}{4 \text{ niñas}}$

　　2 a 4　　　　　　2:4　　　　　　$\frac{2}{4}$

Paso 2 Reduce a su mínima expresión.

Usar la palabra *a*.　**Usar los dos puntos.**　**Escribir una fracción.**

1 niño a 2 niñas　　1 niño:2 niñas　　$\frac{1 \text{ niño}}{2 \text{ niñas}}$

　　1 a 2　　　　　　1:2　　　　　　$\frac{1}{2}$

Paso 3 Escribe un enunciado acerca de la razón.
La razón de niños a niñas en la familia de Roberto es de 1 a 2, 1:2 o $\frac{1}{2}$.

REFORMULAR O PARAFRASEAR INFORMACIÓN

Cuando lees, puedes encontrarte con una oración o párrafo largo o complicado. Para asegurarte de haber comprendido lo que acabas de leer, vuelve atrás y léelo de nuevo lentamente. **Parafrasea**, es decir, usa tus propias palabras, para reformular la información.

Detente en cada palabra clave o idea importante e imagina que se la estás explicando a alguien que no está familiarizado con esa información. Luego, usa un lenguaje claro y simple para reformular las ideas de una manera comprensible.

Lee el siguiente párrafo. Luego, lee las dos paráfrasis de abajo y elige la mejor.

> Las razones y las tasas son dos maneras de comparar cantidades. Se utiliza una razón cuando dos elementos tienen diferentes medidas de la misma cosa. Por ejemplo, en un dibujo a escala se puede utilizar una escala de 1 pulgada:5 pies. Como pie y pulgada son unidades de longitud, esto es una razón. Una tasa compara dos elementos que son de naturaleza diferente. Millas por hora es una tasa, porque milla es una unidad de longitud y hora es una unidad de tiempo. Hay muchas tasas que las personas usan todos los días: salario por hora ($15 por hora) y rendimiento del combustible (20 millas por galón) son ambos ejemplos de tasas. Hay tres formas de expresar las razones o las tasas: 3:5, $\frac{3}{5}$ y 3 a 5.

1. Se pueden comparar las razones y las tasas. Las razones se usan si se están comparando dos cosas que son del mismo tipo, como en un dibujo a escala. Las tasas se usan si se están comparando dos cosas que son diferentes, como en millas por hora, millas por galón o dólares por hora. Las razones y las tasas se pueden escribir de las siguientes maneras 3:5, $\frac{3}{5}$ y 3 a 5.

2. Tanto las razones como las tasas comparan cosas. Las tasas son comunes en la vida diaria. Las razones y las tasas se pueden escribir de diferentes maneras.

La paráfrasis 1 reformula la información del párrafo original con palabras diferentes. La paráfrasis 2 deja de lado muchos detalles, como la diferencia entre una razón y una tasa y las diferentes maneras de escribirlas. La paráfrasis 1 es la mejor opción.

Destreza principal
Entender conceptos relacionados con las razones

A menudo puedes demostrar tu comprensión de un problema y luego resolverlo reformulando la información de una manera que la descompone en partes más sencillas.

Algunos problemas de razones son un buen punto de inicio para practicar esta destreza. Observa el ejemplo 1 de la página anterior. Se informa la cantidad de niños y de niñas en la familia de Roberto y se te pide que encuentres la razón de niños a niñas. ¿Y si en lugar de ello te hubiesen pedido que encontraras la razón de niños varones a niños y niñas en total? Puedes reformular el problema como dos problemas más simples: "Primero, debo encontrar la cantidad total de niños y niñas sumando esas dos cantidades. Luego, puedo encontrar la razón de niños varones a niños y niñas en total".

Elige un compañero con quien puedas practicar el cálculo de razones. Cada uno escribirá diferentes situaciones que requieran encontrar una razón. Intercambien las situaciones que cada uno escribió. Luego, reformulen cada problema antes de resolverlos.

En algunos problemas de razones es necesario realizar cálculos antes de escribir la razón.

Ejemplo 2 Resolver un problema de razones de varios pasos

En una clase de 30 estudiantes hay 14 varones. ¿Cuál es la razón de varones a mujeres en esta clase?

Paso 1 Calcula la cantidad de mujeres de la clase, porque este número no se informa.
30 estudiantes − 14 varones = 16 mujeres

Paso 2 Escribe la razón de varones a mujeres.
$\frac{14}{16}$

Paso 3 Reduce la razón a su mínima expresión.
$\frac{14}{16} = \frac{7}{8}$

Paso 4 Escribe un enunciado acerca de la razón.
La razón de varones a mujeres de la clase es 7 a 8.

Para escribir una razón que compare dos números, haz lo siguiente:

- Usa la palabra *a*, usa los dos puntos o escribe una fracción.

- Recuerda que el orden de los números en una razón es importante.

- Siempre reduce la razón a su mínima expresión.

APLICA LAS **MATEMÁTICAS**

Instrucciones: Escribe cada razón de las otras dos maneras.

1. 6 a 7   2. 1:50   3. $\frac{10}{19}$

Instrucciones: Escribe una razón para cada situación descripta.

4. Para hacer jugo de naranja, combina **1** lata de concentrado con **3** latas de agua. Escribe la razón de concentrado a agua.

5. Un complejo de esquí anunció que tuvo **23** días de nieve durante el mes de enero. Escribe una razón de días de nieve a días sin nieve (hay **31** días en enero).

Destreza del siglo XXI
Pensamiento crítico y resolución de problemas

Las matemáticas ofrecen una manera de ejercitar tus habilidades creativas. Por ejemplo, en el ejemplo **2** se te pide que encuentres la razón de varones a mujeres en una clase de **30** que tiene **14** varones. Sin embargo, ¿qué sucedería si la razón de varones al total de estudiantes fuese $\frac{7}{15}$?

Esta fracción de varones nos dice dos cosas: 1) la fracción de varones, que es el dato que se da, y 2) la fracción de mujeres. Como $\frac{7}{15}$ es varones, el resto es mujeres. Se nos pide averiguar la razón de varones al total de estudiantes, que es lo que representa $\frac{8}{15}$. Pero **7** partes del todo son varones y **8** partes del todo son mujeres, de manera que la razón es **7:8**. Sin siquiera saber la cantidad de estudiantes puedes determinar la razón adecuada.

En un cuaderno, escribe la razón de varones al total de estudiantes sabiendo que la razón de varones a mujeres es **3:7**.

CONEXIÓN CON LAS
MATEMÁTICAS

Una razón es una comparación entre dos cantidades diferentes. Una razón puede escribirse como una fracción, pero no puede escribirse como como un decimal.

Comprender las tasas unitarias

Una **tasa** muestra una relación entre dos cantidades medidas en diferentes unidades. Las tasas son un tipo de razón que se usan a menudo. Una **tasa unitaria** es la tasa para una unidad de una cantidad. Para hallar una tasa unitaria, divide los dos números de la razón.

Ejemplo 3 Hallar una tasa unitaria

Huy y Kim usaron 16 galones de gasolina para conducir 500 millas. Halla la tasa unitaria del rendimiento de la gasolina (millas por galón).

Paso 1 Escribe la razón de millas a galones: $\frac{500 \text{ millas}}{16 \text{ galones}}$.
Observa que esto es una tasa, pero no una tasa unitaria.

Paso 2 Divide de manera que obtengas una tasa unitaria.
500 millas ÷ 16 galones = 31.25 millas a 1 galón = 31.25 millas por galón

Un **precio unitario** es el precio por unidad de un elemento. Divide para calcular un precio unitario.

Ejemplo 4 Hallar un precio unitario

El jabón cuesta $1.19 las cuatro barras. Halla el precio unitario.

Paso 1 Escribe la razón del precio a la cantidad de barras: $\frac{\$1.19}{4 \text{ barras}}$.

Paso 2 Divide de manera que obtengas un precio unitario:
$1.19 ÷ 4 barras = $0.2975 por 1 barra.
El precio unitario es aproximadamente $0.30 por barra.

Para hallar una tasa unitaria o un precio unitario, haz lo siguiente:

• Escribe la razón de las dos cantidades.

• Divide el numerador por el denominador para hallar la tasa unitaria o el precio unitario.

APLICA LAS MATEMÁTICAS

Instrucciones: Escribe la tasa unitaria para cada situación descripta.

1. Julieta y Won condujeron **135** millas y usaron **6** galones de gasolina. Halla la tasa de rendimiento de la gasolina de su auto (millas por galón).

2. Esta semana, Ravi trabajó **20** horas y ganó **$130**. ¿Cuál es su tasa de ganancias (dólares por hora)?

Instrucciones: Escribe cada precio unitario. Redondea tu respuesta al centavo más cercano.

3. **5** libras de papas por **$1.49**   4. **12** huevos por **$1.09**

Destreza principal
Usar razonamiento de razones y tasas

Hallar tasas unitarias es de mucha utilidad, especialmente cuando se trata de dinero. Por ejemplo, imagina que vas a la tienda con la intención de comprar una camisa por menos de $35. Pero la tienda anuncia el precio diciendo "4 camisas por $128". ¿Tienes suficiente dinero? En vez de tener en cuenta la tasa $\frac{128}{4}$, deberías saber el precio unitario. Por lo tanto, multiplicando tanto el numerador como el denominador por el factor de escala $\frac{1}{4}$, estarías calculando el precio unitario por camisa. Así, cada camisa cuesta $32 y tendrías el dinero suficiente como para comprar una camisa.

Considera el siguiente problema. Estás de viaje por el país y le pediste prestado a tu amigo un carro nuevo y con alto rendimiento de combustible. Tu amigo dice que el carro puede hacer fácilmente **30** millas por galón. Luego de haber conducido **420** millas, llenas el tanque con **15** galones. En un cuaderno, determina si la conjetura de tu amigo es correcta.

Instrucciones: Completa cada oración con la palabra correcta.

un precio unitario   una razón   una tasa   una tasa unitaria

1. _____ muestra la relación entre dos cantidades medidas en unidades diferentes.

2. Para hallar _____, divide el precio por el número de unidades.

3. Para hallar _____ del rendimiento de gasolina, debes hallar el número de millas conducidas por galón.

4. _____ se puede escribir con la palabra a, con dos puntos (:), o como una fracción.

Instrucciones: Empareja cada descripción de razón de la izquierda con su tasa unitaria de la derecha.

1. _____ Una tienda vende 3 pares de pantalones por $72.   A. 9:1

2. _____ Camille caminó 2.5 millas en media hora.   B. 24:1

3. _____ Francis ganó $21 en 1.5 hora.   C. 21:1

4. _____ El club de la escuela recibe $36 de cuota por cada 4 estudiantes que se unen.   D. 5:1

   E. 14:1

5. _____ Sasha horneó 147 magdalenas en 7 horas.

Práctica de destrezas

Instrucciones: Elige la mejor respuesta para cada pregunta.

1. ¿Cuál es el precio unitario del champú si una botella de **15** onzas cuesta $2.79?

   A. alrededor de **$0.19** por onza
   B. alrededor de **$0.29** por onza
   C. alrededor de **$1.90** por onza
   D. alrededor de **$5.38** por onza

2. ¿Qué enunciado tiene el mismo significado que "la razón de varones a mujeres es **1** a **2**"?

   A. La mitad son varones y la mitad son mujeres.
   B. Hay el doble de varones que de mujeres.
   C. Dos de cada tres son mujeres.
   D. Una de cada tres es mujer.

3. En una elección local, Marshall recibió **682** votos y Emilio recibió **366** votos. ¿Cuál de las opciones muestra la razón de la cantidad de votos de Emilio a la cantidad de votos de Marshall?

   A. 366 a 948
   B. 97:61
   C. $\frac{61}{97}$
   D. 582 a 948

4. Briana corrió **6** millas en **50** minutos. ¿Cuántas millas por minuto corrió?

   A. 0.083
   B. 0.12
   C. 1.2
   D. 8.3

Tasas unitarias y relaciones proporcionales

CONCEPTO CLAVE: Una tasa unitaria es un ejemplo especial de razón. Cuando se expresa en forma de fracción, el denominador es igual a uno. Cuando se expresa verbalmente, una razón es un ejemplo de una tasa unitaria si el segundo valor comparado es uno.

Recuerda que una razón es una comparación entre dos valores. Por ejemplo, en una clase de matemáticas de la universidad, 20 estudiantes pueden tener una concentración en matemáticas y 8 estudiantes pueden tener una concentración diferente. Puedes decir que la razón de concentraciones en matemáticas sobre otras concentraciones es "20 a 8". También puedes representar esta razón como una fracción, $\frac{20}{8}$.

Cuando reduces la fracción a su mínima expresión, la razón se escribe $\frac{5}{2}$. Esta razón indica que por cada cinco estudiantes que tienen una concentración en matemáticas, hay dos estudiantes que tienen una concentración en un campo de estudios diferente.

$$20 \text{ a } 8 = \frac{20}{8} = \frac{5}{2}$$

¿Qué es una tasa unitaria?

Recuerda que una tasa unitaria es una razón que se usa para comparar dos tipos de cantidades diferentes. Todos los días encuentras tasas unitarias.

Puedes ver una señal en la ruta que indica que el límite de velocidad es 30 millas por hora $\left(\frac{30 \text{ milllas}}{\text{hora}}\right)$. Puedes recibir un folleto de tu tienda de comestibles local que anuncia una oferta de tomates de 69 centavos por libra $\left(\frac{69¢}{\text{lb}}\right)$. Puedes leer un informe de noticias financiero que comunica que el precio de las acciones de una empresa de computación es 15 dólares por acción $\left(\frac{\$15}{\text{acción}}\right)$.

No todas las razones sobre las que lees o escuchas representan tasas unitarias. ¿Cuáles son algunos ejemplos de razones que *no* son tasas? Quizás escuches un comercial que anuncia que 8 de cada 10 dentistas encuestados recomiendan una marca de pasta de dientes en particular. Tal vez un sitio web de música digital anuncia una oferta especial que te anime a comprar cuatro canciones por $3.00. O quizás un periódico cite una estadística que indica que 89 de cada 100 personas de todo el país aprobaron un examen creado recientemente para obtener la licencia de conductor.

Expresemos todos estos ejemplos en forma de fracción, como se muestra en la figura de abajo. Ten en cuenta que las tasas unitarias son siempre razones con un denominador igual a 1. En otras palabras, las razones que son tasas unitarias tienen 1 unidad, como, por ejemplo, 1 hora, 1 libra o 1 acción, en sus denominadores.

Tasas unitarias	Razones
$\dfrac{30 \text{ millas}}{1 \text{ hora}}$	$\dfrac{8 \text{ dentistas recomendaron}}{10 \text{ dentistas encuestados}}$
$=1 \leftarrow \dfrac{69 \text{ centavos}}{1 \text{ libra}}$	$\neq 1 \leftarrow \dfrac{3 \text{ dólares}}{4 \text{ canciones}}$
$\dfrac{15 \text{ dólares}}{1 \text{ acción}}$	$\dfrac{89 \text{ aprobados}}{100 \text{ rindieron el examen}}$

Convertir razones en tasas unitarias

Recuerda la oferta especial de música electrónica que leíste antes. Por $3.00 puedes comprar cuatro canciones. ¿Qué sucedería si quisieses convertir esta razón en una tasa unitaria? En otras palabras, si aprovecharas la oferta, ¿cuánto pagarías por cada canción?

Para convertir esta razón en una tasa unitaria, el denominador debe ser 1. Por lo tanto, divide tanto el numerador como el denominador de $\frac{3}{4}$ por el denominador, 4.

$$\frac{3 \text{ dolares}}{4 \text{ canciones}} = \frac{\frac{3}{4} \text{ dolares}}{\frac{4}{4} \text{ canciones}} = \frac{0.75 \text{ dolares}}{1 \text{ canción}} = \frac{0.75 \text{ dolares}}{\text{canción}}$$

La tasa unitaria es $0.75 o 75 centavos por canción. Observa que cuando divides el numerador y el denominador por el denominador, usas solo el número, no las unidades (canciones) asociadas con el denominador.

APLICA LAS MATEMÁTICAS

Instrucciones: Veamos una razón más complicada, en la que hay una fracción en el denominador. Un amigo te cuenta que puede correr tres millas en media hora. Quieres calcular su velocidad en millas por hora. La razón es:

$$\frac{3 \text{ millas}}{\frac{1}{2} \text{ hora}}$$

Convierte esta razón en una tasa unitaria.

_____

_____

Si conoces una tasa unitaria, puedes utilizarla para generar una cantidad infinita de pares de valores. Piensa en las pantallas de televisión de alta definición (HDTV), por ejemplo. Estos televisores tienen diferentes formas que provienen de modelos de televisores anteriores. Un nuevo HDTV tiene una "razón de aspecto" de 16:9, es decir, $\frac{16}{9}$. Esto significa que, en términos de tasas unitarias, la razón entre el ancho y la altura de la pantalla es

$$\frac{16 \text{ pulgadas}}{9 \text{ pulgada}} = \frac{1.78 \text{ pulgadas}}{1 \text{ pulgada}}.$$

Puedes utilizar esta información para hallar la altura de una pantalla HDTV común. Completa la tabla de abajo. Para hallar cada altura de pantalla, divide la altura por **1.78**. Redondea tu respuesta al número natural más cercano.

Ancho de la pantalla (pulgadas)	Cálculo	Alto de la pantalla (pulgadas)
16	16 ÷ 1.78	9
41	41 ÷ 1.78	23
44.5		
46.2		

Cuando quieras escribir una razón que está expresada en forma verbal, asegúrate de ubicar los números en el orden correcto. Veamos un ejemplo.

Un amigo y tú están trabajando en un proyecto de paisajismo. Sabes que, en equipo, pueden llenar **28** carretillas con tierra y trasladarlas a otra zona en **3** horas. Para planificar otro proyecto de paisajismo, quieres determinar la tasa unitaria de esta razón, es decir, las carretillas por hora.

Haces el siguiente cálculo:

$$\frac{3}{28} = \frac{\frac{3}{28}}{\frac{28}{28}} =$$

$$\frac{0.11}{1} = \frac{0.11 \text{ carretillas}}{\text{hora}}$$

Este número no te parece correcto. ¡Tú sabes que pueden llenar más de $\frac{1}{10}$ de una carretilla por hora! ¿Cómo puedes determinar en qué parte del cálculo se cometió el error? Siempre incluye las unidades en tus cálculos, a diferencia del cálculo que se muestra arriba. Si hubieses indicado las unidades, habrías visto que escribiste la razón incorrectamente.

$$\frac{3 \text{ horas}}{28 \text{ carretillas}}$$

Usar las unidades te ayudará a determinar si tus cálculos tienen sentido. Vuelve a calcular la tasa unitaria en carretillas por hora.

Relaciones proporcionales

Recuerda que una razón es una comparación entre dos valores. Puedes hacer extensiva esta comparación a los conjuntos de pares de valores que tengan la misma razón. Estos conjuntos de datos representan una **relación proporcional**.

Veamos un ejemplo. Imagina que estás trabajando como planificador de construcción y debes pedir mezcla de cemento, cuyo precio se expresa por libra. Recibes la tabla de precios de la derecha de una compañía de cemento.

Notas que cada vez que el peso incrementa 1,000 libras, el precio aumenta proporcionalmente en $350. Por lo tanto, esto significa que la razón de costo a peso es:

$$\frac{\$350}{1,000 \text{ lb}}$$

... y la tasa unitaria es:

$350/1,000 \text{ lb} = \$0.35/\text{lb}$

Peso (lb)	Costo ($)
1,000	350
2,000	700
3,000	1,050
4,000	1,400
5,000	1,750

Por lo tanto, el cemento cuesta 35 centavos por libra ($0.35/lb). Ahora observa una gráfica de datos de costo y peso.

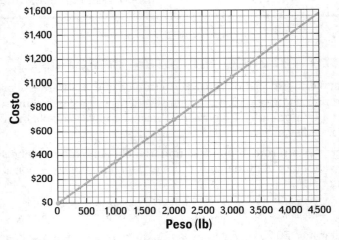

Puedes determinar la ecuación de esta recta. La intersección con y en el eje y es cero, puesto que cero libras de cemento cuestan $0.00. Para calcular la pendiente, puedes usar los puntos (2,000, 700) y (3,000, 1,050). Recuerda que la fórmula de la pendiente es:

pendiente = distancia vertical/distancia horizontal

Por lo tanto, $\frac{\$1,050 - \$700}{3,000 \text{ lb} - 2,000 \text{ lb}} = \frac{\$350}{1,000 \text{ lb}} = \$0.35/\text{lb}$

Observa que la pendiente de la recta es igual a la tasa unitaria que calculaste anteriormente. Por lo tanto, la ecuación de la recta es la siguiente:

$$y = 0.35x$$

Este es un ejemplo de una relación proporcional. Es una ecuación lineal que tiene la siguiente forma:

$$y = kx$$

La intersección con y es cero y la pendiente está representada por el valor k, que se denomina **constante de proporcionalidad**.

Aplicar relaciones proporcionales

Puedes usar la ecuación para una relación proporcional, $y = kx$, para resolver diferentes tipos de problemas de tasas unitarias. En algunas ocasiones es útil reordenar la ecuación de la siguiente manera: $\frac{y}{x} = k$. Recuerda que k es la tasa unitaria, de manera que esto te ayudará a llevar un registro de las unidades de y y x.

Por ejemplo, si una tasa unitaria está expresada en kilómetros por hora, puedes utilizar la ecuación $\frac{y}{x} = k$ para obtener las unidades de y y x.

$$\frac{y}{x} = k$$

$$\frac{y}{x} = \frac{\text{kilómetros}}{\text{horas}}$$

Así sabes que las unidades de x son horas y las unidades de y son kilómetros.

Imagina que tu familia compró una piscina para el verano. La piscina se llena con 12,000 galones de agua. A medida que llenas la piscina, llevas un registro del tiempo y la cantidad de galones que marca el contador de agua fuera de tu casa.

Puedes escribir y resolver una ecuación lineal para una relación proporcional y así determinar la tasa de flujo de agua, es decir, la tasa unitaria, en galones por hora. Si estableces que el eje x representa el tiempo y el eje y representa la cantidad de galones en la piscina, la ecuación lineal para la relación proporcional será: $y = 1,200x$

Tiempo (horas)	Galones
0.5	600
1.5	1,800
2.5	3,000
3.5	4,200
4.5	5,400

APLICA LAS MATEMÁTICAS

Instrucciones: Usa la ecuación $y = 1,200x$ para determinar cuánto tiempo es necesario para llenar la piscina hasta su capacidad total de **12,000** galones.

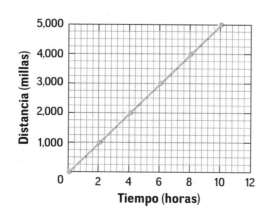

CONEXIÓN CON LAS MATEMÁTICAS

Puede ser de utilidad recordar que la constante de proporcionalidad en una relación de proporcionalidad es igual a la pendiente de la recta que representa la relación proporcional. Por lo tanto, la constante de proporcionalidad es igual a la tasa unitaria.

Observa este ejemplo. Una línea aérea utiliza dos modelos de aviones diferentes para el vuelo de larga distancia entre Nueva York y Estambul, Turquía. Los datos de tiempo y distancia para el primer avión están registrados en la tabla que aparece a continuación. Los datos de tiempo y distancia para el segundo avión están registrados en la gráfica que aparece en la parte inferior de esta página.

Tiempo (horas)	Distancia (millas)
1	450
3	1,350
5	2,250
7	3,150
9	4,050
11	4,950

La velocidad, es decir, la tasa unitaria, del primer avión es $\frac{450 \text{ millas}}{\text{hora}}$.

La velocidad, es decir, la tasa unitaria, del segundo avión es $\frac{500 \text{ millas}}{\text{h.}}$.

El segundo avión vuela a Estambul más rápido que el primero.

Instrucciones: Usa los términos de abajo para completar cada oración. Algunas palabras se pueden utilizar más de una vez.

constante de proporcionalidad   relación de proporcionalidad

1. Una _____ existe entre dos variables si la razón entre ellas es siempre la misma.

2. La _____ es el valor de la razón entre dos variables que están relacionadas proporcionalmente.

Instrucciones: Elige la mejor respuesta para cada pregunta.

1. ¿Cuál de las siguientes opciones es un ejemplo de tasa unitaria?

   A. Un auto viaja **100** millas en dos horas.
   B. Gastas **$1.98** en dos libras de papas.
   C. Un corredor olímpico puede correr **100** metros en **10.5** segundos.
   D. Un taxista cobra **$1.75** por milla.

2. Visitaste el mercado de productores en el que ofrecían **3** pintas de frutillas por **$8.25**. ¿Cuál es la tasa unitaria en dólares por pinta?

   A. 2.75
   B. 0.36
   C. 3.00
   D. 8.25

3. Si una libra de azúcar cuesta **$0.65** y tienes **$3.00**, ¿cuántas libras de azúcar puedes comprar?

   A. 1.95
   B. 3.65
   C. 4.62
   D. 0.21

4. ¿Qué gráfica representa una relación proporcional?

   A.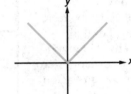

   B.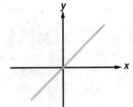

   C.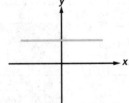

   D.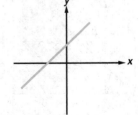

Práctica de destrezas

Instrucciones: Lee el problema. Luego, responde las preguntas.

1. Imagina que estás viendo un mapa de los Estados Unidos, pero no tiene una escala que indique la cantidad de millas por pulgada. Usas una regla para medir la distancia entre la ciudad de Nueva York y Washington D. C. en el mapa. La distancia es $2\frac{1}{2}$ pulgadas. Consultas un sitio web y te enteras que la distancia real entre la ciudad de Nueva York y Washington D. C. es **200** millas.

   A. ¿Cuál es la escala del mapa en millas por pulgada (tasa unitaria)?

   _____

   _____

   B. Escribe la ecuación de la relación proporcional cuya constante de proporcionalidad sea la escala del mapa. Establece que el eje *y* represente la distancia en millas y el eje *x* represente esta distancia en el mapa en pulgadas.

   _____

   C. Con una regla, determinas que la distancia entre la ciudad de Nueva York y Atlanta en el mapa es **8.75** pulgadas. ¿Cuál es la distancia real entre la ciudad de Nueva York y Atlanta en millas?

   _____

   _____

2. ¿Cuál de las líneas de la gráfica representa una relación proporcional con una constante de proporcionalidad mayor? Explica tu respuesta.

   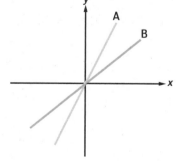

   _____

   _____

3. Una compañía de carros realiza una prueba de eficacia de consumo para dos nuevos modelos de carros. Para el modelo A, los datos de distancia viajada y cantidad de galones de gasolina consumidos se muestran en la siguiente tabla.

Distancia (millas)	Galones
30	0.7
60	1.4
90	2.1
120	2.8
150	3.5

Para el modelo B, la distancia viajada y la cantidad de galones de gasolina consumidos se muestran en la siguiente gráfica.

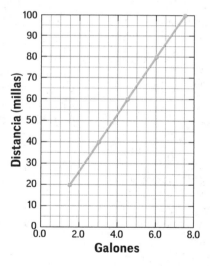

¿Cuál es la eficacia de consumo (tasa unitaria) de cada modelo de carro en millas por galón? ¿Cuál de los carros tiene la mejor eficacia de consumo?

Modelo A: _____

_____

Modelo B: _____

_____

Resolver proporciones

CONCEPTO CLAVE: Aprender a usar las proporciones para resolver problemas.

Escribe cada razón de otras dos maneras.

1. $\frac{3}{5}$ 2. 9:4   3. 5 a 9

Simplifica cada fracción.

4. $\frac{6}{10}$ 5. $\frac{24}{60}$ 6. $\frac{6}{26}$

Entender proporciones

Una **proporción** es una ecuación compuesta por dos razones **equivalentes,** es decir, iguales. Si piensas en las razones como si fuesen fracciones, entonces las dos razones de una proporción son fracciones equivalentes.

Ejemplo 1 Escribir una proporción

Escribe una proporción con 3 a 4 como una de las razones.

Paso 1 Escribe la razón dada en forma de fracción: $\frac{3}{4}$.

Paso 2 Escribe una fracción equivalente.

$$\frac{3}{4} = \frac{3 \times 2}{4 \times 2} = \frac{6}{8}$$

Paso 3 Escribe la proporción.

$$\frac{3}{4} = \frac{6}{8}$$

En algunas ocasiones puedes utilizar la noción de fracciones equivalentes para decidir si dos razones forman una proporción o no. Formulas la misma pregunta si te preguntas "¿Las dos razones forman una proporción?" o "¿Las dos fracciones son equivalentes?".

Ejemplo 2 Usar fracciones equivalentes para identificar una proporción

¿Las razones $\frac{4}{10}$ y $\frac{5}{12}$ forman una proporción?

Paso 1 Halla el denominador común: 60.

Paso 2 Escribe cada razón como una fracción con el denominador 60.

$$\frac{4}{10} = \frac{4 \times 6}{10 \times 6} = \frac{24}{60}$$

$$\frac{5}{12} = \frac{5 \times 5}{12 \times 5} = \frac{25}{60}$$

Paso 3 ¿Las dos fracciones son equivalentes? No, puesto que $\frac{24}{60} \neq \frac{25}{60}$.
¿Las dos razones forman una proporción? No.

Otra forma de saber si dos razones forman una proporción es comparar sus productos usando la **multiplicación cruzada**. Cada producto es el numerador de una razón multiplicada por el denominador de la otra razón. Si los productos de la multiplicación cruzada son iguales, las razones forman una proporción. Si no son iguales, las razones no forman una proporción.

Ejemplo 3 Usar la multiplicación cruzada para identificar una proporción

¿Las razones $\frac{2}{15}$ y $\frac{3}{16}$ forman una proporción?

Paso 1 Realiza la multiplicación cruzada:
$2 \times 16 = 32$, y
$3 \times 15 = 45$.

Paso 2 ¿Los productos son iguales? No, porque $32 \neq 45$.
¿Las razones forman una proporción? No.

En resumen:

- Una proporción está compuesta por dos razones equivalentes.

- Un producto de una multiplicación cruzada es el numerador de una razón multiplicado por el denominador de la otra razón.

- Para saber si dos razones forman una proporción, verifica si los productos de la multiplicación cruzada son iguales.

Dos razones que forman una proporción deben ser equivalentes. Por lo tanto, las dos razones deben ser fracciones equivalentes. Además, sus productos de la multiplicación cruzada deben ser iguales.

APLICA LAS MATEMÁTICAS

Instrucciones: Decide si las dos razones forman una proporción. De ser así, escribe la proporción.

1. 50 a 20, 10 a 4

2. 8:3, 24:9

3. $\frac{1}{4}$, $\frac{2}{9}$

Instrucciones: Forma una proporción usando la razón dada. Hay más de una respuesta correcta.

4. 12 a 13

5. 6:3

6. $\frac{25}{20}$

Práctica principal
Representar problemas del mundo real

La bandera estadounidense tiene un conjunto de especificaciones que se deben cumplir para que sea considerada una bandera oficial y pueda izarse en un edificio gubernamental. Estas especificaciones competen no solo al largo y el ancho de la bandera, sino también a la distancia entre las estrellas y el tamaño de estas. La razón vaina:vuelo (ancho:largo) es **10:19**.

Considera el siguiente problema. Vanessa está visitando el parlamento estatal y desea comprar una bandera oficial para su casa. La tienda de suvenires tiene banderas oficiales, y Vanessa sabe que la bandera tiene **12** pulgadas de ancho. ¿Qué largo debe tener la bandera para ser considerada una bandera oficial? En un cuaderno, escribe la proporción correcta y, luego, resuélvela.

Resolver proporciones

Cuando resuelves una proporción, de la misma manera que cuando resuelves una ecuación, debes encontrar el **valor**, es decir, la cantidad numérica que corresponde a la variable de la proporción. Puedes usar lo que ya has aprendido acerca de proporciones para resolverlas.

Ejemplo 4 Usar proporciones para resolver problemas de tasas

El lunes, Chetan condujo 100 millas en 2 horas. El martes, condujo 125 millas en $2\frac{1}{2}$ horas. ¿Condujo la misma tasa el martes que el lunes? De ser así, escribe la proporción que muestre que las dos razones (tasas) son iguales.

Paso 1 Divide para hallar cada tasa.
100 millas ÷ 2 horas = 50 millas por hora
125 millas ÷ $2\frac{1}{2}$ horas = 50 millas por hora

Paso 2 Contesta la pregunta.
Sí, Chetan condujo la misma tasa el martes que el lunes (50 millas por hora).

Paso 3 Escribe una proporción que muestre que las tasas son iguales.
$\frac{100}{2} = \frac{125}{2.5}$

Paso 4 Usa la multiplicación cruzada para verificar tu respuesta.
$100 \times 2.5 = 250$; $125 \times 2 = 250$
Los productos son iguales, de manera que las tasas son iguales.

Para muchos problemas, puedes escribir y resolver una proporción.

Ejemplo 5 Resolver una proporción

Resuelve la proporción para x. $\frac{5}{8} = \frac{x}{10}$

Paso 1 Escribe la multiplicación cruzada. Puesto que esta es una proporción, son equivalentes.

$5(10) = 8 \times x$

$50 = 8x$

Paso 2 Para resolver la proporción, divide por 8 en ambos lados.

$\frac{50}{8} = \frac{8x}{8}$

$6.25 = x$

Paso 3 Escribe el valor de x en la proporción y verifica la solución utilizando la multiplicación cruzada.

$\frac{5}{8} = \frac{6.25}{10}$; $5 \times 10 = 50$; $6.25 \times 8 = 50$

Los productos de la multiplicación cruzada son iguales, de manera que $x = 6.25$.

Ejemplo 6 Escribir una proporción para resolver un problema

Una universidad anuncia una razón de 4:5 estudiantes varones a estudiantes mujeres. Si hay alrededor de 1,200 estudiantes varones, ¿cuántas estudiantes mujeres hay?

Paso 1 Escribe la proporción. Asegúrate de que el orden de los valores sea el mismo para cada una de las dos razones. Establece que f represente el número de estudiantes mujeres.

$\frac{\text{varones}}{\text{mujeres}} = \frac{4}{5} = \frac{1,200}{f}$

Paso 2 Resuelve la proporción.

$(5 \times 1,200) = 4f$

$\frac{6,000}{4} = \frac{4f}{4}$

$1,500 = f$

Paso 3 Verifica la solución usando la multiplicación cruzada en la proporción $\frac{4}{5} = \frac{1,200}{1,500}$.

$4 \times 1,500 = 6,000$; $1,200 \times 5 = 6,000$

Paso 4 Escribe tu respuesta.

Hay alrededor de 1,500 estudiantes mujeres.

APLICA LAS MATEMÁTICAS

Instrucciones: Resuelve la proporción (calcula el valor desconocido).

1. $\frac{1}{3} = 10a$

2. $\frac{9}{2} = \frac{b}{12}$

3. $\frac{c}{42} = \frac{6}{7}$

4. $\frac{1}{2} = \frac{d}{42}$

Práctica principal
Elaborar estrategias de resolución

A menudo las matemáticas presentan más de una manera de resolver un problema. Cuando los problemas son complejos, es útil encontrar atajos que te conduzcan siempre a la respuesta correcta. ¿Puedes encontrar un patrón en las soluciones que te conduzcan rápidamente a las respuestas? Usa ese camino para encontrar la solución cuando resuelvas problemas similares.

Considera el ejemplo **4**. ¿Las dos razones son equivalentes? Una vez que organizas las dos razones, podrías elegir el proceso de encontrar el denominador común de **2** y **2.5**. Aun así no habrías terminado, porque ahora deberías convertir ambas razones en fracciones con el denominador común elegido.

Hay una forma similar de resolver el problema. La multiplicación cruzada es un método de un paso para verificar si dos razones son equivalentes. En el ejemplo **4**, podrías haberte salteado directamente al paso **3** y, luego, resolver la multiplicación cruzada. Ambos productos, **250**, son iguales, de manera que sabrías de inmediato que las razones son equivalentes.

En un cuaderno, determina si **12:50** y **35:165** son razones equivalentes y forma una proporción.

Instrucciones: Completa cada oración con la palabra correcta.

el valor   equivalentes   la multiplicación cruzada   una proporción

1. Si los productos de _____ son iguales, la proporción es verdadera.

2. Dos fracciones que representan el mismo valor se denominan fracciones _____ .

3. _____ desconocido que debe hallarse en una proporción se indica con una variable.

4. _____ es una relación de equivalencia entre dos razones.

Instrucciones: Muestra cuatro formas en las que puede escribirse una proporción para los datos de cada caso:

1. **5** círculos por cada **8** triángulos y **10** círculos por cada **16** triángulos

2. **$2** por **7** millas y **$6** por **21** millas

3. **80** semillas cada **15** pies y **32** semillas cada **6** pies

4. **7** tazas de harina por cada **5** cucharadas de azúcar y **10.5** tazas de harina por cada **7.5** cucharadas de azúcar

5. **72** sillas por **8** mezas y **126** sillas por **14** mesas

Instrucciones: Resuelve cada problema.

6. Las fotografías pueden medir **3** pulgadas por **5** pulgadas o **4** pulgadas por **6** pulgadas. ¿Las razones de $\frac{ancho}{altura}$ forman una proporción? Muestra tu trabajo.

7. Guadelupe mezcló tres partes de pintura azul con una parte de pintura amarilla para hacer pintura verde. Asura mezcló seis partes de pintura azul con dos partes de pintura amarilla para hacer pintura verde. ¿Los dos tonos de pintura verde serán iguales? ¿Por qué?

8. Sanaye escribió **650** palabras en **10** minutos. Rashid escribió **780** palabras en **12** minutos. ¿Las dos tasas forman una proporción? ¿Sus velocidades de escritura son iguales? Explícalo.

Práctica de destrezas

Instrucciones: Elige la mejor respuesta para cada pregunta.

1.

La escala del mapa de autopistas es **1** pulgada: **50** millas. ¿Cuál es la distancia en millas entre Jefferson y Taft, que están a $2\frac{1}{2}$ pulgadas de distancia en el mapa?

A. 20

B. $52\frac{1}{2}$

C. $100\frac{1}{2}$

D. 125

2. Jakob ganó $100 cortando el césped de **8** jardines. ¿Qué proporción puede resolverse para determinar cuánto ganará si corta el césped de **10** jardines a esta tasa?

A. $\frac{100}{10} = \frac{d}{8}$

B. $\frac{10}{d} = \frac{100}{8}$

C. $\frac{8}{10} = \frac{d}{100}$

D. $\frac{100}{8} = \frac{d}{10}$

3. ¿Qué enunciado es verdadero para la proporción $\frac{2}{3} = \frac{10}{15}$?

A. 2:3 y 15:10 son razones equivalentes.

B. $\frac{2}{3}$ y $\frac{10}{15}$ son fracciones equivalentes.

C. 2×10 y 3×15 son iguales.

D. No es una proporción verdadera.

4. La razón de canciones de rock a canciones pop en el reproductor de mp**3** de Jason es **3:8**. Si la cantidad de canciones pop que tiene en su reproductor es igual a **400**, ¿cuántas canciones de rock tiene?

A. 50

B. 100

C. 150

D. 300

Introducción a los porcentajes

CONCEPTO CLAVE: Los porcentajes, como los decimales y las fracciones, representan una parte de un todo.

Divide.

1. $230 \div 5$ 2. $23 \div 5$ 3. $2.3 \div 5$ 4. $0.23 \div 5$

Entender porcentajes

Un **porcentaje** es otro medio de expresar un número como una parte de un todo. La palabra *porcentaje* significa "por cada 100". Por ejemplo, puedes escribir la razón 3 a 100 como 3% y leer eso como 3 por ciento.

Ejemplo 1 Usar porcentajes

La cuadrícula de 10 por 10 que está abajo tiene 100 cuadrados. ¿Qué porcentaje de la cuadrícula está sombreado?

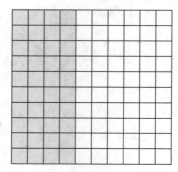

Paso 1   Cuenta la cantidad de cuadrados sombreados: 40.

Paso 2   Escribe el porcentaje.
40 de 100 cuadrados están sombreados: 40%.

Paso 3   Resume: 40% de la cuadrícula está sombreada.

COMPARAR Y CONTRASTAR

Los escritores usan una **comparación** cuando quieren analizar una **semejanza**, es decir, la manera en la que dos o más personas, cosas o ideas se parecen. Los escritores usan el **contraste** para observar las diferencias entre personas, cosas o ideas. Al comparar elementos que son parecidos, los escritores utilizan términos como *similar, ambos*, o *parecidos*. Cuando contrastan cosas dispares, a menudo se utilizan términos como *diferente, pero, en contraste* y *en vez de*.

Lee los siguientes párrafos. A medida que lees, busca las semejanzas y las diferencias entre los porcentajes y las fracciones.

Las fracciones son una forma de comparar una parte con un todo. El todo se puede dividir en cualquier número de partes iguales. Este número se utiliza como el denominador. Una cantidad de partes se comparan con el todo. Este es el numerador. Las operaciones como la suma, la resta, la multiplicación y la división se pueden realizar con fracciones. Las fracciones se escriben con una barra (1/2) o con una barra de fracción $\left(\frac{1}{2}\right)$.

Los porcentajes son otra forma de comparar una parte con un todo. *Porcentaje* significa "por cada cien". A diferencia de las fracciones, los porcentajes siempre tienen el mismo número de partes iguales: 100. La cantidad de esos 100 que se especifica es el porcentaje. También se pueden realizar operaciones como la suma, la resta, la multiplicación y la división con porcentajes. Cien por ciento es un todo. Los porcentajes se escriben con un símbolo de porcentaje (%) o con las palabras *por ciento*.

Semejanzas	Diferencias
ambos comparan partes con un todo	fracciones: cualquier número de partes iguales
se pueden realizar operaciones con ambos	porcentajes: siempre 100 partes iguales
ambos pueden ser mayores o menores a uno	fracciones: escritas con una barra o barra de fracción
	porcentajes: escritos con un símbolo de porcentaje (%) o con las palabras *por ciento*

El escritor dio el mismo tipo de información tanto para porcentajes como para fracciones: lo que son, si se pueden realizar operaciones con ellos y cómo se escriben. Debes decidir en qué partes la infomarción sobre los elementos es igual o diferente.

Destreza principal
Intérpretar representaciones de datos

Has aprendido que los datos se pueden representar de varias formas diferentes: en tablas, en rectas numéricas y en diagramas. Los porcentajes también se pueden representar visualmente. Una gráfica circular muestra las partes de un todo. El todo se parece a una pizza y las partes se parecen a sus porciones. El tamaño de cada porción representa la parte porcentual del todo que se asignó a esa porción.

Mónica hizo una encuesta entre sus estudiantes para saber cómo se trasladan a la escuela todos los días. Aquí están los resultados de su encuesta: **43** por ciento llega en autobús escolar, **37** por ciento llega en auto, **17** por ciento viene en bicicleta y **3** por ciento camina. Mónica representa esta información en la siguiente gráfica circular. Si los rótulos de la gráfica circular no tuviesen los porcentajes, ¿podrías decir, con un simple vistazo, si la mayoría de los estudiantes que completaron la encuesta viene en autobús escolar? Explica tu respuesta.

TRANSPORTE HASTA LA ESCUELA

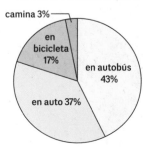

camina 3%
en bicicleta 17%
en autobús 43%
en auto 37%

Uno de los usos más comprendidos de los porcentajes es la propina en los restaurantes. Puesto que el trabajo de los meseros y las meseras difiere del trabajo del personal de cocina, cuentan con la propina como parte de sus salarios. Según el tipo de restaurante, es posible que la propina se agregue automáticamente a tu factura si hay ocho o más personas en la mesa.

Considera la siguiente situación. Ginger y su amiga Marlo van a un restaurante y, luego, les dan una factura de **$30**. Marlo quiere dejar una propina de **15%** y deja **$15** en la mesa para la propina. Pero Ginger le dice que $15 es demasiado, porque $\frac{15}{30} = \frac{1}{2} = $ **50%**. Ginger entonces corrige a Marlo diciendo que **15%** de $30 se puede calcular fácilmente usando los datos de que **15 = 10 + 5** y **5** es la mitad de **10**.

En un cuaderno, usa los datos que dio Ginger para determinar la cantidad correcta de propina que Marlo debería dejar en la mesa en vez de **$15**.

Porcentajes como fracciones

Como un porcentaje es una forma de razón y puedes escribir cualquier razón como una fracción, puedes escribir un porcentaje como una fracción.

Ejemplo 2 Escribir porcentajes como fracciones

Escribe 14% como una fracción.

Paso 1 Escribe el porcentaje como una razón que compare el número con 100 (una fracción con el denominador de 100).
$$14\% = 14 \text{ de } 100 = \frac{14}{100}$$

Paso 2 Escribe la fracción en su mínima expresión.
$$\frac{14}{100} = \frac{14 \div 2}{100 \div 2} = \frac{7}{50}$$

Paso 3 Resume: $14\% = \frac{7}{50}$

Porcentajes como decimales

En el paso 1 del ejemplo 2, observa que 14% es igual a 14 de 100, es decir, 14 centésimos. Recuerda que 0.14 se lee *catorce centésimos*. Esta información es útil de recordar cuando quieras escribir un porcentaje como decimal.

Ejemplo 3 Escribir porcentajes como decimales

Escribe 35% como un decimal.

Paso 1 Escribe el porcentaje como una razón que compare el número con 100 (una fracción con un denominador de 100).
$$35\% = 35 \text{ de } 100 = \frac{35}{100}$$

Paso 2 Escribe la fracción como un decimal.
$$\frac{35}{100} = \text{treinta y cinco centésimos} = 0.35$$

Paso 3 Resume: $35\% = 0.35$

APLICA LAS MATEMÁTICAS

1. Escribe **67%** como un decimal.
   _____

3. Escribe **3%** como un decimal.
   _____

2. Convierte **346%** a fracción.
   _____

4. Escribe **40%** como una fracción.
   _____

Decimales como porcentajes y fracciones

De la misma forma que los porcentajes pueden escribirse como decimales, los decimales pueden escribirse como porcentajes. Para convertir un decimal a un porcentaje, simplemente mueve el punto decimal dos lugares a la derecha.

Ejemplo 4 Escribir decimales como porcentajes

Escribe 0.6 como un porcentaje.

Paso 1 Para escribir 0.6 como un porcentaje, multiplícalo por $\frac{100}{100}$.

$$0.6 \times \frac{100}{100} = \frac{0.6 \times 100}{100} = \frac{60}{100} = 60\%$$

Paso 2 Resume: $0.6 = 60\%$

Los decimales también pueden escribirse como fracciones o números mixtos.

Ejemplo 5 Escribir decimales como fracciones

Escribe 0.6 como fracción.

Paso 1 Para convertir 0.6 en fracción, escribe el decimal como una fracción con un denominador que sea una potencia de 10. (10, 100, 1,000, ...) $\frac{6}{10}$

También puedes escribir el decimal como se lee en voz alta.

$$0.6 \longrightarrow 6 \text{ décimos} \longrightarrow \frac{6}{10}$$

Paso 2 Luego, reduce a la mínima expresión.

$$0.6 = \frac{6 \div 2}{10 \div 2} = \frac{3}{5}$$

Ejemplo 6 Escribir decimales como números mixtos

Escribe 1.76 como una fracción.

$$1.76 = 1\frac{76}{100} = 1\frac{76 \div 4}{100 \div 4} = 1\frac{19}{25}$$

Fracciones como decimales y porcentajes

De la misma manera que un porcentaje puede escribirse como una fracción y un decimal, una fracción puede escribirse como un porcentaje. Para hacerlo, primero debes escribir la fracción como un decimal.

Ejemplo 7 Escribir fracciones como decimales

Escribe $\frac{5}{8}$ como un decimal.

Para convertir $\frac{5}{8}$ en un decimal, divide el numerador por el denominador hasta que obtengas un residuo de 0. Agrega un punto decimal y los ceros según sea necesario.

$\frac{5}{8} = 0.625$

$$
\begin{array}{r}
0.625 \\
8\overline{)5.000} \\
-4\,8 \\
\hline
20 \\
-16 \\
\hline
40 \\
-40 \\
\hline
0
\end{array}
$$

CONEXIÓN CON LAS **MATEMÁTICAS**

Recuerda que $\frac{100}{100}$ es igual a **1**. Por lo tanto, en el ejemplo **4**, **0.6** está de hecho siendo multiplicado por **1** en la forma de $\frac{100}{100}$. El atajo para convertir un decimal en un porcentaje es mover el punto decimal dos lugares a la derecha (multiplicar por **100**) y escribir el símbolo de porcentaje (dividir por **100**). De manera que, por ejemplo, **0.13 = 13%**.

CONEXIÓN CON LAS **MATEMÁTICAS**

Los tres puntos que se ven al final del número decimal **0.777…** son el símbolo que significa *continúa en este patrón*. También puede usarse la notación **0.$\overline{7}$**. Una barra sobre los dígitos indica que esos dígitos se repiten infinitamente.

Si dos o más dígitos se repiten en el mismo patrón, ubica la barra sobre todos los dígitos que se repiten: $\frac{1}{11} = 0.\overline{09}$, $\frac{1}{12} = 0.8\overline{3}$, y $\frac{1}{7} = 0.\overline{142857}$. Cuando dividas en una calculadora, el último dígito del visor puede estar redondeado hacia arriba. $\frac{2}{3}$ aparecerá como **0.6666667** porque el número **6** se redondea a **7**. Esto no significa que el decimal no se siga repitiendo, solo que el espacio disponible para mostrar la respuesta es limitado.

Ejemplo 8 Escribir fracciones como porcentajes

Escribe $\frac{5}{8}$ como un porcentaje.

Paso 1 Primero, escribe $\frac{5}{8}$ como un decimal (ver el ejemplo 7).

$$\frac{5}{8} = 0.625$$

Paso 2 Mueve el punto decimal dos lugares hacia la derecha al multiplicando por 100. Agrega el símbolo de porcentaje.

$$\frac{5}{8} = 0.625 = 62.5\%$$

En algunas ocasiones, cuando se convierte una fracción a decimal, no importa cuántos ceros agregues en el dividendo, la respuesta quizás no tenga final o repita uno o más dígitos una y otra vez. Un **decimal periódico** es aquel en el que los dígitos se repiten una y otra vez.

Ejemplo 9 Fracciones como decimales periódicos y porcentajes

Escribe $\frac{7}{9}$ como un decimal y como un porcentaje.

Paso 1 Divide el numerador por el denominador.

$$7 \div 9 = 0.77\frac{7}{9} \text{ o } 0.777...$$

Paso 2 Para escribirlo como un porcentaje, mueve el decimal dos lugares hacia la derecha y escribe el símbolo de porcentaje:
$77\frac{7}{9}\%$

$$\begin{array}{r} 0.777 \\ 9\overline{)7.000} \\ -6\,3 \\ \hline 70 \\ -63 \\ \hline 70 \\ -63 \\ \hline 7 \end{array}$$

APLICA LAS MATEMÁTICAS

Instrucciones: Escribe cada número como un porcentaje, un decimal y una fracción.

1. $\frac{3}{12}$ 3. 0.068   5. 37%

2. $\frac{2}{3}$ 4. 2.4   6. 0.2%

Repaso de vocabulario

Instrucciones: Completa cada oración con la palabra correcta.

porcentaje   un decimal periódico   una semejanza

1. _____ es una palabra que significa "de **100**".

2. _____ entre dos elementos es la forma en la que dos elementos se parecen.

3. _____ tiene dos o más dígitos que se repiten sin fin.

Instrucciones: En la tabla de abajo se muestra cómo un número de cada fila se escribe como porcentaje, decimal y fracción. Completa cada columna para el número dado en cada fila. Identifica qué representaciones son semejantes y fáciles de convertir entre dos formas.

	Porcentaje	Decimal	Fracción
1.	45%		
2.		0.8	
3.			$\frac{7}{20}$
4.		2.06	
5.	24.1%		
6.			$1\frac{3}{8}$

Instrucciones: Escribe una oración que compare y contraste cada uno de los siguientes pares de números.

7. 0.75 y $\frac{3}{4}$

8. $7\frac{5}{6}$ y $7.8\overline{3}$

9. $\frac{2}{3}$ y 66.667%

10. $\frac{1}{9}$ y $0.\overline{1}$

Práctica de destrezas

Instrucciones: Elige la mejor respuesta para cada pregunta.

1. Una banda espera que el **2%** de la gente que asista a su concierto compre un CD. ¿Qué fracción es igual a **2%**?

   A. $\frac{1}{5}$ C. $\frac{100}{2}$

   B. $\frac{1}{50}$ D. $\frac{20}{100}$

2. Juan está colocando las baldosas del vestíbulo de su casa. El diagrama de abajo muestra qué cantidad de piso está finalizado. ¿Qué porcentaje representa la cantidad de piso del vestíbulo que completó Juan?

   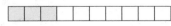

   A. 3%
   B. 7%
   C. 30%
   D. 70%

3. Lishan dijo que había completado solo $\frac{4}{5}$ de su examen de matemáticas. ¿Qué porcentaje de su examen de matemáticas completó?

   A. 45%
   B. 80%
   C. 125%
   D. No se cuenta con información suficiente.

4. Tomás corrió **12** minutos de los **30** minutos que esperaba correr. ¿Qué porcentaje de los minutos que esperaba correr Tomás corrió realmente?

   A. 2.5%
   B. 12%
   C. 18%
   D. 40%

Resolver problemas con porcentajes

Objetivos de la lección

Serás capaz de:

• escribir porcentajes como decimales o fracciones para resolver problemas.

• usar proporciones para resolver problemas de porcentajes.

Destrezas

• **Destreza principal:** Evaluar el razonamiento

• **Práctica principal:** Usar porcentajes

Vocabulario

extremos
medias
porción

CONEXIÓN CON LAS MATEMÁTICAS

Recuerda: cuando conviertes un porcentaje a decimal, mueve el punto decimal dos lugares hacia la derecha.

CONCEPTO CLAVE: Los decimales, las fracciones y las proporciones se pueden utilizar para resolver problemas con porcentajes.

Multiplica.

1. 4.3×19 　　2. 0.35×8 　　3. $28 \times \frac{1}{4}$ 　　4. $600 \times \frac{1}{5}$

Resuelve las igualdades para obtener la parte desconocida de cada proporción.

5. $\frac{3}{4} = \frac{\square}{28}$ 　　6. $\frac{\square}{10} = \frac{5}{25}$ 　　7. $\frac{6}{4} = \frac{9}{\square}$ 　　8. $\frac{60}{\square} = \frac{25}{100}$

Porcentaje de un número

Un porcentaje es una **porción** (parte) de un número. A menudo es necesario comprender qué es esa parte. Por ejemplo, si decides dejar una propina de 20% en un restaurante, debes calcular cuánto dinero es el 20% del total de la factura.

Ejemplo 1 Usar un porcentaje como un decimal

¿Cuánto es 20% de $25?

Paso 1　Escribe el porcentaje como un decimal.
$20\% = 0.20$

Paso 2　Multiplica.
$0.20 \times \$25 = \$5.00$

Paso 3　Resume.
20% de $25 es $5.00.

Para hacer cálculos con porcentajes, primero debes convertir el porcentaje en decimal o en fracción. En el ejemplo 1 se usa un decimal y en el ejemplo 2 se usa una fracción. Puedes usar la forma del número que te resulte más sencilla para trabajar, porque ambas formas te darán el mismo resultado.

Ejemplo 2 Usar un porcentaje como una fracción

¿Cuál es el 25% de $400?

Paso 1 Escribe el porcentaje como una fracción.

$25\% = \frac{25}{100} = \frac{1}{4}$

Paso 2 Multiplica.

$\frac{1}{4} \times \$400 = \$100$

Paso 3 Resume.

25% de $400 es $100.

Algunos problemas requieren que calcules el porcentaje de un número. Asegúrate de leer el problema detenidamente. En los problemas con porcentajes, busca la palabra *de,* puesto que la mayoría de los problemas con porcentajes te piden que calcules el porcentaje *de* un número. Cuando la respuesta que buscas es el porcentaje de un número, multiplica para calcular el resultado.

Ejemplo 3 Porcentaje de un número

Un oficial estatal predice que el 70% de los electores registrados de un estado votarán el día de las elecciones. Si hay 514,000 electores registrados en el estado, ¿cuántos electores se predice que votarán?

Paso 1 Entiende la pregunta.
Debes calcular cuántos de los 514,000 electores registrados se predice que irán a votar el día de las elecciones.

Paso 2 Decide qué información es necesaria.
Usa el porcentaje de electores que se predice que irán a votar: 70%.
También usa el número de electores registrados: 514,000.

Paso 3 Elige la operación más adecuada.
Este problema pregunta "¿Cuál es el 70% de 514,000?".
La operación que debes utilizar es la multiplicación.

Paso 4 Resuelve el problema.
70% de 514,000 = 0.70 × 514,000 = 359,800 electores

Paso 5 Verifica tu resultado.
Para verificarlo, comprueba si la razón $\frac{359,800}{514,000}$ es igual a 70%.

359,800 ÷ 514,000 = 0.7 = 70%

Por lo tanto, se predice que 359,800 electores votarán.

APLICA LAS MATEMÁTICAS

Instrucciones: Haz los siguientes cálculos.

1. 10% de 870
2. 47% de 1,000
3. 75% de 16
4. 50% de $50

Los porcentajes son uno de los temas más importantes de comprender porque se utilizan todos los días. Desde una oferta de compras en una tienda hasta la propina en un restaurante, los porcentajes aparecen en todo lugar. Poder calcular los porcentajes es una herramienta valiosa que puedes tener para asegurarte de que te cobren el precio correcto o de que estés dando la propina adecuada.

Considera la siguiente situación. Silvia y Sandra están de compras en una tienda departamental local. Silvia ve un letrero que anuncia un **40%** de descuento en un par de jeans de **$60**. Ella desarrolla la siguiente proporción y la resuelve.

$\frac{x}{60} = \frac{40}{100}$
$x = 60 \times \frac{40}{100}$
$x = 24$

Concluye que el jean ahora cuesta **$24** y decide comprarlo. En un cuaderno, determina si Silvia está en lo correcto. De no ser así, explica qué hizo incorrectamente y cuál habría sido el precio de venta.

Usar proporciones para resolver problemas con porcentajes

Una manera de resolver problemas es usar proporciones (dos razones iguales). Resuelve una proporción con el porcentaje escrito como una razón que compare un número con 100.

$$\frac{\text{parte}}{\text{todo}} = \frac{\%}{100}$$

Al resolver la proporción, encuentra el valor desconocido: la parte, el todo o el porcentaje. 100 está siempre en la proporción. Asegúrate de escribir la proporción correctamente antes de resolverla. Luego de resolver la proporción, multiplica para comprobar tu resultado.

Example 5 Hallar la parte

¿Cuánto es 30% de 90?

Paso 1 Identifica la parte, el todo y el porcentaje.
Parte: (desconocida)   Todo: 90   Porcentaje: 30

Paso 2 Escribe la proporción $\frac{\text{parte}}{\text{todo}} = \frac{\%}{100}$.
$\frac{\square}{90} = \frac{30}{100}$

Paso 3 Resuelve la proporción.
$(90 \times 30) \div 100 = 27$

Paso 4 Resume.
30% de 90 es 27.

Paso 5 Usa la multiplicación para comprobar tu respuesta.
30% de 90 = 0.3 × 90 = 27

Estás familiarizado con el cálculo de la media aritmética o promedio. Imagina, por ejemplo, que rindes dos exámenes y tus resultados son 84 y 92.

(Resultado 1 + Resultado 2) ÷ 2 = la media aritmética
(84 + 92) ÷ 2 = 176 ÷ 2 = 88
El promedio de los resultados de tus exámenes es 88.

También hay otro tipo de media, que no es la aritmética. Es geométrica o **media geométrica**. Puedes multiplicar cualquier número de valores positivos (n) y hallar la raíz n del producto para calcular la media geométrica.

Por ejemplo, imagina que estás multiplicando dos valores positivos: x e y. Calcula la media geométrica de x e y cuando $x = 9$ e $y = 16$.

$9 \times 16 = 144$
$\sqrt{144} = 12$

Cuando $x = 4$ e $y = 36$, la media geométrica es la misma, ya que $4 \times 36 = 144$.

Ahora, aplica lo que sabes para escribir una proporción entre los dos pares de números.

$\frac{4}{9} = \frac{16}{36}$

En la proporción, los números 9 y 16 son las **medias,** porque están más cerca de la media geométrica (12). Los números 4 y 36 son los **extremos**, es decir, los números más alejados de la media.

A menudo los científicos calculan la media geométrica para predecir crecimientos exponenciales. Un crecimiento exponencial sucede cada vez más rápido en el tiempo, como cuando una población de criaturas vivientes aumenta. Por ejemplo, los científicos pueden usar las medias geométricas para predecir el crecimiento de la población humana global en el transcurso de las décadas.

Ejemplo 6 Hallar el porcentaje

¿Qué porcentaje de 90 es 18?

Paso 1 Identifica la parte, el todo y el porcentaje.
Parte: 18   Todo: 90   Porcentaje: (desconocido)

Paso 2 Escribe la proporción $\frac{\text{parte}}{\text{todo}} = \frac{\%}{100}$.
$\frac{18}{90} = \frac{\square}{100}$

Paso 3 Resuelve la proporción.
$(18 \times 100) \div 90 = 20$

Paso 4 Resume.
20% de 90 es 18.

Paso 5 Usa la multiplicación para comprobar tu respuesta.
20% de 90 = 0.2 × 90 = 18

Ejemplo 7 Calcular el todo

¿80% de qué número es 20?

Paso 1 Identifica la parte, el todo y el porcentaje.
Parte: 20   Todo: (desconocido)   Porcentaje: 80

Paso 2 Escribe la proporción $\frac{\text{parte}}{\text{todo}} = \frac{\%}{100}$.
$\frac{20}{\square} = \frac{80}{100}$

Paso 3 Resuelve la proporción.
$(20 \times 100) \div 80 = 25$

Paso 4 Resume.
80% de 25 es 20.

Paso 5 Usa la multiplicación para comprobar tu respuesta.
80% de 25 = 0.8 × 25 = 20

Para resolver un problema con porcentajes, establece una razón, $\frac{\text{parte}}{\text{todo}} = \frac{\%}{100}$, que compare un número con 100. Inserta cada uno de los valores informados en la razón y, luego, resuelve el valor desconocido.

APLICA LAS **MATEMÁTICAS**

Instrucciones: Responde cada pregunta.

1. ¿Cuál es el **20%** de **45**?

2. ¿Qué porcentaje de **40** es **25**?

3. ¿**42%** de qué número es **14.7**?

Instrucciones: Completa cada oración con la palabra correcta.

las medias   los extremos   una porción

1. Un porcentaje es una manera de representar _____ del todo.

2. Los dos números de una proporción más cercanos a la media geométrica son _____.

3. Los dos números de una proporción más alejados de la media geométrica son _____.

Instrucciones: Dibuja un círculo alrededor de la *parte*, subraya el *todo* y recuadra el *porcentaje* en cada problema de abajo. Escribe la proporción $\frac{parte}{todo} = \frac{\%}{100}$. Luego, contesta la pregunta.

1. ¿Qué número es el **25%** de **80**?

2. ¿**10%** de qué número es **8**?

3. ¿Qué porcentaje de **44** es **11**?

4. ¿**9** es qué porcentaje de **100**?

5. ¿**16%** es qué número de **200**?

6. ¿**3%** de **500** es qué número?

7. ¿**7** es **1%** de qué número?

8. ¿Qué porcentaje de **16** es **12**?

9. Annabelle bebió **340** tazas de café en un año. Bebió **73** tazas solo en enero. ¿Qué porcentaje de tazas de café bebió Annabelle durante enero?

10. Lucio recibió **52%** de votos para ganar una elección. Había **215,400** electores. ¿Cuántas personas votaron por Lucio?

11. Panya compró algunas manoplas en oferta por **$12**. Pagó solo **80%** del precio original. ¿Cuál era el precio original de las manoplas? ¿Cuánto dinero ahorró al comprar las manoplas en oferta?

Práctica de destrezas

Instrucciones: Elige la mejor respuesta para cada pregunta.

1. La tasa del impuesto de ventas en la ciudad de Marissa es **6%**. Si compró un carro nuevo por **412,500**, ¿cuánto pagará de impuestos?

    A. $75
    B. $208.33
    C. $750
    D. $2,083.33

3. Para aprobar el examen, Kamol debe tener por lo menos un **70%** de los **30** problemas correctos. ¿Cuántos problemas debe tener correctos para aprobar?

    A. 9
    B. 10
    C. 15
    D. 21

2. Delfina está comprando un vestido de $**80** con un descuento de **25%**. ¿Qué cálculo la puede ayudar a saber cuánto menos pagará por el vestido?

    A. $\frac{1}{25} \times \$80$
    B. $\frac{1}{4} \times \$80$
    C. $\frac{1}{2} \times \$80$
    D. $\frac{1}{4} \div \$80$

4. Un bebé recién nacido duerme **16** horas en promedio durante un período de **24** horas. ¿Qué porcentaje de su tiempo duerme un bebé recién nacido?

    A. alrededor del **15%**
    B. alrededor del **38%**
    C. alrededor del **67%**
    D. alrededor del **75%**

Usar porcentajes en el mundo real

Objetivos de la lección

Serás capaz de:

- entender la fórmula de interés.
- usar una fórmula para hallar el interés simple.

Destrezas

- **Destreza principal:** Entender los problemas
- **Destreza principal:** Resolver problemas aritméticos del mundo real

Vocabulario

capital
convertir
fórmula
interés
tasa
tiempo

Destreza principal
Entender los problemas

Debido a que tanto la tasa de interés como el tiempo en la fórmula de interés simple están relacionados con el tiempo, ambas unidades de tiempo deben ser las mismas, ya sean meses, años o siglos.

Imagina que depositas **$100** en una cuenta de ahorros del **10%** anual, pero descubres que en realidad es una tasa de interés del **10%** mensual. El interés anual sería **$10**, pero si se calcula mensualmente, el interés sería **100 × 0.1 × 12 = 120**. Esto sucedió porque las unidades de tiempo eran diferentes.

CONCEPTO CLAVE: El interés simple puede calcularse usando una fórmula y porcentajes.

Escribe cada razón como una fracción.

1. 28 a 52
2. 55 a 365
3. 9 a 12

Multiplica.

4. $500 × 0.055
5. $0.08 \times \frac{1}{2}$
6. $20 \times 0.3 \times \frac{5}{12}$

Problemas de interés simple

El **interés** es el dinero que se gana gracias a una inversión o que se paga cuando el dinero es prestado. El interés simple es el tipo de interés más básico. En el interés simple, el monto de interés se calcula solo sobre el capital. En otras palabras, el interés no se calcula sobre el interés previo. El monto del interés simple depende de tres cosas: el capital, la tasa y el tiempo. Tanto la tasa (%/tiempo) como el tiempo tienen unidades de tiempo y deben ser iguales para que la fórmula permita calcular el interés correctamente. Puedes usar esta fórmula:

$$\text{Interés} = \text{Capital} \times \text{Tasa} \times \text{Tiempo}$$

El **capital** es el monto de dinero invertido o prestado. La **tasa** es la tasa de interés anual, por lo general expresada en porcentaje. El **tiempo** es el período (en años) durante el cual el dinero se invierte o se presta.

Ejemplo 1 Calcular el interés simple con el tiempo en años

Laurel puso $1,000 en una cuenta de ahorros. El banco paga 3% de interés simple anual en esta cuenta. ¿Cuánto interés ganará Laurel si deja el dinero en la cuenta por 2 años?

Paso 1 Identifica el capital, la tasa y el tiempo.
Capital: $1,000   Tasa: 3% = 0.03   Tiempo: 2 años

Paso 2 Multiplica.
Interés = Capital × Tasa × Tiempo
= $1,000 × 0.03 × 2
= $60

Paso 3 Resume.
Lauren ganará $60 de interés.

Cuando el interés que se debe o se gana es sobre un período que no se expresa en años, debes **convertirlo** a años. Recuerda: hay 365 días (excepto en un año bisiesto), 12 meses o 52 semanas en un año.

Ejemplo 2 Convertir tiempo en años para calcular el interés

Una compañía de crédito cobra 12% de interés anual en cualquier saldo adeudado. Si el saldo adeudado en la tarjeta de crédito de Rafael es $150 y espera 30 días para pagar la factura, ¿cuánto interés deberá?

Paso 1 Identifica el capital, la tasa y el tiempo.
Capital: $150   Tasa: 12% = 0.12   Tiempo: 30 días

Paso 2 Escribe una razón para convertir el tiempo en años.
Hay 365 días en un año, de manera que 30 de 364 días
es $\frac{30}{365}$ de año.

Paso 3 Multiplica.
Interés = Capital × Tasa × Tiempo
$$= \$150 \times 0.12 \times \frac{30}{365}$$
$$= \$1.479452055 \text{ o } \$1.48$$

Paso 4 Resume.
Rafael deberá $1.48 de interés.

El monto de interés depende de tres cosas: el capital, la tasa y el tiempo (en años). Usa la fórmula Interés = Capital × Tasa × Tiempo para calcular el interés. Cualquier período no expresado en años se debe convertir a años. Esto asume que la tasa dada es anual. Si la tasa es mensual, entonces el tiempo debería estar dado en meses. Lo mismo sucede para cualquier tipo de tasa.

APLICA LAS MATEMÁTICAS

Instrucciones: Calcula el interés simple. De ser necesario, redondea al centavo más cercano.

1. capital = **$10,000**
   tasa = **8%**
   tiempo = **5 años**

2. capital = **$2,500**
   tasa = **4%**
   tiempo = **6 meses**

3. capital = **$120,000**
   tasa = **9%**
   tiempo = **30 años**

4. capital = **$600**
   tasa = **5.5%**
   tiempo = **100 días**

Destreza principal
Resolver problemas del mundo real

Cuando tus padres o alguien que conoces obtienen un préstamo para comprar un carro, pagan interés sobre el dinero que reciben. El banco te paga interés sobre el dinero que depositas en una cuenta de ahorros. En cada caso, el interés que se paga es generalmente un porcentaje del dinero que se prestó o ahorró. Este es otro ejemplo en el que el "porcentaje" juega un rol en la vida real.

Cuando resuelves problemas de interés del mundo real, estás aplicando lo que ya has aprendido durante tus estudios de razones, porcentajes y multiplicación con números naturales, decimales y fracciones. Ahora estás poniendo en práctica esas habilidades de una nueva forma.

Observa los números que se están multiplicando en el ejemplo 1: **$1,000 × 0.03 × 2.** En este ejemplo, que describe una situación del mundo real, un porcentaje se convierte a número decimal y, luego, se multiplica por números naturales.

En un cuaderno, determina la tasa de interés simple sobre una cuenta que paga **$50** sobre un capital de **$1000** en el transcurso de **2 años.**

El **interés compuesto** se puede considerar como el interés ganado sobre el interés. Se calcula sumando el interés ganado al capital. Es el interés que utilizan típicamente los bancos y las instituciones de inversión.

Repaso de vocabulario

Instrucciones: Completa cada oración con la palabra correcta.

convetir   el capital   el interés   el tiempo   la tasa   una fórmula

1. _____ es el monto de dinero invertido o prestado.

2. _____ es el número de años durante el cual el dinero se presta.

3. _____ se puede utilizar para calcular el área de un cuadrado, mientras que otra se utiliza para calcular el interés adeudado.

4. Puedes _____ un porcentaje en un decimal o en una fracción.

5. _____ del interés adeudado se da por lo general en la forma de un porcentaje.

6. _____ se puede deber o ganar.

Repaso de destrezas

Instrucciones: Resuelve cada problema. Aplica la información acerca de porcentajes, fórmula de interés y resolución de problemas que has aprendido en esta lección y en las anteriores.

1. Calcula el interés ganado en **1** año sobre un capital de **$2,000** que paga un interés anual del **10%**.

2. Calcula el interés ganado en **100** días sobre un capital de **$5,000** que paga un interés anual del **11%**.

3. Jonah compró un auto que cuesta **$18,500**. Hizo un pago inicial del **10%** y obtuvo un préstamo por el resto del dinero con una tasa de interés anual del **9%**. Pagará el saldo adeudado dentro de cinco años. ¿Cuánto interés pagará?

4. En su cumpleaños número dieciocho, Enriqua depositó **$1,500** en su cuenta de ahorros. La tasa de interés anual sobre la cuenta es **6%**. ¿Cuánto dinero tendrá en su cuenta para su cumpleaños número veintiuno?

Práctica de destrezas

Instrucciones: Elige la mejor respuesta para cada pregunta.

1. Hye Su depositó **$4,000** en una cuenta de ahorros que paga **4%** de interés anual. ¿Cuánto interés ganará en **3** años?

   A. $48
   B. $480
   C. $4,800
   D. $48,000

2. Jamil recibió un préstamos de **$75,000** de una compañía hipotecaria para comprar una casa. Devolverá el dinero prestado con un interés del **8%** en **30** años. ¿Cuánto pagará de interés a la compañía hipotecaria?

   A. $180,000
   B. $18,000
   C. $1,800
   D. $180

3. Tanya está comparando dos préstamos. Con el préstamo A, pagará **5%** de interés simple durante **26** semanas. Con el préstamos B, pagará **6.5%** de interés simple por **18** semanas. Recibirá en préstamo **$12,500**. ¿Qué opción expresa la diferencia entre lo que pagará de interés en los dos préstamos?

   A. El préstamo A cuesta **$31.25** más que el préstamo B.
   B. El préstamo B cuesta **$31.25** más que el préstamo A.
   C. El préstamo A cuesta **$1,625** más que el préstamo B.
   D. El préstamo B cuesta **$1,625** más que el préstamo A.

4. Una compañía de tarjetas de crédito cobra un interés anual del **24%** sobre cualquier saldo adeudado. Si el saldo adeudado en la tarjeta de crédito de Bette es **$100** y espera **60** días para pagar la factura, ¿aproximadamente cuánto interés deberá?

   A. $1.20
   B. $3.95
   C. $14.40
   D. $39.50

1. Hay **2** carros rojos, **6** grises y **12** negros en un negocio de alquiler de carros. ¿Cuál es la razón de carros negros a la cantidad de carros?
   A. 4:3
   B. 3:4
   C. 5:3
   D. 3:5

2. ¿Qué enunciado es verdadero acerca de $\frac{6}{24} = \frac{x}{32}$?
   A. $x = (24 \times 32) \div 6$
   B. $x = (24 \times 6) \div 32$
   C. $x = (6 \times 32) \div 24$
   D. $x = (24 \div 6) \times 32$

3. Carlotta está plantando **40** bulbos de tulipanes en su jardín. Cavó hoyos para el **15%** de los bulbos hasta ahora. ¿Cuántos hoyos cavó?
   A. 60
   B. 6
   C. 0.6
   D. 0.06

4.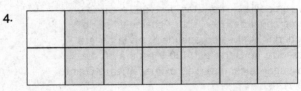
   ¿Qué porcentaje de los cuadrados están sombreados? Redondea tu respuesta al porcentaje más cercano.
   A. 90%
   B. 86%
   C. 85%
   D. 80%

5. La razón de profesores a estudiantes en un distrito escolar es **2** a **47**. Si la cantidad de profesores en el distrito es **130**, ¿cuántos estudiantes hay?
   A. 6,110
   B. 3,055
   C. 260
   D. 5.53

6. Han abrió una cuenta de ahorros que otorga un **3%** anual con **$6,700**. No realiza ningún otro depósito. ¿Qué ecuación se puede utilizar para calcular el interés que tendrá si deja el dinero en la cuenta durante **6** años y **3** meses?
   A. $I = 6{,}700 \times 0.03 \times 6.25$
   B. $I = 6{,}700 \times 0.03 \times 6.3$
   C. $I = 6{,}700 \times 0.3 \times 6.3$
   D. $I = 6{,}700 \times 0.03 \times 6$

7. En un turno de **8** horas en una fábrica de caramelos se pueden procesar **15,000** cajas de caramelos. ¿Qué proporción se puede utilizar para hallar la cantidad de cajas de caramelos que se pueden procesar en **7** horas?
   A. $\frac{15{,}000}{x} = \frac{7}{8}$
   B. $\frac{8}{15{,}000} = \frac{x}{7}$
   C. $\frac{8}{15{,}000} = \frac{7}{x}$
   D. $\frac{15{,}000}{x} = \frac{7}{8}$

8. Shane tiene **$12,455** en su cuenta de cheques. Quiere transferir **73%** de su dinero a una cuenta de ahorros de alto rendimiento. ¿Cuánto transferirá a la nueva cuenta?
   A. $17,061.64
   B. $12,000.25
   C. $10,500
   D. $9,092.15

9. ¿Qué par de razones forman una proporción?
   A. 3 a 4, 5 a 8
   B. 1:4, 2:9
   C. $\frac{16}{3}, \frac{8}{1}$
   D. 8:3, 24:9

10. El impuesto a las ventas es **6.5%**. Jay compró un auto por **$12,500**. ¿Cuánto impuesto de ventas deberá pagar?
    A. $812.50
    B. $750
    C. $650.50
    D. $125

11. Frederick corrió **8** millas en **60** minutos. ¿Cuál es la tasa unitaria a la que corrió?
    A. 7.5 millas/minuto
    B. .133 millas/minuto
    C. 8 millas/minuto
    D. 4.2 millas/minuto

Repaso

CAPÍTULO
7

12. Sharon está pintando su casa. Necesita **5** galones de pintura marrón por cada **7** galones de pintura blanca. ¿Cuántos galones de pintura blanca necesita si ya compró **14** galones de pintura marrón?

- **A.** 10 galones
- **B.** 19.6 galones
- **C.** 16 galones
- **D.** 2.5 galones

13. ¿**68%** de **50** es qué número?

_____

14. La cuenta de Daniel en un restaurante es **$19**. Quiere dejar **15%** de propina. ¿Cuál es el monto total que Daniel debería escribir en el recibo de su tarjeta de crédito?

- **A.** $2.85
- **B.** $15.00
- **C.** $21.85
- **D.** $34.00

15. Padmini conduce un promedio de **55** millas por hora. Su destino está a **274** millas de distancia. Quiere llegar a las **4:00** p. m. y dejar una hora extra para paradas. ¿A qué hora debería salir?

- **A.** 10:00 p. m.
- **B.** 12:00 del mediodía
- **C.** 11:00 a. m.
- **D.** 10:00 a. m.

16.

En el patrón hay 3 círculos por cada 21 estrellas. ¿Cuántas estrellas habría si hubiese 8 círculos?

_____

Comprueba tu comprensión

En la siguiente tabla, encierra en un círculo el número de los ítems que hayas respondido incorrectamente. Al lado de cada título de lección verás las páginas que puedes repasar para aprender el contenido sobre el que trata la pregunta. Repasa especialmente aquellas lecciones en las que hayas respondido incorrectamente la mitad de las preguntas o más.

Capítulo 7: Razones, proporciones y porcentajes	Procedimiento	Concepto	Aplicación/ Representación/ Resolución de problemas
Razones y tasas pp. 212–217	1		
Tasas unitarias y relaciones proporcionales pp. 218–223	11		1
Resolver proporciones pp. 224–229	2	9, 16	5, 7, 12
Introducción a los porcentajes pp. 230–235	4		3
Resolver problemas con porcentajes pp. 236–241		13	8, 10
Usar porcentajes en el mundo real pp. 242–245	14		6

Exponentes y raíces

Si tienes tiempo y espacio, tal vez quieras escribir una expresión como $7 \times 7 \times 7 \times 7 \times 7 \times 7 \times 7 \times 7 \times 7$. En su lugar, la mayoría de las personas preferirán escribir esta multiplicación usando 7 como base y 9 como exponente en la potencia 7^9. Esto ahorra espacio y esfuerzo y ayuda a eliminar errores de cálculo.

Calcular las raíces de números es la operación inversa de usar exponentes y tiene aplicaciones importantes en matemáticas y ciencias avanzadas. Quizás te soliciten calcular o estimar una raíz cuadrada o una raíz cúbica. Por ejemplo, es posible que sepas que el piso de tu habitación tiene la forma de un cuadrado que mide 100 pies cuadrados. Si desea comprar molduras para la longitud de una sola pared, deberás hallar la raíz cuadrada del área del piso.

La ventaja de escribir números utilizando la notación científica es que se hace más sencillo comparar números muy grandes o muy pequeños. La notación científica utiliza las reglas de los exponentes.

Entre los **conceptos clave** que estudiarás están:

Lección 8.1: Exponentes
Ampliar tu comprensión de los números a los exponentes y las expresiones aritméticas que contienen exponentes.

Lección 8.2: Raíces
Desarrollar y extender tu comprensión de los números para incluir los conceptos de raíz cuadrada y raíz cúbica.

Lección 8.3: Notación científica
Desarrollar tu comprensión de los números grandes para incluir la notación científica y la manera de hacer conversiones entre números escritos en notación científica y notación estándar.

Establecer objetivos

Antes de comenzar este capítulo, establece tus objetivos de aprendizaje.

Observa los temas de este capítulo.

- ¿Con qué operaciones se relacionan los exponentes, las raíces y la notación científica?

  _____

  _____

  _____

- ¿Cómo piensas que el conocimiento sobre los exponentes mejorará tu comprensión de los números y las operaciones?

  _____

  _____

  _____

- ¿Qué es lo que ya sabes que te ayudará a calcular las raíces cuadradas de los números?

  _____

  _____

  _____

Objetivos de la lección

Serás capaz de:

• evaluar exponentes.

• evaluar expresiones aritméticas con exponentes.

Destrezas

• **Destreza principal:**
Evaluar expresiones

• **Destreza principal:**
Calcular área y volumen

Vocabulario

base
exponente
potencia

CONEXIÓN CON LAS MATEMÁTICAS

Cuando el exponente de una base que no es cero es cero, el valor de la expresión es siempre **1**.

CONEXIÓN CON LAS MATEMÁTICAS

Puedes usar una **regla nemotécnica** (un ayuda memoria) como PEMDAS que te ayude a recordar el orden de las operaciones para las expresiones aritméticas. PEMDAS significa **p**aréntesis, **e**xponentes, **m**ultiplicación, **d**ivisión, **a**dición (suma) y **s**ustracción (resta).

CONCEPTO CLAVE: Expandir tu comprensión de los números a los exponentes y las expresiones aritméticas que contienen exponentes.

Evalúa cada expresión cuando $x = 3$ *e* $y = -2$.

1. $x + y$
2. $2x - 3$
3. $3y + 4$

4. $6x - 5y$
5. $4(x + 2y)$
6. $-2(3x - y)$

Evaluar exponentes

La expresión 2^4 se denomina **potencia**: 2 es la **base** y 4 es el **exponente**. La expresión 2^4 se lee *dos elevado a la cuarta*. Para calcular el valor, usa la base como un factor y el exponente como la cantidad de veces que aparece ese factor en la multiplicación. La expresión 2^4 tiene el mismo producto que $2 \times 2 \times 2 \times 2$. El producto de ambas expresiones es 16.

Ejemplo 1 Hallar el valor de una expresión exponencial

Halla el valor de 3^5.

Paso 1 Identifica la base y el exponente.
Base: 3
Exponente: 5

Paso 2 Usa la base como un factor tantas veces como indica el exponente.
$3 \times 3 \times 3 \times 3 \times 3$

Paso 3 Multiplica.
$3 \times 3 \times 3 \times 3 \times 3 = 243$
El valor de 3^5 es 243.

Ejemplo 2 Hallar el valor de una expresión con cero como exponente

Halla el valor de 5^0.

Paso 1 Identifica la base y el exponente.
Base: 5
Exponente: 0

Paso 2 El exponente es 0. 5 se usa como un factor 0 veces y el valor de la expresión es 1.
El valor de 5^0 es 1.

Ejemplo 3 Usar una calculadora para evaluar una expresión exponencial

Calcula el valor de 9^6.

Presiona (9) (^) (6) (enter)

La pantalla debe mostrar lo siguiente:

$$9^6 \qquad \text{Math} \blacktriangle$$
$$531441$$

El valor de 9^6 es 531,441.

APLICA LAS MATEMÁTICAS

Instrucciones: Halla el valor de cada expresión.

1. 4^3 2. 2^5 3. 5^2 4. 3^3

Instrucciones: Usa una calculadora para hallar el valor de cada expresión.

5. 8^7 6. 24^5 7. 43^4 8. 12^6

Evaluar expresiones aritméticas con exponentes

Recuerda que una expresión aritmética contiene números y una o más operaciones. Se evalúa usando el orden de las operaciones. Cuando no sigues el orden de las operaciones, obtienes un valor incorrecto para una expresión aritmética.

Una expresión aritmética también puede contener potencias con exponentes o raíces cuadradas. Las raíces cuadradas serán presentadas en la Lección 8.2. El orden de las operaciones que aprendiste en el Capítulo 1 se amplía para incluir las potencias con exponentes y raíces cuadradas. Sigue esta secuencia de pasos cuando evalúes expresiones:

1) Operaciones dentro de los paréntesis
2) Exponentes y raíces
3) Multiplicación y división de izquierda a derecha
4) Suma y resta de izquierda a derecha

Destreza principal
Calcular área y volumen

Dos de las aplicaciones para las cuales se usan los exponentes son el cálculo del área y del volumen. Las figuras más básicas para las que se suele calcular el área y el volumen son el cuadrado y el cubo. De hecho, las unidades que describen el área y el volumen son las unidades cuadradas y cúbicas, respectivamente, y llevan su nombre por el cuadrado y el cubo.

Imagina que la longitud del lado de un cuadrado es **5** pulgadas. ¿Cuál sería el área? La fórmula para el área de un rectángulo es $A = l \times a$. Un cuadrado es un rectángulo con ambos lados iguales, de manera que el área de un cuadrado es $A = s^2$. ¿Qué sucede con un cubo con un lado de longitud s? El volumen del cubo es $V = s^3$.

Se estudiarán los cálculos del área y el volumen más adelante en el libro. Pero en ambos casos se utilizan los exponentes. Cuando hablamos de estas dos fórmulas, el área del cuadrado se diría "s a la segunda potencia o s al cuadrado", mientras que el volumen se diría "s a la tercera potencia o s al cubo". Estos atajos para las dos potencias (segunda y tercera) se utilizan porque describen la figura cuya área o volumen se está calculando.

En un cuaderno, determina qué le sucedería al área de un cuadrado si se duplicaran todos los lados. Asegúrate de usar las propiedades de los exponentes correctamente.

Halla el valor de $45 - 3 \times 2^2 + (8 \times 5)$.

Paso 1 Resuelve las operaciones entre paréntesis. $\quad (8 \times 5) = 40$

Paso 2 Resuelve los exponentes y las raíces. $\quad 2^2 = 4$

Paso 3 Resuelve la multiplicación y la división. Hazlo de izquierda a derecha. $\quad 3 \times 4 = 12$

Paso 4 Resuelve la suma y la resta.
$45 - 12 + 40 = 33 + 40 = 73$
El valor de la expresión es 73.

APLICA LAS MATEMÁTICAS

Instrucciones: Halla el valor de cada expresión.

1. $(1 + 2 + 3)^2$
2. $3^2 + 6^2 \div 3$
3. $(2^3 + 3^3) \div 7$
4. $9 \times 8^0 + (6 - 1)$
5. $24 \div (1^5 + 5)$
6. $3 \times (10 - 4) \div 9 + 4^2$

Repaso de vocabulario

Instrucciones: Empareja cada palabra con una de las frases de abajo.

1. _____ base
2. _____ exponente
3. _____ potencia

A. contiene una base y un exponente

B. el número 3 en la expresión 3^4

C. el número que indica cuántas veces se debe usar un número en una multiplicación

Instrucciones: Contesta la siguiente pregunta.

1. ¿De qué manera comprender la secuencia te ayuda a hallar el valor de una expresión que contiene dos o más operaciones?

Instrucciones: Describe la secuencia que debes usar para hallar el valor de cada una de las siguientes expresiones. Luego, halla el valor de la expresión.

2. $4^2 + 3^3 \div 9$

3. $2 \times (14 - 7^0) + 28 \div 2^2$

Práctica de destrezas

Instrucciones: Elije la mejor respuesta para cada pregunta.

1. ¿Cuál de las siguientes opciones tiene el mismo valor que 4^3?

   A. 3^4
   B. 8^2
   C. 43^1
   D. 64^0

2. ¿Qué operación de la siguiente expresión se debe realizar primero?

   $(3 + 6)^2 - 2^3 \div 4 \times 3$

   A. Evaluar 2^3.
   B. Evaluar 6^2.
   C. Multiplicar 4×3.
   D. Sumar $3 + 6$.

3. ¿Por qué factor cambiaría el volumen de un cubo si todos los lados se duplicaran?

   A. 1 (el volumen seguiría siendo el mismo)
   B. 2 (el volumen se duplicaría)
   C. 4 (el volumen se cuadriplicaría)
   D. 8 (el volumen se octuplicaría)

4. Tabina vendió 2^5 aires acondicionados la semana pasada y 33 aires acondicionados esta semana. ¿Cuál es la diferencia en la cantidad de aires acondicionados vendidos?

   A. 1
   B. 2
   C. 5
   D. 8

Raíces

CONCEPTO CLAVE: Desarrollar y extender tu comprensión de los números para incluir los conceptos de raíces cuadradas y cúbicas.

Halla el valor de cada expresión.

1. 7^2

2. 2^5

3. 3^4

4. 6^3

Usa una calculadora para hallar el valor de cada expresión.

5. 5^6

6. 8^8

7. 12^4

8. 41^5

Hallar raíces cuadradas

La expresión 7^2 en ocasiones se lee "7 **al cuadrado**" o "el cuadrado de 7." El exponente 2 indica que la base se eleva al cuadrado. Recuerda que 7^2 es lo mismo que 7×7, de manera que el valor de 7^2 es 49.

La expresión $\sqrt{49}$ se lee "la **raíz cuadrada** de 49." El símbolo $\sqrt{}$ se denomina **signo de raíz**. Hallar la raíz cuadrada de un número es lo opuesto a hallar el cuadrado de un número. La raíz cuadrada de un número es el número que, multiplicado por sí mismo, dará como resultado el número original.

Un **cuadrado perfecto** es un número natural cuya raíz cuadrada es un número natural. Por ejemplo, 16 es un cuadrado perfecto, porque 4^2 es 16.

Ejemplo 1 Hallar la raíz cuadrada de un cuadrado perfecto

Halla el valor de $\sqrt{100}$.

Paso 1 Piensa: ¿qué número multiplicado por sí mismo es 100?
$$n \times n = 100$$
$$10 \times 10 = 100$$

Paso 2 Escribe la raíz cuadrada.
$$\sqrt{100} = 10$$
El valor de $\sqrt{100}$ es 10.

Ejemplo 2 Usar una calculadora para hallar una raíz cuadrada

Halla el valor de $\sqrt{2{,}304}$.

Presiona  .

La pantalla debe mostrar lo siguiente:

$$\sqrt{2{,}304}$$
Math ▲

48

El valor de $\sqrt{2{,}304}$ es 48.

COMPRENDER UNA TABLA

Además de proveer información específica, las tablas sirven para mostrar información como un todo. Observando una fila o una columna se pueden inferir ciertas cosas acerca de ese conjunto de datos. No es necesario que analices cada celda de la tabla para comprender los datos. Una **celda** es un lugar en la tabla u hoja de cálculo en la que se intersecan una columna y una fila. A veces las tendencias se observan en las filas y las columnas. En otras ocasiones la comparación entre dos filas o columnas puede proveer información acerca de los datos.

Número (x)	Cuadrado (x^2)	Cubo (x^3)
1	1	1
2	4	8
3	9	27
4	16	64
5	25	125
6	36	216
7	49	343
8	64	512
9	81	729
10	100	1,000

Estudia la tabla anterior. Sin usar la definición de cuadrados y cubos, ¿qué puedes decir acerca de lo que sucede con los números naturales cuando se los eleva al cuadrado o al cubo?

Observa que los números de la columna de cuadrados aumentan más rápidamente que los números de la columna de números a medida que la lista progresa. De la misma manera, los números de la columna de cubos aumentan a una tasa incluso mayor que los números de la columna de cuadrados. Sin embargo, los números de la fila para el 1 son todos el número 1. Por lo tanto, puedes inferir que para los números naturales, con la excepción del 1, los números al cubo siempre serán mayores que los números al cuadrado. Además, tanto los cuadrados como los cubos aumentan más rápidamente que los números naturales.

Destreza principal
Evaluar el razonamiento

Probablemente hayas trabajado en proyectos grupales que tus profesores te asignaron. También es probable que hayas trabajado en pareja para resolver deberes escolares. El trabajo en parejas o en equipos pequeños brinda una oportunidad para aprender de los otros. También te ayuda a resolver problemas en conjunto a través del razonamiento, es decir, entendiendo lo que el problema solicita. Todos se benefician de los esfuerzos colaborativos.

Kwan y Kolanda se juntan para hacer sus deberes de matemáticas. La asignación de esta noche es completar algunos problemas sobre raíces cuadradas y cúbicas. Kwan dice: "La raíz cúbica de **9** es **3**, porque debes usar en una suma tres veces el número **3** para obtener **9**". "No", dice Kolanda. "En las raíces cúbicas se usan números en *multiplicaciones* tres veces. Tres es la raíz cúbica de **27** y es también la raíz cuadrada de **9**".

Luego de terminar la lección, busca un compañero con el que quieras trabajar en uno o dos problemas del mundo real en los que tengas que calcular raíces cuadradas y cúbicas. Por ejemplo, ¿deberías calcular la raíz cuadrada o cúbica de un jardín cuadrado si supieses el área y te solicitaran que calcules la longitud de cada lado? Imagina que supieras el volumen de un cubo y te solicitaran que calcules la longitud de cada lado. ¿Debes calcular la raíz cuadrada o la raíz cúbica?

A menudo las tablas presentarán los datos o la información de una manera que facilite su uso. Primero, estudia la información de la tabla para comprender lo que se está informando y, luego, usa esa información para resolver problemas. Algunas maneras de usar los datos para resolver problemas incluyen resolver operaciones con los datos, como la suma o la resta, usar los datos para hacer una gráfica y buscar un patrón.

Observa nuevamente los datos de la tabla de la página anterior. Piensa en formas en las que puedes usar los datos. Ahora observa el ejemplo 1. Se te pide que calcules el valor de $\sqrt{100}$. Si observas las primeras dos columnas de la tabla, puedes ver que **10** al cuadrado es **100**. Si **10** al cuadrado es **100**, entonces la raíz cuadrada de **100** es **10**. De manera que puedes usar la columna **2** de la tabla para hallar la raíz cuadrada en la columna **1**.

En un cuaderno, explica cómo puedes usar los datos de la tabla para aproximar raíces cuadradas.

Si un número no es un cuadrado perfecto, puedes **aproximar** la raíz cuadrada, es decir, estimarla, hallando los dos números naturales más cercanos **consecutivos,** como 8 y 9, entre los que se encuentra la raíz cuadrada.

Ejemplo 3 Aproximar una raíz cuadrada

Halla los dos números naturales consecutivos entre los que se encuentra $\sqrt{150}$.

Paso 1 Piensa: ¿qué dos cuadrados perfectos están más cerca de 150? Intenta con 12 y 13 elevados al cuadrado.
$12 \times 12 = 144$
$13 \times 13 = 169$

Paso 2 Busca las raíces cuadradas de los cuadrados perfectos y compara. Escribe las raíces cuadradas usando <.
$\sqrt{144} < \sqrt{150} < \sqrt{169}$
$\sqrt{150}$ está entre $\sqrt{144}$ y $\sqrt{169}$.

Paso 3 Halla las raíces cuadradas de los cuadrados perfectos.
$12 < \sqrt{150} < 13$
$\sqrt{150}$ está entre 12 y 13.

Ejemplo 4 Resolver problemas con raíces cuadradas

Halla la longitud del lado de un cuadrado con un área de 324 metros cuadrados.

Paso 1 El área de un cuadrado es la longitud de un lado al cuadrado, así que halla el valor de $\sqrt{324}$ para hallar la longitud de un lado del cuadrado. Intenta números que, cuando se multipliquen por sí mismos, sean iguales a 324.
Intenta con 17.   Intenta con 18.
$17 \times 17 = 289$ $18 \times 18 = 324$

Paso 2 Escribe la raíz cuadrada.
$\sqrt{324} = 18$
La longitud del lado del cuadrado es 18 metros.

Ejemplo 5 Resolver operaciones con raíces cuadradas

Halla la suma de $\sqrt{81}$ y $\sqrt{144}$.

Paso 1 Halla cada raíz cuadrada.
$9 \times 9 = 81$, por lo tanto, $\sqrt{81} = 9$.
$12 \times 12 = 144$, por lo tanto, $\sqrt{144} = 12$.

Paso 2 La operación es la suma, así que suma las raíces cuadradas.
$9 + 12 = 21$
La sima de $\sqrt{81}$ y $\sqrt{144}$ es 21.

Hallar raíces cúbicas

La expresión 7^3 se lee "7 al cubo" o "el cubo de 7". El exponente 3 indica que la base se eleva al cubo. Puesto que 73 es lo mismo que $7 \times 7 \times 7$, el valor de 7^3 es 343.

La expresión $\sqrt[3]{343}$ se lee "la **raíz cúbica** de 343". El signo de raíz tiene el número tres en una esquina para indicar que esta es una raíz cúbica. La raíz cúbica de un número es el número que, cuando aparece tres veces en una multiplicación en la que es el único factor, dará como resultado el cubo del número. Un **cubo perfecto** es un número cuya raíz cúbica es un número natural. Por ejemplo, 8 es un cubo perfecto, porque $2^3 = 8$.

Ejemplo 6 Hallar la raíz cúbica de un número

Halla el valor de $\sqrt[3]{125}$.

Paso 1 Piensa: ¿qué número, cuando aparece tres veces en una multiplicación en la que es el único factor, es 125?
$$n \times n \times n = 125$$
$$5 \times 5 \times 5 = 125$$

Paso 2 Escribe la raíz cúbica.
$\sqrt[3]{125} = 5$; el valor de $\sqrt[3]{125}$ es 5.

Ejemplo 7 Usar una calculadora para hallar una raíz cúbica

Halla el valor de $\sqrt[3]{1,728}$.

Presiona  .

La pantalla debe mostrar lo siguiente:

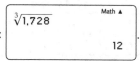

El valor de $\sqrt[3]{1,728}$ es 12.

Ejemplo 8 Resolver problemas con raíces cúbicas

Halla la longitud de lado de un cubo con un volumen de 729 centímetros cúbicos.

Paso 1 El volumen de un cubo es la longitud de un lado al cubo. Halla el valor de $\sqrt[3]{729}$ para hallar la longitud del lado del cubo.

Intenta con 8. Intenta con 9.
$8 \times 8 \times 8 = 512$ $9 \times 9 \times 9 = 729$.

Paso 2 Escribe la raíz cúbica.
$\sqrt[3]{729} = 9$; la longitud del lado del cubo es 9 centímetros.

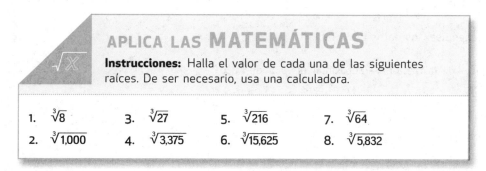

APLICA LAS **MATEMÁTICAS**

Instrucciones: Halla el valor de cada una de las siguientes raíces. De ser necesario, usa una calculadora.

1. $\sqrt[3]{8}$ 3. $\sqrt[3]{27}$ 5. $\sqrt[3]{216}$ 7. $\sqrt[3]{64}$

2. $\sqrt[3]{1,000}$ 4. $\sqrt[3]{3,375}$ 6. $\sqrt[3]{15,625}$ 8. $\sqrt[3]{5,832}$

Instrucciones: Completa los espacios en blanco con una de las siguientes palabras o frases.

al cuadrado   la raíz cuadrada   la raíz cúbica
un cuadrado perfecto   un cubo perfecto   un signo de raíz

1. _____ es el símbolo para la raíz cuadrada de un número.

2. _____ de **121** es **11**.

3. Si la raíz cuadrada de un número es un número natural, entonces es _____.

4. Un número _____ se multiplica por sí mismo.

5. _____ de **64** es **4**.

6. _____ tiene un número natural como raíz cuadrada.

Instrucciones: Estudia la tabla de abajo. Luego, responde las preguntas.

x	$\sqrt[3]{x}$	x	$\sqrt[3]{x}$
1	1	1,331	11
8	2	1,728	12
27	3	2,197	13
64	4	2,744	14
125	5	3,375	15
216	6	4,096	16
343	7	4,913	17
512	8	5,832	18
729	9	6,859	19
1,000	10	8,000	20

1. Describe qué muestran las filas y las columnas de la tabla.

2. Describe cualquier patrón presente en la tabla.

3. Explica las formas en las que puedes usar los datos de la tabla.

4. Explica cómo puedes usar los datos de la tabla para aproximar el valor de $\sqrt[3]{326}$.

Práctica de destrezas

Instrucciones: Elije la mejor respuesta para cada pregunta.

1. ¿Entre qué dos números naturales consecutivos se encuentra $\sqrt{33}$?

   A. 3 y 4
   B. 4 y 5
   C. 5 y 6
   D. 6 y 7

2. ¿Cuál es el valor de $\sqrt{289 - 225}$?

   A. 64
   B. 8
   C. 4
   D. 2

Instrucciones: Responde las siguientes preguntas.

3. Un estacionamiento cuadrado tiene un área total de **6,400** metros cuadrados. ¿Cuál es la longitud, en metros, de uno de los lados del estacionamiento?

   _____

4. Una tienda de fotos hace cubos de fotos personalizados. Elliot necesita hacer un cubo de fotos con un volumen de **2,774** centímetros cúbicos. ¿Cuál es la longitud, en centímetros, de cada lado del cubo?

   _____

Notación científica

Serás capaz de:

- convertir una notación estándar a una notación científica.
- convertir una notación científica a una notación estándar.

Destrezas

- **Destreza principal:**
Lograr precisión

- **Práctica principal:**
Realizar operaciones

Vocabulario

agregar ceros
notación científica
notación estándar
potencias de diez

CONEXIÓN
CON LAS
MATEMÁTICAS

Un número escrito en notación científica siempre tendrá un dígito que no sea cero a la izquierda del punto decimal.

CONEXIÓN
CON LAS
MATEMÁTICAS

Si un número escrito en notación estándar es mayor que **1**, el exponente de la potencia de **10** será positivo.

CONCEPTO CLAVE: Ampliar tu comprensión de los números grandes para incluir la notación científica y la manera de hacer conversiones entre números escritos en notación científica y notación estándar.

Evalúa cada expresión.

1. 12^4 3. 4^3 5. 2^6

2. 10^2 4. 10^1 6. 3^5

Convertir una notación estándar a una notación científica

La **notación científica** es una manera de escribir números grandes (o números muy pequeños) usando la multiplicación y las **potencias de diez**, como 10^3, 10^8, 10^{12} y así sucesivamente. Los científicos y otras personas que trabajan con números muy grandes, como la distancia entre la Tierra y Saturno, usan la notación científica, porque los números son demasiado grandes en la notación estándar. La **notación estándar** es la manera en la que generalmente representamos los números que usamos todos los días. En la notación estándar, la distancia entre la Tierra y Saturno es alrededor de 1,320,000,000 kilómetros. En la notación científica, la distancia se escribe como 1.32×10^9 kilómetros.

Un número escrito en notación científica incluye un número mayor o igual a 1 y menor a 10 multiplicado por una potencia de 10. Algunos ejemplos son 8×10^4, 2.1×10^{22} y 5.273×10^5.

Ejemplo 1 Escribir un número en notación científica

Escribe 25,500,000 en notación científica.

Paso 1 Mueve el punto decimal a la izquierda de manera que el número a la izquierda del punto decimal esté entre 1 y 10. Escribe el número como un decimal.
Elimina los ceros.   25,500,000   2.55

Paso 2 Cuenta la cantidad de lugares que el punto   7 lugares = 10^7
decimal se movió a la izquierda y escribe
la cantidad de lugares como el exponente
de una potencia de diez.

Paso 3 Escribe el número multiplicado por la potencia 2.55×10^7
de diez.
25,500,000 escrito en notación científica
es 2.55×10^7.

APLICA LAS **MATEMÁTICAS**

Instrucciones: Escribe cada número en notación científica.

1. 18,400
2. 453,260,000
3. 20,000,000

4. 870,000
5. 12,650,000,000
6. 9,348,000

Convertir una notación científica a una notación estándar

Cuando conviertes una notación estándar a una notación científica, mueve el punto decimal a la derecha y **agrega ceros** de ser necesario. Agrega ceros de manera que la cantidad de lugares luego del punto decimal en el número original sea el mismo número que el exponente de la potencia de diez.

Ejemplo 2 Escribir un número en notación estándar

Escribe 3.9×10^5 en notación estándar.

Paso 1 Usa la potencia de diez para determinar cuántos lugares se debe mover el punto decimal.
El exponente de 10^5 es 5, por lo que debes mover el punto decimal 5 lugares.

Paso 2 Mueve el punto decimal a la derecha. Agrega ceros de ser necesario.

3.90000

Paso 3 Escribe el número en notación estándar.
3.9×10^5 es 390,000 en notación estándar.

390,000

Ejemplo 3 Usar una calculadora para convertir notación científica en notación estándar

Convierte 5.9874×10^8 en notación estándar.

Presiona   .

La pantalla debe mostrar lo siguiente:

	Math ▲
5.9874 × 10⁸	
	598,740,000

5.9874×10^8 escrito en notación estándar es 598,740,000.

Los números que están expresados en notación científica se pueden pensar como expresiones matemáticas. Afortunadamente, las expresiones en notación científica contienen solo una operación: la multiplicación. El cálculo es simple, por lo menos en teoría.

Pero si no prestas atención cuando conviertes números en notación científica a números en notación estándar puedes obtener un número que es demasiado grande o demasiado pequeño. Asegúrate de convertir al número correcto de lugares decimales.

Mira el patrón de la tabla de abajo. Observa lo que le sucede a la forma estándar de los números a medida que la potencia de diez aumenta en 1.

Potencia de diez	Notación estándar
10^0	1
10^1	10
10^2	100
10^3	1,000
10^4	10,000
10^5	100,000

En un cuaderno, explica el patrón de la tabla. Luego, usa el patrón para predecir la cantidad de ceros en 10^{14}. Finalmente, escribe el número en forma estándar.

La misión Interstellar del programa Voyager consta de dos satélites, Voyager I y II, que la NASA envió al espacio en septiembre y agosto de **1977**, respectivamente. Como declara el sitio web del programa Voyager de la NASA, su misión es "extender la exploración de la NASA del sistema solar más allá de las inmediaciones de los planetas periféricos a los límites externos de la esfera de influencia del Sol, y posiblemente más allá aun".

El Voyager I está a aproximadamente **18,467** millones de kilómetros y el Voyager II está a aproximadamente **15,171** millones de kilómetros de la Tierra. En un cuaderno, escribe ambas distancias en notación científica.

APLICA LAS MATEMÁTICAS

Instrucciones: Escribe cada número en notación estándar.

1. 3.1×10^5

2. 7×10^{12}

3. 4.06×10^6

4. 2.913×10^8

Instrucciones: Usa una calculadora para hallar cada número en notación estándar.

5. 6.641×10^8

6. 1.002×10^7

7. 5.9×10^9

8. 8.22×10^4

Repaso de vocabulario

Instrucciones: Escribe el término junto al enunciado con el que concuerda.

agregar ceros   potencias de diez   notación científica   notación estándar

1. _____ una manera de escribir números en la que un número entre **1** y **10** se multiplica por una potencia de diez

2. _____ expresiones, como 10^9, en las que **10** se escribe con un exponente

3. _____ una manera de escribir los números, como **4,445**

4. _____ escribir ceros en un número para que tenga la cantidad correcta de lugares

Repaso de destrezas

Instrucciones: Aplica lo que has aprendido acerca de la conversión de números de notación estándar a notación científica y de notación científica a notación estándar para responder las siguientes preguntas.

1. Convierte los números **3,786,000,000** y **92,433** a notación científica.

_____

2. Convierte 4.0×10^{12} y 1.9236×10^7 a notación estándar.

_____

Práctica de destrezas

Instrucciones: Elije la mejor respuesta para cada pregunta.

1. ¿Cómo se escribe **853,491** en notación científica?

   A. 0.853491×10^6
   B. 8.53491×10^5
   C. 85.3491×10^4
   D. 853.491×10^3

2. ¿Cómo se escribe 3.4587×10^7 en notación estándar?

   A. 34,587,000
   B. 34,587
   C. 3,458,700
   D. 345,870

3. ¿Cuál de los siguientes enunciados es verdadero en la notación científica?

   A. El número debe ser positivo.
   B. El exponente de **10** debe ser cero.
   C. El número debe ser mayor o igual a **1** y menor a **10**.
   D. El exponente de **10** debe ser mayor a cero.

4. ¿Qué se debe hacer para convertir de notación científica a estándar?

   A. agregar la misma cantidad de ceros que el exponente de **10** al final del número
   B. mover el punto decimal a la derecha hasta después de los últimos dígitos del número
   C. volver a escribir el número sin un punto decimal
   D. mover el punto decimal a la derecha la misma cantidad de lugares que el exponente de diez y agregar los ceros correspondientes (de ser necesario)

5. La distancia de la Tierra al Sol es aproximadamente **93,000,000** millas. ¿Cuál es ese número en notación científica?

   A. 93×10^6
   B. 9.3×10^6
   C. 9.3×10^7
   D. $.93 \times 10^7$

Instrucciones: Elije la mejor respuesta para cada pregunta.

1. ¿Cuál de las siguientes opciones tiene el valor más grande?

   A. 200^1 C. 1^{200}
   B. 5^4 D. 2^{10}

2. ¿Cómo se escribe **32,450** en notación científica?

   A. $3{,}245 \times 10^2$
   B. 324.5×10^3
   C. 3.245×10^3
   D. 3.245×10^4

3. ¿Cómo se puede aproximar $\sqrt{90}$?

   A. Se divide **90** por **2**.
   B. Se hallan los dos cuadrados perfectos más cercanos a **90**. $\sqrt{90}$ está entre las raíces cuadradas de esos dos cuadrados perfectos.
   C. $\sqrt{90}$ está entre **81** y **100**.
   D. Se suma **10** a **90**, se resta **10** a **90** y se hallan las raíces cuadradas de esos dos números.

4. ¿Cuál es el valor de $\sqrt[3]{64}$?

   A. 4   C. 16
   B. 8   D. 262,144

5. ¿Cuáles de estas dos expresiones son iguales?

   A. $3^2 + 4^2$ y 5^2
   B. $\sqrt[3]{124}$ y 24^2
   C. $13^2 - 8^2$ y 5^2
   D. $4^2 + 5^2$ y 9^2

6. ¿Qué opción tiene el valor más grande?

   A. 8.3×10^4
   B. 6.7×10^3
   C. 4.3×10^3
   D. 1.2×10^5

7. Una unidad astronómica (UA) es la distancia media ente la Tierra y el Sol. Una unidad es alrededor de **93,000,000** millas. ¿Cómo se escribe esta distancia en notación científica?

   A. $93 \times 1{,}000{,}000$
   B. 9.3×10^6
   C. $9.3 \times 10{,}000{,}000$
   D. 9.3×10^7

8. ¿Cómo determinas la forma de escribir 6.04×10^5 en forma estándar?

   A. Se elimina el punto decimal y se agregan **5** ceros a la derecha del **4**.
   B. Se mueve el punto decimal cinco lugares a la derecha y se agregan **3** ceros a la derecha del **4**.
   C. Se mueve el punto decimal **5** lugares a la izquierda y se agregan **4** ceros a la izquierda del **6**.
   D. Se mueve el punto decimal **2** lugares a la derecha y se agregan **3** ceros a la derecha del punto decimal.

Repaso

9. Hay **25** miembros de un club de fútbol. Cada miembro paga $25 de cuota mensual. ¿Cuánto obtiene el club de fútbol en concepto de cuotas cada mes?

A. $2,500   C. $500
B. $625   D. $50

10. ¿Qué significa la expresión 6^3?

A. $3 \times 3 \times 3 \times 3 \times 3 \times 3$
B. 6×3
C. $6 + 6 + 6$
D. $6 \times 6 \times 6$

11. ¿Cuál es el valor de $3^2 + 6 \times 2 - 15$?

A. 6
B. 29
C. 15
D. −69

12. ¿Cuál es la mejor aproximación a $\sqrt[3]{145}$?

A. $12 < \sqrt[3]{145} < 13$
B. $10 < \sqrt[3]{145} < 11$
C. $8 < \sqrt[3]{145} < 9$
D. $5 < \sqrt[3]{145} < 6$

13. El volumen de un cubo es **3,375** centímetros cúbicos. ¿Cuál es la longitud de una de las aristas del cubo?

A. 15 cm
B. 58.1 cm
C. 125 cm
D. 1125 cm

14. Jiao está colocando baldosas cuadradas en su baño. Los lados de las baldosas tienen **12** pulgadas de largo. ¿Cuál es el área de cada baldosa en pulgadas cuadradas?

A. 24
B. 48
C. 72
D. 144

Repaso

En la siguiente tabla, encierra en un círculo el número de los ítems que hayas respondido incorrectamente. Al lado de cada título de lección verás las páginas que puedes repasar para aprender el contenido sobre el que trata la pregunta. Repasa especialmente aquellas lecciones en las que hayas respondido incorrectamente la mitad de las preguntas o más.

Capítulo 8: Exponentes y raíces	Procedimiento	Concepto	Aplicación/ Representación/ Resolución de problemas
Exponentes pp. 250–253	11	1, 5, 10	9, 14
Raíces pp. 254–259	4, 12	3	13
Notación científica pp. 260–263	2	6, 8	7

UNIDAD 4

Análisis de datos y probabilidad

CAPÍTULO 9
Datos

CAPÍTULO 10
Probabilidad

Datos

El Capítulo 9 ofrece una introducción a los datos. Los datos son grupos de información. En los medios de comunicación se muestran representaciones de datos en forma de gráficas, diagramas y tablas. Puedes ver una gráfica lineal en la que se muestra el valor de las acciones, o bien una tabla que incluye los horarios de los autobuses o los trenes. Una gráfica precisa simplifica la comprensión de la información por parte de los lectores. En cambio, una gráfica engañosa lleva a sacar conclusiones erróneas. Saber leer las gráficas y saber distinguir entre gráficas precisas y engañosas te ayudará a tomar decisiones bien fundadas a lo largo de tu vida.

Los datos se describen, en parte, a través de las medidas de tendencia central y el rango. Las medidas de tendencia central son la media, la mediana y la moda. El rango es la diferencia entre el mayor y el menor valor de un conjunto de datos, es decir, es el valor que indica cuánto se extienden los datos. Estos valores son importantes al momento de interpretar los datos.

Entre los **conceptos clave** que estudiarás están:

Lección 9.1: Medidas de tendencia central y rango
Comprender cómo se reúnen y analizan los datos usando las medidas de tendencia central y el rango.

Lección 9.2: Gráficas y diagramas lineales
Comprender cómo se analizan los datos presentados en una gráfica de barras, una gráfica lineal, una gráfica circular o un diagrama lineal.

Lección 9.3: Diagramas y gráficas engañosas
Comprender cómo se analizan los diagramas de tallo y hojas y cómo reconocer gráficas engañosas.

Establecer objetivos

Antes de comenzar este capítulo, establece tus objetivos de aprendizaje. Piensa en cómo te ayudará en tu vida diaria aprender más acerca de los datos.

- ¿Qué esperas aprender sobre la lectura de gráficas y tablas?

  _____

  _____

  _____

- ¿De qué manera crees que aprender acerca de los datos te ayudará a tomar decisiones?

  _____

  _____

  _____

- ¿Cuál crees que es la relación que existe entre hallar la media, la mediana y la moda y los temas de matemáticas que ya aprendiste?

  _____

  _____

  _____

Medidas de tendencia central y rango

CONCEPTO CLAVE: Comprender cómo se reúnen y analizan los datos usando las medidas de tendencia central y el rango.

Suma, resta o divide.

1. $28 + 35 + 17 + 24$ 3. $180 \div 4$ 5. $64 - 46$

2. $39 - 2$ 4. $22 + 6 + 0 + 33 + 9$ 6. $46 \div 5$

Datos

Los **datos** son información que se reúne y se analiza. En general se trata de información numérica, aunque no siempre es así. Los estadísticos usan diferentes métodos para reunir y analizar los datos. Dos características importantes de un conjunto de datos son su centro (medidas de tendencia central) y su extensión (rango).

Medidas de tendencia central

La media, la mediana y la moda son conocidas como **medidas de tendencia central** porque describen la parte central de un conjunto de datos. Una de estas medidas puede resultar más apropiada que otra para un determinado conjunto de datos. A continuación se dan algunas definiciones de estas medidas.

La **media** es el valor promedio de un conjunto de datos.

La **mediana** es el valor central de un conjunto de datos ordenados de menor a mayor. Si hay una cantidad par de valores en el conjunto de datos, entonces la mediana es el promedio de los dos valores centrales.

La **moda** es el valor que aparece con mayor frecuencia en un conjunto de datos.

En los ejemplos, usa los datos sobre el entrenamiento de Robin para hallar estas medidas de tendencia central.

Datos del entrenamiento de Robin

Robin se entrena para una carrera de 5 kilómetros. Corre 5 kilómetros por día y anota su tiempo redondeando al minuto más cercano. Aquí están los datos que reunió durante una semana: 20, 24, 22, 22, 21, 20, 25.

Ejemplo 1 Hallar la media

Consulta los datos del entrenamiento de Robin. Halla la media.

Paso 1 Halla la suma de todos los valores del conjunto de datos.
$20 + 24 + 22 + 22 + 21 + 20 + 25 = 154$

Paso 2 Cuenta la cantidad de elementos que hay en el conjunto de datos: 7 elementos.

Paso 3 Divide la suma por la cantidad de elementos del conjunto de datos.
$154 \div 7 = 22$. La media es 22 minutos.

Ejemplo 2 Hallar la mediana de una cantidad impar de datos

Consulta los datos del entrenamiento de Robin. Halla la mediana.

Paso 1 Haz una lista con los datos ordenados de menor a mayor.
20, 20, 21, 22, 22, 24, 25

Paso 2 Cuenta la cantidad de elementos del conjunto de datos: 7 elementos.

Paso 3 Como la cantidad de elementos es impar, identifica el valor que está en el medio de la lista.
20, 20, 21, 22, 22, 24, 25
El valor que está en el medio es 22. La mediana es 22 minutos.

Ejemplo 3 Hallar la mediana de una cantidad par de datos

Halla la mediana de estos datos: 20, 24, 22, 22, 21, 20.

Paso 1 Haz una lista con los datos ordenados de menor a mayor.
20, 20, 21, 22, 22, 24

Paso 2 Cuenta la cantidad de elementos del conjunto de datos: 6 elementos.

Paso 3 Si la cantidad de datos es par, identifica los dos valores que están en el medio de la lista.
20, 20, 21, 22, 22, 24
Los dos valores del medio son 21 y 22.

Paso 4 Halla el promedio (la media) de los dos valores centrales.
$21 + 22 = 43$; $43 \div 2 = 21.5$. La mediana es 21.5.

Ejemplo 4 Hallar la moda

Consulta los datos del entrenamiento de Robin. Halla la moda o modas si las hubiera.

Paso 1 Agrupa los elementos del conjunto de datos que son iguales.
20, 20   21   22, 22   24   25

Paso 2 Halla el elemento o los elementos que aparecen con mayor frecuencia. Un conjunto de datos puede tener una moda, más de una moda o no tener ninguna. Los datos 20 y 22 son los que aparecen con mayor frecuencia (dos veces). Las modas son 20 minutos y 22 minutos.

Práctica principal
Representar con matemáticas

Estás dando tus primeros pasos en el mundo de las estadísticas, lo que significa que trabajarás con muchos datos. Anotarás series de números con los que harás operaciones. Por lo tanto, será necesario organizar los datos de una manera que te permita trabajar con ellos.

Las tablas son una buena manera de organizar los datos estadísticos. Imagina que estás trabajando con un rango de **60** números, del **5** al **100**, y que quieres ordenarlos siguiendo una secuencia que te permita hallar la mediana y la moda. ¿Por dónde comienzas? Primero, clasifícalos en grupos de **10** en una tabla: **0–9**, **10–19**, etc. Una vez clasificados, ordénalos siguiendo una secuencia. Primero, ordénalos de **0** a **9**, luego de **10** a **19**, etc. Por último, halla los valores centrales de la serie de números para identificar la mediana y la moda.

CONEXIÓN CON LAS **MATEMÁTICAS**

Cuando la cantidad de elementos en un conjunto de datos es par, la mediana es el promedio de los dos valores que están en el centro.

Destreza principal
Calcular la media, la
mediana y la moda

El término *tendencia
central* sugiere que estas
tres maneras de analizar
los datos se centran en
el rango medio de un
conjunto de números. Esto
ocurre con la media y la
mediana, porque las dos
se refieren a números que
están cerca del medio.
La moda, al igual que la
media y la mediana, es
una medida de tendencia,
ya que se relaciona con la
media. Pero incluso si los
números que se repiten
están cerca del medio, la
moda también puede estar
en el extremo más alto
o más bajo del rango de
números.

En un cuaderno, halla
la media, la mediana y
la moda del siguiente
conjunto de números.
¿Dirías que la moda es
una medida de tendencia
central en este caso?
Explica tu respuesta.

91, 40, 2, 78, 26, 51, 53, 35,
68, 22, 8, 87, 34, 54, 91, 43

Rango

El **rango** es la diferencia entre el mayor y el menor valor de un conjunto de
datos. La extensión del conjunto de datos se puede describir por su rango.

Ejemplo 5 Hallar el rango

Consulta los datos del entrenamiento de Robin. Halla el rango.

Paso 1   Identifica los elementos de mayor y menor valor.
Mayor valor: 25   Menor valor: 20

Paso 2   Resta el elemento de menor valor al de mayor valor.
25 − 20 = 5. El rango es 5 minutos.

APLICA LAS MATEMÁTICAS

Instrucciones: Calcula la media, la mediana y la moda de los conjuntos
de datos.

1.   Cantidad de hermanos en las familias: 5, 1, 4, 3, 4, 3, 2, 1, 3, 3, 2, 4, 4.

2.   Edades (en años) de los empleados de un sector: 24, 35, 58, 22, 33, 35, 29,
28, 64, 48.

Instrucciones: Halla el rango de los conjuntos de datos.

3.   Salarios del personal de oficina: $340, $478, $370, $370, $865

4.   Horas que trabajó el sector de ventas: 35, 48, 29, 35, 35, 50

Repaso de vocabulario

Instrucciones: Completa cada oración con el término correcto.

el rango   la media   la mediana   la moda   los datos
medidas de tendencia central

1. _____ es el valor promedio de un conjunto de datos.

2. _____ se pueden reunir y analizar.

3. _____ es el elemento que aparece con mayor frecuencia en un
conjunto de datos.

4. Si un conjunto de datos ordenados de menor a mayor tiene una cantidad impar
de elementos, _____ es el valor del medio.

5. La media, la mediana y la moda son _____.

6. _____ es la diferencia entre el mayor y el menor valor de un
conjunto de datos.

Instrucciones: Usa el método de clasificación de números que aprendiste para hallar la mediana y la moda de los siguientes conjuntos de datos.

1. 21, 78, 69, 71, 31, 92, 67, 16, 27, 74, 43, 67, 63, 33, 28, 30, 13, 92, 72, 81, 70, 86, 34, 48

2. 95, 36, 70, 37, 99, 70, 37, 74, 62, 67, 96, 59, 42, 95, 74, 12, 17, 37, 95, 14, 88, 22, 43, 29

3. 47, 51, 84, 33, 20, 17, 83, 23, 88, 96, 35, 54, 21, 19, 81, 63, 76, 5, 16, 9, 42, 38, 92, 77, 3

Instrucciones: Piensa en una situación en la que pueda ocurrir lo siguiente.

4. ¿Puede darse el caso de que la media, la mediana y la moda de un conjunto de datos sean iguales (todas el mismo número)? Explica tu respuesta.

Práctica de destrezas

Instrucciones: Elige la mejor respuesta para cada problema.

1. En el vecindario de Parwana se vendieron casas por estos precios: $85,000; $108,000; $95,500; $120,000; $105,000; $99,900 y $124,000. ¿Cuál es la mediana de los precios en los que se vendieron las casas?

   A. $39,000
   B. $105,000
   C. $120,000
   D. $122,900

2. Los resultados de las pruebas de Arnan son 75%, 72%, 88%, 90%, 85%, 100%, 77% y 86%. ¿Cuál es la media de los resultados de Arnan redondeada al porcentaje más cercano?

   A. 88%
   B. 86%
   C. 84%
   D. 28%

3. El rango de edad de los jugadores de un equipo de fútbol es 10 años. El jugador más joven tiene 15 años. ¿Cuántos años tiene el jugador de mayor edad?

   A. 25 años
   B. 20 años
   C. 12.5 años
   D. 5 años

4. ¿Qué oración te puede ayudar a determinar la moda del siguiente conjunto de datos? Deportes acuáticos favoritos: natación, esquí, buceo, natación, esquí, pesca, descenso de ríos, esquí, navegación

   A. Como aparece dos veces en la lista, la natación es la moda del conjunto de datos.
   B. Como aparecen más de una vez en la lista de datos, la natación y el esquí son las modas del conjunto de datos.
   C. Como son los únicos deportes que comienzan con las letras *p* y *d*, la pesca y el descenso de ríos son las modas del conjunto de datos.
   D. Como aparece más veces que cualquier otro deporte, el esquí es la moda del conjunto de datos.

Objetivos de la lección

Serás capaz de:

- leer una gráfica de barras, una gráfica lineal y una gráfica circular.

- leer un diagrama lineal.

- comprender diferentes tipos de gráficas.

Destrezas

- **Destreza principal:** Interpretar representaciones de datos

- **Destreza principal:** Interpretar gráficas

Vocabulario

diagrama lineal
eje horizontal
eje vertical
gráfica
gráfica circular
gráfica de barras
gráfica lineal
tendencia

CONCEPTO CLAVE: Comprender cómo se analizan los datos presentados en una gráfica de barras, una gráfica lineal, una gráfica circular o un diagrama lineal.

Halla la media, la mediana, la moda y el rango de cada conjunto de datos.

1. Precios de los libros a la venta: $14, $19, $20, $15, $14, $16, $19, $22, $14

2. Temperaturas en grados Fahrenheit: 35, 63, 44, 54, 77, 93, 35, 63

Gráficas de barras

Los datos se pueden mostrar de diferentes maneras. Una **gráfica** ofrece una imagen visual de los datos y puede mostrar cosas que en general son difíciles de ver si solo se observan los números.

Una **gráfica de barras** te puede ayudar a hacer comparaciones visuales entre datos numéricos. Una gráfica de barras está formada por barras rectangulares que se extienden hacia arriba o hacia los costados. La longitud de cada barra corresponde a un número de los datos. Mientras más alta sea la barra, mayor será el número. La siguiente gráfica de barras muestra los datos que se dan en la tabla.

TEMPERATURAS MENSUALES PROMEDIO EN ANCHORAGE, ALASKA

Mes	Temperatura (°F)
Enero	13
Abril	36
Julio	58
Octubre	36

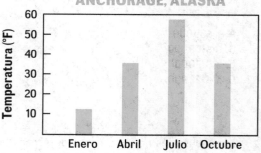

TEMPERATURAS MENSUALES PROMEDIO EN ANCHORAGE, ALASKA

La tabla y la gráfica dan la misma información, pero la gráfica hace que la comparación sea más fácil y rápida. Por ejemplo, puedes ver que abril y octubre tiene la misma temperatura promedio, porque sus barras tienen la misma altura.

A continuación se detallan los elementos que forman las gráficas de barras. Esta información te ayudará a leer, interpretar y crear gráficas de barras.

- En la parte inferior de la gráfica, a lo largo del **eje horizontal**, se encuentran los meses que se comparan: enero, abril, julio y octubre.

- En la parte izquierda de la gráfica, a lo largo del **eje vertical**, se encuentran los números que representan las temperaturas, que van de 10 °F a 60 °F.

- La parte superior de cada barra está alineada con el número que le corresponde del eje vertical. En esta gráfica, cada mes tiene asignada una barra, que revela la temperatura promedio del mes en cuestión.

HACER PREDICCIONES

Una **predicción** es un intento de responder la pregunta "¿Qué sucederá a continuación?". Las predicciones hacen que te involucres con lo que estás leyendo y que sigas interesado. Al hacer predicciones, los lectores usan claves del texto, su conocimiento previo y su experiencia para hacer estimaciones razonables (es decir, que tengan sentido) acerca de lo que sucederá.

A continuación se detallan algunos puntos clave para recordar al momento de hacer predicciones:

- Primero, observa el nombre del autor y el título para anticipar el tema del texto.

- Haz predicciones antes y durante la lectura. Predecir durante la lectura es pensar anticipadamente cómo seguirán las cosas.

- Usa tu conocimiento previo. Pregúntate: *¿Estudié algo así antes? ¿Qué pasó a continuación en ese caso?*

- **Ajusta**, es decir, modifica, tu predicción mientras lees. Recuerda que las predicciones deben tener sentido, pero no necesariamente deben ser correctas.

Lee el siguiente texto. Predice qué sucederá el jueves si el clima está soleado y hay una temperatura de 80 °F.

Karen tiene un puesto de verduras en el mercado. El lunes, día en el que estaba soleado y había una temperatura de 75 °F, ganó $150. El martes, día en el que estaba nublado y había una temperatura de 68 °F, ganó $53. El miércoles llovió todo el día y ganó $28.

Las ventas de Karen dependen del clima. Cuando hace frío o llueve, sus ventas disminuyen. Como el jueves estará cálido y soleado, es probable que las ventas sean buenas.

Destreza principal
Interpretar representaciones de datos

Las tablas y las listas con las que has estado trabajando no son el único tipo de herramientas visuales que se pueden usar para representar datos. También se pueden representar datos en gráficas. De hecho, las gráficas generalmente revelan una **tendencia**, es decir, un patrón en desarrollo, que no podrías percibir de otra manera. De este modo, al revelar tendencias que se extienden en el tiempo, los datos graficados te permiten hacer predicciones. Solo debes saber cómo interpretar los datos.

Una relación entre cantidades puede mostrarse en una gráfica. Por ejemplo, observa la gráfica de barras sobre las temperaturas en Anchorage, Alaska, de la página **274**. La gráfica muestra la relación entre el mes y la temperatura. A partir de la forma de la gráfica puedes hacer una predicción sobre las temperaturas promedio en Anchorage.

Imagina que estás planeando un viaje a Alaska. Escribe una predicción sobre las temperaturas en Anchorage que se pueda hacer mediante el análisis de la gráfica.

Las encuestas son una herramienta importante para descubrir qué es lo que piensan las personas. Por lo general los datos de las encuestas se presentan visualmente en una gráfica circular, porque este tipo de gráficas muestra el porcentaje de personas que tienen una determinada opinión.

Los elementos visuales como las gráficas circulares te pueden ayudar a comprender otra cultura, ya que te pueden ofrecer un panorama rápido de las personas que forman parte de ella. ¿Cuál es la tasa de alfabetización? ¿Cuáles son los asuntos que más preocupan a las personas? ¿Cuál es el rango de los ingresos? ¿Qué porcentaje de la población se encuentra dentro de mi grupo etario? Las gráficas pueden responder preguntas como estas.

CONEXIÓN
CON LAS
MATEMÁTICAS

Cuando el número que quieres ubicar en la gráfica no aparece en ningún eje, determina la cantidad que hay entre las marcas y halla una ubicación aproximada.

Los tres siguientes ejemplos muestran cómo se lee la gráfica de barras de abajo para responder preguntas sobre los datos que se muestran.

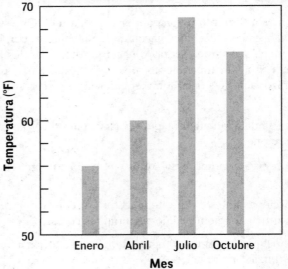

Ejemplo 1 Leer la escala horizontal de una gráfica de barras

¿Cuál es la temperatura mensual promedio de Los Ángeles en abril?

Halla la barra de abril. Traza una línea horizontal desde el extremo superior de la barra hasta el eje vertical. Lee el número en el eje: 60.

La temperatura promedio de Los Ángeles en abril es 60 °F.

Ejemplo 2 Leer la escala vertical de una gráfica de barras

¿En qué mes la temperatura promedio de Los Ángeles es 69 °F?

Como 69 no está en el eje vertical, determina que cada marca representa 2 grados. Traza una línea horizontal desde donde debería estar el 69 (en la mitad entre 70 y la marca que está inmediatamente debajo) hasta el extremo superior de la barra que corresponda. Lee el mes que representa esa barra: julio.

La temperatura promedio de Los Ángeles es 69 °F en julio.

Ejemplo 3 Hallar el rango de los datos presentados en una gráfica de barras

¿Cuál es el rango de las temperaturas mensuales promedio de Los Ángeles?

Paso 1 Identifica la temperatura más baja de la gráfica, representada por la barra más baja: 56 °F. Identifica la temperatura más alta de la gráfica, representada por la barra más alta: 69 °F.

Paso 2 Resta para hallar el rango: 69 °F − 56 °F = 13 °F.

Para leer una gráfica de barras, halla la barra que representa la información que buscas, traza una línea desde el extremo superior de la barra hasta el eje vertical y lee el número del eje. En algunos casos, haz lo opuesto: halla el número y luego la barra.

Gráficas lineales

Una **gráfica lineal** te puede ayudar a observar patrones y tendencias en los datos. Una gráfica lineal está formada por puntos que se conectan con segmentos de recta. A menudo se usan para representar datos a lo largo de un determinado período de tiempo.

La siguiente gráfica lineal muestra los datos de la tabla.

CONEXIÓN CON LAS MATEMÁTICAS

Un **punto** es una marca realizada en una gráfica para representar la posición de un valor. La línea que trazas para unir dos puntos en una gráfica se llama **segmento de recta**.

FONDO ACCIONARIO A, 21 DE NOVIEMBRE, 1999–2009

Año	Precio de una acción
1999	$12.82
2000	$14.74
2001	$16.37
2002	$15.84
2003	$14.89
2004	$12.37
2005	$14.30
2006	$8.14
2007	$22.19
2008	$26.80
2009	$24.86

FONDO ACCIONARIO A, 21 DE NOVIEMBRE, 1999–2009

La tabla y la gráfica ofrecen la misma información, pero la gráfica muestra visualmente la gran caída del precio de las acciones en 2006.

Al igual que las gráficas de barras, las gráficas lineales tienen un eje horizontal y uno vertical.

En el eje horizontal, los años representan fechas anuales que van del 21 de noviembre de 1999 al 21 de noviembre de 2009.

En el eje vertical, los números que se encuentran dentro del rango de datos representan el precio de una acción del fondo accionario A. El rango aproximado de precios va desde aproximadamente $8 hasta aproximadamente $27.

En el cuerpo de la gráfica, los puntos representan los datos. Los puntos conectados con segmentos de recta muestran cómo cambian los precios (aumento o disminución) de un año al otro.

Los siguientes dos ejemplos muestran cómo se lee la gráfica lineal de abajo.

INGRESOS DE INVERSIÓN

Ejemplo 4 Leer la escala horizontal de una gráfica lineal

Si inviertes $10,000 a una tasa de interés anual de 8%, ¿cuál será el valor dentro de 25 años?

Halla 25 años en el eje horizontal. Encuentra el punto que está directamente arriba de 25 y traza una línea hasta el eje vertical: aproximadamente $68,000.

Dentro de 25 años, el valor del dinero será aproximadamente $68,000.

Ejemplo 5 Leer la escala vertical de una gráfica lineal

Si inviertes $10,000 a una tasa anual de 8%, ¿cuántos años deben pasar para que el valor del dinero sea $40,000?

Halla $40,000 en el eje vertical y traza una línea horizontal que cruce la gráfica. Marca un punto en el lugar donde la línea se interseque con la gráfica lineal. Desde ese punto, traza una línea hacia abajo hasta el eje horizontal: aproximadamente 18.

Deben pasar aproximadamente 18 años para que el valor del dinero sea $40,000.

Gráficas circulares

Una **gráfica circular** muestra las partes de un entero. El círculo es el entero, es decir, el 100%, y está dividido en partes. Todas ellas forman el 100%. Por lo tanto, las gráficas circulares suelen usarse para representar datos en forma de porcentajes.

La gráfica circular de la página siguiente muestra los datos de la tabla. La gráfica muestra que el aire exhalado por el cuerpo humano contiene nitrógeno, oxígeno y dióxido de carbono. También muestra el porcentaje de cada gas. Por ejemplo, el nitrógeno tiene el porcentaje más grande del círculo (78%), porque constituye la mayor parte del aire exhalado (78%).

AIRE EXHALADO

Gas	Porcentaje
Dióxido de carbono	4%
Oxígeno	18%
Nitrógeno	78%

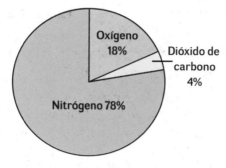

Los ejemplos se basan en la gráfica circular de arriba.

Ejemplo 6 Hallar un porcentaje en una gráfica circular

¿Qué porcentaje del aire exhalado es oxígeno?

Halla el oxígeno en la gráfica circular y lee el porcentaje: 18%. El aire exhalado tiene un 18% de oxígeno.

Ejemplo 7 Hallar un categoría en una gráfica circular

¿Qué forma 4% del aire exhalado?

Halla 4% en la gráfica circular. Lee el rótulo: dióxido de carbono. El dióxido de carbono es el gas que forma 4% del aire exhalado.

Diagramas lineales

Un **diagrama lineal** es una representación de datos en la que se usa una recta numérica con X (u otras marcas) para mostrar la frecuencia de aparición de los valores.

Destreza principal
Interpretar gráficas

Usar gráficas para interpretar datos es una manera de comprender el significado de los mismos. A veces los números pueden ser tan grandes o tan pequeños (o incluso ser tantos) que puede resultar difícil determinar qué información es posible reunir a partir de los datos. Crear gráficas a partir de datos es bastante simple. Primero, elige un tema que te resulte interesante y que tenga múltiples categorías para comparar, como, por ejemplo, la población de seis estados de los Estados Unidos. Luego, determina las categorías que compararás, como Arizona, Delaware, Kansas, Nebraska, Texas y Virginia. Tercero, determina los datos necesarios para comparar las categorías y elige el tipo de gráfica que quieres usar. Finalmente, crea la gráfica, ya sea una gráfica de barras, una gráfica circular, una gráfica lineal o un diagrama lineal.

En un cuaderno, crea una gráfica circular con los datos que hayas reunido a partir de la investigación de un tema de tu interés sobre el que quieres conocer más. Luego, determina los porcentajes de cada categoría e interpreta el significado de los datos.

APLICA LAS **MATEMÁTICAS**

Instrucciones: Consulta la gráfica circular de arriba para responder las siguientes preguntas.

1. ¿Cuáles son los dos gases que juntos forman **82%** del aire exhalado?

2. ¿Qué porcentaje del aire exhalado es nitrógeno?

Se les preguntó a doce personas cuántos hijos tenían. Los datos se anotaron en la siguiente tabla. El diagrama lineal muestra los datos de la tabla.

Cantidad de niños					
2	2	3	1	1	4
5	4	2	1	1	3

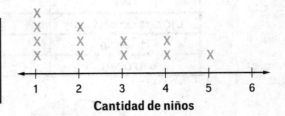

Cantidad de niños

Ejemplo 8 Usar un diagrama lineal para hallar la media, la mediana, la moda y el rango

Consulta los datos que se muestran arriba acerca de la cantidad de niños. Halla la media, la mediana, la moda y el rango de los datos.

Para hallar la media, suma todos los números del conjunto de datos y luego divide por la cantidad de elementos.
$(1 + 1 + 1 + 1) + (2 + 2 + 2) + (3 + 3) + (4 + 4) + 5 = 29$
$29 \div 12$ es aproximadamente 2.4. La media es aproximadamente 2.4.

Para hallar la mediana, halla la X que está en el centro del diagrama. Hay 12 X, por lo que la mediana es el promedio de la sexta y la séptima X contando desde la izquierda. Los valores de la sexta y la séptima X son ambos 2. Su promedio es 2. La mediana es 2.

Para conocer la moda, halla la columna de datos con la mayor cantidad de X. La moda es 1. La mayoría de las personas encuestadas tiene 1 niño.

Para hallar el rango, resta el menor valor del conjunto de datos al mayor valor.
$5 - 1 = 4$. El rango es 4.

Repaso de vocabulario

Instrucciones: Completa cada oración con el término correcto.

el eje horizontal   el eje vertical   un diagrama lineal   una gráfica   una gráfica circular
una gráfica de barras   una gráfica lineal   una tendencia

1. _____ muestra los datos en forma de porcentajes.

2. _____ muestra los datos a lo largo de un determinado período de tiempo.

3. _____ es la escala en la parte inferior de una gráfica.

4. _____ es la escala que está al costado de una gráfica.

5. _____ está formada por barras rectangulares que se extienden vertical u horizontalmente.

6. _____ usa X sobre una recta numérica para mostrar la frecuencia con la que aparecen los datos.

7. _____ puede tener muchas formas. Es una representación visual de los datos.

8. _____ es un patrón de la manera en que los datos se relacionan entre sí.

Instrucciones: Consulta la gráfica lineal de la página **278** para responder cada pregunta.

1. Si inviertes **$10,000** a una tasa de interés anual de **8%**, estima el valor del dinero después de **20** años.

2. Piensa en el valor del dinero antes de que se calcule cualquier interés. Predice cuántas veces ese valor tendrá el valor estimado después de **30** años.

Práctica de destrezas

Instrucciones: Elige la mejor respuesta para cada pregunta.

1. En total, toda la costa de los Estados Unidos tiene **12,383** millas de longitud. La gráfica circular de abajo muestra el porcentaje de costa que corresponde a cada una de las cuatro costas. ¿Cuántas millas de longitud tiene la costa del Golfo de los Estados Unidos?

COSTA DE LOS ESTADOS UNIDOS

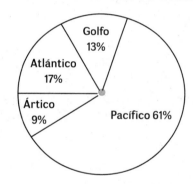

A. aproximadamente 7,554
B. aproximadamente 4,829
C. aproximadamente 2,105
D. aproximadamente 1,610

2. Consulta la gráfica lineal de la página **277**. ¿En cuál de los años que van de **1999** a **2009** el precio de la acción estuvo más cerca de **$20**?

A. 2003
B. 2006
C. 2009
D. 2007

3. La gráfica de barras de abajo muestra la cantidad de las diferentes medallas ganadas por los Estados Unidos en los Juegos Olímpicos de Invierno de **1994**. ¿Cuántas medallas de plata más que de bronce se ganaron?

MEDALLAS GANADAS POR LOS ESTADOS UNIDOS EN LOS JUEGOS OLÍMPICOS DE INVIERNO DE 1994

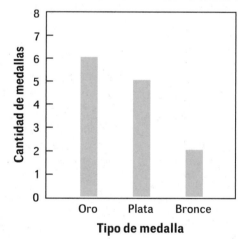

A. 2   C. 4
B. 3   D. 5

4. ¿Cómo puedes hallar la moda de los datos que se muestran en un diagrama lineal?

A. Se cuentan todas las X y se divide por **2**.
B. Se mira el elemento que tenga la menor cantidad de X.
C. Se mira el elemento que tenga la mayor cantidad de X.
D. Se empieza desde la izquierda o desde la derecha y se cuentan las X hasta que se llega a la del medio. Se lee el valor que está debajo.

Diagramas y gráficas engañosas

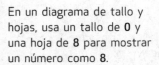

CONCEPTO CLAVE: Comprender cómo se analizan los diagramas de tallo y hojas y las gráficas engañosas.

Resuelve lo siguiente.

1. Halla la media, la mediana, la moda y el rango de estos valores: 28, 32, 23, 24, 36, 41, 28, 56, 55 y 44.

2. ¿Cuál es el número que sigue en este patrón: 10, 20, 30, 40, _____?

3. ¿Cuál es el número que sigue en este patrón: 0, 6, 12, 18, _____?

Diagramas de tallo y hojas

Un **diagrama de tallo** y **hojas** se usa para organizar datos. Muestra la frecuencia con la que aparecen los valores. El diagrama tiene dos columnas. La columna de la izquierda se denomina **tallo** y puede tener dígitos correspondientes a uno o más valores de posición diferentes. La columna de la derecha se denomina **hoja** y puede tener dígitos que correspondan a un solo valor de posición: el que corresponde al último dígito en un conjunto de datos. Para determinar la cantidad de datos, cuenta cada hoja. Un diagrama de tallo y hojas también tendrá una **clave**, es decir, una leyenda, para mostrar lo que significan el tallo y la hoja. Por ejemplo: *Clave: 45|8 significa 458.*

Ejemplo 1 Crear un diagrama de tallo y hojas

Crea un diagrama de tallo y hojas a partir de las siguientes cantidades de minutos que necesitan las personas para viajar a su trabajo: 29, 25, 60, 38, 53, 55, 38, 53, 39, 39, 35, 27, 37.

Paso 1 Ordena los datos de mayor a menor.
60, 55, 53, 53, 39, 39, 38, 38, 37, 35, 29, 27, 25

Paso 2 Agrupa los números con los mismos tallos.
60   55, 53, 53   39, 39, 38, 38, 37, 35   29, 27, 25

Paso 3 Piensa un título para el diagrama y agrega una clave.

Minutos necesarios para viajar

Tallo	Hoja

Clave: 3|7 significa 37 millas.

Paso 4 Completa el diagrama con los datos dados.

Minutos necesarios para viajar

Tallo	Hoja
6	0
5	3 3 5
4	
3	5 7 8 8 9 9
2	5 7 9

Clave: 3|7 significa 37 millas.

COMPRENDER TÉCNICAS DE PERSUASIÓN

Los escritores usan muchas técnicas cuando intentan **persuadir** a los lectores. Persuadir es hacer que alguien crea algo.

Una técnica que usan los escritores es el lenguaje persuasivo. Las palabras elegidas por el escritor pueden reflejar sus sentimientos o creencias sobre el tema. El autor intenta que el lector esté de acuerdo con el punto de vista presentado y que actúe en consecuencia. Pero no todos los textos incluyen lenguaje persuasivo. Cuando lees, busca las palabras fuertes, las descripciones y los detalles que usa el autor.

Una segunda técnica de persuasión es el uso de preguntas sesgadas, que están formuladas de tal manera que favorecen una determinada respuesta.

Lee las siguientes preguntas. Determina qué respuesta espera obtener quien hace la pregunta.

(1) ¿Apoyarías que se creara otra oficina de gobierno y se generaran 214 nuevos puestos de trabajo?

(2) ¿Consideras que el plan del gobernador es un fracaso porque no logró todos sus objetivos?

(3) ¿Votarías por alguien con tan poca experiencia?

1. La pregunta resalta la creación de puestos de trabajo, lo cual apoyarían muchas personas. Pero ignora los costos que demandarían la apertura y el funcionamiento de una oficina. El encuestador quiere que la respuesta sea a favor de la apertura de la nueva oficina.

2. El que responde tiene dos opciones: estar de acuerdo con que el plan fue un fracaso o tratar de justificar que el plan fue un éxito aunque no haya alcanzado todos sus objetivos. El encuestador quiere que el plan sea considerado un fracaso.

3. La frase "tan poca experiencia" es una pista de que el encuestador cree que el candidato no está calificado y busca la complicidad de quien responde.

Práctica principal
Evaluar el razonamiento de los demás

Esta lección trata sobre las maneras en las que se pueden presentar los datos para hacerte creer algo. En este sentido, cuando veas datos representados en una gráfica, no asumas que estás viendo un informe que representa con precisión una determinada situación. Considera la gráfica de barras sobre los naipes azules y rojos del ejemplo **3**. ¿Realmente hay el doble de naipes azules que de rojos? No, solo hay dos naipes azules más que rojos.

Siempre es una buena idea hacerse preguntas ante datos presentados visualmente. Por ejemplo, "¿Puedo confiar en las escalas de la gráfica o están configuradas de una manera que pueden no representar bien los datos? ¿Puedo observar sesgos en la presentación visual? En otras palabras, ¿este diagrama trata de persuadirme para que adopte un cierto punto de vista o trata de presentar la información de una manera precisa y no sesgada?".

El siguiente diagrama muestra las edades de 12 personas que fueron encuestadas. Halla la mediana y el rango de las edades. No incluyas ningún valor extremo.

Edad del encuestado

Tallo	Hoja
7	0 2 6
6	5 5
5	5
4	8 9
3	4 4 7
2	
1	1

Clave: 3|4 significa 34 años.

Paso 1   Halla la mediana.
Comienza en los extremos, 76 y 11. Como 11 es un valor extremo, no lo cuentes. Cuenta hasta el medio desde 34. El medio es 55.

Paso 2   Halla el rango. Recuerda que 11 es un valor extremo.
76 − 34 = 42. El rango es 42 años.

Gráficas engañosas

Los siguientes ejemplos mostrarán algunas maneras en las que una gráfica puede estar hecha para **engañar,** es decir, llevar al lector a sacar una conclusión equivocada.

Ejemplo 3 La escala vertical no comienza en 0

Las siguientes gráficas muestran la cantidad de naipes azules, rojos y verdes.

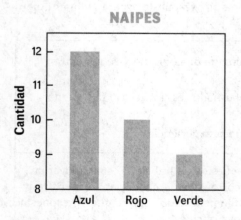

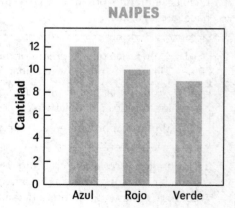

¿Por qué las gráficas se ven distintas?
Las escalas son diferentes. La gráfica de la izquierda no empieza en 0.

¿Por qué la gráfica de la izquierda es engañosa?

Según la gráfica, parece que hay el doble de naipes azules que de rojos y el doble de rojos que de verdes. Sin embargo, solo hay dos naipes azules más que rojos, y solo hay un naipe rojo más que verde.

Ejemplo 4 La escala vertical tiene intervalos irregulares

Las siguientes gráficas muestran las ventas de peces.

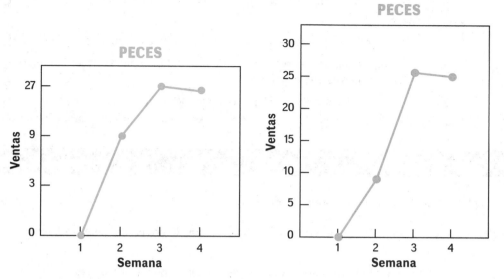

¿Por qué las gráficas se ven distintas?
Las escalas son diferentes. La gráfica de la izquierda tiene una escala que no aumenta en intervalos regulares.

¿De qué manera la gráfica de la izquierda es engañosa?
La gráfica distorsiona los datos, pues parece que el mayor aumento de las ventas ocurrió entre las semanas 1 y 2 y no entre las semanas 2 y 3.

Ejemplo 5 Los porcentajes no suman 100%

La siguiente gráfica se creó con el fin de mostrar cómo se divide el día de trabajo de Mia.

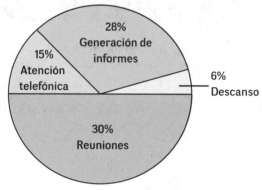

¿Por qué está gráfica es engañosa?
Los porcentajes no suman 100%. 30% + 15% + 28% + 6% = 79%

¿Por qué Mia elige mostrar su día de trabajo de esta manera?
Quizás quiera mostrar que pasa la mayor parte del día en reuniones.
Quizás no sabe exactamente qué hace durante el 21% que resta del día.

Destreza principal
Interpretar representaciones de datos

Los autores que buscan persuadirte más que informarte pueden intentar reforzar sus argumentos con estadísticas o gráficas engañosas. Se trata de gráficas o estadísticas que técnicamente pueden ser precisas pero que están presentadas de tal manera que distorsionan los hechos. Por lo tanto, piensa detenidamente cuando evalúes los datos. Es importante que consideres qué información ha sido dejada de lado en una estadística o gráfica al momento de analizarla.

Por ejemplo, considera esta estadística: "el **86**% de los encuestados cree que las escuelas privadas son mejores que las públicas". Ahora considérala otra vez sabiendo que las personas encuestadas son estudiantes que actualmente asisten a una escuela privada. La estadística tiene un nuevo significado: nos indica que el **86**% de los estudiantes de esta escuela en particular prefiere la educación privada a la pública, pero no tiene conexión con lo que la población en general pueda llegar a opinar del tema.

Es importante analizar las estadísticas y las gráficas con detenimiento mientras las lees. En un cuaderno, haz una lista que incluya las estadísticas y las gráficas que has encontrado en esta lección y las que observas en situaciones de tu vida diaria. Determina si intentan convencer de algo al lector.

APLICA LAS **MATEMÁTICAS**

Instrucciones: Responde las siguientes preguntas.

1. ¿De qué manera pueden ser engañosas las gráficas circulares?

2. Explica por qué una escala vertical de **0, 1, 2, 10, 50** puede hacer que una gráfica de barras sea engañosa.

3. Usa *Clave: 25|8 significa 25.8* para determinar lo que significa *16|9*.

Repaso de vocabulario

Instrucciones: Completa cada oración con el término correcto.

el tallo   el valor extremo   engañar   la clave   la hoja   un diagrama de tallo y hojas

1. _____ es un tipo de gráfica que muestra la frecuencia con la que aparecen los datos.

2. _____ del número **125** es **12**.

3. _____ puede tener dígitos que correspondan a un solo valor de posición: el que corresponde al último dígito en un conjunto de datos.

4. _____ es un valor que está alejado del rango de los otros valores.

5. _____ de una gráfica es una explicación de los símbolos o los números usados en ella.

6. Si la escala de una gráfica no comienza en **0**, la gráfica puede distorsionar los datos y _____ al lector.

Repaso de destrezas

Instrucciones: Las siguientes gráficas de barras se crearon para mostrar los resultados de una competencia de marcha atlética. La gráfica de la izquierda fue creada por Ian y la de la derecha por Dora. Consúltalas para responder las preguntas.

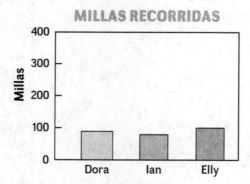

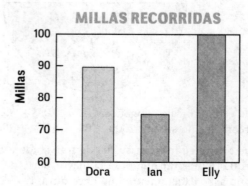

1. ¿De qué crees que te quería convencer Ian cuando creó la gráfica de la izquierda? ¿De qué manera distorsionó su gráfica para engañarte?

2. ¿De qué crees que te quería convencer Dora cuando creó la gráfica de la derecha? ¿De qué manera distorsionó su gráfica para engañarte?

Instrucciones: Elige la mejor respuesta para cada problema.

1. ¿Qué enunciado explica mejor por qué la gráfica de barras de abajo es engañosa?

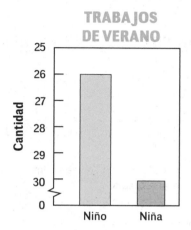

TRABAJOS DE VERANO

A. Los datos deberían representarse en una gráfica circular.
B. La escala no empieza en **0**.
C. Los intervalos de la escala no son iguales.
D. La escala está numerada en orden inverso.

2. Marcos quiere crear un diagrama de tallo y hojas a partir de los siguientes datos: 1,314; 1,315; 1,320; 1,322; 1,329; 1,331; 1,335; y 1,336. ¿Qué clave sería la más apropiada para el diagrama?

A. *Clave: 13|1 significa 131.*
B. *Clave: 131|4 significa 1,314.*
C. *Clave: 1|314 significa 1,314.*
D. *Clave: 13|14 significa 1,314.*

3. ¿Cuál de las siguientes opciones explica mejor por qué la gráfica circular es engañosa?

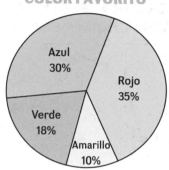

COLOR FAVORITO

A. Los porcentajes no suman **100%**.
B. Cada parte debería tener el mismo color que su rótulo.
C. Hay más colores que los cuatro mostrados en la gráfica.
D. No dice la edad de las personas que votaron por los colores.

4. ¿Qué opción explica mejor por qué la siguiente gráfica lineal es engañosa?

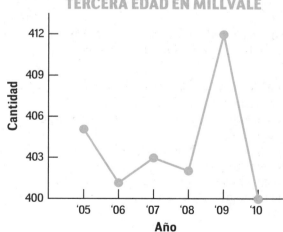

CIUDADANOS DE LA TERCERA EDAD EN MILLVALE

A. La gráfica no indica por qué la cantidad de ciudadanos de la tercera edad cambia todos los años.
B. La escala no empieza en **0**.
C. La escala no llega a **500**.
D. La escala no aumenta de a uno, de a dos o de a diez.

Instrucciones: Elige la mejor respuesta para cada pregunta.

Para las preguntas **1** y **2**, consulta la siguiente gráfica.

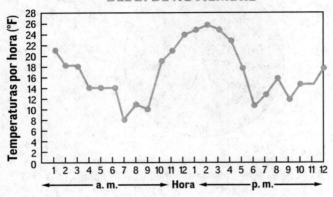

1. ¿En qué hora se registró el mayor cambio de temperatura?

A. de **6** a. m. a **7** a. m.
B. de **9** a. m. a **10** a. m.
C. de **5** p. m. a **6** p. m.
D. de **7** p. m. a **8** p. m.

2. El sol se puso alrededor de las **5:00** p. m. y salió alrededor de las **7:30** a. m. ¿Cuál de los enunciados es verdadero?

A. La temperatura aumentó constantemente desde el amanecer hasta la mitad de la tarde.
B. La temperatura al anochecer y a la medianoche era la misma.
C. La temperatura no bajó en la tarde hasta el anochecer.
D. La temperatura bajó durante las primeras horas de la mañana hasta el amanecer.

Usa el siguiente diagrama lineal para responder las preguntas **3**, **4** y **5**.

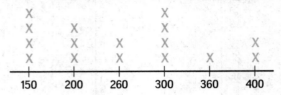

3. ¿Cuál es la moda o modas de las cuentas mensuales de electricidad?

A. $300
B. $200 y $150
C. $150
D. $150 y $300

4. ¿Cuántas personas pagaron menos de $300 por sus cuentas mensuales de electricidad?

A. 3   C. 9
B. 4   D. 13

5. ¿Cuál es la media de las cuentas mensuales de electricidad?

A. $275   C. $250
B. $255.00   D. $103.13

6. Faysal halló que la cantidad de horas trabajadas por los miembros de su departamento fueron **35, 37, 41, 34, 18, 35, 35, 35, 32, 40, 38**. Si deja de lado el valor extremo de los datos, ¿cuál de los enunciados es verdadero?

A. El rango no cambia.
B. La media no cambia.
C. La moda cambia.
D. La mediana no cambia.

Usa la siguiente gráfica de barras para responder las preguntas **7** y **8**.

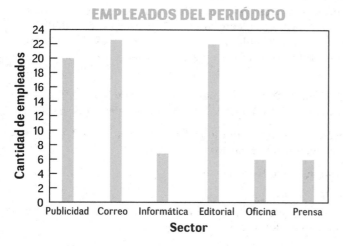

EMPLEADOS DEL PERIÓDICO

8. ¿Cómo se puede hallar el rango de la cantidad de empleados de cada sector?

    A. Se resta la cantidad de empleados del sector Oficina a la cantidad del sector Correo.

    B. Se resta la cantidad de empleados del sector Computadoras a la cantidad del sector Correo.

    C. Se resta la cantidad de empleados del sector Prensa a la cantidad del sector Publicidad.

    D. Se resta la cantidad de empleados del sector Editorial a la cantidad del sector Publicidad.

7. ¿Qué tres sectores suman un total de **34** empleados?

    A. Editorial, Informática, Oficina

    B. Informática, Prensa, Publicidad

    C. Oficina, Informática, Correo

    D. Oficina, Prensa, Editorial

Usa la gráfica de barras de la derecha para responder la pregunta **9**.

9. Sabrina encuestó a sus **10** compañeros de clase para saber qué tipo de jugo les gustaba más: manzana o naranja. Volcó los resultados en la gráfica de barras que se muestra. ¿Qué se puede afirmar sobre sus datos?

ENCUESTA SOBRE JUGO

    A. La cantidad de estudiantes que prefiere el jugo de manzana duplica a la cantidad que prefiere naranja.

    B. La cantidad de estudiantes que prefiere el jugo de naranja duplica a la cantidad que prefiere manzana.

    C. La gráfica es engañosa porque el total no suma **12**.

    D. La gráfica es engañosa porque la escala no empieza en **0**.

Comprueba tu comprensión

En la siguiente tabla, encierra en un círculo el número de los ítems que hayas respondido incorrectamente. Al lado de cada título de lección verás las páginas que puedes repasar para aprender el contenido sobre el que trata la pregunta. Repasa especialmente aquellas lecciones en las que hayas respondido incorrectamente la mitad de las preguntas o más.

Capítulo 9: Datos	Procedimiento	Concepto	Aplicación/ Representación/ Resolución de problemas
Medidas de tendencia central y rango pp. 270–273	6	5	7
Gráficas y diagramas lineales pp. 274–281	8	1, 2, 3, 4	
Diagramas y gráficas engañosas p. 282–287			

Probabilidad

La probabilidad es la posibilidad de que un evento ocurra. El pronóstico del clima dice que hay un 75% de posibilidades de que llueva. Esto significa que es probable que llueva y que es mejor que lleves un paraguas. Si entras a un sorteo por un carro nuevo y te dicen que hay 1 chance entre 5,000 de que ganes, significa que no es probable que ganes el carro. ¿Cómo crees que conocer las probabilidades de ganar el sorteo afecte tu decisión de participar en él?

El estudio de la probabilidad tiene aplicaciones en las matemáticas, en las ciencias y en cualquier actividad en la que las predicciones sean importantes.

En el Capítulo 10 se presenta el concepto de probabilidad, así como los métodos de conteo y los eventos compuestos.

Entre los **conceptos clave** que estudiarás están:

Lección 10.1: Métodos de conteo
Los métodos de conteo se pueden usar para determinar el espacio muestral y la cantidad de resultados posibles de los experimentos.

Lección 10.2: Introducción a la probabilidad
Comprender y usar conceptos de probabilidad para hallar probabilidades y hacer predicciones.

Lección 10.3: Eventos compuestos
Ampliar tus conocimientos sobre la probabilidad para hallar la probabilidad de eventos compuestos.

Establecer objetivos

Antes de comenzar este capítulo, establece tus objetivos de aprendizaje. Piensa en cómo te beneficiará en tu vida cotidiana ampliar tus conocimientos sobre la probabilidad.

- ¿Qué es lo que ya sabes sobre la probabilidad?

_____

_____

_____

- ¿Qué es lo que esperas aprender sobre la probabilidad?

_____

_____

_____

- ¿De qué manera crees que aprender sobre la probabilidad te ayudará a tomar decisiones?

_____

_____

_____

_____

Métodos de conteo

CONCEPTO CLAVE: Los métodos de conteo se usan para determinar el espacio muestral y la cantidad de resultados posibles de los experimentos.

Halla cada producto.

1. 8×14 **2.** 15×12 **3.** $6 \times 4 \times 7$ **4.** $3 \times 5 \times 8$

Objetivos de la lección

Serás capaz de:

- contar resultados posibles.
- comprender y usar diagramas de árbol.

Destrezas

- **Destreza principal:** Usar técnicas de conteo
- **Práctica principal:** Razonar de manera abstracta

Vocabulario

diagrama de árbol
espacio muestral
evento
evento compuesto
principio de conteo
resultado

CONEXIÓN CON LAS
MATEMÁTICAS

Un diagrama de árbol o una tabla muestra el espacio muestral y la cantidad de resultados posibles de un evento compuesto. El principio de conteo da *solo* la cantidad de resultados posibles.

Contar resultados posibles

Un **resultado** es la consecuencia de un experimento, como tirar una moneda y que salga cruz. Un **evento** es uno o más resultados de un experimento. Un **evento compuesto** es la consecuencia de dos o más eventos, como que salgan dos seis al tirar dos dados. El **espacio muestral** es una lista de todos los resultados posibles.

Ejemplo 1 Usar una tabla

Halla el espacio muestral y los resultados posibles de tirar dos monedas.

Paso 1   Haz una tabla donde C = Cara, y Z = Cruz. Las dos posibilidades de una moneda están dadas en la fila superior: C y Z. Las dos posibilidades para la otra moneda están en la columna de la izquierda: C y Z. Completa la tabla. Esto da todos los resultados posibles.

	C	Z
C	CC	CZ
Z	ZC	ZZ

Paso 2   Halla el espacio muestral y la cantidad total de resultados posibles. El espacio muestral es CC, CZ, ZC y ZZ. Hay cuatro resultados posibles..

Un **diagrama de árbol** es un tipo especial de diagrama que permite ver el espacio muestral y la cantidad de resultados posibles.

Ejemplo 2 Usar un diagrama de árbol

Halla el espacio muestral y todos los resultados posibles de elegir un cono o un vaso; vainilla, chocolate o fresa; y espolvoreado o bañado de chocolate.

Paso 1   Haz un diagrama de árbol. Cada rama del árbol lleva a un resultado posible. Observa el diagrama en la página siguiente.

Paso 2   Halla el espacio muestral y la cantidad total de resultados posibles. Que C sea el cono, V sea el vaso, A sea vainilla, T sea el chocolate, F sea fresa, E sea el espolvoreado y B sea el baño de chocolate. El espacio muestral es CAE, CAB, CTE, CTB, CFE, CFB, VAE, VAB, VTE, VTB, VFE y VFB. Hay 12 resultados posibles.

COMPRENDER UN DIAGRAMA

Un diagrama es un dibujo o una ilustración gráfica que presenta información. Puede mostrar cómo está organizado algo, cómo funciona algo u otras características. Puede estar solo o acompañado de un texto.

Un diagrama puede dar información adicional relacionada con el texto o volver a presentar lo mismo de una manera diferente. Los diagramas tienen **rótulos** que dan más información sobre la ilustración. Los rótulos son palabras o números que identifican lo que representan las imágenes.

Describe cómo se relaciona con el texto el siguiente diagrama.

Un puesto de helados ofrece 3 sabores, vainilla, chocolate o fresa, en un cono o en un vaso. Se les puede agregar un baño de chocolate o un espolvoreado. Si un cliente elige 1 recipiente, 1 sabor y 1 agregado, hay 12 combinaciones posibles.

El diagrama es un diagrama de árbol. Refuerza y agrega información al texto. El fragmento dice que hay 12 combinaciones posibles. El diagrama de árbol muestra que hay 12 combinaciones e indica cuáles son.

Destreza principal
Usar técnicas de conteo

Los diagramas de árbol son una herramienta valiosa para contar todos los resultados posibles, porque muestran visualmente cuáles son todas las combinaciones de resultados. Observa el diagrama de árbol. Úsalo como un modelo para resolver el siguiente problema. La aguja giratoria de abajo gira dos veces.

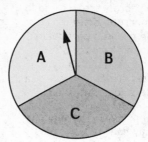

Copia y completa el siguiente diagrama de árbol para contar los resultados posibles de girar la aguja giratoria.

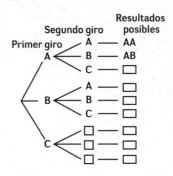

Hasta ahora has estudiado el rango de un conjunto de números, que es una manera de describir un conjunto de números. La probabilidad, que es el tema que aprenderás en la siguiente lección, es una forma de describir eventos. En probabilidad, los diagramas de árbol se usan para mostrar los resultados posibles. De esa manera, la información que se presenta visualmente permite llegar a ciertas conclusiones sobre los datos. En otras palabras, se parte de lo concreto: ocurrencias de eventos particulares. Luego, se pasa a lo abstracto. Se llega a enunciados generales que describen eventos.

Considera el ejemplo **3**. Hay cuatro resultados posibles cuando se da vuelta a la aguja giratoria C: A, B, C, D. ¿Tienes que usar letras para los cuatro resultados posibles? No, puedes estar hablando de cuatro monedas (de **1¢**, de **5¢**, de **10¢**, o de **25¢**) o de las cuatro estaciones. Dicho de otro modo, cualquier cosa que aprendas sobre los resultados al dar vuelta a la aguja giratoria de **4** letras se aplicará a cualquier evento que tenga cuatro resultados que sean igualmente posibles.

El **principio de conteo** sirve para obtener la cantidad total de resultados posibles de un evento compuesto y funciona a partir de la multiplicación.

Ejemplo 3 Usar el principio de conteo

Halla la cantidad total de resultados posibles si se giran las tres agujas giratorias de abajo.

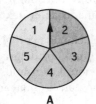  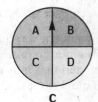

A   B   C

Paso 1 Halla la cantidad de resultados posibles al girar las agujas giratorias.
Aguja giratoria A: 5 resultados posibles; hay 5 partes iguales.
Aguja giratoria B: 3 resultados posibles; hay 3 partes iguales.
Aguja giratoria C: 4 resultados posibles; hay 4 partes iguales.

Paso 2 Halla la cantidad total de resultados posibles al girar las tres agujas giratorias. Multiplica los resultados posibles de las tres agujas.
$5 \times 3 \times 4 = 60$. Hay 60 resultados posibles.

APLICA LAS MATEMÁTICAS

Instrucciones: Halla la cantidad total de resultados posibles de cada experimento.

1. Lanza dos veces un dado de **6** caras.

2. Gira tres veces una aguja giratoria que tiene **cinco** partes iguales de rojo, azul, amarillo, verde y púrpura.

Repaso de vocabulario

Instrucciones: Empareja cada término con una de las siguientes frases.

1. _____ evento compuesto
2. _____ principio de conteo
3. _____ evento
4. _____ resultado
5. _____ espacio muestral
6. _____ diagrama de árbol

A. uno o más resultados de un experimento

B. un diagrama con ramas que permite ver el espacio muestral y la cantidad total de resultados posibles

C. una consecuencia de un experimento

D. una lista de todos los resultados posibles

E. dos o más eventos

F. usa la multiplicación para hallar la cantidad total de resultados posibles

Instrucciones: Responde las siguientes preguntas.

1. ¿En qué te ayuda usar diagramas de árbol para determinar los resultados posibles de un evento?

_____

2. Describe la relación entre el texto y el diagrama de árbol que está a continuación.

Una florería ofrece **2** opciones de floreros y **4** opciones de flores. Los floreros son floreros de vidrio o vasijas. Las flores son lilas, rosas, margaritas o una combinación de las tres. Si un cliente elige un florero y **1** tipo de flor, hay **8** combinaciones posibles.

_____

3. Haz un diagrama de árbol que permita ver el espacio muestral de tirar una moneda y girar una aguja giratoria que tiene cinco secciones iguales A, B, C, D y E. Luego, determina la cantidad total de resultados posibles.

Cantidad total de resultados posibles: _____

Práctica de destrezas

Instrucciones: Elige la mejor respuesta para cada pregunta.

1. Bomani quiere conocer el espacio muestral de girar dos veces una aguja giratoria que tiene **3** secciones iguales numeradas **1**, **2** y **3**. ¿Cuál de estos es el espacio muestral?

   A. 1, 1; 2, 2; 3, 3
   B. 1, 1; 1, 2; 1, 3; 2, 1; 2, 2; 2, 3; 3, 1; 3, 2; 3, 3
   C. 6
   D. 9

2. Jacinda hizo un diagrama de árbol para hallar la cantidad total de resultados posibles de niños y niñas en una familia de tres hijos. ¿Cuántos resultados posibles hay?

   A. 3   C. 8
   B. 6   D. 9

3. Se lanza un dado una vez y se gira una vez una aguja giratoria que tiene cuatro secciones iguales rotuladas A, B, C y D. ¿Cuál es la cantidad total de resultados posibles?

   A. 24
   B. 48
   C. 96
   D. 144

4. Hiroko tiene que elegir una clave de **4** dígitos para su cuenta bancaria. Cada dígito puede ser un número de **0** a **9** y se pueden repetir números. ¿Cuál es la cantidad total de claves posibles?

   A. 100   C. 10,000
   B. 1,000   D. 100,000

Introducción a la probabilidad

CONCEPTO CLAVE: Comprender y usar conceptos de probabilidad para hallar probabilidades y hacer predicciones.

Halla la cantidad total de resultados posibles.

1. Lanza dos veces un dado.

2. Gira tres veces una aguja giratoria con tres secciones iguales A, B y C.

3. Lanza tres veces una moneda.

4. Lanza una moneda y un dado.

Probabilidad teórica

La **probabilidad** es la posibilidad de que suceda un evento. La probabilidad solo expresa la posibilidad de que un evento suceda, no lo garantiza. La **probabilidad teórica** es la razón de la cantidad de resultados favorables a la cantidad total de resultados posibles y se basa en resultados que son igualmente probables. Los **resultados favorables** son los resultados que están especificados por un problema. Si hay una pregunta sobre la probabilidad de sacar una canica azul, sacar la canica azul se considera un resultado favorable. Puedes calcular la probabilidad teórica de un evento usando la siguiente razón.

$$\text{Probabilidad teórica de un evento} = \frac{\text{cantidad de resultados favorables}}{\text{cantidad total de resultados posibles}}$$

Puedes expresar una probabilidad en forma de fracción, decimal o porcentaje. Escribe la fracción en su mínima expresión. La probabilidad de un evento tiene un rango de 0 a 1. Una probabilidad de 0 es un **evento imposible**. Nunca podría suceder. Una probabilidad de 1 es un **evento seguro**. Sucede siempre.

Ejemplo 1 Hallar la probabilidad teórica

Un dado tiene caras numeradas del 1 al 6. Halla la probabilidad de lanzar un número par.

Paso 1 Halla la cantidad total de resultados posibles.
Hay 6 caras diferentes, así que la cantidad total de resultados posibles es 6.

Paso 2 Halla la cantidad de resultados favorables.
El resultado favorable es que el dado caiga en un número par (2, 4 o 6). Hay 3 resultados favorables distintos.

Paso 3 Calcula la probabilidad.
$\frac{\text{resultados favorables}}{\text{cantidad total de resultados posibles}} = \frac{3}{6} = \frac{1}{2}$, es decir, 0.5, es decir, 50%

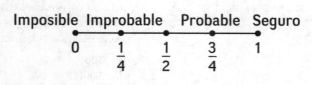

En el ejemplo 1, si el dado tuviera los números 2, 4, 6, 8, 10 y 12 en sus caras, la probabilidad de obtener un número par sería 1, es decir, 100%. El evento sería seguro.

EVALUAR LA JUSTIFICACIÓN DE LAS CONCLUSIONES

Un autor puede llegar a una conclusión basada en la información que presenta en su texto. Es importante que el lector **evalúe**, es decir, considere con cuidado, la justificación con que el autor respalda sus conclusiones. Una buena conclusión debe ser lógica y estar justificada. Los detalles que **justifican** una conclusión le dan respaldo y fuerza. Pregúntate:

- ¿Esta información está basada en hechos? ¿Cuál es la fuente?
- ¿El autor es tendencioso y tiene impresiones negativas o positivas fuertes?
- ¿La conclusión es lógica? ¿Tiene sentido según los datos?

Lee el siguiente texto y las conclusiones que se desprenden de él.

> (1) A Cintia no le gusta sentarse al sol, porque tiene la piel sensible. Su tía tiene dos boletos para el partido de béisbol, pero las ubicaciones no están a la sombra. (2) El equipo de basquetbol favorito de Cintia es Chicago Bulls, así que le deben gustar todos los deportes. (3) Los boletos son caros y Cintia detesta gastar dinero. Sin dudas, ella irá al partido de béisbol.

(1) Si va al partido de béisbol, Cintia se sentará durante varias horas al sol. Como tiene una piel sensible, no le gusta estar al sol. Este detalle no justifica la conclusión.

(2) A Cintia le gusta un cierto equipo de básquetbol, pero el autor no da ninguna prueba de que le gusten todos los deportes ni de que le guste el béisbol. Este detalle no justifica la conclusión ni la niega. Es neutral.

(3) Cintia detesta gastar dinero. Este detalle parece apoyar la conclusión de que Cintia irá al partido, pero no es tan fuerte como parece. El autor no dice explícitamente que ella haya sido invitada por su tía. Tampoco hay pruebas de que si ella no quisiera ir, el boleto se desperdiciaría. La evidencia no justifica la conclusión.

Destreza del siglo XXI
Ética y probabilidad

Las decisiones que se toman basadas en la probabilidad a veces se pueden relacionar con la ética. La ética son los principios morales que guían el comportamiento de un grupo o de una persona. Imagina que un determinado procedimiento médico es exitoso en solo **1** caso de **50**. ¿Cómo se puede decidir quién recibe el tratamiento y quién es rechazado? ¿Todas las personas deben recibir el tratamiento que necesitan? Comenta con un compañero cómo se unen la probabilidad y la ética en la toma de decisiones en el mundo real.

Considera la siguiente situación: un día que estaban aburridos, un amigo y tú decidieron tirar una moneda de **25¢** para ver cuántas veces saldría cara. Después de que saliera cara **6** veces, tu amigo dice "la próxima vez, tiene que salir cruz, porque ya salió cara muchas veces". ¿Este razonamiento es correcto? ¿La probabilidad de que salga cruz es mayor por su comportamiento anterior? Asumiendo que se trata de una moneda cuyos lados son igualmente probables, ¿esto significa que ambos lados deben salir una cantidad igual de veces?

En un cuaderno, describe por qué el razonamiento de tu amigo no es correcto. También explica qué significa que al tirar una moneda haya un **50/50** de chances de que salga cara.

Permutaciones y combinaciones

Una **permutación** es una selección de elementos o eventos en la que el orden es importante. Para hallar todos los resultados posibles de una permutación, multiplica las cantidades de opciones de las distintas posiciones.

Ejemplo 2 Hallar la probabilidad teórica usando permutaciones

Sam colgará en la pared 3 de 5 fotos de animales en una fila. Las fotos son de una cebra, un gorila, un chimpancé, un elefante y una jirafa. Halla la probabilidad de que la primera foto de la fila sea la de un elefante, la segunda sea la de un gorila y la tercera sea la de una cebra.

Paso 1 Halla la cantidad total de resultados posibles.
La disposición de las fotos es una permutación.
Hay 5 opciones para la primera posición de la fila, 4 para la segunda y 3 para la tercera.
$5 \times 4 \times 3 = 60$
Hay 60 resultados posibles.

Paso 2 Halla la cantidad de resultados favorables.
Solo hay 1 resultado favorable en el que las fotos se puedan colgar en el orden elefante, gorila y cebra.

Paso 3 Calcula la probabilidad.
$\frac{\text{resultados favorables}}{\text{cantidad total de resultados posibles}} = \frac{1}{60}$, es decir, aproximadamente 0.017, es decir, aproximadamente 1.7%

Una **combinación** es una selección de elementos en la que el orden no importa.

Ejemplo 3 Hallar la probabilidad teórica usando combinaciones

Una bolsa contiene 12 fichas de letras diferentes, incluyendo la P y la S. Se sacan dos fichas de letras al azar. Halla la probabilidad de que las fichas sean las de P y S.

Paso 1 Halla la cantidad total de resultados posibles. Como se sacan 2 fichas de 12, hay $12 \times 11 = 132$ resultados posibles.

Paso 2 Halla la cantidad de resultados favorables. Como buscamos sacar P y S, en cualquier orden, hay dos maneras en que eso puede suceder: PS o SP.

Paso 3 Calcula la probabilidad.
$\frac{\text{resultados favorables}}{\text{cantidad total de resultados posibles}} = \frac{2}{132} = \frac{1}{66}$, es decir, aproximadamente 0.015, es decir, aproximadamente 1.5%

APLICA LAS **MATEMÁTICAS**

Instrucciones: Halla cada probabilidad.

1. La probabilidad de que salga un **9** al girar una aguja giratoria con **8** secciones iguales numeradas del **1** al **8**.

2. La probabilidad de que saques una ficha azul de una bolsa que tiene **5** fichas azules, **9** rojas y **1** verde.

3. La probabilidad de que Julietta y Eduardo sean los dos nombres que se saquen de una bolsa que contiene **8** nombres diferentes, entre ellos, Julietta y Eduardo.

Probabilidad experimental

La **probabilidad experimental** es la razón de la cantidad de resultados favorables a la cantidad total de ensayos. Los **ensayos** son las veces que un experimento se repite. Puedes usar la siguiente razón para hallar la probabilidad experimental.

Probabilidad experimental $= \dfrac{\text{cantidad de resultados favorables}}{\text{cantidad total de ensayos}}$

Ejemplo 4 Hallar la probabilidad experimental

Nina logró golpear la pelota 15 de las 65 veces que bateó. Halla la probabilidad de que golpee la pelota la próxima vez que le toque batear.

Paso 1 Halla la cantidad total de ensayos.
Nina bateó 65 veces, así que hay 65 ensayos.

Paso 2 Halla la cantidad de resultados favorables.
Golpeó la pelota 15 veces, así que hay 15 aciertos.

Paso 3 Calcula la probabilidad.
$\dfrac{\text{cantidad de resultados favorables}}{\text{cantidad total de ensayos}} = \dfrac{15}{65} = \dfrac{3}{13}$, es decir, aproximadamente 0.23, es decir, aproximadamente 23%

Ejemplo 5 Hacer una predicción

El equipo de basquetbol favorito de Yasir ganó 20 de 28 partidos. Predice la cantidad de partidos que ganará el equipo de un total de 42 partidos.

Paso 1 Calcula la probabilidad de ganar basada en la estadística del equipo.
$\dfrac{\text{cantidad de resultados favorables}}{\text{cantidad total de ensayos}} = \dfrac{20}{28} = \dfrac{5}{7}$, es decir, aproximadamente 0.71, es decir, aproximadamente 71%

Paso 2 Usa la probabilidad para hacer la predicción. La probabilidad de que el equipo gane un partido es aproximadamente 71%. Cuando hagas predicciones, usa la probabilidad exacta y redondea después para evitar cualquier error de redondeo.
Multiplica la probabilidad por la cantidad de partidos.
$\dfrac{5}{7} \times 42 = 30$
La predicción es que el equipo de basquetbol ganará 30 partidos de 42.

Destreza principal
Determinar probabilidades

Imagina que quieres predecir la cantidad de veces que saldrá una canica amarilla de una bolsa en **500** intentos. Primero, determina las probabilidades. La probabilidad teórica es una buena opción si ya conoces la cantidad de canicas de cada color que hay en la bolsa. Si la mitad de las canicas fueran amarillas, sería esperable que saliera una canica amarilla **250** veces de **500** intentos. Sin embargo, imagina que realmente sacas una canica **100** veces y la vuelves a colocar cada vez. Si hallas que sacaste la amarilla el **55%** de las veces, tu predicción cambiaría a **275**.

Imagina que una bolsa tiene una cantidad igual de fichas de letras A, B, C y D. Usa la probabilidad teórica para predecir la cantidad de veces que saldrá una vocal en **100** veces que saques una ficha (volviendo a coloca la ficha cada vez). Luego, haz una predicción usando los resultados de la probabilidad experimental que se muestran en la siguiente tabla. Muestra tu trabajo.

Letra	Cantidad de veces
A	16
B	22
C	25
D	19
E	18

Instrucciones: Completa los espacios en blanco con una de las palabras o frases de abajo.

la probabilidad experimental   la probabilidad teórica   los ensayos   un evento imposible
un evento seguro   una combinación   una permutación   una probabilidad

1. _____ son la cantidad de veces que se hace un experimento.

2. _____ tiene una probabilidad igual a **0**.

3. En _____, el orden es importante.

4. _____ es la posibilidad de que algo pase.

5. Una selección en la que el orden no importa es _____.

6. Si la probabilidad es **1**, el evento es _____.

7. Usa la razón de resultados favorables a la cantidad de resultados posibles para hallar _____.

8. _____ es la razón de los resultados favorables a la cantidad de ensayos.

Instrucciones: Responde lo siguiente.

1. Kwami dice que la probabilidad teórica de sacar una canica roja de una bolsa que tiene **8** canicas rojas, **4** azules y **6** verdes apoya su conclusión de que una canica roja saldrá **67** veces de **150** intentos al azar. ¿La evidencia que menciona Kwami apoya su conclusión? Explica tu respuesta.

   _____

2. Jin está colocando **5** folletos en la recepción de un hotel. Hay **5** lugares diferentes en los que puede colocar los folletos y le dijeron que pusiera un folleto en cada lugar. Halla la probabilidad de que coloque los folletos en este orden: restaurantes, parques, compras, paseos, turismo. Luego, escribe cualquier detalle que apoye tu conclusión.

   _____

3. ¿En qué se parecen y en qué se diferencian predecir resultados basándose en la probabilidad teórica y predecir basándose en la probabilidad experimental?

   _____

Instrucciones: Elige la mejor respuesta para cada pregunta.

1. Se vendieron cien boletos de una rifa. La persona que tenga el boleto ganador obtendrá un carro nuevo. Si Jaylen compró cinco boletos por $3, ¿cuál es la probabilidad de que gane el carro?

   A. 5%
   B. 6%
   C. 50%
   D. 60%

2. Una asociación de **10** miembros elige al presidente y al vicepresidente de la comisión sacando los nombres de una bolsa. Primero se elige al presidente y luego al vicepresidente. Si Patrice y Miguel colocaron sus nombres en la bolsa, ¿cuál es la probabilidad de que Patrice sea el presidente y Miguel sea el vicepresidente?

   A. $\frac{1}{5}$

   B. $\frac{1}{10}$

   C. $\frac{1}{45}$

   D. $\frac{1}{90}$

Instrucciones: Responde las siguientes preguntas.

3. De cada **20** cajas de cereal, una compañía coloca en **8** cajas cupones para ganar una caja gratis. ¿Cuál es la probabilidad de que una caja tenga un cupón? Escribe tu respuesta como una fracción.

   _____

4. En una tienda de mascotas, **42** de **150** clientes compran comida orgánica para sus mascotas. ¿Cuántos de los **50** próximos clientes puede predecirse que comprarán comida orgánica?

   _____

Eventos compuestos

CONCEPTO CLAVE: Ampliar tus conocimientos sobre la probabilidad para hallar la probabilidad de eventos compuestos.

Halla la suma, la diferencia, el producto o el cociente.

1. $\frac{3}{5} + \frac{1}{2}$ 2. $\frac{1}{6} \div \frac{2}{3}$ 3. $\frac{5}{8} \times \frac{4}{7}$ 4. $\frac{7}{8} - \frac{5}{6}$

Halla cada probabilidad.

5. Halla la probabilidad de obtener una consonante al girar una aguja giratoria que tiene 8 secciones iguales rotuladas A, B, C, D, E, F, G y H.

6. Halla la probabilidad de obtener un número mayor a 2 al lanzar un dado cuyos lados son 1, 2, 3, 4, 5 y 6.

Eventos que se excluyen mutuamente y eventos que se superponen

Un evento compuesto consiste en dos o más eventos simples, como lanzar un dado y girar una aguja giratoria. Antes de que puedas hallar la probabilidad de un evento compuesto, necesitas saber qué tipo de evento compuesto es.

Los **eventos que se excluyen mutuamente** son eventos que no pueden suceder al mismo tiempo. Por ejemplo, si sacas una carta de un mazo de 52 cartas, no puedes sacar una reina y un rey al mismo tiempo.

Ejemplo 1 Hallar la probabilidad de eventos que se excluyen mutuamente

Una bolsa contiene un conjunto de 6 fichas de letras. Las fichas son B, F, I, J, K y U. Halla la probabilidad de sacar una vocal o una K.

Paso 1 Determina si son eventos que se excluyen mutuamente.
Como K es una consonante y no puede ser una vocal, los eventos se excluyen mutuamente.

Paso 2 Halla la probabilidad de cada evento.
$P(\text{vocal}) = \frac{2}{6}$, es decir, $\frac{1}{3}$ I y U
$P(K) = \frac{1}{6}$ K

Paso 3 Calcula la probabilidad. Como estos son eventos que se excluyen mutuamente, suma las probabilidades.
$\frac{2}{6} + \frac{1}{6} = \frac{3}{6}$, es decir, $\frac{1}{2}$
La probabilidad de sacar una vocal o una K es $\frac{1}{2}$.

Los **eventos que se superponen** pueden ocurrir al mismo tiempo porque no se excluyen mutuamente. Por ejemplo, imagina que una escuela tiene una banda musical y un club del anuario. Es posible que un estudiante esté en cualquiera de estos grupos. Y como los grupos no se excluyen entre sí, también es posible que algunos estudiantes estén en ambos grupos. En otras palabras, su pertenencia se superpone.

Ejemplo 2 Hallar la probabilidad de eventos que se superponen

Se lanza un dado que tiene 6 caras numeradas del 1 al 6. Halla la probabilidad de obtener un número mayor a 2 o un número par.

Paso 1 Determina si los eventos se superponen.
Como algunos números mayores de 2 son pares, los eventos se superponen.

Paso 2 Halla la probabilidad de que cada evento ocurra y la probabilidad de que ocurran ambos.

P(número mayor a 2) $= \frac{4}{6}$, es decir, $\frac{2}{3}$ $\qquad$ 3, 4, 5, y 6

P(número par) $= \frac{3}{6}$, es decir, $\frac{1}{2}$ $\qquad$ 2, 4, y 6

P(número mayor a 2 y número par)
$= \frac{2}{6}$, es decir, $\frac{1}{3}$ $\qquad$ 4 y 6

Paso 3 Calcula la probabilidad. Como estos son eventos que se superponen, suma las probabilidades de que suceda cada evento y resta la probabilidad de que ambos eventos ocurran.

$\frac{4}{6} + \frac{3}{6} - \frac{2}{6} = \frac{7}{6} - \frac{2}{6} = \frac{5}{6}$

La probabilidad de obtener un número mayor a 2 o un número par es $\frac{5}{6}$.

Observa que los números pares eran parte del conjunto de números mayores de 2 en el ejemplo anterior. Así, un cálculo rápido de 5 resultados favorables de 6 resultados posibles da una probabilidad de $\frac{5}{6}$. Esta también es una manera válida de pensar el problema. Pero el proceso mostrado en el ejemplo 2 se puede usar para cualquier problema, especialmente cuando la cantidad de resultados posibles es extremadamente grande.

Las ecuaciones para los eventos que se excluyen mutuamente y los eventos que se superponen son muy parecidas. ¿Cómo puedes saber cuál debes usar? Mira el ejemplo 2. El número "**2**" aparece solo en el resultado "números pares". Los números "**3**", "**4**", "**5**" y "**6**" aparecen en el resultado "números mayores que **2**". Pero observa que hay una superposición de los dos grupos. Como "**4**" y "**6**" son resultados posibles para los dos tipos de eventos, no quieres contarlos dos veces. Es por esto que debes restar su probabilidad a la suma de las primeras dos probabilidades que calculaste.

En un cuaderno, escribe la ecuación que usarías para hallar la siguiente probabilidad. Luego, calcúlala.

Tienes fichas que están numeradas del **1** al **100**. Halla la probabilidad de tomar al azar una ficha con un número impar o un cuadrado perfecto.

Eventos independientes y dependientes

Práctica principal
Razonar de manera abstracta

La comprensión de la probabilidad se relaciona con tu experiencia de situaciones del mundo real en las que hay ensayos y resultados. Por esto, la lección comienza describiendo eventos como lanzar un dado, tirar una moneda y sacar naipes de un mazo. Pero, con el tiempo, no tendrás que anotar cada evento para determinar la probabilidad de eventos compuestos. Las fórmulas de los eventos que se excluyen mutuamente, los eventos que se superponen, los eventos dependientes y los eventos independientes serán un método rápido para determinar las probabilidades.

Considera el ejemplo **4**. ¿Cuántas ramas tiene que tener el diagrama de árbol para representar cada uno de los resultados posibles? ¿Cuántas de esas ramas representarían resultados en los que el primer marcador sea azul y el segundo rojo? ¿Harías el diagrama de árbol para luego intentar ubicar y contar los pocos resultados que son aciertos en la gran cantidad de datos?

Los eventos compuestos también pueden ser independientes o dependientes. Los **eventos independientes** no se afectan entre sí. Ejemplos de esto pueden ser el caso de tirar una moneda y volver a tirarla o el caso de lanzar un dado y después girar una aguja giratoria. Si sacas al azar una cuenta de una bolsa, la sustituyes y luego sacas otra, los eventos son independientes, porque la cantidad de cuentas de la bolsa la segunda vez que sacaste es la misma que la cantidad que había al comienzo. Sacar un objeto de un recipiente y luego volver a colocarlo antes de sacar otro es algo que llamamos **reemplazo**.

Ejemplo 3 Hallar la probabilidad de eventos independientes

Una bolsa contiene 3 fichas rojas, 8 azules, 5 verdes y 2 amarillas. Sacas una ficha con un reemplazo y luego sacas otra. Halla la probabilidad de que la primera ficha sea roja y la segunda sea amarilla.

Paso 1 Determina si los eventos son independientes.
Como la ficha que se sacó la primera vez se reemplazó, los eventos son independientes.

Paso 2 Halla la probabilidad de cada evento.
3 de 18 fichas son rojas. $P(\text{ficha roja}) = \frac{3}{18}$, es decir, $\frac{1}{6}$

2 de 18 fichas son amarillas. $P(\text{ficha amarilla}) = \frac{2}{18}$, es decir, $\frac{1}{9}$

Paso 3 Calcula la probabilidad. Si dos eventos son independientes, multiplica sus probabilidades para hallar la probabilidad del evento compuesto. $\frac{1}{6} \times \frac{1}{9} = \frac{1}{54}$

La probabilidad de sacar una ficha roja la primera vez y una ficha amarilla la segunda es $\frac{1}{54}$.

APLICA LAS **MATEMÁTICAS**

Instrucciones: Usa la siguiente aguja giratoria para los ejercicios. Identifica si los eventos se excluyen mutuamente o se superponen. Luego, halla cada probabilidad.

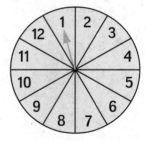

1. $P(\text{número mayor a } 5 \text{ o número impar})$

2. $P(11 \text{ o número par})$

3. $P(\text{número mayor a } 9 \text{ o número menor a } 2)$

4. $P(\text{número impar o número mayor a } 7)$

Los **eventos dependientes** sí se afectan entre sí. Si sacas una cuenta de una bolsa y no la reemplazas (no la vuelves a colocar en la bolsa antes de sacar otra), entonces los eventos son dependientes, porque la cantidad de cuentas de la bolsa la segunda vez que saques una ya no es igual a la cantidad original.

Ejemplo 4 Hallar la probabilidad de eventos dependientes

Un cajón de tu escritorio tiene 5 marcadores azules, 4 verdes y 3 rojos. Abres el cajón y sacas un marcador al azar. Luego, sacas otro. Halla la probabilidad de que el primer marcador sea azul y el segundo sea rojo.

Paso 1 Determina si los eventos son dependientes.
No reemplazaste el marcador después de la primera vez que sacaste uno, así que los eventos son dependientes.

Paso 2 Halla la probabilidad de que suceda cada evento.

$P(\text{marcador azul}) = \frac{5}{12}$ 5 de 12 marcadores son azules.

$P(\text{marcador rojo}) = \frac{3}{11}$ 3 de los 11 marcadores que quedan son rojos.

Paso 3 Calcula la probabilidad. Como son eventos dependientes, multiplica la probabilidad del primer evento por la del segundo después de que ocurra el primer evento.

$\frac{5}{12} \times \frac{3}{11} = \frac{15}{132} = \frac{5}{44}$

La probabilidad de elegir un marcador rojo después de uno azul es $\frac{5}{44}$.

Puedes usar la siguiente fórmula para hallar la probabilidad de eventos independientes.

$P(A \text{ y } B) = P(A) \times P(B)$

Puedes usar la siguiente fórmula para hallar la probabilidad de eventos dependientes.

$P(A \text{ y } B) = P(A) \times P(B \text{ después } A)$

Repaso de vocabulario

Instrucciones: Empareja cada palabra con una de las siguientes frases.

1. _____ eventos dependientes

2. _____ eventos independientes

3. _____ eventos que se excluyen mutuamente

4. _____ eventos que se superponen

5. _____ reemplazo

A. dos o más eventos que no pueden suceder al mismo tiempo

B. en un experimento, cuando un objeto se saca de una bolsa, una caja, un frasco u otro recipiente y luego se lo vuelve a colocar en el recipiente

C. un evento compuesto en el que el resultado de uno de los eventos no afecta al otro

D. un evento compuesto en el que los eventos pueden suceder al mismo tiempo

E. un evento compuesto en el que el resultado de un evento afecta al resultado del otro

Instrucciones: Responde las siguientes preguntas.

1. En eventos dependientes en los que hay fichas de colores, después de cada vez que se saca una, ¿aumenta o disminuye la probabilidad de sacar un color en particular? Explica tu respuesta.

_____

_____

2. Halla la probabilidad en el siguiente problema.

Ernesto creó una clave de **4** dígitos para su cuenta bancaria en línea. La clave está formada por números del **1** al **9** y es posible repetirlos. ¿Cuál es la probabilidad de que los primeros dos números sean el **2**?

_____

_____

Práctica de destrezas

Instrucciones: Elige la mejor respuesta para cada pregunta.

1. En una rifa de caridad, las personas colocan los boletos en frascos dependiendo de los premios que quieran obtener. Al final de la noche se sacarán dos nombres al azar de cada frasco sin reemplazarlos. En un frasco para ganar boletos para el teatro, el nombre de Gracia salió **7** veces, el de Bryan salió **5** veces y el de Azmera salió **6** veces. Si estos son los únicos nombres, ¿cuál es la probabilidad de que se saque un nombre y luego otro y ambos sean el de Azmera?

   A. $\frac{5}{51}$ C. $\frac{1}{3}$

   B. $\frac{1}{9}$ D. $\frac{2}{3}$

2. Una caja tiene **3** sujetapapeles rosas, **4** amarillos y **7** verdes. Se sacan dos sujetapapeles con reemplazo. ¿Cuál es la probabilidad de que el primero de los sujetapapeles sea rosa y el segundo sea verde?

   A. $\frac{5}{7}$ C. $\frac{3}{28}$

   B. $\frac{3}{26}$ D. $\frac{9}{91}$

3. Chantou quiere hallar la probabilidad de que el número obtenido al girar una aguja giratoria sea impar o mayor que **6**. La aguja giratoria tiene 8 secciones iguales rotuladas 1, 2, 3, 4, 5, 6, 7 y 8. ¿Qué opción muestra cómo hallar esta probabilidad?

   A. Se multiplican las probabilidades de los dos eventos para hallar la probabilidad del evento compuesto.

   B. Se multiplica la probabilidad del primer evento por la del segundo después de que haya sucedido el primer evento.

   C. Se suman las probabilidades de ambos eventos.

   D. Se suman las probabilidades de los dos eventos y se resta la probabilidad de que ocurran los dos eventos.

4. Se lanza un dado cuyas caras están rotuladas del 1 al 6. ¿Cuál es la probabilidad de que salga un número menor que **4** o igual a **6**?

   A. $\frac{5}{6}$ C. $\frac{1}{6}$

   B. $\frac{2}{3}$ D. $\frac{1}{12}$

Repaso

Instrucciones: Elige la mejor respuesta para cada pregunta.

Para las preguntas **1** a **4**, consulta la siguiente información.

> Una compañía envía por correo paquetes de cupones de descuento para los negocios de la zona. En cada paquete hay varios cupones: 12 para restaurantes, 15 para tiendas de ropa, 12 para remodelación del hogar y 18 para mecánicos de carros. Los cupones se pusieron en los paquetes de forma desordenada. Lujayn recibió uno de estos paquetes por correo.

1. ¿Cuál es la probabilidad de que Lujayn saque un cupón para una tienda de ropa sin mirar?

    A. $\frac{5}{14}$ C. $\frac{15}{42}$

    B. $\frac{5}{19}$ D. $\frac{4}{19}$

2. ¿Qué cupones tienen la misma probabilidad de ser sacados del paquete?

    A. restaurantes y tienda de ropa
    B. talleres para reparar el carro y restaurantes
    C. tiendas de ropa y talleres para reparar el carro
    D. restaurantes y remodeladores

3. Lujayn dice que la probabilidad de sacar un cupón para reparar el carro, no reemplazarlo y luego sacar un cupón de un remodelador se halla multiplicando $\frac{18}{57} \times \frac{12}{57}$. ¿Por qué está equivocada Lujayn?

    A. No tuvo en cuenta que los eventos son dependientes.
    B. No tuvo en cuenta que los eventos son independientes.
    C. No tuvo en cuenta que los eventos se excluyen mutuamente.
    D. No tuvo en cuenta que los eventos se superponen.

4. ¿Cuál es la probabilidad de sacar un cupón para una tienda de zapatos?

    A. 2   C. $\frac{1}{2}$
    B. 1   D. 0

5. Se lanzan dos dados, cada uno con números del **1** al **6**. ¿Qué resultado es más probable?

    A. La suma de los números es igual a **12**.
    B. Sale el mismo número en los dos dados.
    C. La suma de los números es igual a **7**.
    D. Al menos uno de los números es un **6**.

Para las preguntas **6** y **7**, consulta la siguiente información.

> Una bolsa contiene 8 fichas de letras: S, T, S, U, E, X, A, Q.

6. Corey predice que sacará de la bolsa una vocal o una S en su primer intento. ¿Qué porcentaje de posibilidades tiene de que su predicción sea correcta?

    A. 12.5%   C. 37.5%
    B. 25%   D. 62.5%

7. Tevin saca una ficha de la bolsa, no la reemplaza y luego saca otra. ¿Qué opción da la probabilidad de que Tevin saque una Q y luego una S?

    A. $\frac{1}{8} + \frac{2}{7}$

    B. $\frac{1}{8} \times \frac{2}{7}$

    C. $\frac{1}{8} \times \frac{2}{8}$

    D. $\frac{1}{8} \times \frac{1}{7}$

Para las preguntas **8** y **9**, consulta las agujas giratorias de abajo.

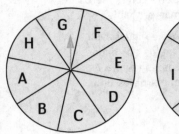 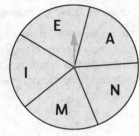

8. Las agujas giratorias se giran la vez. ¿Cuál es la probabilidad de obtener una H en la primera aguja giratoria y una E en la segunda?

A. $\frac{1}{40}$ C. $\frac{1}{8}$

B. $\frac{1}{20}$ D. $\frac{1}{5}$

9. Se giran las agujas giratorias a la vez. ¿Qué porcentaje de las veces saldrá una vocal en ambas agujas giratorias?

A. 3%   C. 15%

B. 10%   D. 38%

10. ¿Cuál de los siguientes grupos puede tener un máximo de **90** combinaciones diferentes?

A. **50** carros, **10** camiones, **30** camionetas

B. **5** carros, **6** camiones, **3** camionetas

C. **18** carros, **10** camiones

D. **10** carros, **3** camiones, **6** camionetas

11. Toda la ropa de trabajo de Jane se puede mezclar y combinar. Tiene **7** pantalones, **5** faldas, **9** blusas y **4** suéteres. Si siempre usa una blusa y un suéter y siempre varía entre un pantalón y una falda, ¿cuántas combinaciones posibles puede hacer?

A. 25

B. 315

C. 432

D. 1,260

12. ¿Qué evento tiene una probabilidad de **1**?

A. El martes está inmediatamente después del miércoles.

B. El martes será un día lluvioso.

C. El miércoles está inmediatamente después del martes.

D. El martes y el miércoles serán días lluviosos.

Comprueba tu comprensión

En la siguiente tabla, encierra en un círculo el número de los ítems que hayas respondido incorrectamente. Al lado de cada título de lección verás las páginas que puedes repasar para aprender el contenido sobre el que trata la pregunta. Repasa especialmente aquellas lecciones en las que hayas respondido incorrectamente la mitad de las preguntas o más.

Capítulo 10: Probabilidad	Procedimiento	Concepto	Aplicación/ Representación/ Resolución de problemas
Métodos de conteo pp. 292–295		10	11
Introducción a la probabilidad pp. 296–301	1, 4	2, 12	
Eventos compuestos pp. 302–306		3, 5	6, 7, 8, 9

UNIDAD 5

Medición y geometría

Medición

La medición tiene muchas aplicaciones en el mundo real. Cuando vas a comprar muebles, necesitas saber cuánto espacio hay en la habitación. También debes saber si los muebles pasarán por la puerta o la ventana para poder colocarlos dentro de la casa. ¿Qué unidades usarías para hacer mediciones y asegurarte de que un mueble entre en la casa: yardas o pulgadas?

La precisión al hacer mediciones es una cuestión importante en muchos aspectos de la vida cotidiana. Es fundamental tanto si estás preparando un pastel como si estás construyendo una casa o dispensando medicamentos. ¿De qué maneras podría una medición inexacta afectar tu vida?

Los dos tipos de mediciones que se estudian en el Capítulo 11 son las unidades usuales y las unidades métricas.

Entre los **conceptos clave** que estudiarás están:

Lección 11.1: Unidades usuales
Comprender cómo usar la división y la multiplicación para convertir una unidad usual de longitud, capacidad, peso o tiempo a otra y cómo hacer conversiones entre unidades mixtas.

Lección 11.2: Unidades métricas
Comprender cómo convertir una unidad métrica de longitud, capacidad o masa a otra.

Establecer objetivos

Antes de comenzar este capítulo, establece tus objetivos de aprendizaje.

¿Qué tipo de mediciones haces en tus tareas cotidianas y cuando estás en casa?

_____

_____

_____

Mientras estudias el Capítulo 11, practica cómo convertir medidas que veas o uses en tu vida cotidiana. Copia la siguiente tabla para llevar un registro de las medidas con las que te encuentres. Indica otra unidad a la que convertiste las medidas.

Medida		Dónde la vi o la usé	Medida convertida
Usual	Métrica		

¿Qué tipo de unidad te resultó más fácil convertir?

_____

Explica por qué te resultó más fácil.

_____

_____

_____

Unidades usuales

CONCEPTO CLAVE: Comprender cómo usar la división y la multiplicación para convertir una unidad usual de longitud, capacidad, peso o tiempo a otra y cómo hacer conversiones entre unidades mixtas.

Multiplica o divide.

1. $161 \div 7$ 3. 8×60 5. $1,825 \div 365$

2. 45×4 4. $224 \div 16$ 6. $5,280 \times 13$

Convertir unidades de medida del sistema usual

Usamos diferentes **unidades** para medir la longitud, la capacidad, el peso y el tiempo. En la tabla de abajo se muestra cuáles son las unidades de medida del sistema usual y cómo se relacionan entre sí. Usa esta información para convertir una unidad a otra.

Unidades de medida del sistema usual	
Longitud	**Peso**
1 pie = 12 pulgadas (pulg)	1 libra (lb) = 16 onzas (oz)
1 yarda (yd) = 3 pies = 36 pulgadas	1 tonelada (T) = 2,000 libras
1 milla (mi) = 1,760 yardas = 5,280 pies	
Capacidad	**Tiempo**
1 taza (tz) = 8 onzas líquidas (oz líq)	1 minuto (min) = 60 segundos (s)
1 pinta (pt) = 2 tazas	1 hora (h) = 60 minutos
1 cuarto (ct) = 2 pintas	1 día = 24 horas
1 galón (gal) = 4 cuartos	1 semana (sem) = 7 días
	1 año = 365 días

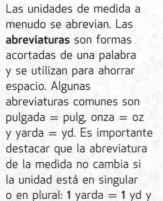

Ejemplo 1 Convertir una unidad pequeña a una unidad más grande

Convierte 105 días a semanas.

Paso 1 Halla la relación entre las dos unidades.
Hay 7 días en 1 semana.

Paso 2 Para convertir una unidad pequeña (días) a una unidad más grande (semanas), divide.
105 días ÷ 7 = 15 semanas
105 días = 15 semanas

Ejemplo 2 Convertir una unidad grande a una unidad más pequeña

Convierte 3 galones a tazas.

Paso 1 Halla la relación entre las dos unidades.

La información que hay en la tabla que está al comienzo de la lección no te indica directamente cuántas tazas hay en un galón. Pero la tabla sí te dice que hay 4 cuartos en 1 galón, 2 pintas en 1 cuarto y 2 tazas en 1 pinta.

Paso 2 Para convertir una unidad grande a una unidad más pequeña, multiplica.

3 galones × 4 cuartos = 12 cuartos
12 cuartos × 2 pintas = 24 pintas
24 pintas × 2 tazas = 48 tazas

3 galones = 48 tazas

Hacer conversiones entre unidades mixtas

Algunas medidas se dan en unidades mixtas. Por ejemplo, la estatura de una persona se expresa como 5 pies y 4 pulgadas. Saber convertir *de* unidades mixtas o *a* unidades mixtas es una destreza importante.

Ejemplo 3 Convertir una unidad mixta a una sola unidad

Convierte 5 pies y 4 pulgadas a pulgadas.

Paso 1 Halla la relación entre las dos unidades.
12 pulgadas = 1 pie

Paso 2 Convierte la unidad más grande a la unidad más pequeña.
5 pies y 4 pulgadas = (5 pies) + (4 pulgadas)
= (5 × 12 pulgadas) + (4 pulgadas)
= 60 pulgadas + 4 pulgadas
= 64 pulgadas

5 pies y 4 pulgadas = 64 pulgadas

Destreza principal
Evaluar expresiones

Has evaluado expresiones matemáticas desde las primeras lecciones de este libro; por lo tanto, estás bien preparado para convertir una unidad de medida a otra. Si observas los ejemplos de esta lección, notarás que cada conversión no es más que una expresión matemática que se te pide que evalúes. Por ejemplo, el ejemplo **3** te pide que calcules el valor que obtienes cuando sumas **4** al producto de **5** y **12**. Una vez que memorices las relaciones entre las unidades usuales que se muestran en la tabla que está al comienzo de la lección, convertir una unidad a otra te resultará sencillo. Simplemente debes establecer una expresión matemática y evaluarla.

Seguramente algunas conversiones te parezcan complicadas al principio. Vuelve a observar el ejemplo **2**, el cual se dividió en una serie de pasos para demostrar cómo convertir progresivamente unidades grandes a unidades más pequeñas. Pero estos pasos se pueden combinar en un solo problema de multiplicación con varios factores: **3** (galones) × **4** (cuartos) × **2** (pintas) × **2** (tazas). Siempre que tengas en cuenta todas las unidades cuando establezcas tu expresión matemática, el resultado será la cantidad total de unidades en la unidad más pequeña o más grande.

Convierte 200 minutos a horas y minutos.

Paso 1 Halla la relación entre las dos unidades.
60 minutos = 1 hora

Paso 2 Convierte la unidad más pequeña a una unidad más grande.
200 minutos = 200 ÷ 60
= 3 R20, es decir, 3 horas y 20 minutos

200 minutos = 3 horas y 20 minutos

CONEXIÓN CON LAS MATEMÁTICAS

- Al convertir una unidad grande a una unidad más pequeña, el número de la nueva unidad será mayor. Por ejemplo: **2** pies = **24** pulg. (Observa que **24** es mayor que **2**.)

- Al convertir una unidad pequeña a una unidad más grande, el número de la nueva unidad será menor. Por ejemplo: **36** pulg = **3** pies. (Observa que **3** es menor que **36**).

Destreza principal
Representar problemas del mundo real

Amanda quiere colocar una cerca alrededor de su jardín rectangular. Sabe que su jardín mide **66** pulgadas de largo y **2** yardas de ancho. La tienda solo vende la cerca en pies. ¿Cuántos pies de cerca necesitará Amanda? Escribe tus conversiones y tu respuesta en un cuaderno.

APLICA LAS MATEMÁTICAS

Instrucciones: Completa los siguientes enunciados.

1. **12** galones = _____ cuartos

2. **30** pies = _____ yardas

3. **300** minutos = _____ horas

4. **5** toneladas = _____ libras

5. **6** pies y **2** pulgadas = _____ pulgadas

6. **7** minutos y **35** segundos = _____ segundos

7. **11** tazas = _____ cuartos y _____ tazas

8. **50** onzas = _____ libras y _____ onzas

Repaso de vocabulario

Instrucciones: Completa cada oración con el término correcto.

el peso   el tiempo   la longitud   una capacidad   una unidad

1. _____ del lado de un rectángulo se puede medir con una regla.

2. _____ de una bola de boliche se puede medir en libras.

3. La milla es _____ de medida del sistema usual que sirve para medir la distancia entre dos ciudades.

4. En un vaso con _____ de una pinta caben **8** onzas líquidas.

5. Un reloj es una herramienta que sirve para medir _____ en minutos y horas.

Instrucciones: Usa la tabla que está al comienzo de la lección como ayuda para elegir la unidad más grande de cada par.

1. tazas o pintas

2. libras u onzas

3. pulgadas o pies

4. galones o cuartos

5. minutos o segundos

6. yardas o millas

7. días u horas

8. cuartos o pintas

9. días o semanas

10. yardas o pies

Instrucciones: Usa la tabla que está al comienzo de la lección como ayuda para resolver cada problema.

11. ¿Cuántos galones hay en **32** tazas?

12. ¿Cuántos segundos hay en un día?

13. Enrique mide **6** pies y **1** pulgada de estatura. Simón mide **70** pulgadas. ¿Quién es más alto?

14. Rita trabajó **8** horas y **45** minutos. Sue trabajó **600** minutos. ¿Quién trabajó más tiempo?

Práctica de destrezas

Instrucciones: Elige la mejor respuesta a cada pregunta.

1. ¿Qué unidad es más pequeña que un minuto?
   A. día
   B. semana
   C. segundo
   D. hora

2. Kalume preparó **20** tazas de refresco y llenó un recipiente de **1** galón. ¿Cuántas tazas de refresco le sobran?
   A. 16
   B. 8
   C. 4
   D. 2

3. ¿Qué ecuación muestra cómo convertir **8** libras a onzas?
   A. $8 \times 16 = 128$ onzas
   B. $16 \div 8 = 2$ onzas
   C. $8 \times 8 = 64$ onzas
   D. $2,000 \div 8 = 250$ onzas

4. Panya midió el largo de su jardín y vio que medía $60\frac{2}{3}$ yardas de longitud. ¿Cuál de estas opciones es otra manera de indicar el largo de su jardín?
   A. 84 pies
   B. 180 pies y **9** pulg
   C. 182 pies
   D. 183 pies

Unidades métricas

CONCEPTO CLAVE: Comprender cómo convertir una unidad métrica de longitud, capacidad o masa a otra.

Halla cada producto o cociente.

1. 2.8×100
2. $3.5 \times 1,000$
3. $50 \div 10$
4. $45 \div 100$
5. $90 \times 1,000$
6. 56.5×100

El sistema métrico

El sistema métrico de medición se usa en muchas partes del mundo. Se basa en el sistema decimal de números. Las unidades básicas de medición métrica son el **metro**, para medir la longitud, el **litro**, para medir la capacidad líquida, y el **gramo**, para medir la masa. Los prefijos que se usan con estas unidades forman otras unidades. Un **prefijo** es una letra o un grupo de letras que se coloca antes de una palabra y que cambia su significado.

Los prefijos más comunes son *mili-*, para representar $\frac{1}{1,000}$, es decir, 0.001, *centi-* para representar $\frac{1}{100}$, es decir, 0.01, y *kilo-* para representar 1,000 veces la unidad básica.

En la tabla de abajo se muestra cuáles son las unidades de medida del sistema métrico y cómo se relacionan entre sí. Usa esta información para convertir una unidad a otra.

Unidades de medida del sistema métrico
Longitud
1 metro (m) = 100 centímetros (cm) 1 metro = 1,000 milímetros (mm) 1 centímetro = 10 milímetros 1 kilómetro (km) = 1,000 metros
Capacidad líquida
1 litro (L) = 1,000 mililitros (mL) 1 kilolitro (kL) = 1,000 litros
Masa
1 gramo (g) = 1,000 miligramos (mg) 1 kilogramo (kg) = 1,000 gramos

USAR PREFIJOS

Los prefijos son sílabas que se agregan al comienzo de una palabra. Los prefijos cambian el significado de una palabra. En la tabla de abajo se muestran algunos prefijos comunes y sus significados.

Prefijo	Significado	Ejemplo	Significado del ejemplo
Pre-	Antes de	Prenatal	Anterior al nacimiento
Bi-	Dos	Bianual	Dos veces al año
Tri-	Tres	Triatlón	Competencia que tiene tres partes
In-	No	Innecesario	Que no es necesario
Re-	Nuevamente	Reiniciar	Iniciar nuevamente
Anti-	Contra	Anticongelante	Material que evita el congelamiento

Comprender los prefijos te ayuda a decodificar palabras desconocidas. A menudo puedes descomponer una palabra para hallar el significado de cada parte.

Para cada palabra de abajo, escribe su prefijo, el significado del prefijo y el significado de toda la palabra.

> 1. inestable   prefijo _____ significado del prefijo _____
> significado de la palabra _____
> 2. reestreno   prefijo _____ significado del prefijo _____
> significado de la palabra _____

1. prefijo <u>in</u>   significado del prefijo <u>no</u>
significado de la palabra <u>no estable</u>
Algo inestable es algo que no tiene estabilidad.

2. prefijo <u>re</u>   significado del prefijo <u>nuevamente</u>
significado de la palabra <u>estrenado nuevamente</u>
En un reestreno, una película antigua se vuele a proyectar en el cine.

El trabajo con decimales te ha enseñado que el punto decimal se mueve hacia la derecha o hacia la izquierda según multipliques o dividas por potencias de **10**. Al multiplicar por **0.1**, el punto decimal se mueve un lugar hacia la izquierda. Al multiplicar por **100**, el punto decimal se mueve dos lugares hacia la derecha (se mueve tantos lugares a la derecha como ceros haya).

A medida que avances en la lección, te darás cuenta de que sabes más sobre este tema de lo que crees. Ya has elaborado las estrategias de resolución que necesitas para convertir una unidad a otra del sistema métrico. Basándote en tus conocimientos previos sobre cómo trabajar con decimales y cómo convertir unidades del sistema usual, más la información que se da en la tabla métrica, establece las reglas para convertir una unidad del sistema métrico a otra. Luego, en un cuaderno, usa esas reglas para determinar cuál de estas unidades equivale a una longitud de **100** milímetros: **10** metros, **10** centímetros o **10** kilómetros. A continuación, después de leer esta lección, vuelve atrás y verifica si tu respuesta era correcta.

Al hacer conversiones entre unidades de medida se usan exactamente los mismos procesos que al convertir razones a razones unitarias y al convertir fracciones a sus denominadores comunes; en los tres casos se usa el proceso de multiplicar por **1**. Pero al convertir de una unidad a otra, es posible que debas multiplicar por **1** más de una vez.

Por ejemplo, imagina que quieres convertir **1 milla** a pulgadas. ¿Hay algún número que represente fácilmente la conversión? No. En lugar de eso, debes usar la conversión de millas a pies y luego de pies a pulgadas (**1 milla = 5,280 pies** y **1 pie = 12 pulgadas**). Por lo tanto, las razones de conversión (el "**1**" que debes multiplicar) son:

$$\frac{1 \text{ milla}}{5,280 \text{ pies}} \quad y \quad \frac{1 \text{ pie}}{12 \text{ pulgadas}}$$

Las dos razones de arriba equivalen a **1**, y se pueden multiplicar o dividir por cualquier número que resulte adecuado. Dado que queremos convertir millas, debemos multiplicar por una razón de **1** que tenga millas en el denominador, de modo que se cancelen las unidades de milla. Por lo tanto, para convertir millas a pulgadas, hacemos el siguiente cálculo:

$$1 \text{ milla} ; \frac{5,280 \text{ pies}}{1 \text{ milla}} \times \frac{12 \text{ pulgadas}}{1 \text{ pie}}$$
$$= \textbf{63,360} \text{ millas.}$$

En un cuaderno, convierte **3,567** cm a km.

El diagrama de abajo muestra las **potencias de 10** (números que se forman al multiplicar 10 por sí mismo una determinada cantidad de veces) por las que se debe multiplicar o dividir al convertir unidades.

$$10^1 = 10 \qquad 10^2 = 100 \qquad 10^3 = 1,000$$

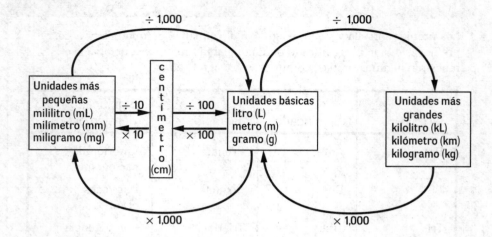

Ejemplo 1 Usar el prefijo para convertir una unidad pequeña a una unidad más grande

Usa los prefijos para hallar la cantidad de milímetros que hay en 1 metro.

El milímetro es la unidad más pequeña, y 1 milímetro es $\frac{1}{1,000}$, es decir, 0.001 de un metro.

En un metro hay 1,000 milímetros.

APLICA LAS **MATEMÁTICAS**

Instrucciones: Completa los siguientes enunciados.

1. 1 m = _____ km
2. 1 m = _____ cm
3. 1 m = _____ mm
4. 1 km = _____ m
5. 1 km = _____ cm
6. 1 km = _____ mm
7. 1 cm = _____ km
8. 1 cm = _____ m
9. 1 cm = _____ mm
10. 1 mm = _____ km
11. 1 mm = _____ m
12. 1 mm = _____ cm

Ejemplo 2 Usar el prefijo para convertir una unidad grande a una unidad más pequeña

Usa el prefijo para convertir 0.189 kilogramos a gramos.

El kilogramo es la unidad más grande, y en 1 kilogramo hay 1,000 gramos.

En 0.189 kilogramos hay 0.189 veces 1,000 gramos.

0.189 kg × 1,000 = 189 g

0.189 kilogramos = 189 gramos

Ejemplo 3 Convertir una unidad pequeña a una unidad más grande

Convierte 70 centímetros a metros.

Al igual que con las unidades de medida del sistema usual, divide para convertir una unidad más pequeña a una unidad más grande.

70 cm ÷ 100 = 0.70 m, es decir, 0.7 m

70 centímetros = 0.7 metros

Ejemplo 4 Convertir una unidad grande a una unidad más pequeña

Convierte 5.2 litros a mililitros.

Multiplica para convertir una unidad a una unidad más pequeña. Dado que hay 1,000 mililitros en 1 litro, multiplica por 1,000.

5.2 L × 1,000 = 5,200 mL

5.2 litros = 5,200 mililitros

Para convertir unidades del sistema métrico, primero halla la relación entre las dos unidades o entre los prefijos. Si vas a convertir una unidad pequeña a una unidad más grande, divide por una potencia de 10. Si vas a convertir una unidad grande a una unidad más pequeña, multiplica por una potencia de 10.

CONEXIÓN
CON LAS
MATEMÁTICAS

Al multiplicar o dividir por una potencia de **10**, mueve el punto decimal tantos lugares como ceros haya en la potencia de **10**.

APLICA LAS MATEMÁTICAS

Instrucciones: Completa los siguientes enunciados.

1. 320 cm = _____ m

2. 0.4 kL = _____ L

3. 5,500 g = _____ kg

4. 89 mm = _____ cm

5. 1.4 kL = _____ L

6. 2,000 L = _____ kL

7. 240 m = _____ km

8. 342,000 mg = _____ g

9. 6.5 L = _____ mL

Instrucciones: Completa cada oración con el término correcto.

el gramo   el litro   el metro   una potencia de 10

1. _____ es la unidad básica de longitud del sistema métrico.

2. _____ es la unidad básica de capacidad líquida del sistema métrico.

3. _____ es la unidad básica de masa del sistema métrico.

4. Multiplicar **10** por sí mismo una determinada cantidad de veces da como resultado _____.

Repaso de destrezas

Instrucciones: Responde las siguientes preguntas.

1. La masa de un mililitro de agua es aproximadamente **1** gramo. ¿Cuál es la masa aproximada de **10** mililitros de agua?

2. Una moneda de **1¢** pesa aproximadamente **2.5** gramos. ¿Cuál es el peso aproximado de **50** monedas de **1¢**?

3. Un DVD tiene **120** milímetros de diámetro. ¿Cuántos centímetros de diámetro tiene un DVD?

4. Un litro de agua pesa **1** kilogramo. ¿Cuántos litros de agua pesarán **1,000** kilogramos?

5. El símbolo del *milímetro* es *mm*, el del *centímetro* es *cm*, el del *metro* es *m* y el del *kilómetro* es *km*. ¿Cuál crees que es el símbolo del *decímetro*?

Instrucciones: Empareja cada prefijo con la potencia de **10** correcta.

_____ 6. centi   A. 1,000

_____ 7. mili   B. 0.01

_____ 8. kilo   C. 0.001

Práctica de destrezas

Instrucciones: Elige la mejor respuesta para cada pregunta.

1. Una naranja contiene aproximadamente **70** miligramos de proteína. ¿Cuántos gramos son?

   A. 0.07
   B. 0.7
   C. 7
   D. 70,000

2. ¿Qué opción muestra las unidades de longitud ordenadas de la más pequeña a la más grande?

   A. milímetro, metro, centímetro, kilómetro
   B. centímetro, metro, milímetro, kilómetro
   C. metro, centímetro, milímetro, kilómetro
   D. milímetro, centímetro, metro, kilómetro

3. En un vaso entran **0.25** litros de agua. ¿Cuántos litros de agua entrarán en **1,000** vasos?

   A. 0.0025
   B. 0.25
   C. 250
   D. 2,500

4. La longitud de un trozo de lana es **800** centímetros. ¿Cuántos metros de lana son?

   A. 8
   B. 80
   C. 8,000
   D. 80,000

Repaso

Instrucciones: Elige la mejor respuesta para cada pregunta.

1. ¿Qué enunciado muestra cómo convertir **12** yardas a pulgadas?

    A. Se multiplica **12** por **3**.
    B. Se divide **36** por **12**.
    C. Se divide **12** por **36**.
    D. Se multiplica **12** por **36**.

2. ¿Qué opción enumera unidades de medida ordenadas de la más grande a la más pequeña?

    A. gramo, centigramo, kilogramo, miligramo
    B. kilolitro, litro, mililitro, centilitro
    C. kilómetro, metro, centímetro, milímetro
    D. milímetro, centímetro, metro, kilómetro

3. Mavis vive en Tucson desde hace **136** días. Betina vive allí desde hace **5** meses. Héctor se mudó a Tucson hace **18** semanas. Jumah vive allí desde hace $\frac{1}{4}$ de año. ¿Quién vive en Tucson desde hace más tiempo?

    A. Mavis
    B. Betina
    C. Héctor
    D. Jumah

4. La cafetera de Kiet puede preparar una jarra de café de un cuarto. ¿Cuántas tazas de café puede servir Kiet con dos de esas jarras?

    A. 4   C. 16
    B. 8   D. 32

5. Winona mide **75** pulgadas de estatura. ¿Cuántos pies y pulgadas son?

    A. 7 pies y 3 pulgadas
    B. 6 pies y 3 pulgadas
    C. 6 pies
    D. 5 pies y 9 pulgadas

6. En una botella hay **300** mililitros de jarabe para la tos. ¿Cuántos litros hay?

    A. 0.003
    B. 0.03
    C. 0.3
    D. 3.0

7. Omari corre **5** millas día por medio. ¿Cuántos pies corre? (Una milla = **5,280** pies)

    A. 26,400
    B. 13,200
    C. 5,280
    D. 5,000

8. Valeria compra **4** libras de naranjas. ¿Cuántas onzas son?

    _____

9. ¿Cuántos litros equivalen a **15** kilolitros?

  A. 1.5   C. 15,000
  B. 1,500   D. 150,000

10. Tanh alquiló una película que dura **140** minutos. Dispone de **2** horas antes de salir a buscar a sus hijos a la escuela. ¿Cómo puede averiguar Tanh si tiene tiempo suficiente para mirar toda la película antes de irse?

  A. Escribe ambas duraciones en minutos. Luego, divide.
  B. Escribe ambas duraciones en horas. Luego, suma.
  C. Escribe ambas duraciones en minutos. Luego, suma.
  D. Escribe ambas duraciones en minutos. Luego, compara las duraciones.

11. Yamuna midió una longitud de **12** yardas de lana que usará para hacer un abrigo. Después de cortar **5** pies de esa longitud, ¿cuántos pies del pedazo de lana original le quedan?

  A. 36   C. 7
  B. 31   D. 2.5

12. Farran maneja **35** kilómetros para ir a trabajar cada día. ¿Cuántos metros son?

  A. 0.35   C. 35,000
  B. 3,500   D. 350,000

13. La masa de un elefante africano macho es **6,500** kilogramos. ¿Qué opción muestra cómo hallar cuántos gramos pesa el elefante?

  A. $6,500 \times 1,000$
  B. $6,500 \div 100$
  C. $6,500 \div 1,000$
  D. $6,500 \times 0.0001$

14. El estacionamiento del centro comercial mide **450** yardas de longitud. ¿Cuántos pies son?

  A. 45
  B. 150
  C. 900
  D. 1,350

Comprueba tu comprensión

En la siguiente tabla, encierra en un círculo el número de los ítems que hayas respondido incorrectamente. Al lado de cada título de lección verás las páginas que puedes repasar para aprender el contenido sobre el que trata la pregunta. Repasa especialmente aquellas lecciones en las que hayas respondido incorrectamente la mitad de las preguntas o más.

Capítulo 11: Medición	Procedimiento	Concepto	Aplicación/ Representación/ Resolución de problemas
Unidades usuales pp. 312–315		1, 10	3, 4, 5, 7, 8, 11, 14
Unidades métricas pp. 316–321	13	2, 9	6, 12

Geometría

La geometría forma parte de nuestra vida cotidiana. La mesa en la que desayunas es una figura geométrica o una combinación de figuras geométricas. Los edificios y las habitaciones que visitas durante el día se construyeron a partir de ideas básicas de geometría, como, por ejemplo, los ángulos rectos y las rectas paralelas. Para decidir cuánta pintura comprar al momento de pintar una habitación, debes hallar las áreas de las paredes. ¿En qué situaciones de tu vida diaria observas o usas algunos de los principios de la geometría?

Entre los **conceptos clave** que estudiarás están:

Lección 12.1: Figuras geométricas
Aprender a identificar y clasificar figuras de dos dimensiones según sus propiedades.

Lección 12.2: Perímetro y circunferencia
Comprender y aplicar los conceptos de perímetro y circunferencia.

Lección 12.3: Dibujos a escala y mediciones
Aprender a leer dibujos a escala, a realizar mediciones reales a partir de una escala y a dibujar objetos geométricos con una cierta escala.

Lección 12.4: Área
Desarrollar y aplicar el concepto de área para hallar las áreas de figuras simples y complejas.

Lección 12.5: Teorema de Pitágoras
Comprender el teorema de Pitágoras y su demostración y aplicarlo a situaciones de la vida real.

Lección 12.6: Cuerpos geométricos y volumen
Ampliar la comprensión de las figuras geométricas para incluir cuerpos geométricos y el concepto de volumen.

Lección 12.7: Volumen de conos, cilindros y esferas
Calcular el volumen de objetos de tres dimensiones complejos a partir del hecho de que están formados por cuerpos geométricos cuyas fórmulas de volumen son conocidas.

Establecer objetivos

Antes de comenzar este capítulo, establece tus objetivos de aprendizaje.
Piensa en los lugares y los momentos en los que usas la geometría mientras te
encuentras en tu casa o en cualquier momento de tu vida diaria.

¿De qué manera usas la geometría en tu vida?

_____

_____

_____

Para hallar ejemplos de figuras geométricas solo basta con mirar una
habitación. La superficie de la puerta es un rectángulo. Las paredes y las
ventanas también lo son.

Halla ejemplos de figuras geométricas en objetos que uses u observes a diario.
Copia la siguiente tabla y anota la figura, sus dimensiones y su área o volumen
(según corresponda).

Figura geométrica	Dimensiones	Área	Volumen

Figuras geométricas

CONCEPTO CLAVE: Aprender a identificar y clasificar figuras de dos dimensiones según sus propiedades.

Escribe círculo, rectángulo, cuadrado *o* triángulo *para identificar las siguientes figuras.*

1.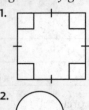

2.

3.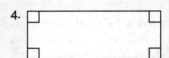

4.

Términos básicos de geometría

Para estudiar geometría se deben aprender muchas definiciones. Entre las destrezas necesarias se incluyen la identificación de las figuras y la comprensión de las relaciones entre las mismas. Estudia detenidamente las siguientes definiciones y figuras.

Línea o recta: figura sin grosor que no se curva y que continúa ininterrumpidamente en dos direcciones

recta *AB*

Segmento: porción finita de una recta que une dos puntos llamados extremos

segmento *CD*

Semirrecta: porción de una recta que continúa ininterrumpidamente en una dirección y que comienza en un vértice

semirrecta *EF*

Ángulo: cantidad de rotación que existe entre dos rectas o semirrectas que se intersecan

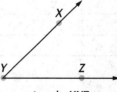

ángulo *XYZ*

Ángulo recto: ángulo que mide 90°

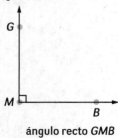

ángulo recto *GMB*

Rectas paralelas: dos (o más) rectas que nunca se intersecan

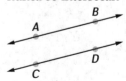

rectas paralelas *AB* y *CD*

Rectas perpendiculares: dos rectas que se intersecan y forman un ángulo recto en el punto de intersección

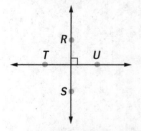

rectas perpendiculares *RS* y *TU*

Observa que los nombres de todas las rectas y todos los segmentos contienen dos puntos, mientras que los ángulos se nombran con tres puntos. Si analizamos el nombre de un ángulo, observamos que el punto del medio es el **vértice**, es decir, el punto desde el cual se extienden las dos semirrectas.

APLICA LAS MATEMÁTICAS

Instrucciones: Dibuja y rotula las figuras que se describen.

1. semirrecta *PQ*   **2.** segmento *MN*   **3.** ángulo recto *RST*

CONTRIBUCIONES DE CIVILIZACIONES ANTIGUAS

Seguramente hayas oído hablar de Pitágoras, Euclides y otros matemáticos que hace varios siglos desarrollaron y demostraron las ideas de geometría que más tarde tendrían influencia en el mundo moderno. Incluso antes que ellos las civilizaciones antiguas aprendieron y usaron conceptos de geometría que conformarían los cimientos para futuros matemáticos. Sin estas bases, la sociedad moderna no habría sido posible.

Los babilonios sabían calcular el volumen y el área de las figuras. Podían estimar la circunferencia de los círculos. Hace más de 4,000 años escribían problemas matemáticos en tablillas de arcilla.

Los antiguos egipcios también sabían calcular el área de las figuras y el volumen de los cuerpos geométricos, y desarrollaron las mismas fórmulas que se utilizan en la actualidad. Un ejemplo de esto es el Papiro de Moscú, escrito aproximadamente en el 1850 a. C. Este documento contiene problemas matemáticos escritos con jeroglíficos y sus respectivas soluciones. Entre los problemas se incluyen hallar el área, el área total y el volumen. Te sorprenderías al ver la similitud entre estos problemas y los que resolverás.

Los antiguos griegos aprendieron y usaron el conocimiento de los antiguos egipcios, babilonios y demás civilizaciones. Además, descubrieron y demostraron otros conceptos de geometría.

En este capítulo aprenderás conceptos básicos de geometría y conocerás diferentes tipos de figuras geométricas. También aprenderás a calcular el perímetro, la circunferencia, el área y el volumen. Estos conceptos y destrezas te servirán de base para continuar aprendiendo sobre geometría y otras áreas de las matemáticas, como la trigonometría y el cálculo.

Al igual que en otras áreas de las matemáticas, es importante que revises las respuestas a los problemas de geometría para asegurarte de que sean razonables.

En geometría, una de las maneras de comprobar que las respuestas sean razonables es analizar el diagrama. Si mides un ángulo agudo y obtienes **150°**, sabes que hay un error, porque ese ángulo no puede medir más de **90°**; entonces, tu respuesta no es razonable.

De todos modos, ten cuidado de no dar por sentado datos que no tienes. Los diagramas pueden no estar dibujados con precisión. Por ejemplo, las rectas de un diagrama pueden parecer paralelas o perpendiculares. Solo saca conclusiones a partir de los datos que se dan o los datos que puedas demostrar.

Por ejemplo, imagina un triángulo con dos lados de una gran longitud y un tercer lado de escasa longitud. Los dos ángulos ubicados en los extremos del lado de escasa longitud parecen ángulos rectos. ¿Es posible? ¿Por qué?

Ángulos

Los ángulos se clasifican según sus medidas. **Clasificar** es separar en grupos según una característica elegida. Los ángulos se miden en **grados** (°).

CLASIFICACIÓN DE LOS ÁNGULOS

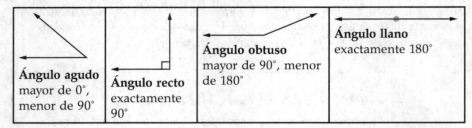

Ángulo agudo mayor de 0°, menor de 90°

Ángulo recto exactamente 90°

Ángulo obtuso mayor de 90°, menor de 180°

Ángulo llano exactamente 180°

Triángulos y cuadriláteros

Triángulos

Un **polígono** es una figura plana y cerrada formada por tres o más segmentos que están unidos entre sí y nunca se intersecan. Un polígono de tres lados es un **triángulo**. Los triángulos se pueden clasificar según sus lados y según sus ángulos. La suma de los ángulos de un triángulo es 180°.

Clasificación según los ángulos			Clasificación según los lados		
Acutángulo Todos los ángulos miden < 90 grados.	**Rectángulo** Un ángulo mide 90 grados.	**Obtusángulo** Un ángulo mide > 90 grados.	**Equilátero** Todos los lados tienen la misma longitud.	**Isósceles** Dos lados tienen igual longitud.	**Escaleno** Los lados tienen longitudes diferentes.

APLICA LAS **MATEMÁTICAS**

Instrucciones: Identifica cada triángulo según sus ángulos y sus lados.

1.

2.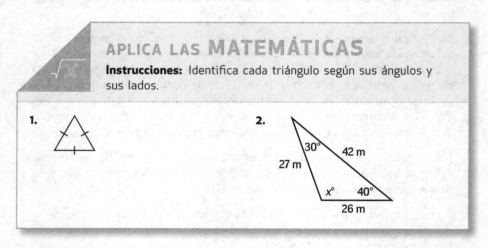

Ejemplo 1 Clasificar un triángulo según los ángulos y los lados

Clasifica el triángulo según sus ángulos y sus lados.

Paso 1 Identifica los ángulos del triángulo.

El triángulo tiene un símbolo de ángulo recto; entonces, es un triángulo rectángulo.

Paso 2 Identifica los lados del triángulo.

El triángulo tiene marcas iguales sobre dos lados, lo que significa que esos dos lados tienen la misma longitud. Es un triángulo isósceles, es decir, un triángulo con dos lados de igual longitud.

El triángulo se clasifica como un triángulo isósceles rectángulo.

Cuadriláteros

Los polígonos de cuatro lados se llaman **cuadriláteros**. Los cuadriláteros se clasifican según sus lados y sus ángulos. La suma de los ángulos de un cuadrilátero es 360°. Si los dos lados de cada par de lados opuestos de un cuadrilátero son paralelos, el cuadrilátero es un **paralelogramo**. Los lados opuestos de un paralelogramo tienen igual longitud. Los **rectángulos** y los **cuadrados** son dos tipos de paralelogramos. En un rectángulo todos los ángulos miden 90°; en un cuadrado todos los lados tienen la misma longitud y todos los ángulos miden 90°.

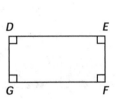
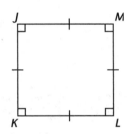

Ejemplo 2 Hallar la medida de un lado opuesto en un rectángulo

Halla cuánto mide el lado *EF*.

Paso 1 Observa el lado paralelo al lado *EF*.

El lado *DG* es paralelo al lado *EF*.

Paso 2 Halla cuánto mide el lado *DG*.

El lado *DG* mide 17 cm.

Paso 3 Como la figura *DEFG* es un rectángulo, los lados opuestos tienen la misma longitud. Como el lado *DG* es opuesto al lado *EF*, tiene la misma longitud que el lado *EF*. Por lo tanto, el lado *EF* mide 17 cm.

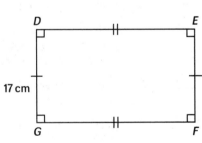

Círculos

Un **círculo** es una figura plana en la que cada uno de los puntos de la circunferencia se encuentra a la misma distancia del **centro**. El **diámetro** es la línea recta que va de un punto de la circunferencia a otro pasando por el centro. Su longitud duplica a la del **radio**, que es la distancia que hay desde el centro del círculo hasta un punto de la circunferencia. En el círculo *R* que se muestra a la derecha, *R* es el centro, el segmento *AB* es el diámetro y el segmento *RC* es el radio. En este círculo, *RA* y *RB* también son radios.

Ejemplo 3 Identificar las partes de un círculo

Identifica el radio y el diámetro del círculo *A*.

Paso 1 Identifica el radio.

Como el radio es la distancia que hay desde el centro del círculo hasta un punto de la circunferencia, los segmentos *AB* y *AC* son radios del círculo.

Paso 2 Identifica el diámetro.

Como el diámetro es la línea recta que va de un punto de la circunferencia a otro pasando por el centro, el segmento *BC* es el diámetro.

Repaso de vocabulario

Instrucciones: Empareja cada término con una de las frases de abajo.

ángulo   círculo   cuadrado   cuadrilátero   rectángulo
rectas paralelas   rectas perpendiculares   semirrecta

_____ **A.** porción de una recta que continúa ininterrumpidamente en una dirección y que comienza en un vértice

_____ **B.** figura plana en la que cada uno de los puntos de la circunferencia se encuentra a la misma distancia del centro

_____ **C.** figura de cuatro lados

_____ **D.** cantidad de rotación que existe entre dos rectas o semirrectas que se intersecan

_____ **E.** figura con cuatro ángulos rectos

_____ **F.** dos rectas que se intersecan y forman un ángulo recto en el punto de intersección

_____ **G.** dos (o más) rectas que nunca se intersecan

_____ **H.** figura cuyos cuatro lados tienen la misma longitud y cuyos cuatro ángulos son ángulos rectos

Instrucciones: Completa los siguientes ejercicios.

1. ¿Qué hizo Arquímedes para obtener una aproximación del valor de π?

_____

2. Compara y contrasta los rectángulos y los cuadrados.

_____

Instrucciones: Responde la siguiente pregunta.

3. ¿Un triángulo puede tener un ángulo recto y un ángulo obtuso? Explica tu respuesta.

_____

Práctica de destrezas

Instrucciones: Elige la mejor respuesta para cada pregunta.

1. ¿Qué segmento es el diámetro del círculo?

   A. segmento MP
   B. segmento PT
   C. segmento QR
   D. segmento ST

3. ¿Qué términos describen mejor el triángulo?

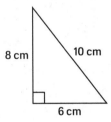

   A. acutángulo, escaleno
   B. obtusángulo, equilátero
   C. rectángulo, escaleno
   D. rectángulo, isósceles

2. ¿Qué término describe mejor el ángulo?

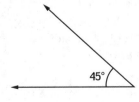

   A. recto   C. agudo
   B. llano   D. obtuso

4. ¿Qué término describe mejor la figura?

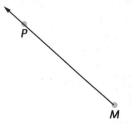

   A. semirrecta MP   C. segmento MP
   B. recta MP   D. ángulo MP

Perímetro y circunferencia

CONCEPTO CLAVE: Comprender y aplicar los conceptos de perímetro y circunferencia.

Identifica cada polígono.

1.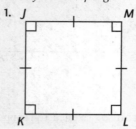

2.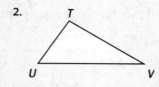

Perímetro

El **perímetro** es la distancia alrededor de una figura, como un triángulo, un rectángulo o un cuadrado. Para hallar el perímetro de una figura se suman las longitudes de sus lados o se usa una fórmula. A veces no se dan las longitudes de todos los lados de una figura. En esos casos se deben hallar las longitudes desconocidas para luego hallar el perímetro.

Ejemplo 1 Hallar el perímetro sumando longitudes de lados

Halla el perímetro del triángulo.

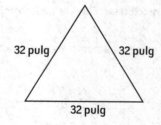

Paso 1 Determina la cantidad de lados de la figura y sus longitudes.

El triángulo tiene 3 lados. Cada lado mide 32 pulgadas.

Paso 2 Suma las longitudes de los lados.

$P = 32 + 32 + 32 = 96$ pulgadas

El perímetro es 96 pulgadas.

Ejemplo 2 Hallar el perímetro usando la fórmula del cuadrado

Halla el perímetro del cuadrado.

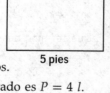

Paso 1 Determina la cantidad de lados de la figura y sus longitudes.

El cuadrado tiene 4 lados. Cada lado mide 5 pies.

Paso 2 Usa una fórmula para hallar el perímetro. En este caso también se pueden sumar los 4 lados.

La fórmula para hallar el perímetro de un cuadrado es $P = 4\,l$.

$P = 4 \times 5$ Reemplaza l por 5.

$P = 20$

El perímetro del cuadrado es 20 pies.

PRÁCTICAS MATEMÁTICAS

Algunos pasajes de un texto contienen muchos detalles. Si estás leyendo con un propósito específico, es posible que no todos los detalles te resulten necesarios. Hallar los detalles necesarios es una destreza importante.

Cuando observes un pasaje, un diagrama o una tabla, pregúntate: *¿Necesito toda esta información para resolver el problema?*

Halla el perímetro de la base del edificio que se observa en el siguiente diagrama.

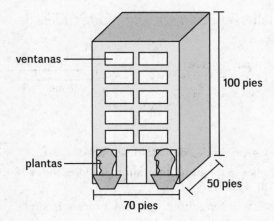

La base del edificio es la parte inferior, y su perímetro es la distancia alrededor de ella. Los detalles que necesitas son el largo y el ancho de la parte inferior del edificio: 50 pies y 70 pies. Se pueden ignorar la altura y los rótulos de las ventanas y las plantas.

El perímetro es $50 + 70 + 50 + 70 = 240$ pies.

Práctica principal
Representar con matemáticas

A veces los problemas que resultan importantes para una comunidad se pueden resolver a través del uso de destrezas interpersonales. Se espera que el uso de las fortalezas individuales brinde sostén al grupo.

Imagina un pueblo en el que se designa un terreno como jardín comunitario. Se planea pintar la cerca que rodea el jardín, y el grupo comunitario desea que las **25** familias que viven en los alrededores participen en el proyecto. ¿De qué manera se puede dividir la cerca en partes iguales entre las **25** familias?

Para responder estas preguntas, el trabajo se puede dividir entre voluntarios que tengan las destrezas matemáticas necesarias. Algunas de las tareas son:

- medir el terreno para determinar su perímetro.

- usar el perímetro para determinar la cantidad de cerca que le corresponde a cada familia.

En un cuaderno, anota los pasos que se deben seguir para determinar la cantidad de cerca que le corresponde a cada familia.

Halla el perímetro del rectángulo.

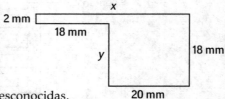

10 cm
28 cm

Paso 1 Determina la cantidad de lados y
sus longitudes.

El rectángulo tiene 4 lados: dos largos de 28 cm y dos anchos de
10 cm.

Paso 2 Usa una fórmula para hallar el perímetro.

La fórmula para hallar el perímetro de un rectángulo es $P = 2l + 2a$.

$P = 2l + 2a$ $\qquad$ l = largo y a = ancho

$P = 2(28) + 2(10)$ $\qquad$ Reemplaza el largo por 28
y el ancho por 10.

$P = 56 + 20$ $\qquad$ $P = 76$

El perímetro del rectángulo es 76 centímetros.

Ejemplo 4 Hallar el perímetro con longitudes de lados desconocidas

Halla el perímetro del polígono.

Paso 1 Halla las longitudes de lado desconocidas.

Para hallar la longitud de x, suma las longitudes 18 mm y 20 mm.
$18 + 20 = 38$ mm

Para hallar la longitud de y, resta 2 mm a 18 mm.
$18 - 2 = 16$ mm

Paso 2 Suma las longitudes de los lados. Este polígono tiene 6 lados.

$P = 38 + 18 + 20 + 16 + 18 + 2 = 112$

El perímetro del polígono es 112 milímetros.

APLICA LAS **MATEMÁTICAS**

Instrucciones: Halla el perímetro de cada figura.

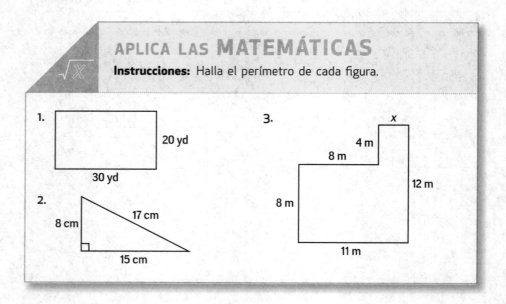

1. 20 yd / 30 yd

2. 8 cm / 17 cm / 15 cm

3. x / 4 m / 8 m / 12 m / 8 m / 11 m

Circunferencia

La **circunferencia** es la distancia alrededor de un círculo. Esta medida depende del **radio** o el **diámetro** del círculo. Recuerda que el radio es la distancia que hay desde el centro del círculo hasta un punto de su circunferencia. El diámetro es la línea recta que va de un punto de la circunferencia a otro pasando por el centro.

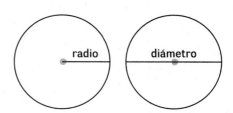

Si conoces el radio de un círculo, multiplícalo por 2 para hallar su diámetro. Si conoces el diámetro de un círculo, divídelo por 2 para hallar su radio.

Para hallar la circunferencia de un círculo, multiplica su diámetro por **pi** (π). Pi es la razón de la circunferencia de un círculo a su diámetro. El valor de pi es 3.14159... Puedes usar 3.14 o $\frac{22}{7}$ como aproximaciones a pi.

Ejemplo 5 Hallar la circunferencia usando el diámetro

Halla la circunferencia de un círculo con un diámetro de 28 metros.

Paso 1 Decide si usarás 3.14 o $\frac{22}{7}$ como valor de π.

El diámetro es 28 metros. Como 28 es múltiplo de 7, se puede usar $\frac{22}{7}$.

Paso 2 Halla la circunferencia del círculo.

$C = \pi d$

$C = \frac{22}{7} \times 28 = \frac{22}{1\cancel{7}} \times \frac{\cancel{28}^{4}}{1} = 88$

$C = 88$

La circunferencia del círculo es aproximadamente 88 metros.

Usa $\frac{22}{7}$ como valor de π cuando el diámetro o el radio es múltiplo de **7**. De lo contrario, usa **3.14** como valor de π.

CONEXIÓN CON LAS MATEMÁTICAS

Ejemplo 6 Hallar la circunferencia usando el radio

Halla la circunferencia del círculo.

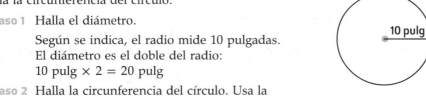

Paso 1 Halla el diámetro.

Según se indica, el radio mide 10 pulgadas.
El diámetro es el doble del radio:
10 pulg × 2 = 20 pulg

Paso 2 Halla la circunferencia del círculo. Usa la fórmula $C = \pi d$.

Usa 3.14 como valor de π, pues 20 no es múltiplo de 7.

$C = \pi d$

$C = 3.14 \times 20$

$C = 62.8$

La circunferencia del círculo es aproximadamente 62.8 pulgadas.

Ejemplo 7 Usar la calculadora para hallar la circunferencia

Halla la circunferencia de un círculo con un diámetro de 12 milímetros.

Presiona

En la pantalla aparecerá lo siguiente:

La circunferencia del círculo es aproximadamente 37.68 milímetros.

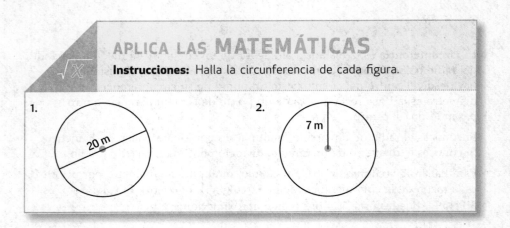

APLICA LAS MATEMÁTICAS

Instrucciones: Halla la circunferencia de cada figura.

1. 20 m

2. 7 m

Repaso de vocabulario

Instrucciones: Completa los espacios en blanco con los siguientes términos.

el diámetro   el perímetro   el radio   la circunferencia   pi

1. _____ es la distancia alrededor de un polígono.

2. _____ de un círculo es la distancia que hay desde el centro hasta un punto de su circunferencia.

3. _____ es la distancia alrededor de un círculo.

4. _____ es la razón de la circunferencia de un círculo a su diámetro, y tiene un valor aproximado de **3.14**.

5. La línea recta que va de un punto de la circunferencia a otro pasando por el centro del círculo es _____ .

Repaso de destrezas

Instrucciones: Describe los detalles que necesitas para hallar el perímetro o la circunferencia de cada figura. Luego, halla el perímetro o la circunferencia.

1.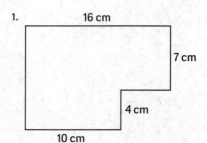

2.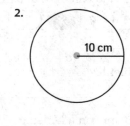

Práctica de destrezas

Instrucciones: Elige la mejor respuesta para cada pregunta.

1. En el diagrama se muestra el diseño de una alfombra para una entrada principal. Si el diseñador quisiera colocar un borde de goma alrededor de la alfombra, ¿cuántos metros de goma necesitaría?

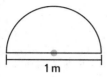

1 m

- A. 1.57
- B. 2.57
- C. 3.14
- D. 4.14

2. ¿Cuál es el perímetro en milímetros de la siguiente figura?

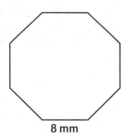

8 mm

- A. 48
- B. 64
- C. 72
- D. 80

3. El señor Ruiz quiere colocar una nueva moldura alrededor del techo de la sala de estar. ¿Cuántos pies de moldura debe comprar?

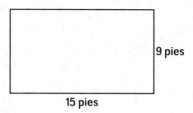

9 pies

15 pies

- A. 6
- B. 24
- C. 48
- D. 135

4. El perímetro de un rectángulo es **24** pies. Si el ancho es **7** pies, ¿cuál es el largo?

- A. 3
- B. 5
- C. 10
- D. 17

Serás capaz de:

- calcular longitudes reales a partir de un dibujo a escala.

- dibujar figuras geométricas con condiciones dadas.

- reproducir un dibujo a escala con una escala diferente.

Destrezas

- **Práctica principal:** Usar herramientas matemáticas apropiadas

- **Destreza principal:** Resolver problemas que incluyen dibujos a escala de figuras geométricas

Vocabulario

dibujo a escala
factor de escala
proporción

CONCEPTO CLAVE: Puedes usar dibujos a escala para obtener información acerca de los objetos reales a los que estos representan.

La razón es una comparación de dos valores. Las razones pueden expresarse con palabras, como, por ejemplo, 3 perros a 2 gatos. También pueden expresarse con dos puntos, como en 3:2, o con una fracción, como $\left(\frac{3}{2}\right)$.

Independientemente de la manera en que se escriba, la razón generalmente se expresa en su mínima expresión. Por ejemplo, imaginemos que la razón de niñas a niños en una clase es 5:4. Esto significa que podría haber un total de 5 niñas y 4 niños. O podría haber un total de 10 niñas y 8 niños, es decir, 10:8. O podría haber un total de 15 niñas y 12 niños, es decir, 15:12. En todos los casos, la mínima expresión de la razón es la misma: 5:4.

Factor de escala

Recordemos que la razón es una comparación de dos valores. La razón que se observa en los mapas se llama **factor de escala**. Se trata de una razón de longitudes. En otras palabras, se trata de la relación que hay entre una longitud y otra.

Es posible que hayas visto o usado diferentes mapas. En cada mapa se incluye un factor de escala, que puedes usar para conocer la distancia que hay entre dos lugares. En un mapa, el factor de escala podría ser 1 pulgada = 50 millas. Este factor de escala indica que si la distancia entre dos objetos del mapa es 1 pulgada, la distancia entre estos dos objetos en el mundo real es 50 millas.

A veces se puede usar el cálculo mental para calcular distancias reales. En otras ocasiones puede resultar útil escribir una **proporción**, es decir, una ecuación. En una proporción, las razones a ambos lados de la ecuación son equivalentes.

$$\frac{1 \text{ pulg}}{50 \text{ millas}} \bowtie \frac{2 \text{ pulg}}{x \text{ millas}}$$

$1x = 2\,(50)$

$x = 100$ millas

Dibujos a escala

Los dibujos a escala permiten observar en papel cosas reales, como edificios y parques. Los planos y los mapas son ejemplos de **dibujos a escala**. El dibujo a escala de un lugar u objeto es una representación más grande o más pequeña del lugar u objeto real.

PARQUE NATURAL

Estanque de tortugas

Parque de aves

Jardín de mariposas

Zoológico interactivo

Entrada

Lago

Acuario

Área de picnic

1 pulgada
250 yardas

Calcular distancias en un dibujo a escala

Observa el mapa del parque natural. El área de picnic se encuentra en la esquina sureste del parque. El mapa que observas en la página no muestra la escala exacta, pero imagina que, en su parte más ancha, el área de picnic tiene 3 pulgadas de longitud. Puedes usar esta información y el factor de escala para hallar la longitud del lado más largo del área de picnic.

Paso 1 Escribe una razón.

Usa la escala.

El factor de escala es 1 pulg = 250 yd. Este factor de escala se puede reescribir como la siguiente razón:

$$\frac{1 \text{ pulg}}{250 \text{ yd}}$$

Observa el numerador de la razón. Este representa la distancia en el mapa. Ahora observa el denominador. Este representa la distancia en el parque real.

Paso 2 Escribe una proporción.

Usaste el factor de escala para escribir una razón. Ahora escribe una proporción para hallar la longitud del lado más largo del área de picnic. La variable d representa la distancia desconocida. La proporción es:

$$\frac{1 \text{ pulg}}{250 \text{ yd}} = \frac{3 \text{ pulg}}{d \text{ yd}}$$

Observa atentamente los numeradores de la proporción. Ambos representan longitudes del mapa. Ahora observa los denominadores. Ambos representan distancias reales en el parque.

Paso 3 Resuelve la proporción.

Para resolver una proporción, usa el cálculo mental o la multiplicación cruzada.

$$\frac{1 \text{ pulg}}{250 \text{ yd}} \diagdown\!\!\!\!\diagup \frac{3 \text{ pulg}}{d \text{ yd}}$$

$1d = 3 \times 250$

$d = 750$ yd

El lado más largo del área de picnic mide 750 yardas.

APLICA LAS MATEMÁTICAS

Instrucciones: Comprueba la respuesta que se da para el problema.

Al resolver un problema es importante preguntarse si la respuesta tiene sentido. Si no lo tiene, se debe revisar el trabajo. Por ejemplo, imagina que se usó una escala de **1** pulg = **4** pies para hacer un dibujo a escala de un comedor. En el dibujo se incluyó una mesa que tiene **1.5** pulgada de largo. Se escribió y se resolvió una proporción para hallar el largo real de la mesa.

$\frac{1}{4} = \frac{x}{1.5}$

$x = \mathbf{0.375}$ pies

¿Tiene sentido la respuesta? ¿Por qué?

Dibujar figuras geométricas con condiciones dadas

Imagina que eres arquitecto y deseas dibujar los planos de un edificio de oficinas. En tu dibujo, cada oficina tendrá una puerta rectangular cuyas medidas son 36 pulgadas de ancho por 84 pulgadas de alto. Quieres usar un factor de escala de 1 pulg = 12 pulg en tu dibujo a escala. Sigue los pasos que se describen a continuación para determinar las dimensiones correctas de cada puerta en tu dibujo a escala.

Paso 1 Escribe una razón.

Usa el factor de escala $\frac{1 \text{ pulg}}{12 \text{ pulg}}$.

Paso 2 Escribe una proporción.

Estás calculando la altura y el ancho de cada puerta, lo que significa que necesitas hallar dos dimensiones. Por lo tanto, necesitas dos proporciones.

Altura: $\frac{1 \text{ pulg}}{12 \text{ pulg}} = \frac{h \text{ pulg}}{84 \text{ pulg}}$

Ancho: $\frac{1 \text{ pulg}}{12 \text{ pulg}} = \frac{a \text{ pulg}}{36 \text{ pulg}}$

Paso 3 Resuelve las proporciones.

Ahora puedes usar la multiplicación cruzada para resolver cada proporción. Como todas las unidades de medición están en pulgadas, no se incluyen en la solución.

Resuelve para hallar la altura:

$$\frac{1 \text{ pulg}}{12 \text{ pulg}} \diagup\!\!\!\diagdown \frac{h \text{ pulg}}{84 \text{ pulg}}$$

$$1 \times 84 = 12 \times h$$

$$84 = 12h$$

$$\frac{84}{12} = \frac{12h}{12}$$

$$h = 7$$

En tu dibujo a escala, las puertas tendrán 7 pulgadas de alto.

Resuelve para hallar el ancho:

$$\frac{1 \text{ pulg}}{12 \text{ pulg}} = \frac{a \text{ pulg}}{36 \text{ pulg}}$$

$$1 \times 36 = 12 \times a$$

$$36 = 12a$$

$$\frac{36}{12} = \frac{12a}{12}$$

$$a = 3$$

En tu dibujo a escala, las puertas tendrán 3 pulgadas de ancho.

Paso 4 Ahora tienes la información necesaria para hacer tu dibujo a escala. Las puertas rectangulares tendrán 7 pulgadas de alto y 3 pulgadas de ancho. Como las puertas son rectángulos, puedes usar un transportador (una herramienta para medir ángulos) para asegurarte de que cada ángulo mida 90°.

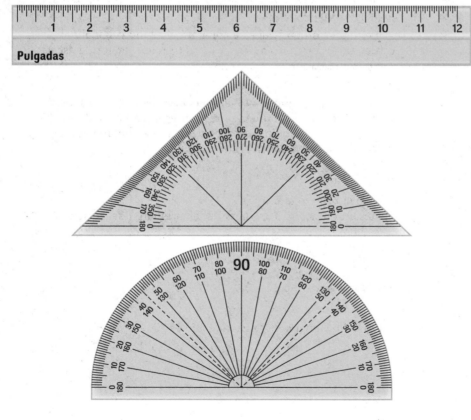

Al hacer dibujos a escala es necesario realizar mediciones precisas. Esto se debe a que las longitudes de los dibujos son proporcionales a las longitudes del mundo real. Existen diferentes reglas.

Algunas reglas sirven para medir longitudes cortas en pulgadas, pies, milímetros y centímetros. Estas reglas, llamadas reglas de una yarda, sirven para medir longitudes de hasta tres pies; también existen reglas más largas, llamadas reglas de un metro, que sirven para medir longitudes de hasta **100** centímetros.

Un maquinista que produce herramientas precisas podría usar un micrómetro, una herramienta que mide al **0.01** de pulgada más cercana, o al **0.25** de milímetro más cercano. Los calibradores Vernier realizan mediciones aun más precisas, con una exactitud de hasta **0.001** de pulgada o **0.02** de milímetro. Para distancias largas, algunos ingenieros usan instrumentos de medición de longitud láser, que incorporan pantallas LCD. Estos instrumentos emiten una luz que choca contra un objeto distante, calcula la distancia y muestra la medición realizada en la pantalla LCD.

¿Qué herramientas de medición sueles usar? Piensa en algo que quieras construir o en un área que desees medir. ¿Qué herramientas de medición necesitarías para hacer un dibujo a escala? Haz una investigación sobre tu proyecto para observar dibujos a escala reales y aprender acerca de las herramientas de medición que se utilizaron.

A menudo los problemas
que incluyen medidas de
escala requieren el uso
del álgebra y la geometría
para hallar la solución.

Por ejemplo, imagina que
el largo de un rectángulo
es el doble de su ancho.
En un dibujo a escala del
rectángulo, el ancho es
3 pulgadas. ¿Cuál es el
largo en el dibujo?

Escribe una ecuación para
comparar el largo del
rectángulo con su ancho.

largo = **2** ancho,
o $l = 2a$

Esta ecuación tiene dos
variables. Conoces el valor
de la variable a.

$l = 2(3)$
$l = 6$

El largo del rectángulo
en el dibujo a escala es
6 pulgadas. Entonces, el
rectángulo del dibujo mide
3 pulgadas de ancho y
6 pulgadas de largo.

Imagina que te contratan
como diseñador
escenográfico para un
teatro y te entregan un
dibujo a escala de un
escenario ambientado
como una sala de estar.
En el dibujo, la pared
trasera tiene **7** pulgadas
de ancho y **3** pulgadas de
alto. La pared real mide
25 pies de ancho. ¿Cómo
puedes hallar la altura
de la pared trasera real?
¿Cuál es la altura de la
pared trasera real?

Reproducir un dibujo a escala con una escala diferente

Puedes hallar las medidas de un objeto real si tienes un dibujo a escala y un factor de escala. Imaginemos que en un dibujo a escala un rectángulo tiene 3 pulgadas de alto y 5 pulgadas de ancho. El factor de escala es 1 pulg = 3 pies. Esta información es suficiente para que escribas y resuelvas una proporción que te permita hallar las medidas del objeto real.

Para comenzar, halla el ancho del rectángulo real. Escribe y resuelve una proporción.

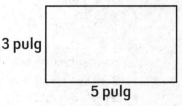

3 pulg

5 pulg

Paso 1 Escribe una razón.
Usa la información de la escala:
$$\frac{1\ \text{pulg}}{3\ \text{pies}}$$

Paso 2 Escribe una proporción.
Usa la escala y las medidas del rectángulo.
$$\frac{1\ \text{pulg}}{3\ \text{pies}} = \frac{3\ \text{pulg}}{a\ \text{pies}}$$

Paso 3 Resuelve la proporción. Usa la multiplicación cruzada.
$$\frac{1\ \text{pulg}}{3\ \text{pies}} \bowtie \frac{3\ \text{pulg}}{a\ \text{pies}}$$
$1 \times a = 3 \times 3$
$a = 9$

El ancho del rectángulo real es 9 pies.

Puedes seguir los mismos pasos para hallar el largo del rectángulo real.

Ahora puedes usar un factor de escala diferente para hacer un nuevo dibujo. Por ejemplo, imaginemos que el ancho del rectángulo en el nuevo dibujo a escala es 6 pulgadas. Halla el largo.

Paso 1 Escribe una razón en la que se compare el ancho original del rectángulo con el nuevo ancho. Este es tu nuevo factor de escala.
$$\frac{3\ \text{pulg (ancho original)}}{6\ \text{pulg (nuevo ancho)}}$$

Paso 2 Escribe una proporción para hallar el largo del nuevo rectángulo. Ten en cuenta que los numeradores representan las medidas del rectángulo del dibujo a escala original. Los denominadores representan las medidas del nuevo dibujo.
$$\frac{3\ \text{pulg}}{6\ \text{pulg}} = \frac{5\ \text{pulg}}{x\ \text{pulg}}$$

Paso 3 Resuelve la proporción.
Usa la multiplicación cruzada para hallar el largo del rectángulo del nuevo dibujo.
$3 \times x = 5 \times 6$
$3x = 30$
$$\frac{3x}{3} \bowtie \frac{30}{3}$$
$x = 10$

El largo del rectángulo del nuevo dibujo es 10 pulgadas.

Repaso de vocabulario

Instrucciones: Empareja cada término con su definición.

1. _____ proporción
2. _____ dibujo a escala
3. _____ factor de escala

A. razón de longitudes

B. representación más grande o más pequeña de un objeto o lugar real

C. ecuación que muestra dos razones equivalentes

Repaso de destrezas

Instrucciones: Completa las actividades. En los ejercicios **1** y **2** se muestran figuras con sus respectivos dibujos a escala.

1. Halla el perímetro del triángulo *ABC*.

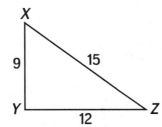

2. Halla el perímetro del cuadrilátero *ABCD*.

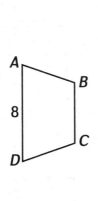
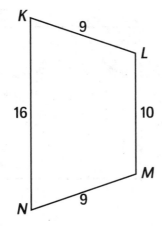

A veces puedes usar el cálculo mental para resolver proporciones. Mira los numeradores de esta proporción. Observa que puedes multiplicar el **3** de la primera razón por **4** y obtener el **12** de la segunda razón.

$$\frac{3}{5} = \frac{12}{x}$$

$$\frac{3}{5} \times \frac{4}{4} = \frac{12}{?}$$

Esto significa que también puedes multiplicar el denominador por **4** para hallar el valor de *x*.

5 × 4 = 20; entonces, *x* = **20**.

Cuando se observa este tipo de relación entre los numeradores o denominadores, el uso del cálculo mental ayuda a resolver las proporciones rápidamente.

3. La altura de un monumento triangular es el triple de la longitud de la base. Si un dibujo a escala del monumento tiene una altura de **4.5** pulgadas, ¿cuál es la longitud de la base en el dibujo?

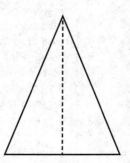

_____

4. El largo de un banco rectangular es **5** pies más extenso que la altura. En un dibujo a escala que se hizo del banco, la altura es **2** pulgadas y el largo es **7** pulgadas. ¿Cuál es la altura y el largo del banco real?

_____ , _____

5. Un plano también es un dibujo a escala. Si cada cuadrado del papel cuadriculado que se muestra mide $\frac{1}{4}$ pulgada, ¿cuál es la escala del dibujo?

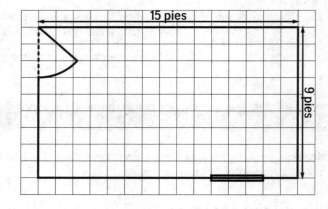

A. $\frac{1}{4}$ pulgada = **1** pie

B. $\frac{1}{2}$ pulgada = **1** pie

C. **1** pulgada = **1** pie

D. **2** pulgadas = **1** pie

6. El diseñador del siguiente plano quiere agregar un sofá de **7** pies de largo. ¿Cuál será el largo del sofá en el dibujo a escala?

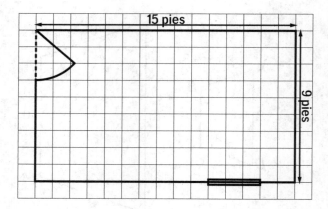

A. **1** pulgada

B. **1.75** pulgadas

C. **2.33** pulgadas

D. **4** pulgadas

Instrucciones: Completa las actividades.

1. Imagina que se debe realizar un dibujo a escala del carrito de compras para el cartel de una tienda. La canasta es un rectángulo con una altura real de **2** pies y un ancho real de **3** pies. El diámetro de cada rueda es $\frac{1}{2}$ pie. La escala del dibujo es **3** pulg = **2** pies.

Nota: El dibujo no está a escala.

   a. ¿Cuál es la altura del carrito en el dibujo a escala?

   _____

   b. ¿Cuál es el ancho del carrito en el dibujo a escala?

   _____

   c. ¿Cuál es el diámetro de cada rueda en el dibujo?

   _____

2. Una ameba es un organismo unicelular. Se muestra un dibujo a escala de una ameba. Este dibujo tiene **75** veces el tamaño de una ameba real. La escala es **3** pulg = **1** mm. El diámetro del núcleo en el dibujo es $\frac{1}{2}$ pulgada. ¿Cuál es el diámetro real del núcleo?

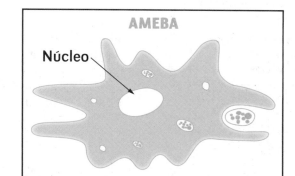

   A. $\frac{1}{6}$ milímetro

   B. $\frac{1}{2}$ milímetro

   C. $\frac{2}{3}$ milímetro

   D. 2 milímetros

3. Un dibujo a escala de una ventana decorativa incluye un triángulo cuyos lados tienen una longitud de 6, 7 y 10 centímetros. Si el lado más largo de la ventana real mide **12** pulgadas, ¿cuál es la escala del dibujo?

   _____

4. Describe de qué manera se puede usar un compás para dibujar un triángulo cuyos lados tengan longitudes de 3, 4 y 5 pulgadas.

   _____

   _____

5. Recibes un dibujo a escala del plano de una casa. En el dibujo, la puerta principal tiene un largo de **2** pulgadas, pero el capataz quiere que la puerta tenga un largo de **3** pulgadas en el plano. Explica qué se debe hacer para cumplir con el pedido del capataz.

   _____

Objetivos de la lección

Serás capaz de:

- hallar el área de cuadrados, rectángulos y triángulos.
- hallar el área de círculos.
- hallar el área de figuras complejas.

Destrezas

- **Destreza principal:** Desarrollar líneas de razonamiento
- **Destreza principal:** Elaborar estrategias de resolución

Vocabulario

altura
ancho
área
base
figura compleja
largo

CONCEPTO CLAVE: Desarrollar y aplicar el concepto de área para hallar las áreas de figuras simples y complejas.

Halla el perímetro o circunferencia de cada figura.

1. 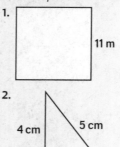 11 m

2. 4 cm 5 cm 3 cm

3. 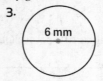 6 mm

4. 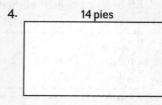 14 pies 8 pies

Área de rectángulos y cuadrados

El **área** de una figura es la cantidad de superficie que abarca esa figura. El área se mide en unidades cuadradas. Para hallar el área de un rectángulo, multiplica su **largo** por su **ancho**. El largo de un rectángulo es la dimensión más larga, mientras que el ancho es la dimensión más corta.

Ejemplo 1 Área de rectángulos

Halla el área del rectángulo.

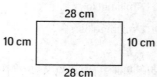
28 cm
10 cm   10 cm
28 cm

Paso 1 Identifica las medidas del largo y el ancho.

largo: 28 cm   ancho: 10 cm

Paso 2 Halla el área.

$A = l \times a$ Área = largo × ancho
$A = 28 \times 10$
$A = 280 \text{ cm}^2$

El área es 280 centímetros cuadrados (cm^2).

Ejemplo 2 Área de cuadrados

Halla el área de un cuadrado con lados de 5 pies.

Paso 1 Identifica las medidas del largo y el ancho.

La figura es un cuadrado; tanto el largo como el ancho son 5 pies.

Paso 2 Halla el área del cuadrado.

$A = l \times a$
$A = 5 \times 5$
$A = 25$ pies^2

5 pies

El área es 25 pies cuadrados (pies^2).

Área de triángulos

Para hallar el área de un triángulo, primero identifica su **base** y su **altura**. La base es siempre el lado sobre el que está apoyado el triángulo. La altura es la longitud del segmento perpendicular a la base, que se extiende hasta el extremo superior del triángulo. En los triángulos que se muestran abajo, la base se rotula con la letra b y la altura se rotula con la letra h.

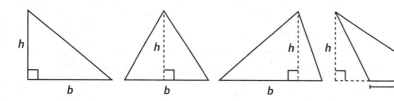

Ejemplo 3 Área de un triángulo

Halla el área de un triángulo.

Paso 1 Identifica la base y la altura del triángulo y sus medidas.

La base es el segmento BC, que mide 4 metros.
La altura es el segmento AB, que mide 3 metros.

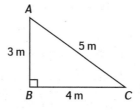

Paso 2 Halla el área del triángulo.

El área de un triángulo es $\frac{1}{2}$ del producto de su base (b) por su altura (h).

$A = \frac{1}{2}(b \times h)$

$A = \frac{1}{2}(4 \times 3)$

$A = \frac{1}{2}(12)$

$A = 6$ m^2 El área del triángulo es 6 metros cuadrados (m^2).

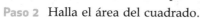

CONEXIÓN CON LAS MATEMÁTICAS

También puedes usar la fórmula para calcular el área de un cuadrado: $A = l^2$, donde l es un lado del cuadrado.

Destreza principal
Desarrollar líneas de razonamiento

Para determinar el área de un triángulo, primero puedes mirar los triángulos rectángulos. Si juntas dos triángulos rectángulos idénticos rotando uno de ellos y uniéndolos por sus hipotenusas, habrás creado un rectángulo. El área del rectángulo es simplemente $A = bh$, donde b y h son la base y la altura del triángulo original. Por lo tanto, el área del triángulo es la mitad de eso. De allí deriva la fórmula del triángulo. Por supuesto, garantizar que esta fórmula sirve para hallar el área de todos los triángulos lleva más trabajo, pero es algo que puede hacerse.

Haz la prueba de dibujar un triángulo tú mismo. Puede ser de cualquier tipo, siempre que no sea un triángulo rectángulo. "Agrega" triángulos rectángulos para formar un rectángulo. Luego, calcula el área del rectángulo y resta el área de los triángulos rectángulos. ¿Qué resultado obtuviste? Deberías haber obtenido el área del triángulo original, que calculaste usando la fórmula que ya conoces.

Destreza principal
Elaborar estrategias
de resolución

Hallar el área de una
figura es más fácil cuando
se tiene un plan.

1) Identifica si se trata de
una figura cuya fórmula
de área ya conoces o si
es una figura compleja. Si
es compleja, dibuja líneas
para dividirla en figuras
que te sean familiares y
halla el área de cada una
de ellas.

2) Determina qué
información necesitas.
Según la figura, puedes
necesitar el largo y el
ancho, la base y la altura,
o el radio.

3) Usa la fórmula
correcta para la figura,
sustituyendo las variables
por los valores que
encontraste en el paso **2**.

4) Verifica que tu
respuesta sea coherente.
Una manera de hacerlo
es imaginar unidades
cuadradas que cubren
la figura.

En un cuaderno, determina
el área de un círculo que
tiene una circunferencia
de **25.12** cm.

Halla el área de un triángulo que tiene 4.26 pulgadas de base y 2.48 pulgadas
de altura.

Presiona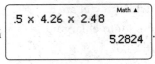

La pantalla mostrará

> .5 × 4.26 × 2.48   Math ▲
>   5.2824

El área del triángulo es 5.2824 pulgadas cuadradas (pulg²).

Área de círculos

El área de un círculo es π veces el radio por el radio. Usa $\frac{22}{7}$ o 3.14 como valor
de π. La fórmula para hallar el área de un círculo es $A = \pi r^2$.

Ejemplo 5 Área de un círculo

Halla el área del círculo que se muestra.

> **Paso 1** Halla el radio.
>
> Diámetro ÷ 2 = 20 ÷ 2 = 10
> El radio es 10 pulgadas.
>
> **Paso 2** Halla el área del círculo. En este caso, el radio
> no es un mútliplo de 7; entonces, usa 3.14 como valor de π.
>
> $A = \pi \times$ radio $\times$ radio
> $A = 3.14 \times 10 \times 10$
> $A = 314$ pulg²

El área es aproximadamente 314 pulgadas cuadradas (pulg²). Esto se debe a
que usamos 3.14 como el valor aproximado de pi en lugar de su valor real,
que no termina.

Ejemplo 6 Usar la calculadora para hallar el área de un círculo

Halla el área de un círculo cuyo radio es 8 metros.

Presiona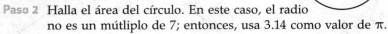

La pantalla mostrará

> 3.14 × 8 × 8   Math ▲
>   200.96

El área del círculo es aproximadamente 200.96 metros cuadrados (m²).

APLICA LAS **MATEMÁTICAS**

Instrucciones: Halla el área de cada figura.

1.

13 cm   13 cm
12 cm
10 cm

2.

11 pies
14 pies

3.

7 pulg

4.

8 mm

CONEXIÓN CON LAS **MATEMÁTICAS**

Generalmente las figuras complejas puede dividirse de muchas maneras. Puedes elegir cualquier figura para descomponer la figura principal, siempre y cuando la figura tenga la forma de un polígono para el cual puedas hallar el área. Una buena regla es seleccionar figuras cuya área sea fácil de calcular.

Área de figuras complejas

Las **figuras complejas** están compuestas por dos o más figuras. Para hallar el área de una figura compleja, divide la figura en dos o más figuras (como rectángulos, cuadrados, triángulos o círculos), halla el área de cada figura y luego suma las áreas.

Ejemplo 7 Área de una figura compuesta por un rectángulo y un triángulo

Halla el área del polígono.

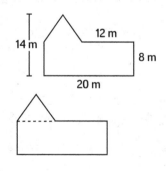

14 m   12 m   8 m   20 m

Paso 1   Divide el total en figuras más pequeñas. Divide la figura en un rectángulo y un triángulo.

Paso 2   Identifica las dimensiones de cada figura.

rectángulo: 20 m de largo y 8 m de ancho
triángulo: 8 m de base (20 m − 12 m) y 6 m de altura (14 m − 8 m)

Paso 3   Halla el área de cada figura.

rectángulo: $A = 20 \times 8 = 160$ m^2

triángulo: $A = \frac{1}{2}(8 \times 6) = \frac{1}{2}(48) = 24$ m^2

Paso 4   Halla el área total del polígono. Suma las áreas del rectángulo y el triángulo.

160 m^2 + 24 m^2 = 184 m^2
El área del polígono es 184 metros cuadrados.

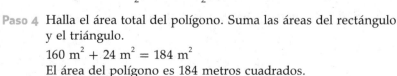

Ejemplo 8 Área de una figura compuesta por un rectángulo y un semicírculo

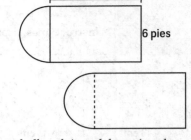

Halla el área de la figura que se muestra.

Paso 1 Divide el total en figuras más pequeñas.
Divide la figura en un rectángulo y un semicírculo.

Paso 2 Identifica las dimensiones de cada figura.

rectángulo: 9.5 pies de largo y 6 pies de ancho
semicírculo: 6 pies de diámetro, es decir, 3 pies de radio

Paso 3 Halla el área de cada figura. Multiplica el largo y el ancho para hallar el área del rectángulo. Multiplica π por el radio y nuevamente por el radio para hallar el área del círculo. Como es solo un semicírculo, divide el área por 2.

rectángulo: $A = 9.5 \times 6 = 57$ pies^2
semicírculo: $A = (3.14 \times 3 \times 3) \div 2 = 28.26 \div 2 = 14.13$ pies^2

Paso 4 Halla el área de la figura compleja. Suma las áreas del rectángulo y el semicírculo.

57 pies^2 + 14.13 pies^2 = 71.13 pies^2

El área de la figura es aproximadamente 71.13 pies cuadrados.

Repaso de vocabulario

Instrucciones: Completa los espacios en blanco con uno de los siguientes términos.

el ancho   el área   el largo   la altura   la base

1. _____ de un triángulo es la longitud del segmento perpendicular a la base, que se extiende hasta el extremo superior del triángulo.

2. _____ es la dimensión más larga de un rectángulo.

3. _____ es la cantidad de una superficie que abarca una figura, y se mide en unidades cuadradas.

4. _____ es la dimensión más corta de un rectángulo.

5. _____ de un triángulo es el lado sobre el que está apoyado.

Instrucciones: Halla el área de cada figura.

1.
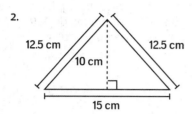
4 mm
16 mm

3.
10 m
6 m
8 m

2.
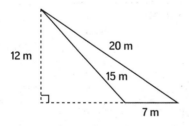
12.5 cm   12.5 cm
10 cm
15 cm

Práctica de destrezas

Instrucciones: Elige la mejor respuesta para cada pregunta.

1. ¿Cuál de las siguientes es el área del triángulo en metros cuadrados?

12 m
20 m
15 m
7 m

   A. 42   C. 70
   B. 52.5   D. 96

3. El siguiente diagrama muestra la forma del patio de Daichi. ¿Cuántos pies cuadrados recorre cuando corta el césped?

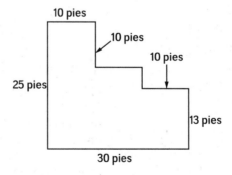

10 pies
10 pies
10 pies
25 pies
13 pies
30 pies

   A. 690   C. 560
   B. 590   D. 530

2. Cho Hee planea empapelar su cuarto, que tiene cuatro paredes rectangulares. Dos paredes miden **12** pies por **8** pies. Las otras dos paredes miden **9** pies por **8** pies. ¿Cuántos pies cuadrados de empapelado debe comprar?

   A. 168   C. 384
   B. 336   D. 672

4. El área de un triángulo es **30** centímetros cuadrados. Su base es **6** centímetros. ¿Cuál es la altura en centímetros?

   A. 5   C. 10
   B. 7.5   D. 15

Teorema de Pitágoras

CONCEPTO CLAVE: El teorema de Pitágoras muestra una relación especial entre los lados de un triángulo rectángulo.

Imagina que un avión está despegando. Su nariz se levanta y, por un instante, todo el avión forma un ángulo agudo con la pista. Un ángulo agudo, como todos los ángulos, se define por su medida.

El ángulo agudo formado por el avión en ese momento medía menos de 90°. Un ángulo que mide exactamente 90° es un ángulo recto. El siguiente en tamaño es el ángulo obtuso, que mide más de 90° pero menos de 180°. Por último, existe un ángulo aun mayor, que mide exactamente 180°: un ángulo llano.

Triángulos rectángulos

Los triángulos se clasifican, es decir, se agrupan, según las medidas de sus ángulos. Todos los triángulos tienen tres lados y tres ángulos. Además, la suma de los ángulos de cualquier triángulo es 180°.

Si uno de los ángulos de un triángulo mide 90°, el triángulo es un triángulo rectángulo. El lado más largo de un triángulo rectángulo es el opuesto al ángulo recto y se llama **hipotenusa**. Los otros dos lados son los **catetos** del triángulo.

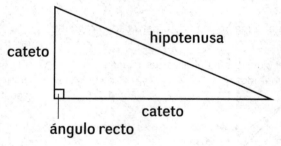

Teorema de Pitágoras

Los pueblos antiguos conocían los ángulos rectos y cómo formarlos mucho antes de que nadie hubiera escrito sobre ellos. Al construir edificaciones usaban cuerdas divididas en partes iguales por nudos. Los constructores observaron que si usaban lados de 3 partes, 4 partes y 5 partes para hacer un triángulo, los lados más cortos siempre formaban el mismo tipo de ángulo, un ángulo recto. Ese ángulo dio nombre al triángulo rectángulo. El triángulo rectángulo se consideró un triángulo especial porque ayudó a los matemáticos a comprender algunas relaciones matemáticas.

Los primeros matemáticos creían que se podían usar las longitudes de los lados más cortos, es decir, los catetos, de un triángulo rectángulo para calcular la longitud del lado más largo, es decir, la hipotenusa. Por ejemplo, piensa en las cuerdas de 3 partes, 4 partes y 5 partes. Si elevas al cuadrado el lado más corto, 3, obtienes 9. Si elevas al cuadrado el siguiente lado en longitud, 4, obtienes 16. Súmalos. La suma equivale al cuadrado de la hipotenusa, es decir, 5^2.

$$3^2 + 4^2 = ?^2$$
$$9 + 16 = 25$$
$$\sqrt{25} = 5$$
$$3^2 + 4^2 = 5^2$$

La hipotenusa tiene 5 partes.

En general las características de un triángulo especial eran aceptadas, pero hasta Pitágoras nadie había desarrollado un **teorema**, es decir, un enunciado matemático, que describa la relación. El **teorema de Pitágoras** establece que la suma de los cuadrados de los catetos equivale al cuadrado de la hipotenusa: $a^2 + b^2 = c^2$. En otras palabras, si obtienes el cuadrado de los lados más cortos y los sumas, la suma equivale a la longitud del lado más largo elevada al cuadrado.

Pitágoras no solo desarrolló un teorema para el triángulo especial; también desarrolló una **demostración**, es decir, una progresión lógica de enunciados verdaderos, de que la relación que existía en un triángulo especial existe en todos los triángulos rectángulos.

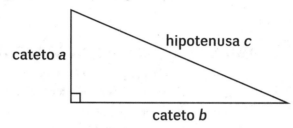

Destreza principal
Analizar eventos
e ideas

Pitágoras era un filósofo griego que vivió aproximadamente entre **570** a. C. y **490** a. C. Estudió astronomía, música, política, religión y matemáticas.

Pitágoras viajó desde su hogar en Grecia a Egipto para estudiar. Tiempo después se estableció en el sur de Italia y fundó una sociedad llamada Orden de los pitagóricos.

Los pitagóricos mantenían su trabajo en secreto, y durante muchos años no escribieron sus teorías ni sus descubrimientos. Como consecuencia, nadie sabe con certeza cuántos de los descubrimientos que se le atribuyen a Pitágoras realmente le pertenecen. De todos modos, como líder de la sociedad, Pitágoras ha recibido crédito por su trabajo, por ejemplo, por la primera demostración de la relación de los ángulos rectos.

Investiga sobre Pitágoras y su sociedad. Analiza cómo sus teorías han afectado la manera en que las personas observan y miden las cosas que tienen a su alrededor.

La demostración del teorema de Pitágoras

Mira con atención la imagen. Verás cuatro triángulos rectángulos congruentes que se han rotado y ubicado de manera que sus hipotenusas formen un cuadrado en el centro. *Congruente* significa "de forma idéntica". Las figuras son congruentes porque puedes voltearlas, rotarlas o deslizarlas de manera exacta una sobre otra.

Los siguientes enunciados sobre la figura son verdaderos:

- Cada lado del cuadrado externo tiene una longitud de $a + b$.

- El área del cuadrado externo es $(a + b)(a + b)$.

- El área de cada triángulo es $\frac{1}{2}(ab)$.

- Hay cuatro triángulos, por lo que el área total de los cuatro triángulos es $4(\frac{1}{2})(ab)$, es decir, $2ab$.

- El área del cuadrado interno es c^2.

- El área de los cuatro triángulos ($2ab$) más el área del cuadrado interno, (c^2) es igual al área del cuadrado más grande $(a + b)(a + b)$.

El último enunciado proporciona la siguiente ecuación:

$$2ab + c^2 = (a + b)(a + b)$$

DEA/G. DAGLI ORTI/Getty Images

Una **ecuación cuadrática** contiene una variable a la potencia 2 y ninguna potencia mayor. La variable x^2 es un ejemplo. Saber cómo resolver ecuaciones cuadráticas es una parte importante de la aplicación del teorema de Pitágoras.

Intenta resolver el siguiente ejemplo: $x^2 = 3^2 + 4^2$. El primer paso para hallar el valor de x es simplificar los términos. Mira la parte de la derecha de la ecuación. Simplifica los valores elevados al cuadrado.

$3^2 = 9$ y $4^2 = 16$, así que puedes reescribir el lado derecho de la ecuación de la siguiente manera:

$9 + 16 = 25$

Ahora puedes reescribir la ecuación:

$x^2 = 25$

Para hallar el valor de x, obtén la raíz cuadrada de cada lado de la ecuación:

$\sqrt{x^2} = \sqrt{25}$

$x = 5$ y -5

En la ecuación, x representa la longitud de un lado de un triángulo. Una longitud solo puede ser positiva; por lo tanto, ¿cuál es el valor de x?

Cuando simplificaste 3^2 y 4^2, reestructuraste el problema para que sea más fácil de resolver. Cuando completaste el proceso de solución, resolviste con éxito el ejemplo.

Abajo se muestran varios pasos. Observa que la primera letra de la primera palabra de cada paso está resaltada en negrita. Si juntas esas letras obtienes PEIU. Usa esta sigla como ayuda para recordar el orden de los pasos que debes seguir para hallar la solución de una ecuación.

Primeros: Multiplica los primeros términos de los conjuntos de paréntesis.

Externos: Multiplica los términos externos de los conjuntos de paréntesis.

Internos: Multiplica los términos internos de los conjuntos de paréntesis.

Últimos: Multiplica los últimos términos de los conjuntos de paréntesis.

Usa el método PEIU para expandir el lado derecho de la ecuación y obtendrás:

$$2ab + c^2 = a^2 + 2ab + b^2$$

Resta $2ab$ a cada lado de la ecuación para simplificar la ecuación:

$$c^2 = a^2 + b^2$$

Esta progresión lógica de enunciados verdaderos lleva al teorema de Pitágoras.

Identificar triángulos rectángulos

La demostración del teorema de Pitágoras muestra que a y b son catetos de un triángulo rectángulo y c es la hipotenusa, entonces $a^2 + b^2 = c^2$.

También es verdadero que si los lados de un triángulo son a, b y c, y $a^2 + b^2 = c^2$ es verdadero, entonces el triángulo abc, o $\triangle ABC$, debe ser un triángulo rectángulo.

Imagina que un triángulo tiene lados que miden 10, 12 y 15 pulgadas. ¿Es un triángulo rectángulo? Aplica el teorema de Pitágoras para hallar la respuesta.

Paso 1   Escribe el teorema de Pitágoras.

$a^2 + b^2 = c^2$

Paso 2   Reemplaza las variables por las longitudes de los lados.

La hipotenusa siempre es el lado más largo, así que c debe sustituirse por 15, mientras que a y b deben sustituirse por 10 y 12.

$10^2 + 12^2 = 15^2$

Paso 3   Resuelve la ecuación.

$100 + 144 = 225$

$244 \neq 225$

Conclusión: El resultado de tus cálculos es un enunciado falso: 244 no es igual a 225. Por lo tanto, el triángulo formado por los lados de longitudes 10, 12 y 15 no es un triángulo rectángulo.

Reconocer ternas pitagóricas

Una terna pitagórica es un conjunto de tres enteros positivos, a, b, y c, donde $a^2 + b^2 = c^2$. Es decir, son las longitudes de los lados de un triángulo rectángulo. La terna pitagórica con los números más pequeños posibles es 3, 4, 5. Son las longitudes de los lados de un triángulo rectángulo: $3^2 + 4^2 = 5^2$.

Si hallas un múltiplo de cada número de una terna pitagórica, tendrás otra terna pitagórica. Por ejemplo, multiplica 3, 4 y 5 por 2 y obtendrás 6, 8 y 10. Esta también es una terna pitagórica, ya que $36 + 64 = 100$. Si multiplicas cada número por 3, obtendrás la terna pitagórica 9, 12 y 15.

Longitudes de lados faltantes

Cuando conoces dos lados de un triángulo rectángulo, puedes usar el teorema de Pitágoras para hallar la longitud del tercer lado.

Ejemplo: Halla la longitud del lado que falta del triángulo.

En este ejemplo, se dan las longitudes de los catetos, pero se desconoce la longitud de la hipotenusa. Aunque tal vez reconozcas que esta es la terna pitagórica 5, 12, 13 y resuelvas sin calcular, aquí se muestra la solución algebraica:

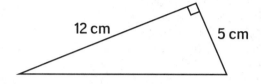

Paso 1 Escribe el teorema de Pitágoras.

$a^2 + b^2 = c^2$

Paso 2 Reemplaza las variables por la información que conoces.

Como las longitudes de los lados son 5 y 12, sustituye a y b por estos valores. No importa qué letra se sustituye por qué número.

$5^2 + 12^2 = c^2$

Paso 3 Resuelve la ecuación para la raíz positiva.

$5^2 + 12^2 = c^2$
$25 + 144 = c^2$
$169 = c^2$
$13 = c$

La longitud de la hipotenusa es 13 cm.

Ejemplo: Una escalera de 10 pies se coloca a 3 pies de un muro. ¿Cuán alto llega sobre el muro? Redondea tu respuesta al décimo más cercano.

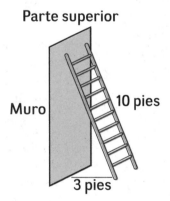

Paso 1 Haz un dibujo.

Paso 2 Escribe el teorema de Pitágoras.

$a^2 + b^2 = c^2$

Paso 3 Reemplaza las variables por la información que conoces.

La hipotenusa es 10 y un cateto es 3. Reemplaza c y a por estos valores. Recuerda: tanto a como b pueden sustituirse por 3.

$3^2 + b^2 = 10^2$

Paso 4 Resuelve la ecuación para la raíz positiva.

$3^2 + b^2 = 10^2$
$9 + b^2 = 100$
$b^2 = 91$
$b \approx 9.5$ pies

La parte superior de la escalera alcanza 9.5 pies del muro.

CONEXIÓN
CON LAS
MATEMÁTICAS

Los lados de un triángulo miden **3**, **7** y **8**. Usa el teorema de Pitágoras para determinar si forman un triángulo rectángulo.

Un error común al resolver problemas relacionados con el teorema de Pitágoras es intercambiar los números por los que se sustituyen a, b y c. Recuerda que c representa la longitud de la hipotenusa, y a y b representan las longitudes de los catetos. La hipotenusa siempre es el lado más largo. En el teorema, cualquiera de los catetos puede ser a o b, pero es importante que c, la hipotenusa, se reemplace por el número más grande.

Dadas las medidas 6, 10 y 8, por ejemplo, la longitud 10 corresponde a la longitud de la hipotenusa. En las medidas 12, 9 y 15, la longitud 15 es la hipotenusa. Las otras longitudes representan los catetos, que pueden representar tanto a como b en la fórmula $a^2 + b^2 = c^2$.

La distancia entre dos puntos en una gráfica de coordenadas

Hay varias maneras de hallar la distancia entre dos puntos en una gráfica. Una estrategia es usar el teorema de Pitágoras.

Ejemplo: Halla la distancia entre los puntos (3, −1) y (−1, 2).

Paso 1 Marca cada punto en una gráfica de coordenadas.

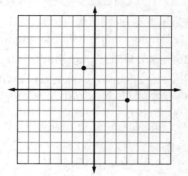

Paso 2 Dibuja un triángulo rectángulo de manera que la hipotenusa una los puntos, un cateto sea vertical y el otro cateto sea horizontal.

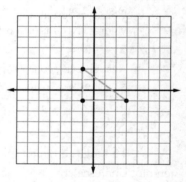

Paso 3 Cuenta la longitud de los catetos horizontal y vertical.

3 y 4

Paso 4 Usa el teorema de Pitágoras para hallar la distancia entre los puntos, es decir, la hipotenusa del triángulo.

$a^2 + b^2 = c^2$

$3^2 + 4^2 = c^2$

$9 + 16 = c^2$

$25 = c^2$

$c = 5$

La distancia entre los puntos es 5.

Pudes usar este método para hallar la distancia entre dos puntos cualesquiera de una gráfica de coordenadas.

APLICA LAS MATEMÁTICAS

Instrucciones: Usa el teorema de Pitágoras para responder la siguiente pregunta.

¿Cuál es la distancia entre los puntos (2, 2) y (6, 5)?

Instrucciones: Empareja cada término con su definición.

1. _____ congruente

2. _____ hipotenusa

3. _____ cateto

4. _____ demostración

5. _____ teorema de Pitágoras

6. _____ ecuación cuadrática

7. _____ teorema

A. uno de los dos lados más cortos de un triángulo rectángulo

B. el lado más largo de un triángulo rectángulo

C. enunciado matemático

D. progresión lógica de enunciados verdaderos que muestran que algo nuevo es verdadero

E. enunciado matemático que establece que en un triángulo rectángulo con catetos a y b y una hipotenusa c, $a^2 + b^2 = c^2$

F. ecuación que contiene una variable a la potencia 2 y ninguna potencia mayor

G. igual o idéntico cuando una figura se ubica sobre la otra

Repaso de destrezas

Instrucciones: Resuelve las ecuaciones cuadráticas.

1. $x^2 = 36$

2. $121 = c^2$

3. $h^2 + 4 = 13$

Instrucciones: Examina cada conjunto de números. Rotula cada conjunto como "terna pitagórica" o "no terna".

4. _____ 4, 5, 6

5. _____ 30, 40, 50

6. _____ 7, 10, 149

7. Usa el teorema de Pitágoras para hallar la longitud del lado que falta.

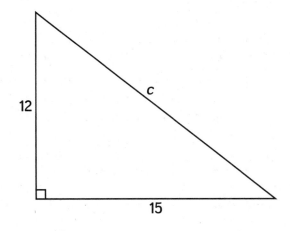

8. Un diseñador dibujó el plano de una habitación. La habitación forma un rectángulo. La distancia de una pared a la pared opuesta es **12** pies. La distancia entre las otras paredes es **10** pies. El diseñador quiere saber la longitud de la diagonal que cruza la habitación. Dibuja y rotula un plano de la habitación. Luego, usa el teorema de Pitágoras para hallar la longitud de la diagonal.

9. _____ Usa una gráfica de coordenadas para hallar la distancia entre los puntos **(3, 1)** y **(0, −3)**.

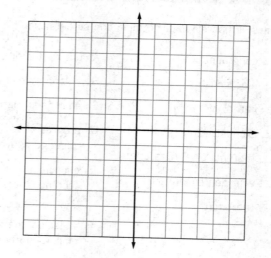

Práctica de destrezas

Instrucciones: Resuelve las ecuaciones cuadráticas.

1. $7^2 + b^2 = 12^2$

2. $a^2 + 6^2 = 9^2$

3. $7^2 + x^2 = 25^2$

Instrucciones: Examina cada conjunto de números. Rotula cada conjunto como "terna pitagórica" o "no terna".

4. _____ 20, 48, 52

5. _____ 4, 4, 32

6. _____ 12, 16, 20

7. Usa el teorema de Pitágoras para hallar la longitud del lado que falta.

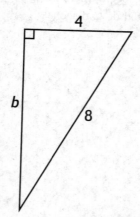

8. Usa el teorema de Pitágoras para hallar la longitud del lado que falta.

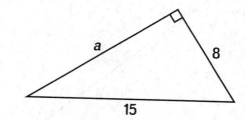

9. _____ Usa una gráfica de coordenadas para hallar la distancia entre los puntos (**3, 7**) y (**5, 1**).

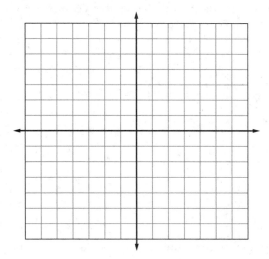

11. _____ Tres amigos están jugando a la pelota. Josué está parado **20** pies al sur de Vanesa, y Sam está parado **12** pies al oeste de Vanesa. ¿Cuál es la distancia entre Sam y Josué? Haz un dibujo para hallar la solución.

10. _____ Usa una gráfica de coordenadas para hallar la distancia entre los puntos (**–4, 6**) y (**2, –2**).

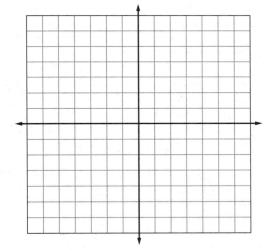

12. _____ La longitud de un tobogán es **6** pies. La parte de abajo a la que uno llega cuando se tira por el tobogán está a **4** pies de la parte inferior de la escalera. ¿Cuál es la altura de la escalera?

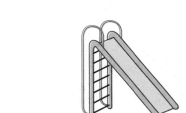

CONCEPTO CLAVE: Ampliar la comprensión de las figuras geométricas para incluir cuerpos geométricos y el concepto de volumen.

Identifica cada figura.

1.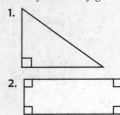

2.

3.

Cuerpos geométricos

Un cuerpo geométrico es una **figura de tres dimensiones**, es decir que tiene largo, ancho y altura. Es una figura que ocupa espacio.

Las superficies de dos dimensiones de los cuerpos geométricos se denominan **caras**. Una superficie solo tiene largo y ancho, pero no profundidad. El segmento de recta donde dos caras se intersecan es una **arista**. El punto donde dos aristas se encuentran es un **vértice**. La figura de abajo se denomina **cuerpo geométrico rectangular** o **prisma rectangular**, porque todas sus caras son rectángulos. En general se lo denomina caja.

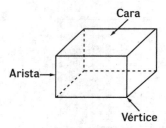

Volumen de cuerpos geométricos rectangulares

El **volumen** es una medida del espacio dentro de una figura de tres dimensiones. Es similar a la capacidad, es decir, la cantidad que puede contener un recipiente. El volumen se mide en unidades cúbicas.

Para hallar el volumen del cuerpo de un rectángulo, multiplica el largo, el ancho y la altura. La fórmula es

$$V = l \times a \times h$$

Ejemplo 1 Hallar el volumen de un cuerpo geométrico rectangular

Halla el volumen del prisma rectangular que se muestra abajo.

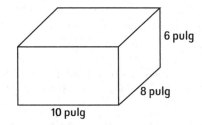

6 pulg

8 pulg

10 pulg

Paso 1   Identifica el largo, el ancho y la altura del cuerpo geométrico rectangular.
largo = 10 pulg; ancho = 8 pulg; altura = 6 pulg

Paso 2   Usa la fórmula de volumen.
Volumen = largo × ancho × altura
$V = 10 \times 8 \times 6$
$V = 480$
El volumen del prisma rectangular es 480 pulgadas cúbicas (pulg³).

Destreza principal
Resolver problemas del mundo real

Cuando resuelvas problemas matemáticos en el mundo real, tendrás que asegurarte de entender lo que el problema está pidiendo y la información que brinda para resolverlo.

Puedes usar una variedad de recursos apropiados para resolver problemas de volumen. Entre estos recursos se encuentran saber qué fórmula usar para determinar el volumen (o las longitudes de los lados que faltan) y tener la fórmula apropiada para la figura correspondiente. También necesitarás referencias para conversiones de unidades si el problema requiere esa conversión.

Considera el siguiente problema. Imagina que se te encarga construir una estatua de cemento con forma de cubo que se exhibirá en la plaza del pueblo. Se te entrega una cantidad específica de cemento (en libras) y un tamaño específico del cubo que debes crear (en pies cúbicos).

Escribe la información que necesitas para determinar si te entregaron la cantidad de cemento suficiente para realizar el trabajo.

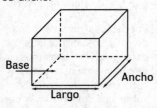

La fórmula general para hallar el volumen de un prisma de tres dimensiones es $V = Bh$. La variable B es el área de la base de la figura, y a es la altura de la figura. El área de la base de un rectángulo es igual a su largo multiplicado por su ancho.

El pie tablar es una unidad usada para medir maderas. Mide 12 pulgadas por 12 pulgadas por 1 pulgada. ¿Cuál es el volumen, en pulgadas cúbicas, de un pie tablar?

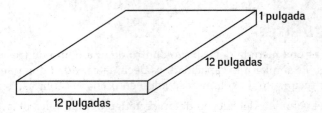

1 pulgada

12 pulgadas

12 pulgadas

Paso 1 Halla el largo, el ancho y la altura del pie tablar.
$l = 12,\ a = 12,\ h = 1$

Paso 2 Usa la fórmula para calcular el volumen. $V = l \times a \times h$
$12 \times 12 \times 1 = 144$

Paso 3 Escribe el volumen usando unidades cúbicas.
El volumen de un pie tablar es 144 pulgadas cúbicas (pulg³).

Ejemplo 3 Hallar una de las dimensiones de un cuerpo geométrico rectangular

El volumen de un cuerpo geométrico rectangular es 364 centímetros cúbicos. Su largo es 13 centímetros y su altura es 7 centímetros. ¿Cuál es el ancho del cuerpo geométrico rectangular?

Paso 1 Identifica la información que ya conoces sobre el cuerpo geométrico rectangular.
$V = 364$ cm³, $l = 13$ cm, $h = 7$ cm

Paso 2 Usa la fórmula para calcular el volumen. Reemplaza los valores que conoces para hallar el ancho.
$364 = 13 \times 7 \times a$

Paso 3 Resuelve la ecuación para hallar a.
$364 = 13 \times 7 \times a$
$364 = 91 \times a$
$\frac{364}{91} = \frac{91 \times a}{91}$
$4 = a$

Paso 4 Comprueba el resultado.
$13 \times 7 \times 4 = 364$ es correcto.
El ancho del cuerpo geométrico rectangular es 4 centímetros (cm).

Volumen de cubos

Un **cubo** es un cuerpo geométrico rectangular en el que cada cara es un cuadrado. Entonces, si el lado, es decir, la arista, del cubo es l, el volumen del cubo es l^3. La fórmula para calcular el volumen de un cubo es $V = l^3$.

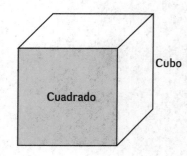

Cubo

Cuadrado

Ejemplo 4 Hallar el volumen de un cubo

Halla el volumen del cubo que se muestra abajo.

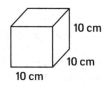

10 cm
10 cm
10 cm

Paso 1 Identifica la longitud de una arista o lado del cubo.
La longitud de un lado es 10 cm.

Paso 2 Halla el volumen del cubo.
$V = 10^3 = 10 \times 10 \times 10$
$V = 1,000$
El volumen del cubo es 1,000 centímetros cúbicos (cm³).

Ejemplo 5 Hallar la arista de un cubo

El volumen de un cubo es 343 pies cúbicos. ¿Cuál es la medida de una arista o lado del cubo?

Paso 1 Usa la fórmula para calcular el volumen de un cubo.
$V = l^3$
$343 = l^3$

Paso 2 Usa la calculadora para hallar la raíz cúbica de 343.
$\sqrt[3]{343} = l$
Presiona 3   (enter)

Paso 3 La raíz cúbica de 343 es 7.
Una arista del cubo mide 7 pies.

Instrucciones: Empareja cada término con la definición correcta.

1. _____ cubo

2. _____ arista

3. _____ cara

4. _____ prisma rectangular

5. _____ cuerpo geométrico rectangular

6. _____ figura de tres dimensiones

7. _____ vértice

8. _____ volumen

A. medida del espacio dentro de una figura de tres dimensiones, en unidades cúbicas

B. intersección de dos caras de un cuerpo geométrico

C. prisma rectangular cuyas caras son cuadrados y en las cuales el largo, el ancho y la altura son iguales

D. figura de tres dimensiones cuyas caras son más largas que anchas

E. superficie de dos dimensiones de un cuerpo geométrico

F. otra forma de denominar al prisma rectangular

G. figura que tiene largo, ancho y altura

H. punto donde se encuentran las aristas de una figura de tres dimensiones

Repaso de destrezas

Instrucciones: Compara y contrasta.

1. un cuadrado y un cubo

_____

_____

2. un cubo y un cuerpo geométrico rectangular

_____

_____

Instrucciones: Elige la mejor respuesta para cada pregunta.

1. El volumen de un prisma rectangular es **126** pies cúbicos. Si el largo es **7** pies y el ancho es **3** pies, ¿cuál es la altura en pies?

   A. 18
   B. 12.6
   C. 6.3
   D. 6

2. ¿Cuál es el volumen, en pies cúbicos, de un cubo que tiene un lado de **14** pulgadas?

   A. 2,744
   B. 196
   C. 42
   D. 28

3. Una maceta con forma de cubo tiene un volumen de **1,728** pulgadas cúbicas. ¿Cuál es la longitud de un lado en pulgadas?

   A. 144
   B. 24
   C. 12
   D. 6

4. Milo enviará por correo un paquete que tiene un largo de **18** pulgadas, un ancho de **15** pulgadas y una altura de **8** pulgadas. ¿Cuál es el volumen, en pulgadas cúbicas, del paquete?

   A. 41
   B. 120
   C. 270
   D. 2,160

Volumen de conos, cilindros y esferas

CONCEPTO CLAVE: El volumen de un cono, un cilindro o una esfera es la cantidad de espacio que se puede medir dentro del objeto. Estos objetos son tridimensionales, lo cual significa que tienen largo, ancho y altura. Por lo tanto, sus unidades de medida se expresan al cubo, por ejemplo, $pulg^3$, $pies^3$ y m^3.

Recuerda que el área de un círculo depende de su radio (r). La constante π, que es aproximadamente 3.14, es la relación entre el área de un círculo y su radio. La fórmula del área, A, de un círculo es

$$A = \pi r^2$$

El área se mide en unidades de longitud al cuadrado. Por ejemplo, si el radio de un círculo se mide en pulgadas, las unidades de su área son pulgadas cuadradas, es decir, $pulg^2$.

*Imagina que una pista circular de patinaje sobre hielo tiene un diámetro de **20** metros. El área de la pista, es decir, la cantidad total de espacio en su superficie, es $A = \pi r^2$. Recuerda que el radio es la mitad del diámetro, es decir, $\frac{d}{2}$.*

$A = 3.14 \times 10 \times 10$

$A = 314 \ m^2$

*La pista de patinaje sobre hielo tiene un área de aproximadamente **314** m^2.*

Volumen y figuras de tres dimensiones

Un objeto plano, como la superficie de una pista de patinaje sobre hielo, tiene dos dimensiones: largo y ancho. Pero no todos los objetos son planos. Algunos objetos, como las computadoras, los libros, los autobuses y los escritorios, tienen una tercera dimensión: la altura. Estos objetos tienen tres dimensiones.

Los prismas rectangulares, los cubos y las pirámides son figuras de tres dimensiones. Tienen caras cuadradas, rectangulares o triangulares que se intersecan en aristas. Los cilindros, los conos y las esferas también son objetos de tres dimensiones, pero sus superficies son curvas.

Todas las figuras de tres dimensiones ocupan espacio, y la cantidad de espacio que ocupan, es decir, su volumen, se puede medir. Al medir el largo, el ancho y la altura de un objeto, se toman tres unidades de medida. Por lo tanto, el volumen total se expresa en unidades al cubo.

Las unidades pueden ser unidades usuales, como pulgadas, pies y yardas. También pueden ser unidades métricas, como centímetros y metros.

Objetivos de la lección

Serás capaz de:

- calcular el volumen de conos, cilindros y esferas.
- calcular el volumen de objetos complejos de tres dimensiones.

Destrezas

- **Práctica principal:** Representar con matemáticas
- **Práctica principal:** Utilizar una estructura

Vocabulary

ápice
base
cilindro
cono
esfera
tronco

Volumen de un cilindro

Un **cilindro** es un cuerpo geométrico con dos extremos circulares y una cara curva. La fórmula para hallar el volumen de un cilindro está dada por la siguiente ecuación:

$$V = \pi r^2\, h$$

La longitud r es la distancia horizontal desde el centro del cilindro a su cara curva. La altura, h, es la distancia vertical, o perpendicular, entre los extremos circulares que forman las superficies de la parte superior e inferior del cilindro.

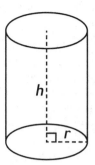

Imagina que tu familia compra un nuevo cesto de basura para la cocina. El nuevo cesto tiene un diámetro de 20 pulgadas y una altura de 34 pulgadas. Puedes usar la fórmula $V = \pi r^2\, h$ para hallar el volumen del cesto. Es decir, puedes hallar cuánto espacio ocupa el cesto de basura en tu cocina.

$$V = \pi r^2 h$$
$$r = \frac{d}{2}$$
$$r = \frac{20}{2} = 10$$
$$\pi \times 10^2 \times 34 \text{ pulg} =$$
$$3.14 \times (10 \times 10) \times 34 = 10{,}676 \text{ pulg}^3$$

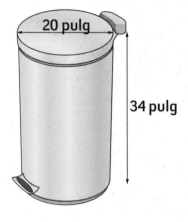

Un ejemplo de cómo calcular el volumen de un cilindro

Un panadero vende una variedad de velas de cumpleaños. Sus velas grandes miden 0.5 pulgadas de ancho y 2.5 pulgadas de altura. ¿Cuál es el volumen de cada vela?

$$V = \pi r^2\, h$$
$$r = \frac{d}{2}, \text{ es decir, } \frac{0.5}{2} = 0.25$$
$$V = 3.14 \times (0.25 \times 0.25) \times 2.5$$
$$V \approx 0.49 \text{ pulg}^3$$

APLICA LAS MATEMÁTICAS

Instrucciones: Lee el problema. Luego, responde la pregunta.

Un productor de alimentos envasa cereales en cilindros de cartón. El cilindro mide **6** pulgadas de ancho y **12** pulgadas de altura. ¿Cuál es el volumen del cilindro?

Se pueden sumar o restar volúmenes de figuras de tres dimensiones para determinar el volumen de figuras más complejas. Por ejemplo, considera un cono con una altura h y un radio r. Si cortas la parte superior de este cono, la parte que cortaste es también un cono. Tiene una altura h y un radio r. La figura que te queda se llama **tronco**.

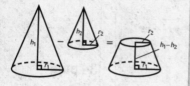

Supongamos que la altura del cono original es $h_1 = 12$ pulg y su radio es $r_1 = 8$ pulg. La parte del cono original que fue cortada tiene una altura de $h_2 = 4$ pulg y un radio de $r_2 = 3$ pulg.

En un cuaderno, usa dos veces la fórmula de volumen de un cono para determinar el volumen del tronco descrito más arriba.

Volumen de un cono

Un **cono** tiene una base circular y un ápice. La **base** es la superficie plana sobre la que se apoya un objeto de tres dimensiones. El **ápice** es el punto en el cual se encuentran todas las líneas rectas que forman el cono.

La fórmula para hallar el volumen de un cono está dada por la siguiente ecuación:

$$V = \tfrac{1}{3}\pi r^2 h$$

En la fórmula, la longitud r representa el radio de la base del cono y h representa la altura del cono. La altura es la distancia vertical entre la base y el ápice.

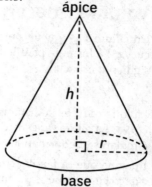

Imagina que hay un dispensador de agua en el gimnasio de la escuela. Al lado del dispensador hay unos vasos con forma de cono. Los vasos tienen 10 cm de altura y un diámetro máximo de 7.5 cm. ¿Cuál es el volumen de cada vaso?

$$V = \tfrac{1}{3}\pi r^2 h$$
$$r = \tfrac{d}{2}$$
$$r = \tfrac{7.5}{2} = 3.75$$
$$\tfrac{1}{3} \times 3.14 \times (3.75)^2 \times 10$$
$$\approx 147 \text{ cm}^3$$

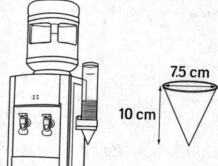

Un ejemplo de cómo calcular el volumen de un cono

El mismo panadero que vende velas de cumpleaños vende también sombreros de cumpleaños con forma de cono para niños y adultos. Los sombreros de cumpleaños para adultos tienen un diámetro de 7 pulgadas y una altura de 9 pulgadas. ¿Cuál es el volumen de cada sombrero de cumpleaños para adultos?

$$V = \tfrac{1}{3}\pi r^2 h$$
$$r = \tfrac{d}{2}$$
$$r = 3.5 \text{ pulg}$$
$$V = \tfrac{1}{3}(3.14) \times (3.5)^2 \times 9$$
$$\approx 115 \text{ pulg}^3$$

APLICA LAS MATEMÁTICAS

Instrucciones: Lee el problema. Luego, responde la pregunta.

Un profesor de educación física compra un juego de conos para marcar pistas de carrera en un campo. Cada cono tiene **2.25** pulgadas de altura y su base tiene un diámetro de **7.5** pulgadas. ¿Cuál es el volumen de cada cono?

Volumen de una esfera

Una **esfera** es un objeto redondo, como una pelota o un globo. Cada punto de la superficie de una esfera está a la misma distancia de su centro. La fórmula para hallar el volumen de una esfera está dada por la siguiente ecuación:

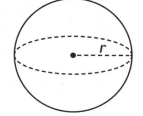

$$V = \frac{4}{3}\pi r^3$$

En la fórmula, el radio de la esfera está representado por la letra r.

Quizás hayas visto grandes tanques esféricos apoyados sobre patas. Algunos se usan para almacenar agua. Otros se usan para almacenar gas natural que ha pasado de estado gaseoso a estado líquido.

Si un tanque esférico de gas natural tiene un radio de 8 metros, ¿cuál es su volumen?

$$r = 8 \text{ metros}$$
$$V = \frac{4}{3}\pi r^3$$
$$= \frac{4}{3}\pi 8^3$$
$$= \frac{4}{3} \times 3.14 \times (8 \times 8 \times 8)$$
$$\approx 2{,}144 \text{ m}^3$$

Un ejemplo de cómo calcular el volumen de una esfera

Eartha es un modelo a escala de la Tierra de tres dimensiones, ubicado en Yarmouth, Maine. Llevó dos años construir este modelo, que mide 41.5 pies de diámetro. ¿Cuál es el volumen de Eartha?

$$d = 41.5 \text{ pies}$$
$$r = \frac{d}{2} = \frac{41.5}{2} = 20.75 \text{ pies}$$
$$V = \frac{4}{3}\pi r^3$$
$$= \frac{4}{3}\pi \times 20.75^3$$
$$= \frac{4}{3} \times 3.14 \times (20.75 \times 20.75 \times 20.75)$$
$$\approx 37{,}404 \text{ pies}^3$$

Bloomberg Getty Images, Jeff Greenberg/Alamy

Práctica principal
Utilizar una estructura

Vuelve a mirar las fórmulas para hallar el volumen de un cilindro, un cono y una esfera.

cilindro: $V = \pi r^2 h$

cono: $V = \frac{1}{3}\pi r^2 h$

esfera: $V = \frac{4}{3}\pi r^3$

Si te fijas con atención, verás que el término πr^2 es un factor que es común a las tres fórmulas. Recuerda que πr^2 es el área de un círculo con un radio r.

Esto te indica que los volúmenes de estas figuras de tres dimensiones están asociados con círculos. Un círculo es la base de un cono. Un círculo es la superficie de cada extremo de un cilindro. Un círculo comparte su centro con el centro de una esfera.

Dibuja un ejemplo de cada una de las figuras de tres dimensiones. Identifica el círculo en cada una de las formas.

CONEXIÓN CON LAS MATEMÁTICAS

Así como se puede cortar la parte superior de un cono para formar un tronco, también se puede restar el volumen de un cilindro a otro para hallar el volumen de un tubo, que es un cilindro hueco.

Por ejemplo, imagina que tienes un tubo de **4** pulgadas de altura, con un diámetro de **3** pulgadas. Las paredes del tubo tienen un espesor de media pulgada.

Una manera de calcular el volumen del tubo es calcular el volumen de dos cilindros. Ambos cilindros tienen **4** pulgadas de altura, al igual que el tubo. Pero uno de ellos tiene un diámetro de **3** pulgadas y el otro tiene un diámetro de **2** pulgadas. Resta el volumen menor al volumen mayor para hallar el volumen del tubo.

$$= 3.14 \times (1.5^2) \times 4$$
$$\approx 28 \text{ pulg}^3$$
$$= 3.14 \times (1^2) \times 4$$
$$\approx 13 \text{ pulg}^3$$

Tubo: **28** pulg³ − **13** pulg³ = **15** pulg³

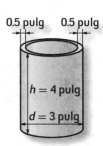

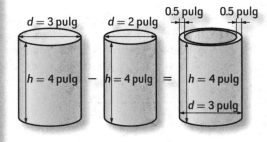

Instrucciones: Utiliza los siguientes términos para completar cada oración.

el ápice   la base   un cilindro   un cono   un tronco   una esfera

1. Una figura de tres dimensiones con un extremo que termina en punta es _____.

2. _____ tiene dos extremos circulares iguales.

3. _____ de un cono es un círculo.

4. _____ es un cono con su parte superior cortada.

5. La punta de un cono es _____.

6. Todos los puntos de la superficie exterior de _____ están a la misma distancia del centro de esta figura.

Repaso de destrezas

Instrucciones: Resuelve las siguientes actividades.

1. ¿Cuál de los siguientes valores representa el volumen de una figura de tres dimensiones?

   A. 7.65 pulg   C. 12.2 m³
   B. 8.1 pies³   D. 65.9 mm²

2. Calcula el volumen de una lata de verduras que tiene una altura de 12 cm y un diámetro de 8 cm.

   _____

8 cm

12 cm

Tomates orgánicos

3. Una bola de billar tiene un radio de $1\frac{1}{8}$ pulgada. ¿Cuál es su volumen redondeado a la pulgada cúbica más cercana?

   _____

4. Un edificio de Inglaterra tiene 25 pisos y tiene la forma de un enorme cilindro. El edificio tiene 81 metros de altura y 32 metros de ancho. ¿Cuál es el volumen del edificio redondeado al metro más cercano?

   _____

5. Los propietarios de un centro comercial de Alemania contrataron a artistas para que diseñaran un enorme cono de helado con la idea de exhibirlo en una esquina del techo del centro comercial. El cono, hecho de acero, plástico y madera, tiene una altura de 12.1 metros y un diámetro de 5.8 metros. ¿Cuál es el volumen del cono redondeado al metro más cercano?

   _____

Práctica de destrezas

Instrucciones: Lee el problema. Luego, sigue las instrucciones.

1. Un tanque de helio usado para inflar globos consiste en media esfera montada sobre un cilindro. La altura del cilindro es **0.5** metros y su radio es **0.1** metros. El radio de la media esfera también es **0.1** metros. ¿Cuál es el volumen del tanque de helio?

2. Una cápsula de medicamento consiste en un cilindro con dos medias esferas en cada extremo. El cilindro tiene **9** milímetros de largo y un radio de **4** milímetros. Cada media esfera también tiene un radio de **4** milímetros. ¿Qué volumen de medicamento puede contener una cápsula, redondeando al milímetro más cercano?

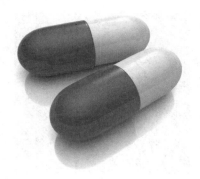

3. Un vaso descartable es un ejemplo de un tronco. Imagina que un cono tiene una base con un radio de **2** pulgadas y una altura de **25** pulgadas. Se corta una parte del cono para formar un vaso. La base del vaso tiene un radio de **1.5** pulgada y su altura es **6.25** pulgadas. ¿Cuál es el volumen del vaso redondeado a la pulgada más cercana?

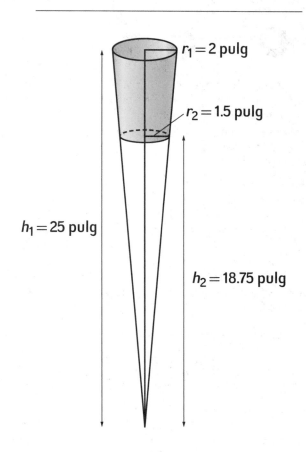

$r_1 = 2$ pulg

$r_2 = 1.5$ pulg

$h_1 = 25$ pulg

$h_2 = 18.75$ pulg

Instrucciones: Elige la mejor respuesta para cada pregunta.

Usa la información de la siguiente ilustración para responder las preguntas **1** y **2**.

14 pies

13 pies

6 pies

1. Una empresa de camiones necesita construir un nuevo cartel para el lado más largo del camión que se ve arriba. El cartel cubrirá por completo ese lado del camión. ¿Cuál será el área del cartel en pies cuadrados?

    A. 182
    B. 91
    C. 54
    D. 27

2. ¿Cuál es la capacidad del camión de arriba en pies cúbicos?

_____

3. ¿Qué enunciado es verdadero?

    A. Todos los rectángulos son cuadrados.
    B. Todos los triángulos rectángulos tienen tres ángulos rectos.
    C. Todos los cuadrados son rectángulos.
    D. Todos los triángulos tienen tres lados de la misma longitud.

4. El ancho del marco de una ventana rectangular es **2.5** pies. El perímetro del marco es **15** pies. ¿Cuál es el largo del marco en pies?

_____

5.

12 pulg

¿Cuál es el área del círculo de arriba en pulgadas cuadradas?

    A. 37.68
    B. 75.36
    C. 113.04
    D. 452.16

Repaso

Usa la siguiente figura para responder las preguntas 6 y 7.

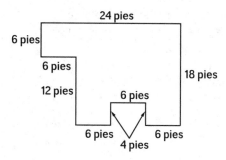

6. Julián quiere poner una cornisa en el techo de una habitación. Dibujó el diagrama de arriba. ¿Cuántos pies de cornisa necesita Julián?

   A. 432   C. 84
   B. 92   D. 80

7. Julián también quiere pintar el techo. ¿Cuántos pies cuadrados pintará?

   A. 84
   B. 252
   C. 336
   D. 432

Usa la siguiente figura para responder las preguntas 8 y 9.

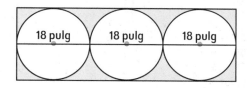

8. Si el diámetro de cada círculo es 18 pulgadas, ¿cuál es el largo del rectángulo en pulgadas?

   A. 27
   B. 54
   C. 72
   D. 81

9. ¿Cuál es el área del rectángulo en pulgadas cuadradas?

   A. 972
   B. 818
   C. 324
   D. 144

10. La razón del aspecto (es decir, la razón de largo a ancho) de los viejos televisores es **4** a **3**. Si la diagonal de un televisor mide **35** pulgadas, ¿cuál es el ancho?

A. 21 pulgadas
B. 28 pulgadas
C. 49 pulgadas
D. 7 pulgadas

11. ¿Cuál es el volumen de una esfera con radio $r = 21$ mm?

A. 29,106 mm³
B. 38,773 mm³
C. 4,851 mm³
D. 3,638.25 mm³

12. ¿Cuál de las siguientes es una terna pitagórica?

A. 11, 60, 61
B. 4, 6, 8
C. 8, 15, 17
D. 7, 23, 24

13. Se creará una estampilla con la imagen de la Mona Lisa. Las dimensiones (altura a ancho) de la Mona Lisa real son **30** pulgadas por **21** pulgadas. La altura de la estampilla será **1** pulgada. ¿Cuál será el ancho de la estampilla?

A. 1.43 pulgadas
B. 2.3 pulgadas
C. 0.7 pulgadas
D. 0.43 pulgadas

14. ¿Qué le ocurrirá al volumen de un cilindro si se duplica el radio?

A. El volumen se mantendrá igual.
B. El volumen se duplicará.
C. El volumen se cuadruplicará (es decir, se multiplicará por **4**).
D. El volumen se octuplicará (es decir, se multiplicará por **8**).

Repaso

Comprueba tu comprensión

En la siguiente tabla, encierra en un círculo el número de los ítems que hayas respondido incorrectamente. Al lado de cada título de lección verás las páginas que puedes repasar para aprender el contenido sobre el que trata la pregunta. Repasa especialmente aquellas lecciones en las que hayas respondido incorrectamente la mitad de las preguntas o más.

Capítulo 12: Geometría	Procedimiento	Concepto	Aplicación/ Representación/ Resolución de problemas
Figuras geométricas págs. 326–331		3	
Perímetro y circunferencia págs. 332–337			4, 6, 8
Dibujos a escala y mediciones págs. 338–345	5		1, 7, 9
Área págs. 346–351			2
Teorema de Pitágoras págs. 352–359	6		1, 4
Cuerpos geométricos y volumen págs. 360–365	3		1
Volumen de conos, cilindros y esferas págs. 366–371	2	5	

Matemáticas

Instrucciones: El Examen final de Matemáticas consta de **50** problemas. Esta prueba te permitirá comprobar si has aprendido bien el material que estudiaste a lo largo de este libro. Solo debes hacer esta prueba una vez que hayas completado todos los capítulos. Responde cada pregunta lo más cuidadosamente que puedas. Si una pregunta te resulta demasiado difícil, no pierdas demasiado tiempo tratando de responderla. Continúa con otras preguntas y vuelve a ella al final, cuando puedas dedicarle más tiempo y atención.

Cuando hayas finalizado la prueba, verifica los resultados con las respuestas y explicaciones de las páginas **386** a **388**. Usa la Tabla de evaluación de la página **389** para determinar qué áreas debes repasar.

Matemáticas

Instrucciones: Elige la mejor respuesta para cada pregunta.

1. Eva vive en Wyoming, donde hay un impuesto estatal general sobre las ventas para las compras realizadas. Si Eva compra un carro por $18,000, ¿cuánto dinero deberá pagar en impuestos sobre las ventas?

   A. $180
   B. $900
   C. $1,800
   D. No hay suficiente información para resolver el problema.

La siguiente tabla muestra el costo de la compra de libros para una clase de *marketing*. Usa la tabla para responder las preguntas **4** y **5**.

Cantidad de libros	Costo ($)
1	95
2	190
3	285
4	380
5	475

2. El diagrama de tallo y hojas muestra la cantidad de horas que Jamal trabajó en las últimas **10** semanas.

Tallo	Hojas
0	8 8
1	5 5
2	0 0 0 4 4
3	0

   2 | 0 = 20 horas

   ¿Cuál es la mediana de la cantidad de horas que Jamal trabajó el último mes?

   A. 8
   B. 18.4
   C. 20
   D. 22

3. Sonia está construyendo una cerca para un área rectangular de su jardín. Para eso quiere usar los **80** pies de cerca que compró y va a colocar un poste cada **5** pies, incluyendo uno en cada esquina. ¿Qué dimensiones son las correctas para el área rectangular que quiere cercar?

   A. 2 pies por **40** pies
   B. 5 pies por **35** pies
   C. 8 pies por **32** pies
   D. 12 pies por **28** pies

4. ¿Cuál de los siguientes enunciados describe el patrón para calcular el costo de los libros?

   A. sumar la cantidad total de libros a **95**
   B. multiplicar el costo de los libros por **95**
   C. multiplicar la cantidad de libros por **95**
   D. multiplicar la cantidad de libros por **10** y sumar **85**

5. Si el patrón del costo de los libros continúa, ¿cuánto costarán **8** libros?

   A. $570   C. $760
   B. $665   D. $855

6. ¿Qué par de ecuaciones tiene una cantidad infinita de soluciones?

   A. $12x + 4y = 28$,
      $y = 3x + 7$
   B. $5x + 5y = 30$,
      $y = -x + 10$
   C. $4x + 2y = 6$,
      $y = -2x + 3$
   D. $7x + y = 8$,
      $y = 7x + 8$

Matemáticas

7. Este cuadrado es un modelo para una colcha. Las áreas sombreadas representan la tela más oscura. Karina coserá una colcha con **12** cuadrados como este. ¿Qué fracción de la colcha está hecha de tela oscura?

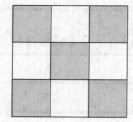

A. $\frac{5}{12}$

B. $\frac{5}{9}$

C. $\frac{2}{3}$

D. No hay suficiente información para resolver el problema.

8. ¿Cómo se puede hallar el valor de a en $\frac{a}{7} + 4 = -12$?

A. Se multiplican ambos lados de la ecuación por **7** y luego se suma **4** a ambos lados.

B. Se resta **4** a ambos lados de la ecuación y luego se dividen ambos lados por **7**.

C. Se multiplican ambos lados de la ecuación por **7** y luego se resta **4** a ambos lados.

D. Se resta **4** a ambos lados de la ecuación y luego se multiplican ambos lados por **7**.

9. En una encuesta donde se preguntó a las personas si escuchaban la radio AM, **45%** respondió que sí, mientras que el resto respondió que no. ¿Cuántas personas respondieron que no?

A. **45**

B. **55**

C. al menos **55**

D. No hay suficiente información para resolver el problema.

10. La razón de teclas negras a teclas blancas en un piano estándar es **9:13**. Si en un piano hay **88** teclas en total, ¿cuántas teclas son negras?

A. 9   C. 52

B. 36   D. 75

11. ¿Qué opción muestra las siguientes longitudes ordenadas de menor a mayor?

A **840** centímetros

B **6** metros

C **2,843** milímetros

D **0.005** kilómetros

A. C, A, B, D

B. C, D, B, A

C. D, B, A, C

D. A, B, D, C

12. Jasmine necesita $3\frac{3}{4}$ yardas de seda roja y $\frac{5}{6}$ yarda de seda azul. ¿Cuántas yardas de seda roja más que de seda azul necesita?

A. $2\frac{11}{12}$ C. $4\frac{1}{2}$

B. $3\frac{1}{8}$ D. $4\frac{7}{12}$

13. Convierte 3.53942×10^{-4} a notación estándar.

A. 353.942

B. 0.0353942

C. 35394.2

D. 0.000353942

Matemáticas

Instrucciones: Para responder las preguntas **14** y **15**, consulta las gráficas lineales de abajo.

TABLA DE LA ESTATURA DE ABBY

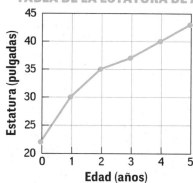

TABLA DEL PESO DE ABBY

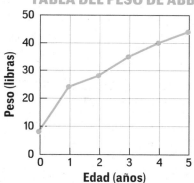

16. Redondea **3141.5926** a la centésima más cercana.

A. 3100
B. 3141.59
C. 3141.6
D. 3140

17. ¿Cuál de las siguientes líneas pasa por los puntos **(1, 7)** y **(6, −3)**?

A. $y = -2x + 7$
B. $y = -2x + 9$
C. $y = 2x + 5$
D. $y = 2x - 3$

18.

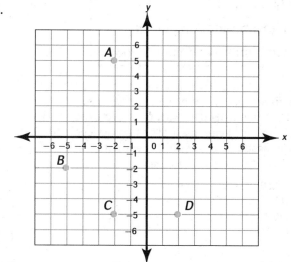

¿Qué punto está ubicado en **(−2, −5)**?

A. A   C. C
B. B   D. D

14. ¿Cuánto medía Abby a los dos años de edad?

A. aproximadamente **24** pulgadas
B. aproximadamente **28** pulgadas
C. aproximadamente **30** pulgadas
D. aproximadamente **35** pulgadas

15. ¿Cuánto pesaba Abby cuando medía aproximadamente **40** pulgadas?

A. aproximadamente **35** libras
B. aproximadamente **40** libras
C. aproximadamente **44** libras
D. No hay suficiente información para resolver el problema.

19. Thiu corre **3** millas en **25** minutos. Kai corre una milla en ocho minutos. Lin corre $7\frac{1}{2}$ millas por hora. ¿Qué opción es verdadera?

A. Thiu es el que corre más rápido.
B. Thiu corre más rápido que Kai.
C. Kai y Lin corren a la misma tasa.
D. Lin corre más rápido que Kai.

20. La entrada a una feria para una familia con tres niños y dos adultos cuesta $45. Cada boleto para un juego cuesta $3. ¿Cuál es la cantidad máxima de boletos para juegos que puede comprar una familia que tiene $155 para gastar en la feria, incluida la entrada?

A. 51   C. 36
B. 37   D. 15

21. En la entrada del estacionamiento de un aeropuerto se puede ver el siguiente anuncio:

Tarifas del estacionamiento

$1.50 por hora

Tarifa limitada $15 por día

Tarifa limitada $75 por semana

Si estacionas tu carro el lunes 2 de enero a las 7:00 a. m. y regresas el miércoles 11 de enero a las 12:00 del mediodía, ¿cuánto dinero debes pagar? Ten en cuenta que 1 día es un período de 24 horas desde el momento que entraste, es decir, no es 1 día de calendario.

A. $112.50
B. $114
C. $120
D. $142.50

22. ¿Cuál de estas situaciones hipotéticas estaría relacionada linealmente?

A. En un viaje de 100 millas, el tiempo del viaje, *t*, con la velocidad *v*.
B. El área, *A*, de un cuadrado con su lado *l*.
C. La circunferencia, *C*, de un círculo con su diámetro *d*.
D. El volumen, *V*, de una esfera con su radio *r*.

23. ¿Cuál de estos resultados es el menos probable?

A. lanzar una moneda y sacar "cara"
B. sacar un as de un mazo estándar de 52 cartas
C. lanzar un dado y sacar un "4"
D. lanzar dos dados y sacar dos números que sumen 5

24. El diagrama lineal de abajo muestra la cantidad de horas que trabajaron los voluntarios de un refugio de animales el mes pasado.

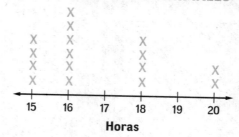

HORAS DE TRABAJO VOLUNTARIO EN EL REFUGIO DE ANIMALES

¿Qué opción es verdadera?

A. El rango de los datos es mayor que la media.
B. La media de los datos es menor que la mediana.
C. Las dos modas de los datos son 15 horas y 18 horas.
D. La mediana de los datos es la misma que la moda.

25. Una bolsa contiene 15 canicas amarillas y azules. La probabilidad de sacar al azar una canica azul es $\frac{1}{3}$. ¿Cuántas canicas amarillas hay en la bolsa?

A. 12   C. 5
B. 10   D. 3

Matemáticas

26. Rami dice que la gráfica de barras de abajo muestra que en su trabajo, las personas que manejan para llegar son el doble de las que toman el autobús. Justine dice que la gráfica es engañosa y no apoya lo que dice Rami.

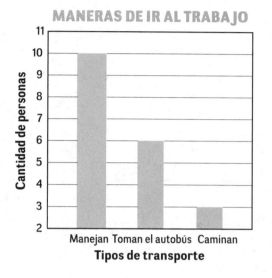

MANERAS DE IR AL TRABAJO

¿Qué enunciado explica *mejor* los resultados que se muestran en la gráfica de barras?

A. Lo que dice Rami es correcto porque la barra de las personas que manejan para ir al trabajo es el doble de alta que la de las personas que toman el autobús.

B. La gráfica es engañosa porque hay muy pocas barras para formas de transporte alternativas para ir al trabajo, como ir en bicicleta o tomar el metro.

C. La gráfica es engañosa porque los intervalos deberían ser **5** en lugar de **1**.

D. La gráfica es engañosa porque el eje vertical no comienza en **0**. Parece que la cantidad de personas que manejan es el doble de las que toman el autobús, pero en realidad **6** toman el autobús y **10** manejan.

Para responder la pregunta **27**, consulta la tabla de abajo.

Actividad humana	Cuartos de sangre bombeada por minuto	Cantidad de latidos del corazón por minuto
Descanso	5–6	60–80
Ejercicio suave	7–8	100–120
Ejercicio intenso	30	Hasta 200

27. ¿Cuántas veces late el corazón de una persona mientras duerme durante **8** horas?

A. 3,600
B. 4,200
C. 33,600
D. 57,600

28. Elige la frase que representa la cantidad más grande.

A. **300** décimas y **5** centésimas
B. **4** con **70** centésimas
C. **100** décimas y **91** milésimas
D. **2345** centésimas

29. Una función es una ecuación que tiene exactamente _____ para cada _____.

A. una salida; entrada
B. una entrada; salida
C. una variable; entrada
D. una salida; variable

Matemáticas

30. ¿Cuál de las siguientes expresiones equivale a la expresión $10^3 + 9^3$?

A. $(10 + 9)^3$
B. $12^3 + 1^3$
C. $(12 + 1)^3$
D. $10 \times 3 + 9 \times 3$

31. La mediana de la edad de un conjunto de **11** empleados es **36**. El empleado que calculó la mediana no quiere decir su propia edad. Las edades de los otros **10** empleados son las siguientes: **32, 35, 24, 50, 29, 45, 36, 38, 25** y **36**. ¿Qué opción es una edad posible del empleado número once?

A. 25   C. 33
B. 29   D. 36

32. ¿Cuáles son los tres enunciados verdaderos?

Los lados opuestos de un rectángulo

A son perpendiculares
B son paralelos
C tienen la misma longitud
D generalmente no tienen la misma longitud
E se intersecan
F nunca se intersecan

A. A, C y F
B. A, D y E
C. B, C y F
D. B, C y E

33. ¿Cuál es el valor de x en la siguiente ecuación?

$-6x + 12 = 54$

A. $x = -21$
B. $x = -11$
C. $x = -7$
D. $x = 7$

34 ¿Cuál es el valor de la expresión $-3x + 2y$ cuando $x = -4$ e $y = 8$?

A. -32
B. -28
C. 4
D. 28

Para responder las preguntas **35** y **36**, usa el diagrama de abajo.

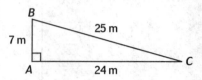

35. Esta área triangular cerrada por tres caminos tendrá árboles, bancos y un puesto de comidas. ¿Cuántos metros cuadrados hay dentro de los tres caminos de este diseño?

A. 84
B. 87.5
C. 168
D. 175

36. Alejandro está ayudando a diseñar un zoológico. En A estará ubicada una fuente de agua, en B habrá un área de exhibición de pájaros y en C habrá un área de exhibición de elefantes. Habrá caminos que unan cada uno de estos puntos. ¿Cuántos metros de caminos unen los tres puntos en este diseño? Escribe tu respuesta en la línea provista.

_____

Matemáticas

37. María les preguntó a **50** personas "¿Cuál es tu color favorito: azul, rojo o amarillo?". Los resultados se muestran en la tabla de abajo.

Color	Cantidad de personas
Azul	22
Rojo	15
Amarillo	13

María dibujó una gráfica circular para mostrar los datos. ¿Qué porcentaje del círculo representará el rojo como favorito? Escribe tu respuesta en la línea provista.

_____

38. Lena hizo girar la aguja giratoria de abajo. Después lanzó un dado de seis caras numeradas del **1** al **6**. ¿Cuál es la probabilidad de que la aguja giratoria haya caído en un número mayor que **2** y de que al lanzar el dado haya salido un número impar? Escribe tu respuesta en la línea provista. Si hay fracciones, escríbelas en su mínima expresión.

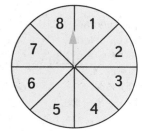 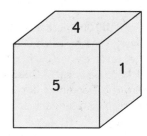

_____

39. Dekentra quiere contratar un *disc jockey* para la recepción de su boda. El precio del *disc jockey* es dos tercios del costo de El Mejor Sonido, una empresa de música para eventos. Si el *disc jockey* cobra $540 por tres horas, ¿cuánto cobra El Mejor Sonido por tres horas, en dólares? Escribe tu respuesta en la línea provista.

_____

40. Cassie quiere comprar abono para colocar en sus flores. Solo puede gastar un máximo de $33.06. Las bolsas de abono cuestan $3.48 por pie cúbico. ¿Cuántos pies cúbicos de abono puede comprar Cassie? Escribe tu respuesta en la línea provista.

_____

41. El Monte Aconcagua, en Argentina, mide **6,960** metros de altura. La Península Valdés, en Argentina, está a 40 metros bajo el nivel del mar. ¿Cuál es la diferencia, en metros, de elevación entre estos dos lugares? Escribe tu respuesta en la línea provista.

_____

42. ¿Cuál es el área, en metros cuadrados, de la figura que se muestra abajo?

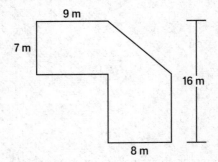

_____

43. Un pisapapeles con forma de cubo tiene un lado cuya longitud es **4.1** centímetros. ¿Cuál es el volumen del cubo, redondeado al número natural más cercano, en centímetros cúbicos? Escribe tu respuesta en la línea provista.

_____

44. Un cuadrado tiene la misma área que un rectángulo que mide **4** pies por **16** pies. ¿Cuál es la longitud, en pies, de un lado del cuadrado? Escribe tu respuesta en la línea provista.

_____

45. Simplifica la siguiente división decimal.
0.032 ÷ 1.28

_____

46 Tianran tiene **$10,000** para invertir en dos cuentas. Decide invertir una parte en una cuenta con **5%** de interés y el resto en una cuenta con **8%** de interés. Al final del año ha ganado **$702.50** en intereses. ¿Cuánto invirtió Tianran en la cuenta del **8%**? Escribe tu respuesta en la línea provista.

_____

Matemáticas

47. Jin trazó los vértices de un cuadrado en un plano de coordenadas. Las coordenadas de tres de los vértices son $A(-3, 2)$, $B(3, 2)$ y $C(3, -4)$. ¿Dónde se encuentra D, el cuarto vértice? Escribe tu respuesta en la línea provista.

_____

48. ¿Cuál es la probabilidad de que en una familia con **3** hijos haya **3** hijas mujeres? Imagina que es igualmente probable tener un hijo varón y una hija mujer. Escribe tu respuesta en la línea provista.

_____

49. Jarod va a una tienda a comprar algunas cosas. Compra un galón de leche por $3.10, un pequeño marco por $9.87 y **3** cartones de huevos por $2.34. ¿Cuánto pagó Jarod en total? Escribe tu respuesta en la línea provista.

_____

50. El área de un cuadrado es **361** pies cuadrados. ¿Cuál es la longitud de un lado? Escribe tu respuesta en la línea provista.

_____

Guía de respuestas

1. **A, B, C.** Se da por sentada una tasa impositiva que no está expresada.
   D. CLAVE: Para resolver el problema se necesita saber la tasa impositiva sobre las ventas.

2. **A.** Se eligió el mínimo en lugar de la mediana.
   B. Se eligió la media en lugar de la mediana.
   C. CLAVE: Los dos valores del medio son 20.
   D. Se eligió rango en lugar de mediana.

3. **A.** $2 + 40 + 2 + 40 = 84$; Sonia no tiene suficiente cerca.
   B. CLAVE: $5 + 35 + 5 + 35 = 80$; como 5 y 35 son múltiplos de 5, se puede colocar un poste en cada esquina y cada 5 pies.
   C, D. Se halló el perímetro correctamente pero las longitudes de los lados no son múltiplos de 5.

4. **A.** No se puede sumar el dinero a la cantidad de libros para calcular el costo de los libros.
   B. Como $95 es el costo de un libro, multiplicar $95 por 95 daría el costo de 95 libros, no de uno.
   C. CLAVE: Se multiplica por 95 la cantidad de libros.
   D. Esto solo funcionaría para 1 libro. Para 2 libros, sería $2(10) + 85 = 105$, pero, según la tabla, el costo de dos libros es $190.

5. **A.** Se halló el costo de 6 libros en lugar de 8.
   B. Se halló el costo de 7 libros en lugar de 8.
   C. CLAVE: Se multiplica la cantidad de libros, 8, por el costo de un libro, $95, y se obtuvo $760.
   D. Se halló el costo de 9 libros en lugar de 8.

6. **A.** Estas rectas se intersecan una vez.
   B. Estas rectas son paralelas.
   C. CLAVE: Estas rectas son idénticas. Se multiplica la segunda por 2 y se suma el término x para verlo. Dos rectas que tienen una cantidad infinita de soluciones son idénticas.
   D. Estas rectas se intersecan una vez.

7. **A.** Se comparó la cantidad de áreas sombreadas del cuadrado del modelo con la cantidad de cuadrados de la colcha.
   B. CLAVE: 5 de 9 cuadrados están sombreados en el cuadrado del modelo; por lo tanto, $\frac{5}{9}$ de la colcha es de tela oscura.
   C. Se usó la fila 1, la columna 1, la fila 3 o la columna 3 y se halló que 2 de 3 cuadrados están sombreados.
   D. Hay información suficiente para resolver el problema.

8. **A.** Se invirtió el orden en el que se realizan las operaciones y se anuló la suma sumando.
   B. Se eligió anular la división con otra división.
   C. Se invirtió el orden de las operaciones.
   D. CLAVE: Se resta 4 a ambos lados:
   $\frac{a}{7} + 4 - 4 = -12 - 4$; $\frac{a}{7} = -16$;
   luego se multiplica por 7 ambos lados:
   $7(\frac{a}{7}) = 7(-16)$; $a = -112$; $-\frac{112}{7} + 4 \stackrel{?}{=} -12$;
   $-16 + 4 \stackrel{?}{=} -12$; $-12 = -12$

9. **A.** Se dio por sentado que 100 personas respondieron la encuesta y se eligió la cantidad de personas que respondieron que sí en lugar de las que respondieron que no.
   B. Se dio por sentado que respondieron 100 personas.
   C. Se dio por sentado que respondieron al menos 100 personas.
   D. CLAVE: Para resolver el problema se necesita saber cuántas personas respondieron la encuesta.

10. **A.** Se eligió 9 porque 9:13 es la razón de teclas negras a teclas blancas.
    B. CLAVE: $\frac{\text{negras}}{\text{total}} = \frac{\text{negras}}{\text{negras} + \text{blancas}} = \frac{9}{9 + 13} = \frac{9}{22}$;
    $\frac{9}{22} = \frac{b}{88}$; $n = \frac{88 \cdot 9}{22} = 36$
    C. Se halló la cantidad de teclas blancas.
    D. Se restó 13 a 88.

11. **A.** Se ordenaron unidades de menor a mayor.
    B. CLAVE: A: 840 cm = 8.4 m; B: 6 m; C: 2,842 mm = 2.842 m; D: 0.005 km = 5 m; Orden: C, D, B, A
    C. Se ordenó de menor a mayor sin mirar las unidades.
    D. Se eligió el orden de mayor a menor.

12. **A.** CLAVE: $3\frac{9}{12} - \frac{10}{12} = 2\frac{21}{12} - \frac{10}{12} = 2\frac{11}{12}$
    B, C, D. Se eligió la operación incorrecta.

13. **A, C.** dirección incorrecta
    B. dirección correcta, cantidad de posiciones insuficiente
    D. CLAVE: 10^{-4} implica mover el punto decimal 4 posiciones a la izquierda, lo cual da 0.000353942.

14. **A.** Se halló el peso aproximado cuando tenía 1 año en la gráfica de abajo.
    B. Se halló el peso aproximado a los 2 años en la gráfica de abajo.
    C. Se halló la estatura aproximada cuando tenía 1 año en la gráfica de arriba.
    D. CLAVE: En la gráfica de arriba, se busca 2 años de edad y luego se busca la estatura: aproximadamente 35 pulgadas.

15. **A.** Se halló el peso aproximado a los 3 años en lugar de 4.
    B. CLAVE: En la gráfica de arriba, se busca 40 pulgadas y la edad correspondiente, aproximadamente 4 años. En la gráfica de abajo, se busca 4 años y el peso correspondiente, aproximadamente 40 libras.
    C. Se halló el peso aproximado a los 5 años.
    D. Hay información suficiente para resolver el problema.

Guía de respuestas

16. **A.** Se redondeó a las centenas.
    B. CLAVE: la centésima es el segundo dígito a la derecha del punto decimal; por lo tanto, la respuesta correcta es 3141.59
    C. Se redondeó a las décimas.
    D. Se redondeó a las decenas.

17. **A.** pendiente correcta, intersección incorrecta
    B. CLAVE: la pendiente es $\frac{(-3-7)}{(6-1)} = \frac{-10}{5} = -2$. Usando la forma pendiente-intersección, se obtiene $7 = -2 \times 1 + b$; por lo tanto, $b = 9$.
    C. pendiente e intersección incorrectas
    D. pendiente e intersección incorrectas

18. **A, B, D.** Se invirtieron los números o se usaron los negativos de manera incorrecta.
    C. CLAVE: Se identificó el punto en $(-2, -5)$.

19. **A.** Thiu: $\frac{3 \text{ millas}}{25 \text{ minutos}} \times \frac{60 \text{ minutos}}{\text{hora}} = \frac{7.2 \text{ millas}}{\text{hora}}$, lo cual es más lento que la tasa de Lin, que es $\frac{7.5 \text{ millas}}{\text{hora}}$.
    B. Kai: $\frac{1 \text{ milla}}{8 \text{ minutos}} \times \frac{60 \text{ minutos}}{\text{hora}} = \frac{7.5 \text{ millas}}{\text{hora}}$, Thiu es más lento que Kai.
    C. CLAVE: Kai y Lin corren a $\frac{7.5 \text{ millas}}{\text{hora}}$.
    D. Tanto Kai como Lin corren a $\frac{7.5 \text{ millas}}{\text{hora}}$; por lo tanto, Lin no corre más rápido que Kai.

20. **A.** Se halló la solución a: $155 \geq 3x$.
    B. Se halló $36.67 \geq x$ pero se redondeó incorrectamente a 37.
    C. CLAVE: $155 \geq 3x + 45$, $110 \geq 3x$, $36.6 \geq x$; por lo tanto, la cantidad máxima de boletos para juegos es 36.
    D. Se halló $45 \geq 3x$ como $15 \geq x$.

21. **A.** CLAVE: Del 2 de enero a las 7:00 a. m. al 9 de enero a las 7:00 a. m. hay una semana = $75; del 9 de enero a las 7:00 a. m. al 11 de enero a las 7 a. m. hay 2 días, y $2 \times \$15 = \$30$; el 11 de enero desde las 7:00 a. m. hasta las 12:00 del mediodía hay 5 horas, y $5 \times \$1.50 = \$7.50$; $\$75 + \$30 + \$7.50 = \$112.50$
    B, C, D. No se calculó correctamente.

22. **A.** Representa $100 = tv$, es decir $t = \frac{100}{s}$, que no es lineal.
    B. Representa $A = l^2$, que no es lineal.
    C. CLAVE: representa $C = \pi \times d$, que es lineal.
    D. Representa $V = \left(\frac{4}{3}\right) \pi \times r^3$.

23. **A, C, D.** Identifican resultados más probables que la respuesta B.
    B. CLAVE: la probabilidad es $= \frac{4}{52}$ es decir, aproximadamente 8%, y es la menos probable de todas las opciones.

24. **A.** Se interpretó que el rango era 20 y que era mayor que la media de 16.75
    B. Se intercambió la media de 16.75 por la mediana de 16.
    C. Se entendió que la moda significa la misma cantidad de horas.
    D. CLAVE: Tanto la mediana como la moda son 16 horas.

25. **A, D.** Se interpretó que $\frac{1}{3}$ de 15 era 3.
    B. CLAVE: $\frac{1}{3} = \frac{5}{15}$; por lo tanto, hay 5 canicas azules; 15 en total $-$ 5 azules = 10 amarillas.
    C. Se halló la cantidad de canicas azules.

26. **A, B, C.** No se comprendieron las gráficas engañosas.
    D. CLAVE: El eje vertical comienza en 2 y no en 0, lo cual hace que la barra de "Manejan" sea el doble de larga que la de "Toman el autobús". 6 personas toman el autobús y 10 manejan, y $6 \times 2 \neq 10$.

27. **A.** Se usó 60 latidos por minuto y 1 hora de sueño.
    B. Se usó 70 latidos por minuto y 1 hora de sueño.
    C. CLAVE: $\frac{70 \text{ latidos}}{\text{minutos}} \times \frac{60 \text{ minutos}}{\text{hora}} \times 8 \text{ horas} = 33{,}600$ latidos
    D. Se usó 120 latidos por minutos en lugar de 70.

28. **A.** CLAVE: 300 décimas y 5 centésimas es igual a 30.05, que es la cantidad más grande.
    B. Es igual a 4.7.
    C. Es igual a 10.091.
    D. Es igual a 23.45.

29. **A.** CLAVE: Una función tiene exactamente una salida por cada entrada.
    B. Se invirtió el orden de los espacios en blanco.
    C. El término es incorrecto; el término y la posición son correctos.
    D. Los dos términos y la posición son incorrectos.

30. **A.** Se confundió con la propiedad distributiva.
    B. CLAVE: Ambos son iguales, 1,729.
    C. Se confundió con la propiedad distributiva usando la expresión equivalente.
    D. Se multiplicaron las potencias en lugar de usar exponentes.

31. **A, B, C.** Se eligió una edad que da una mediana menor que 36.
    D. CLAVE: 36 debe ser el sexto valor en la lista de 11 valores. La edad que falta debe ser 36.

32. **A.** Los lados opuestos de un rectángulo no son perpendiculares.
    B. Los lados opuestos de un rectángulo no son perpendiculares, tienen la misma longitud y no se intersecan.
    C. CLAVE: Los lados opuestos de un rectángulo son paralelos, tienen la misma longitud y nunca se intersecan.
    D. Los lados opuestos de un rectángulo no se intersecan.

Guía de respuestas

33. **A, B, D** No se usaron los signos correctamente.
    C. CLAVE: $-6x + 12 = 54$; $-6x = 42$; $x = -7$

34. **A.** Se intercambiaron los valores de x e y.
    B. Se sumó -12 y -16 en lugar de 12 y 16.
    C. Se sumó -12 en lugar de 12 y 16.
    D. CLAVE: 28; $-3(-4) + 2(8) = 12 + 16 = 28$

35. **A.** CLAVE: Área del triángulo $= \frac{1}{2}bh$; base $= 24$ m, altura $= 7$ m; $\frac{1}{2} \times 24 \times 7 = 84$ m²
    B. Se usó 25 m en lugar de 24 m para la base del triángulo.
    C. No se multiplicó la base y la altura del triángulo por $\frac{1}{2}$.
    D. Se usó 25 m en lugar de 24 m para la base del triángulo y no se multiplicó por $\frac{1}{2}$.

36. 56; 7 m + 25 m + 24 m = 56 m

37. 30; 15 de 50 eligieron rojo; por lo tanto, $\frac{15}{50} = \frac{x}{100}$, $50x = 1{,}500$, $x = 30$

38. $\frac{3}{8}$; probabilidad de que la aguja caiga en un número mayor que 2: $\frac{6}{8} = \frac{3}{4}$. Probabilidad de lanzar un dado y que salga un número impar: $\frac{3}{6} = \frac{1}{2}$. Probabilidad de que ambas cosas ocurran: $\frac{3}{4} \times \frac{1}{2} = \frac{3}{8}$.

39. 810; $\frac{2}{3}x = 540$; $2x = 1{,}620$; $x = 810$

40. 9.5; $33.06 \div 3.48 = 9.5$ pies cúbicos

41. 7,000: 6,960 m − (−40 m) = 6,960 m + 40 m = 7,000 m

42. 163; la figura se divide en un rectángulo de 9×7, un rectángulo de 8×9 y un triángulo de 8 de base y 7 de altura.
    $(9 \times 7) + (8 \times 9) + \frac{1}{2}(8 \times 7) =$
    $63 + 72 + 28 = 163$ m².

43. 69; $4.1 \times 4.1 \times 4.1 = 68.921$; se redondea a 69 cm³.

44. 8; área del rectángulo $= 4 \times 16 = 64$; área del cuadrado $= 64 = 8 \times 8$; cada lado del cuadrado $= 8$ pies

45. 0.025; $0.032 \div 1.28 = 0.025$

46. $6,750; se resuelven las ecuaciones $x + y = 10{,}000$ y $.05x + .08y = 702.5$. Se sustituye $x = 10{,}000 - y$ y se obtiene $.05(10{,}000 - y) + .08y = 702.5$, lo cual es $500 + .03y = 702.5$, es decir, $.03y = 202.5$. Por lo tanto, $y = 6{,}750$.

47. $(-3, -4)$; el cuarto vértice tendrá la misma coordenada x que A y la misma coordenada y que C.

48. $\frac{1}{8}$; hay 8 resultados posibles: VVV, VVM, VMV, MVV, MMV, MVM, VMM, MMM. Hay un resultado favorable: MMM; probabilidad $= \frac{\text{resultados favorables}}{\text{resultados posibles}} = \frac{1}{8}$

49. $15.31; $3.10 + $9.87 + $2.34 = $15.31

50. 19; $l^2 = 361$; por lo tanto, $l = \sqrt{361} = 19$ pies

Tabla de evaluación

Comprueba tu comprensión

En la siguiente tabla, encierra en un círculo las preguntas que hayas respondido incorrectamente. Al lado de cada problema, verás el nombre de la sección donde puedes encontrar las destrezas que necesitas para resolver el problema.

Problema	Unidad: Sección	Primera página
3, 21, 39	**Sentido numérico y operaciones** Resolución de problemas	40
16, 28	Introducción a los decimales	50
49	Sumar y restar decimales	54
40, 45	Dividir decimales	64
12	Sumar y restar fracciones	82
41	**Álgebra básica** Restar enteros	114
18, 47	Cuadrícula de coordenadas	124
34	Expresiones	134
8, 33	Resolver ecuaciones de dos pasos	144
20	Resolver desigualdades de uno y dos pasos	150
4	Identificar patrones	156
6, 17, 22	Ecuaciones lineales	166
46	Pares de ecuaciones lineales	184
29	Funciones	200
5, 7, 10, 19	**Más sobre sentido numérico y operaciones** Razones y tasas	212
1, 9, 37	Usar porcentajes en el mundo real	242
30	Exponentes	250
50	Raíces	254
13	Notación científica	260
24, 31	**Análisis de datos y probabilidad** Medidas de tendencia central y rango	270
14, 15	Gráficas y diagramas lineales	274
2, 26	Diagramas y gráficas engañosas	282
23, 25, 48	Introducción a la probabilidad	296
38	Eventos compuestos	302
27	**Medición y geometría** Unidades usuales	312
11	Unidades métricas	316
32	Figuras geométricas	326
36	Perímetro y circunferencia	332
35, 42, 44	Área	346
43	Cuerpos geométricos y volumen	360

Guía de respuestas

CAPÍTULO 1 Números naturales

Lección 1.1

Concepto clave, página 12
1. 9
2. 72
3. 70
4. 35

Aplica las Matemáticas, página 14 (parte superior)
1. 7 decenas, es decir, 70
2. 8 decenas de millar, es decir, 80,000
3. 6 unidades, es decir, 6
4. 3 centenas de millón, es decir, 300,000,000
5. 8 unidades de millar de millón, es decir, 8,000,000,000

Aplica las Matemáticas, página 14 (parte inferior)
1. E.
2. D.
3. A.
4. C.
5. B.

Aplica las Matemáticas, página 16
1. Comparo los dígitos de los números de izquierda a derecha hasta que los dígitos de una misma columna sean distintos. Los dígitos de las unidades de millar, 3 y 4, son distintos. Comparo esos dígitos. 204,210 > 203,478.
2. 698,321; 698,432; 701,286

Repaso de vocabulario, página 16
1. el valor
2. números naturales
3. períodos
4. dígitos
5. aproximado
6. una recta numérica

Repaso de destrezas, páginas 16–17
1. 2 unidades de millón, es decir, 2,000,000
2. 4 centenas de millar, es decir, 400,000
3. 7 decenas de millar, es decir, 70,000
4. 3 unidades de millar, es decir, 3,000
5. 0 centenas
6. 1 decenas, es decir, 10
7. 5 unidades, es decir, 5
8.

Unidades de millar	Centenas	Decenas	Unidades
6	7	2	9

9.

Unidades de millón	Centenas de millar	Decenas de millar	Unidades de millar	Centenas	Decenas	Unidades
1	0	0	0	0	3	5

10.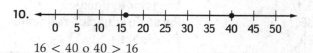
16 < 40 o 40 > 16

11.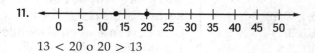
13 < 20 o 20 > 13

12.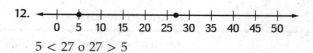
5 < 27 o 27 > 5

13.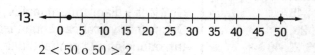
2 < 50 o 50 > 2

14. Existen muchas maneras de comparar números de forma correcta.
15. Los dígitos representan números.

Guía de respuestas

(Lección 1.1 continuación)

Práctica de destrezas, página 17
1. **C.** Las respuestas (A) y (D) están ordenadas de menor a mayor. La respuesta (B) no tiene ningún orden.
2. **A.** La respuesta (B) escrita en forma estándar es 240. La respuesta (C) es 214. La respuesta (D) es 21.
3. **D.** 22,201 < 22,345 < 23,456 < 23,712, así que el carro D, que cuesta $23,712, es el más caro.
4. **B.** 0 está en la posición de las decenas de millar.

Lección 1.2

Concepto clave, página 18
1. treinta y siete
2. mil ocho
3. ciento cincuenta y dos
4. treinta y dos mil
5. <
6. >
7. >
8. <

Aplica las Matemáticas, página 19
1. 79
2. 85
3. 553

Aplica las Matemáticas, página 20
1. 25
2. 1,932
3. 629

Repaso de vocabulario, página 20
1. diferencia
2. calcular
3. suma
4. operaciones

Repaso de destrezas, página 21
1. más que; 3,642
2. en total; 6,063
3. deducen; $387
4. perdió valor; $6,850
5. extrajo; $466
6. en total; 806
7. mayores que; $5,334

Práctica de destrezas, página 21
1. **D.** Se suma 456, 482, 449, 479 y 468 para hallar la cantidad total de millas en toda la semana.
2. **A.** Se resta 937,624 a 1,000,000 para hallar cuántos paquetes más.
3. **A.** Se resta 23,470 a 31,067, porque *cuánto dinero más* indica que hay que hallar una diferencia.
4. **B.** Se suma 380, 407, 298 y 321, porque *cuántos cubículos hay en total* indica que hay que hallar un total.

Lección 1.3

Concepto clave, página 22
1. 12
2. 70
3. 231
4. 1,020
5. 33
6. 637
7. 46
8. 12

Aplica las Matemáticas, página 23
1. 68
2. 414
3. 1,560
4. 19,593
5. 11,426
6. 684
7. 3,552
8. 9,936
9. 48,200
10. 51,345

Aplica las Matemáticas, página 24
1. 13 R2
2. 31
3. 32
4. 202 R14
5. 200
6. 34 R1
7. 20
8. 15 R8
9. 109 R3
10. 16 R1

Repaso de vocabulario, páginas 24–25
1. divisor
2. factor
3. producto
4. dividendo
5. multiplicación
6. cociente
7. división

Repaso de destrezas, página 25
1. misma cantidad, cada mes; $40
2. cuánto dinero ganó; $540
3. repartidas en partes iguales; 811 estampillas
4. por mes, después de dos años; $1,800
5. por boleto; $1,748,250
6. cada boleto costaba $3; 144 boletos
7. cada mesa; 510 pétalos

(Lección 1.3 continuación)

Práctica de destrezas, página 25

1. **C.** Se multiplica la cantidad de empleados por su sueldo. $5 \times 589 = 2{,}945$

2. **D.** 1 año equivale a 12 meses. Se multiplica 12 por la renta por mes, $525, y se obtiene $6,300.

3. **B.** Se divide la cantidad de personas por la cantidad de personas que hay en cada mesa. $320 \div 16 = 20$

4. **A.** Se divide la cantidad de dinero recaudada por la cantidad de dinero que la banda gana por boleto. $1{,}315 \div 5 = 263$

Lección 1.4

Aplica las Matemáticas, página 29

Los factores de 63 son: 3, 7, 9 y 21.

Los factores de 28 son: 2, 4, 7 y 14.

El único factor común es 7.

Por lo tanto, el máximo común divisor es 7.

$63 - 28 = (7 \times 9) - (7 \times 4)$

$(7 \times 9) - (7 \times 4) = 7 \times (9 - 4)$

Por último, se puede reescribir la expresión original como:

$63 - 28 = 7 \times (9 - 4)$

Conexión con las Matemáticas, página 30

$2 \times 10 = 20$

$4 \times 5 = 20$

$5 \times 4 = 20$

$10 \times 2 = 20$

Los factores de 20 son 2, 4, 5 y 10.

La propiedad conmutativa de la multiplicación establece que el producto es el mismo sin importar el orden de los números que se multiplican. Al factorizar, la propiedad conmutativa se hace evidente en la lista de ecuaciones. Al verla se hace patente que se han encontrado todos los factores de un número y que no hace falta seguir más.

Repaso de vocabulario, página 30

1. C.
2. A.
3. E.
4. B.
5. F.
6. G.
7. D.
8. H.

Repaso de destrezas, página 30

1. 2, 3, 4, 6
2. 2, 4, 8, 16
3. 3, 5, 9, 15
4. 2, 4, 11, 22
5. 2, 4, 8, 11, 22, 44
6. 4
7. 6
8. 7
9. 22
10. 50
11. $12 \times (2 + 3)$
12. $9 \times (5 - 3)$
13. $4 \times (5 + 16)$
14. $24 \times (2 + 3)$
15. $22 \times (3 - 2)$

Práctica de destrezas, página 31

1.

Se listan las ecuaciones con el número como producto.

$\downarrow$

Se aplica la propiedad conmutativa de la multiplicación para tachar las ecuaciones equivalentes.

$\downarrow$

Se tachan las ecuaciones que tienen 1 y el mismo número como factores.

$\downarrow$

Se ordenan los factores que quedan.

2. B.
3. B.
4. C.
5. B.
6. D.
7. E.

Guía de respuestas

Lección 1.5

Concepto clave, página 32

1. 898	**5.** 11
2. 2,300	**6.** 16,416
3. 560	**7.** 376
4. 7	**8.** 45

Aplica las Matemáticas, página 32

1. 60

2. 90

3. 130

4. 1,350

Aplica las Matemáticas, página 34

Ejemplos de respuestas:

1. 700

2. 5

3. 1,100

4. 110

Repaso de vocabulario, página 35

1. D.

2. B.

3. A.

4. C.

Repaso de destrezas, página 35

1. Como Jamie sobreestima la cantidad de personas como 60 por cada autobús y subestima la cantidad de personas que van al pícnic como 1,200, tendrá 20 autobuses. La respuesta real de 24 autobuses indica que Jamie no tendrá suficientes autobuses. Jamie debe elegir otro método de estimación.

2. Mai usará los números 400 y 200 para su estimación y restará. La estimación será $200, lo cual indicaría que no puede firmar el cheque. La cantidad real es $274, así que sí podría firmar el cheque. La conclusión es que Mai no debe usar la estimación por la izquierda.

Práctica de destrezas, página 35

1. C. Se redondea 2,067 a 2,000 y 478 a 500. Luego se resta y se obtiene 1,500.

2. C. Se divide con los números compatibles 5,400 ÷ 90 = 60

3. A. Debe redondear los números hacia arriba para asegurarse de cubrir el costo de las prendas que compra.

4. D. Se redondea 365 a 400, se multiplica por 6 y se obtiene 2,400.

Lección 1.6

Concepto clave, página 36

1. 97	**5.** 1,013
2. 29,887	**6.** 200 R13
3. 2,580	**7.** 42
4. 7,344	**8.** 2,304

Aplica las Matemáticas, página 37

1. 2

2. 16

3. 7

4. 44

Aplica las Matemáticas, página 39

1. 336

2. 4,500

Repaso de vocabulario, página 39

1. la compensación

2. estrategia

3. el orden de las operaciones

4. el cálculo mental

Repaso de destrezas, página 39

1. 1,115; una semana tiene 7 días.

2. $712; un carro tiene 4 llantas.

3. $53; hay 12 meses en un año.

Capítulo 1 Números naturales   393

(Lección 1.6 continuación)

Práctica de destrezas, página 39

1. **D.** Se usa el orden de las operaciones: $(8 + 3) = 11$, $11 \times 4 = 44$; $44 - 1 = 43$.

2. **10** Se usa el orden de las operaciones: $2 \times 14 = 28$, $3 + 5 = 8$, $44 - 28 = 16$, $16 \div 8 = 2$; $2 + 8 = 10$

3. **C.** $100 \times 36 = 3,600$

Lección 1.7

Concepto clave, página 40

1. 28,033
2. 323,850
3. 945
4. 19
5. 21,967
6. 5,473,269
7. 24
8. 4,683

Aplica las Matemáticas, página 42
suma; $7

Aplica las Matemáticas, página 43

1. probar y comprobar; 4
2. hacer un dibujo; 20 veces

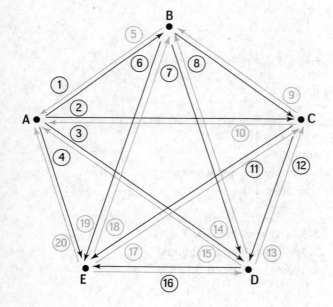

Repaso de vocabulario, página 44

1. la solución
2. razonable
3. irrelevante

Repaso de destrezas, página 45

1. Manny pagó $3.15; 12 pedazos
2. El Sr. Martínez trabajó 32 horas; 13 horas
3. Gastó $12.43; 10 libras
4. También vendió su reproductor de DVD a $20; $36

Repaso de destrezas, página 45

1. **B.** $88 + 77 = 165$.
   $87 + 65 = 152$.
   $86 + 75 = 161$.
   $85 + 67 = 152$

2. **445** El alquiler actual, $415, más el aumento, $30, es $415 + 30 = 445$.

3. **B.** *Cuántos pasajeros más* indica que hay que restar.

4. Hay 12 meses en un año. Se divide el costo por año del servicio de recolección de basura por la cantidad de meses de un año, 12.

   156 dividido 12 es 13.

Guía de respuestas

Capítulo 1 Repaso, páginas 46–47

1. **C.** 3 está en la posición de las decenas de millar, así que su valor es 30,000.

2. **C.** Los factores de 36 son 2, 3, 4, 6, 9, 12 y 18. Los factores de 48 son 2, 3, 4, 6, 8, 12, 16 y 24. Los factores de 60 son 2, 3, 4, 5, 6, 10, 12, 15, 20 y 30.

3. **B.** Según el orden de las operaciones, lo que está entre paréntesis debe resolverse primero.

4. **A.** $124 - 14 - 12 = 98$

5. **C.** 2 está en la posición de las unidades de millar en 4,572,013. El dígito a la derecha es 0, así que 2 se mantiene igual. El número se redondea a 4,572,000.

6. **D.** Se redondea $2.79 a $3.00. Se resta $3.00 a $5.00. $5.00 - $3.00 = $2.00.

7. **B.** Los factores de 14 son 2 y 7. Los factores de 21 son 3 y 7. Los factores de 42 son 2, 3, 6, 7, 14 y 21. El máximo común divisor es 7.

8. **C.** 11,260 se redondea a 11,000; $5 \times 11,000 = 55,000$.

9. **B.** $215 + 3 \times 65 = 410$

10. **C.** La multiplicación anula la división, porque son operaciones inversas.

11. **D.** Los puntajes ordenados de mayor a menor son 248, 187, 114. Las personas que corresponden a estos puntajes son Uppinder, Marietta, James.

12. **A.** $8 \div 4 = 2$, $7 - 2 = 5$, $26 - 6 = 20$, $20 \div 5 = 4$, $15 + 4 = 19$

13. **D.** $842 \div 27 = 31$ R5

14. **A.** $2,000 - 582 - 491 - 361 - 500 = 66$

15. **B.** $12,398 - 762 = 11,636$

CAPÍTULO 2 Decimales

Lección 2.1

Concepto clave, página 50

1. 7 centenas, es decir, 700
2. 0 unidades de millar, es decir, 0
3. 8 unidades, es decir, 8
4. 2 unidades de millón, es decir, 2,000,000
5. 60
6. 190
7. 300
8. 6,380

Aplica las Matemáticas, página 51

1. >
2. >
3. =
4. <
5. =

Aplica las Matemáticas, página 52

1. 6.1
2. 3.0
3. 16
4. 5.01
5. 4.24
6. 12.37

Repaso de vocabulario, página 53

1. los decimales
2. una décima
3. el punto decimal
4. las centésimas
5. un centavo

Repaso de destrezas, página 53

1. 2 unidades de millar, es decir, 2,000
2. 4 centenas, es decir, 400
3. 6 decenas, es decir, 60
4. 1 unidad, es decir, 1
5. 8 décimas, es decir, 0.8
6. 5 centésimas, es decir, 0.05

7.

Unidades	.	Décimas	Centésimas
1	.	4	5

8.

Decenas	Unidades	.	Décimas	Centésimas	Milésimas
3	2	.	0	9	1

9.

Decenas	Unidades	.	Décimas	Centésimas
2	4	.	3	1

10.

Centenas	Decenas	Unidades	.	Décimas	Centésimas
1	0	0	.	0	2

Práctica de destrezas, página 53

1. **D.** El dígito de las unidades de millar es 6. El dígito a la derecha es 7. Como 7 > 5, el dígito de las unidades de millar se redondea hacia arriba a 7. Por lo tanto, 5412.8367 se redondea a 5412.837.
2. **C.** 2.99 > 2.45 > 2.39 > 1.89. El café con chocolate, que cuesta $2.99, es la bebida que cuesta más.

Guía de respuestas

CAPÍTULO
2

Lección 2.2

Concepto clave, página 54
1. 70
2. 176
3. 6,941
4. 6,066
5. >
6. <
7. >
8. =

Aplica las Matemáticas, página 56
1. $0.60
2. 7.9
3. 2.005

Aplica las Matemáticas, página 57
1. 3.3
2. 8.53
3. 1.985

Repaso de vocabulario, página 57
1. valor de posición
2. verticalmente
3. alinear
4. organizar
5. agregar

Repaso de destrezas, página 58

1.
$$\begin{array}{r} 17.350 \\ +50.927 \\ \hline \end{array}$$

2.
$$\begin{array}{r} 42.000 \\ -36.498 \\ \hline \end{array}$$

3.
$$\begin{array}{r} 3.890 \\ -1.426 \\ \hline \end{array}$$

4.
$$\begin{array}{r} 0.180 \\ 8.921 \\ +39.600 \\ \hline \end{array}$$

5.
$$\begin{array}{r} 1.563 \\ +8.030 \\ \hline \end{array}$$

6.
$$\begin{array}{r} 29.00 \\ -\ 0.25 \\ \hline \end{array}$$

7.
$$\begin{array}{r} 7.500 \\ -1.004 \\ \hline \end{array}$$

8.
$$\begin{array}{r} 0.230 \\ 1.006 \\ +80.000 \\ \hline \end{array}$$

9. Marco está equivocado. La diferencia que obtuvo, 4.31, es mayor que el número al que restó, 4.28.
10. Lucy está equivocada. No reagrupó al sumar los dígitos de las décimas y las unidades.

Práctica de destrezas, página 59
1. **D.** $1.5 + 1.8 + 2.75 + 2.9 = 8.95$
2. **C.**
$$\begin{array}{r} \overset{3\ 1}{2.\cancel{4}0} \\ -0.35 \\ \hline 2.05 \end{array}$$
3. **C.** $13.1 - 2.4 = 10.7$
4. **A.** $12 + 15.25 = 27.25$

Guía de respuestas

Lección 2.3

Concepto clave, página 60
1 36
2. 160
3. 456
4. 199,076
5. 6
6. 12.6

Aplica las Matemáticas, página 61
1. $2.30
2. $10
3. $3.75
4. $3.50
5. 0.15
6. 20.4
7. 0.0325
8. 2.294

Repaso de vocabulario, página 62
1. un factor
2. el producto
3. multiplicación

Repaso de destrezas, página 63
1. 3
2. 6
3. 3
4. 2
5. 180; 1.8
6. 984; 0.984
7. 63; 6.3
8. 1,457; 0.01457

Práctica de destrezas, página 63
1. C. El producto, 0.036, tiene tres posiciones decimales. Para ubicar el punto decimal tres lugares a la izquierda de 6 en el producto es necesario colocar un cero.
2. A. Debe colocar el punto decimal a dos lugares del extremo derecho del producto, porque la suma de las posiciones decimales es dos.
3. B. $2.5 \times 2.38 = 5.95$

Lección 2.4

Concepto clave, página 64
1. 167
2. 17
3. 3,709
4. 400
5. 5
6. 50
7. 500
8. 5,000

Aplica las Matemáticas, página 67
1. 0.09
2. 30
3. 60
4. 0.9
5. 4.8
6. $6
7. 23
8. $0.80

Repaso de vocabulario, página 68
1. el dividendo
2. el cociente
3. el divisor
4. evaluar
5. el razonamiento

Repaso de destrezas, página 68
1. correcto
2. correcto
3. error; la respuesta incorrecta se basa en el dividendo, no el divisor; 1 lugar a la derecha
4. correcto
5. error; la respuesta incorrecta se basa en el dividendo, no el divisor; el dividendo ya es un número natural, así que el punto decimal no debe moverse.
6. error; la respuesta incorrecta se basa en el dividendo, no el divisor; 1 lugar a la derecha
7. correcto
8. error; la respuesta se hizo contando mal; 2 lugares a la derecha
9. Al dividir un decimal por un número natural, primero coloca el punto decimal en el cociente exactamente arriba del punto decimal del dividendo. Luego divide de la misma manera en que dividirías números naturales.
10. Para comprobar un problema de división, multiplica el cociente por el divisor original. Si se hace la división correctamente, el producto debe ser igual al dividendo original.

Guía de respuestas

(Lección 2.4 continuación)

Práctica de destrezas, página 69

1. **B.** $5.44 \div 8 = 0.68$

2. **A.**
$$9\overline{)165.6} = 18.4$$

3. **A.** $2.34 \div 6 = 0.39$

4. **A.** $227.25 \div 4.5 = 50.5$

Capítulo 2 Repaso, páginas 70–71

1. **C.** 0.7 es 100 veces 0.007.

2. **B.** $5.43 \div 1.2 = 4.525$

3. **C.** $3 \times 0.69 + 1.2 \times 3.95 + 2.5 \times 4.50 = 18.06$

4. **C.** $0.315 - 0.206 = 0.109$

5. **B.** $2.5 + (0.1 \times 56) \div (3 + 5) = 2.5 + 5.6 \div 8 = 2.5 + 0.7 = 3.2$

6. **D.** $1.3 + 12.502 + 0.045 = 13.847$

7. **B.** para que sea más fácil alinear la suma y la resta

8. **D.** 10.5

9. **B.** 7 está en la posición de las centésimas, así que su valor es 0.07.

10. **C.** La respuesta debe ser 4.294.

11. **B.** $\$64.54 < \$65.97 < \$71.90 < \$90.15$; mayo es el mes con el menor monto.

12. **B.** En 67.142, 4 es el dígito que está a la derecha de las décimas. Por lo tanto, el dígito de las décimas se mantiene igual.

13. **B.** Se resta la cantidad de abril a la cantidad de julio; $\$90.15 - \$65.97 = \$24.18$.

14. **B.** $7.25 \times 22 = 159.50$

CAPÍTULO 3 Fracciones

Lección 3.1

Concepto clave, página 74

1. 0.3
2. 0.23
3. <
4. >
5. =

Aplica las Matemáticas, página 76

1. $\frac{5}{8}$
2. $\frac{1}{8}$
3. $\frac{3}{10}$
4. $\frac{11}{12}$

Aplica las Matemáticas, página 78

1. C.
2. A.
3. E.
4. D.
5. B.

Aplica las Matemáticas, página 79

1. Dibujo una recta numérica que vaya de 0 a 1 y la divido en cuartos y octavos. Ubico cada fracción en la recta. La fracción que esté más a la derecha es la fracción mayor.

2. Después de hallar un múltiplo común para reescribir las fracciones con un denominador común, comparo los numeradores. La fracción que tiene el numerador más pequeño es menor que la fracción que tiene el numerador más grande.

3. $\frac{5}{6}, \frac{7}{9}, \frac{2}{3}$

Repaso de vocabulario, página 80

1. una fracción
2. el denominador
3. mínima expresión
4. el numerador
5. un múltiplo común
6. fracciones equivalentes

Repaso de destrezas, página 80

1. 1: Una manera de hallar una fracción equivalente es multiplicando una fracción por una forma de 1; 2: Una forma de 1 es cualquier fracción en la que el numerados y el denominador son iguales, como $\frac{5}{5}$; 3: Otra manera de hallar una fracción equivalente es dividiendo por una forma de 1.

La idea principal es que las fracciones equivalentes tienen el mismo valor. Las oraciones 1 y 3 explican cómo hallar fracciones equivalentes; la oración 2 aporta un detalle, pero no apoya la idea principal.

2. 1: Una manera es hallando un denominador común; 2: Enumera los múltiplos de cada denominador; 3: El primer múltiplo común es el mínimo común denominador de las dos fracciones; 4: Reescribe las fracciones con el denominador común; 5: Luego, compara los numeradores de las fracciones para determinar cuál es la fracción menor y cuál es la fracción mayor.

La idea principal es que hay muchas maneras de comparar fracciones. Las oraciones 1, 2, 3, 4 y 5 son detalles que describen una manera de comparar fracciones.

3.

6 de 7 secciones del diagrama están sombreadas. Las secciones sombreadas representan el numerador de la fracción y el total de las secciones representa el denominador.

4.

5 de 6 secciones del diagrama están sombreadas. Las secciones sombreadas representan el numerador de la fracción y el total de las secciones representa el denominador.

5.

3 de 8 secciones del diagrama están sombreadas. Las secciones sombreadas representan el numerador de la fracción y el total de las secciones representa el denominador.

6.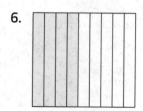

4 de 9 secciones del diagrama están sombreadas. Las secciones sombreadas representan el numerador de la fracción y el total de las secciones representa el denominador.

Guía de respuestas

(Lección 3.1 continuación)

7.

$$\frac{9}{12} = \frac{3}{4}$$

8.

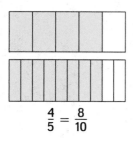

$$\frac{4}{5} = \frac{8}{10}$$

Práctica de destrezas, página 81

1. **A.** $\frac{2}{5} = \frac{16}{40}$, $\frac{1}{2} = \frac{20}{40}$, $\frac{5}{8} = \frac{25}{40}$; $16 < 20 < 25$, así que $\frac{2}{5} < \frac{1}{2} < \frac{5}{8}$

2. **C.** $\frac{5}{6}$: 5 de 6 partes están sombreadas.

3. **B.** $\frac{4}{7} \times 42 = 24$

4. **D.** $\frac{14}{25}$

Lección 3.2

Concepto clave, página 82

1. **C.**

2. **B.**

3. **A.**

4. $\frac{4}{5}$

5. $\frac{3}{7}$

6. $\frac{13}{25}$

Aplica las Matemáticas, página 83

1. $\frac{2}{3}$

2. $\frac{13}{18}$

3. $\frac{1}{3}$

4. $\frac{9}{10}$

Aplica las Matemáticas, página 85

1. 8; 3; 24; $\frac{17}{24}$

2. 6; 3; 6; $\frac{1}{2}$

Repaso de vocabulario, página 86

1. **C.**

2. **D.**

3. **A.**

4. **B.**

Repaso de destrezas, página 86

1. 1. Observo los denominadores. Los denominadores son diferentes, así que hallo un denominador común.
   2. Reescribo las fracciones usando el denominador común.
   3. Sumo los nuevos numeradores.
   4. Simplifico si es necesario. La fracción ya está en su mínima expresión.
      $\frac{7}{10}$

2. 1. Observo los denominadores. Son iguales.
   2. Resto los numeradores.
   3. Simplifico. Divido por $\frac{3}{3}$.
      $\frac{3}{5}$

3. 1. Presiono el botón de encendido.
   2. Presiono el botón de fracciones, luego el 7, el botón con la flecha hacia abajo y luego el 8.
   3. Presiono el botón con la flecha hacia la derecha y luego el botón de resta.
   4. Presiono el botón de fracciones, luego el 3, el botón con la flecha hacia abajo y luego el 10.
   5. Presiono el botón con el signo igual.
   6. Leo la fracción que aparece en la esquina inferior derecha de la pantalla. $\frac{23}{40}$.

Práctica de destrezas, página 87

1. **A.** $\frac{7}{12} - \frac{1}{6} = \frac{5}{12}$

2. **B.** $\frac{3}{4} - \frac{1}{4} = \frac{1}{2}$

3. $\frac{1}{2} - \frac{3}{12} = \frac{6}{12} - \frac{3}{12} = \frac{1}{4}$

4. $\frac{3}{4} + \frac{1}{8} = \frac{6}{8} + \frac{1}{8} = \frac{7}{8}$

Guía de respuestas

Lección 3.3

Concepto clave, página 88

1. $\frac{4}{7}$

2. $\frac{9}{16}$

3. $\frac{11}{12}$

4. $\frac{3}{4}$

Aplica las Matemáticas, página 89

1. C.

2. D.

3. A.

4. B.

Aplica las Matemáticas, página 90

1. $9 \div \frac{1}{3}$; $9 \times \frac{3}{1} = 27$; hay 27 tercios en 9.

2. 18

Repaso de vocabulario, página 90

1. inverso multiplicativo

2. recíproco

3. invertir

Repaso de destrezas, páginas 90–91

1. Ingreso el numerador y el denominador del dividendo. Selecciono el signo de división. Luego, ingreso el numerador y el denominador del divisor. Selecciono el signo de igual. Luego, el cociente aparecerá en la pantalla.

2. Divido la temperatura en grados Celsius por $\frac{5}{9}$ y luego sumo 32 para hallar la temperatura en grados Fahrenheit, dado que la multiplicación y la división, al igual que la suma y la resta, son operaciones inversas.

   $104 - 32 = 72$, y $72 \times \frac{5}{9} = 40°C$

   $40 \div \frac{5}{9} = 40 \times \frac{9}{5} = 72$, y $72 + 32 = 104°F$

Práctica de destrezas, página 91

1. B. $\frac{2}{3} \div \frac{4}{5} = \frac{2}{3} \times \frac{5}{4} = \frac{10}{12} = \frac{5}{6}$

2. D. $10 \div \frac{1}{2} = 10 \times 2 = 20$

3. A. $15 \div \frac{3}{5} = 15 \times \frac{5}{3} = 25$

4. B. $\frac{1}{4} \div \frac{5}{8} = \frac{1}{4} \times \frac{8}{5} = \frac{8}{20} = \frac{2}{5}$

Lección 3.4

Concepto clave, página 92

1. $\frac{9}{10}$

2. $\frac{13}{24}$

3. $\frac{5}{21}$

4. $\frac{4}{5}$

Aplica las Matemáticas, página 95

1. división; 22,000 libras

Repaso de vocabulario, página 96

1. impropia

2. Los números mixtos

3. convertir

4. fracción propia

5. reduce

Repaso de destrezas, página 96

Ejemplos de respuestas:

1. Al dividir fracciones o números mixtos, debes convertir los números mixtos en fracciones impropias. Luego, debes invertir el divisor y multiplicar. Simplifica el resultado y reescribe las fracciones impropias como números mixtos o números naturales. Como en el resumen se explican los pasos que se deben seguir para dividir fracciones o números mixtos, se omiten ciertos detalles relacionados con fracciones y definiciones específicas.

2. Prácticamente no existen diferencias entre sumar fracciones y sumar números mixtos. Debes comprobar si los denominadores de las fracciones son iguales o diferentes. Si son diferentes, debes reescribir las fracciones con denominadores comunes. Luego suma los numeradores y, en el caso de los números mixtos, los números naturales. Por último, simplifica los resultados escribiendo la fracción en su mínima expresión y/o reescribiendo la fracción impropia como un número mixto o un número natural.

3. Ya sabía que en la multiplicación de fracciones primero se deben multiplicar los numeradores y los denominadores y luego se deben simplificar los resultados si es necesario. Lo único que tuve que aprender para multiplicar números mixtos fue que primero debía convertir el número mixto en una fracción impropia. Una vez hecho esto, los pasos son iguales. Por lo tanto, la conexión con lo que ya sabía me permitió aprender a multiplicar números mixtos con mayor facilidad.

Guía de respuestas

(Lección 3.4 continuación)

Práctica de destrezas, página 97

1. **C.** $2\frac{2}{3} \times 1\frac{1}{2} = \frac{8}{3} \times \frac{3}{2} = \frac{24}{6} = 4$

2. **A.** $10\frac{3}{4} = 10\frac{15}{20} = 9\frac{35}{20}$

   $-6\frac{4}{5} = 6\frac{16}{20} = 6\frac{16}{20}$

   $\phantom{-6\frac{4}{5} = 6\frac{16}{20} = } 3\frac{19}{20}$

3. **D.** Convertir los números mixtos en fracciones impropias.

4. **B.** $6\frac{1}{2} \div \frac{3}{4} = \frac{13}{2} \times \frac{4}{3} = \frac{52}{6} = 8\frac{4}{6} = 8\frac{2}{3}$ Esto significa que se pueden preparar 8 recetas completas con la salsa secreta.

Capítulo 3 Repaso, páginas 98–99

1. **C.** 4 y 15 no tienen factores comunes.

2. **D.** Para poder sumar fracciones, las mismas deben tener un denominador común. Hallar un denominador común.

3. **A.** $4\frac{2}{3} + 2\frac{7}{8} = 4\frac{16}{24} + 2\frac{21}{24} = 6\frac{37}{24} = 7\frac{13}{24}$

4. **D.** Multiplicar $2\frac{3}{8}$ y $7\frac{1}{2}$. $2\frac{3}{8} \times 7\frac{1}{2} = \frac{19}{8} \times \frac{15}{2} = \frac{285}{16} = 17\frac{13}{16}$

5. **A.** una fracción cuyo valor es menor que los factores

6. **B.** Escribir números mixtos como fracciones impropias.

7. **B.** $2\frac{2}{3} \times 2 = \frac{8}{3} \times \frac{2}{1} = \frac{16}{3} = 5\frac{1}{3}$

8. **B.** Convertir $2\frac{1}{5}$ a $1\frac{6}{5}$ de manera que la parte fraccionaria del número mixto se pueda restar.

9. **D.** $6 \times 3\frac{1}{3} = \frac{6}{1} \times \frac{10}{3} = \frac{60}{3} = 20$

10. **B.** $7\frac{3}{5} - 5\frac{2}{3} = 7\frac{9}{15} - 5\frac{10}{15} = 6\frac{24}{15} - 5\frac{10}{15} = 1\frac{14}{15}$

11. **C.** No convirtió correctamente las fracciones. $10\frac{5}{7} - 8\frac{2}{9} = 10\frac{45}{63} - 8\frac{14}{63} = 2\frac{31}{63}$

12. **B.** $4\frac{2}{7} = 7 \times 4 + \frac{2}{7} = \frac{30}{7}$

13. **A.** $\frac{4}{5} = \frac{144}{180}; \frac{7}{9} = \frac{140}{180}; \frac{3}{4} = \frac{135}{180}, \frac{4}{6} = \frac{120}{180}$

14. **C.** Convertir los números mixtos en fracciones impropias.

Guía de respuestas

CAPÍTULO 4 Enteros

Lección 4.1

Concepto clave, página 104

1-4.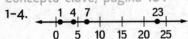

5. $<$
6. $>$
7. $>$
8. $=$

Aplica las Matemáticas, página 106

1. -4
2. $+19$
3. No es un entero.
4. -3
5. No es un entero.
6. $>$
7. $<$
8. $>$
9. $<$

Aplica las Matemáticas, página 106

1. 9
2. 12
3. 13
4. 25

Repaso de vocabulario, página 106

1. el opuesto
2. un entero
3. infinito
4. el valor absoluto

Repaso de destrezas, página 107

1. menor que
2. mayor que
3. mayor que
4. menor que
5. -6 °F, -2 °F, 0 °F, 4 °F, 15 °F, 18 °F, 20 °F

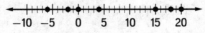

6. $+194 < +600$ o $+600 > +194$

Práctica de destrezas, página 107

1. **C.** El opuesto de -3 es $-(-3) = +3$.
2. **D.** $-32, -10, 0, +24, +316$; así se ordenan de izquierda a derecha en una recta numérica con un valor que aumenta de izquierda a derecha.
3. **B.** Ariana se encuentra a 89 pies bajo el nivel del mar, lo que se expresa con -89.
4. **C.** El valor absoluto de un entero es su distancia a 0.

Lección 4.2

Concepto clave, página 108

1. 9
2. 10
3. 2
4. 6
5. $<$
6. $>$
7. $>$
8. $>$

Aplica las Matemáticas, página 110

1. **D.**
2. **A.**
3. **E.**
4. **B.**
5. **C.**
6. **F.**

Aplica las Matemáticas, página 111

1. **E.**
2. **A.**
3. **F.**
4. **C.**
5. **D.**
6. **B.**

Repaso de vocabulario, página 112

1. negativos
2. positivos
3. los sumandos
4. el signo

Repaso de destrezas, página 112

1.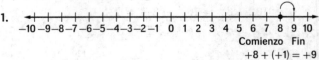

2.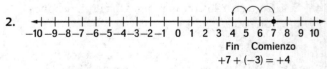

3.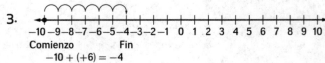

(Lección 4.2 continuación)

4.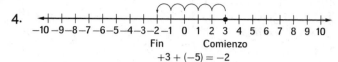

Fin   Comienzo

$+3 + (-5) = -2$

5.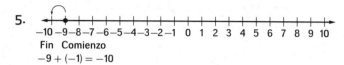

Fin Comienzo

$-9 + (-1) = -10$

6.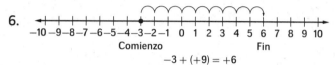

Comienzo   Fin

$-3 + (+9) = +6$

7. Primero, se determina que los sumandos tienen el mismo signo. Luego, se suman los valores absolutos de +8 y +12 y se obtiene 20. Por último, se usa el signo de los sumandos; por lo tanto, el resultado es +20.

8. Primero, se determina que los sumandos tienen signos diferentes. Luego, se restan los valores absolutos de +14 y −9 y se obtiene 5. Por último, se usa el signo de +14 porque tiene el valor absoluto más grande; por lo tanto, el resultado es +5.

9. Primero, se determina que los sumandos tienen signos diferentes. Luego, se restan los valores absolutos de −15 y +7 y se obtiene 8. Por último, se usa el signo de −15 porque tiene el valor absoluto más grande; por lo tanto, el resultado es −8.

10. (1) Primero; (2) Luego; (3) Después; (4) Finalmente

11. (3) había querido; (2) antes; (1) sería; (5) Había restado; (4) Luego de todos

Práctica de destrezas, página 113

1. D. +16 tiene un valor absoluto mayor que −9, y su signo es positivo.

2. C. $-5 + (+6) = +1$

3. B. $-8 + (+4)$; −8 tiene un valor absoluto mayor que +4. La suma es negativa.

4. B. $-35 + 10 = -25$

Lección 4.3

Concepto clave, página 114

1. −6   **5.** −5
2. −2   **6.** +6
3. −8   **7.** +2
4. −6   **8.** −7

Aplica las Matemáticas, página 116

1. E.   **4. D.**
2. F.   **5. A.**
3. C.   **6. B.**

Repaso de vocabulario, página 116

1. marcas
2. el punto
3. resolver

Repaso de destrezas, página 116

1.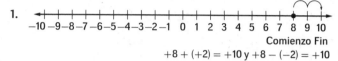

Comienzo Fin

$+8 + (+2) = +10$ y $+8 - (-2) = +10$

2.

Fin   Comienzo

$+4 + (-5) = -1$ y $+4 - (+5) = -1$

3. $+12 + (+11) = +23$ y $+12 - (-11) = +12 + (+11) = +23$; Comparación: Ambas operaciones se resuelven como problemas de suma y tienen la misma respuesta: Contraste: En la primera operación, a un número positivo se le suma un número positivo, mientras que en la segunda operación a un número positivo se le resta un número negativo.

4. $+7 + (-3) = +4$ y $+7 - (+3) = +7 + (-3) = +4$; Comparación: Ambas operaciones se resuelven como problemas de suma y tienen la misma respuesta; Contraste: En la primera operación, a un número positivo se le suma un número negativo, mientras que en la segunda operación a un número positivo se le resta un número positivo.

5. Como un número positivo menos un número negativo es lo mismo que sumar dos números positivos, y como la suma de dos números positivos da siempre un resultado positivo, sé que $+10 - (-3)$ da como resultado un número positivo.

Práctica de destrezas, página 117

1. C. $3 - 8 = -5$

2. B. Ubicar +7 en la recta numérica, luego desplazarte 5 unidades hacia la derecha.

3. D. $-40 - 8 = -48$

4. A. $245 - 302 = -57$

5. B. $231 - (-218) = 231 + 218 = 449$

6. A. $-92 - 114 = -206$

7. D. $-23 - 24 = -47$

8. C. Un número negativo menos un número positivo equivale a sumar dos números negativos.

Lección 4.4

Concepto clave, página 118

1. –8
2. –16
3. +18
4. +8
5. –6
6. –5
7. +7
8. +10

Aplica las Matemáticas, página 120

1. B.
2. A.
3. D.
4. C.

Aplica las Matemáticas, página 121

1. D.
2. C.
3. B.
4. A.

Repaso de vocabulario, página 121

1. el título
2. el inverso
3. repetido
4. las columnas
5. las filas
6. una tabla

Repaso de destrezas, página 122

1. +63
2. +16
3. +9
4. +2
5. –6
6. La segunda columna indica que la población de Smithville en 1990 era 4,200.
7. La segunda fila indica la población que hubo en los años 1990, 2000 y 2010.
8. 1,300 personas
9. 8,100 personas

Práctica de destrezas, página 123

1. D. -3×2 es igual a $-3 + (-3)$. La suma de $-3 + (-3)$ es un número negativo.
2. B. $-36 \div -2$
3. A. Un entero negativo multiplicado por un entero negativo da como resultado un entero positivo, y 12 por 7 es igual a 84.
4. A. Se divide 120 por 20 para hallar cuántas veces el buceador desciende 10 pies. Luego, se multiplica este número, 6, por –10 y se obtiene –60.

Lección 4.5

Concepto clave, página 124

1. a la derecha del 0
2. a la izquierda del 0

Aplica las Matemáticas, página 127

1. J
2. H
3. M
4. B
5. (2, 1)
6. (–8, 3)
7. (–4, –9)
8. (5, –8)

Repaso de vocabulario, página 128

1. A.
2. H.
3. F.
4. G.
5. C.
6. D.
7. B.
8. E.

Repaso de destrezas, página 128

1. A.
2. Comienzo desde el origen, me desplazo 9 unidades hacia la derecha y luego 2 unidades hacia arriba.
3. A.

Práctica de destrezas, página 129

1. D. Las coordenadas x son iguales; por lo tanto, la línea que contiene ambos puntos es vertical.
2. C. Comienza en el origen. Desplázate 3 unidades hacia la derecha y 7 hacia abajo para llegar al punto (3, –7).
3. El punto A se encuentra 6 unidades a la izquierda del origen y 5 unidades hacia arriba respecto de este último punto.
4. El punto B se encuentra 4 unidades a la derecha del origen y 3 unidades hacia abajo respecto de este último punto.

Guía de respuestas

1. **D.** Comienzo desde el origen y me desplazo 3 unidades hacia la izquierda. Luego, desde ese punto, me desplazo 4 unidades hacia abajo hasta el punto D.

2. **A.** Comienzo desde el punto E y me desplazo hacia abajo para hallar la coordenada x, que es –3. Luego, comienzo desde el punto E y me desplazo hacia la derecha para hallar la coordenada y, que es 4. Entonces, las coordenadas del punto E son (–3, 4).

3. **D.** Cuando los cuatro enteros son negativos. Ejemplo: $-2 \times (-3) \times (-4) \times (-5) = 6 \times (-4) \times (-5) = -24 \times (-5) = 120$

4. **B.** $102 + (-24) + 89 + (-225) = -58$

5. **D.** Para hallar (–8, 9), comienza desde el origen y desplázate 8 unidades hacia la izquierda. Luego, desde allí, desplázate 9 unidades hacia arriba.

6. **D.** $-300 \times 10 = -3,000$

7. **A.** $5,280 - (-10) = 5,280 + 10 = 5,290$

8. **C.** $-120 \div (-20)$

9. **A.** $178 + (+250) + (-60) + (-2) + (-187) = 179$; El saldo inicial y el depósito se representan con enteros positivos. La extracción, el cargo y el cheque se representan con enteros negativos.

10. **B** –35, –2, 0, 14, 31

11. **A.** –5 y 9

CAPÍTULO 5 Expresiones y ecuaciones

Lección 5.1

Concepto clave, página 134

1. 9.54
2. −9
3. −15

4. 4.2
5. 14
6. 18

Aplica las Matemáticas, página 137

Nota: Se acepta cualquier variable.

1. $p + 12$
2. $2s - 250$

Ejemplos de respuestas:

3. cuatro veces un número t dividido por dos
4. un número c menos nueve

Aplica las Matemáticas, página 138

1. 10.7
2. −6
3. −3
4. 4

Repaso de vocabulario, página 138

1. D.
2. E.
3. A.
4. G.

5. F.
6. B.
7. C.

Repaso de destrezas, página 139

1. 1. expresión algebraica, expresión verbal, palabras clave
   2. cantidad desconocida, variable
   3. números, operaciones
2. 1. evaluar, expresión, sustituye, variables, valores dados
   2. sustituido, valores correctos, variable
   3. operación, orden de las operaciones
3. *Ejemplo de respuesta:* Implementaría las definiciones de *evaluar* y *expresión* y el conocimiento sobre cómo multiplicar y sumar enteros. El valor de la expresión es −2.

Práctica de destrezas, página 139

1. **B.** Sustituyo s y t por los valores y obtengo $3 + 5(-2)$. Luego multiplico 5 por −2 y sumo 3, y así obtengo −7.
2. **C.** Convierto cada expresión verbal en una expresión algebraica.
3. **D.** En la expresión se muestra el costo de la escalera ($48.75) más el costo por el alquiler del motocultor por día ($18) por la cantidad de días que se necesita (d).
4. **C.** Analizo −17 menos que el producto de −12 y algún número. *El producto de −12 y algún número* es $-12x$. *−17 menos que* es $- (-17)$. Por lo tanto, la expresión completa es $-12x - (-17)$.

Lección 5.2

Concepto clave, página 140

1. $n + 4$
2. $3n - 1$
3. $n \div 8$ o $\frac{n}{8}$

4. −4
5. 5
6. 6

Aplica las Matemáticas, página 141

1. $n + 2 = 3$
2. $a - 5 = 12$
3. $7(8)$ no es igual a 42; entonces, $c = 8$ no es una solución de la ecuación.
4. $-4 + 7 = 3$; por lo tanto, $y = -4$ es una solución de la ecuación.

Aplica las Matemáticas, página 142

1. $y = 7$
2. $n = 11$
3. $z = 6$
4. $y = 1$

Repaso de vocabulario, página 143

1. D.
2. C.
3. A.
4. E.
5. B.

Guía de respuestas

(Lección 5.2 continuación)

Repaso de destrezas, página 143
Ejemplos de respuestas:

1. Para resolver ecuaciones es necesario comprender que se deben usar operaciones inversas para su resolución, y que la misma operación debe realizarse en ambos lados de la ecuación. Por ejemplo, si la ecuación es $x + 2 = 3$, se debe restar 2 a ambos lados de la ecuación.

2. operaciones inversas

Práctica de destrezas, página 143

1. **A.** El costo de cada merienda ($16) multiplicado por la cantidad (t) equivale al costo total ($80). $16t = 80$. Para hallar la cantidad total de meriendas (t), se divide el costo total ($80) por el costo de cada merienda ($16).

2. **C.** $2 + b = 14$
   $$\underline{-2} \qquad \underline{-2}$$
   $$b = 12$$

3. **D.** Para comprobar la solución, $n = 36$, Nizhoni debe reemplazar n por 36 en la ecuación. $\frac{36}{6} = 6$.

4. **A.** Se resuelve la ecuación $7x = 84$ dividiendo ambos lados por 7 y se obtiene $x = 12$.

Lección 5.3

Concepto clave, página 144

1. **B.**   3. **A.**
2. **D.**   4. **C.**

Aplica las Matemáticas, página 148

1. $x = 8$
2. $x = 12$
3. $x = -64$
4. $x = 1$

Repaso de vocabulario, página 148

1. una ecuación de dos pasos
2. aislar
3. afectar

Repaso de destrezas, página 148

1. Ejemplo de respuesta: Al resolver ecuaciones, comprender la secuencia me ayuda a determinar qué operación inversa debo realizar en primer lugar y cuál en segundo. Comprender esto me ayuda a resolver correctamente ecuaciones de dos pasos.

2. Ejemplo de respuesta: Como las operaciones de la ecuación son la multiplicación y la suma, primero restaría 3 a ambos lados de la ecuación y luego dividiría ambos lados por 6.

3. Ejemplo de respuesta: Para resolver una ecuación de dos pasos, seguiría la siguiente secuencia:
   1. Identificar las dos operaciones de la ecuación.
   2. Identificar las operaciones inversas.
   3. Realizar las operaciones en el orden inverso al orden de las operaciones: por lo general, la suma o la resta se realizan en primer lugar y la multiplicación o la división en segundo lugar.

Práctica de destrezas, página 149

1. **C.** *Un número dividido por ocho más tres es cincuenta y uno es* $\frac{n}{8} + 3 = 51$.

2. **A.** $2m - 7 = 49$

3. $\frac{n}{7} + 12 = 58$
   $$\frac{n}{7} + 12 - 12 = 58 - 12$$
   $$(7)\frac{n}{7} = (7)46$$
   $$n = 322$$

4. $150b + 2{,}000 = 3{,}650$
   $$150b + 2{,}000 - 2{,}000 = 3{,}650 - 2{,}000$$
   $$\frac{150b}{150} = \frac{1{,}650}{150}$$
   $$b = 11$$

Lección 5.4

Concepto clave, página 150

1. $=$ 4. $>$
2. $<$ 5. $<$
3. $>$ 6. $>$

Aplica las Matemáticas, página 151

1. $n - 8 > 12$
2. $c + 3 \geq 10$
3. $2n + 4 < 25$
4. $3h + 25 \geq 310$

(Lección 5.4 continuación)

Aplica las Matemáticas, página 153

1. $t < -5$
2. $x \leq 2$
3. $a \leq -6$
4. $c < 7$

Aplica las Matemáticas, página 154

1. $x < -1$
2. $y \leq 45$
3. $m \leq -28$
4. $b < -3$

Repaso de vocabulario, página 155

1. **B.**
2. **A.**
3. **C.**

Repaso de destrezas, página 155

1. Si pienso en lo que aprendí acerca de la conversión de una expresión verbal en una desigualdad, sé que x es una variable que representa un número desconocido, que el signo − significa resta y que el símbolo > significa mayor que. Puedo usar lo que sé para escribir *un número menos cuatro es mayor que seis.*

2. A partir de las relaciones que hice entre resolver ecuaciones y resolver desigualdades, aprendí que ambas pueden resolverse usando las operaciones inversas de suma y resta y las operaciones inversas de multiplicación y división para aislar la variable en uno de los lados de la ecuación o desigualdad. La única diferencia es que se debe invertir la dirección del símbolo de desigualdad cuando se multiplica o divide por un número negativo.

Práctica de destrezas, página 155

1. **B.** $\leq$ significa como máximo.

2. **C.** $4s + 35 \geq 180$
   $4s + 35 - 35 \geq 180 - 35$
   $\frac{4s}{4} \geq \frac{145}{4}$
   $s \geq 36.25$

3. **D.** Es importante recordar que, cuando se divide por un número negativo, el signo de desigualdad se debe invertir.
   $-5x > 5$
   $\frac{-5x}{-5} < \frac{5}{-5}$
   $x < -1$

4. **A.** Para representar *no más de*, se usa $\leq$.
   $100f + 15 \leq 65$

Lección 5.5

Concepto clave, página 156

1. $2n = 10$
2. $3n - 5$
3. 48
4. 30

Aplica las Matemáticas, página 158

1.
Posición del término, n	1	2	3	4	5	6
Número en la secuencia	4	8	12	16	20	24

$4n$

2.
Posición del término, n	1	2	3	4	5	6
Número en la secuencia	5	8	11	14	17	20

$3n + 2$

Repaso de vocabulario, página 160

1. generalizar
2. un término
3. la variable de salida; la variable de entrada
4. diferencia común
5. un patrón numérico

Repaso de destrezas, página 160

1. Para facilitar la búsqueda del patrón, haría una tabla en la que se relacionen la posición de cada término y el número en la secuencia. Luego observaría las diferencias comunes en ambas filas y usaría eso para hallar una regla. Después pondría a prueba la regla con varios números de la secuencia. La regla consiste en multiplicar el número de la posición por 3 y restar 2 para obtener el siguiente término; $3n - 2$.

2. Si se conoce la regla se puede reemplazar la variable de la expresión por cualquier término para hallar su valor en la secuencia. En una ecuación, se puede reemplazar la variable de entrada por cualquier valor y así obtener la variable de salida.

Práctica de destrezas, página 161

1. **D.** En cada ecuación se deben reemplazar las variables por los números de la tabla para hacer la comprobación.

2. **B.** $4n + 1$ es la regla del patrón que se muestra en la tabla.

3. **C.** La regla consiste en multiplicar el número de cada término por 38 y sumar 1.
   $6 \times 38 + 1 = 228 + 1 = 229$

4. **A.** Para hacer la comprobación se deben reemplazar las variables de la ecuación por los datos de cada una de las tablas.

1. **B.** $-8x + 11 = 35$

   $-8x + 11 - 11 = 35 - 11$

   $\frac{-8x}{-8} = \frac{24}{-8}$

   $x = -3$

2. **C.** $5(7) - 3(-8) = 35 - (-24) = 59$

3. **B.** La letra x representa la edad del hijo de Atian. La ecuación que se debe resolver es

   $5x - 7 = 43$

   $5x - 7 + 7 = 43 + 7$

   $\frac{5x}{5} = \frac{50}{5}$

   $x = 10$

4. **A.** $t = 13d + 45$

5. **D.** Para anular la división por –12, se debe multiplicar por –12 en ambos lados de la ecuación.

6. **D.** $y = 5x + 2$. Se deben reemplazar x e y por los valores de la tabla.

7. **C.** $5(10) + 2 = 52$. También se puede contar de 5 en 5 comenzando desde 7. El décimo número será 52.

8. **C.** La regla consiste en multiplicar el término por 3 y luego sumar 1.

9. **C.** $-5(-11) - 23 = 55 - 23 = 32$

10. **D.** Un valor posible para un conjunto de frenos que se ajusta a la desigualdad, $2f + 85 \leq 265$, es \$90.

11. **A.** Se resuelve cada desigualdad para hallar aquella cuya solución es $x \geq -8$.

12. **B.** Se resuelve $465 = 2r + 15$ y se obtiene \$225.

13. **D.** La ecuación que corresponde es $c = 45t$.

14. **A.** Se anula la suma y luego se anula la división restando 17 y multiplicando por 6 en ambos lados de la ecuación.

Guía de respuestas

CAPÍTULO 6 Ecuaciones lineales y funciones

Lección 6.1

Completar una tabla de datos, página 169

Cantidad de mensajes de texto adicionales	Costo de los mensajes de texto	Par de coordenadas
0	5	(0, 5)
5	6	(5, 6)
10	7	(10, 7)
15	8	(15, 8)
20	9	(20, 9)
25	10	(25, 10)
30	11	(30, 11)

Aplica las Matemáticas, página 171

La pendiente de la recta es 25.

Repaso de vocabulario, página 173

1. E.
2. B.
3. D.
4. A.
5. G.
6. F.
7. C.

Repaso de destrezas, página 173

1. lineal, porque una línea recta une los puntos
2. lineal, porque una línea recta une los puntos
3. no lineal, porque la línea que une los puntos no es recta

4. La variable independiente es grados Celsius.
5. La variable dependiente es grados Fahrenheit.
6. La pendiente es 1.8.
7. La intersección con y es 32.

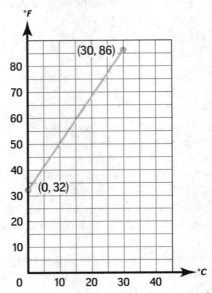

Práctica de destrezas, página 175

1.

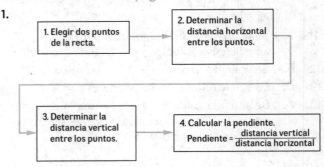

2. C
3. B
4. D

Guía de respuestas

Lección 6.2

Aplica las Matemáticas, página 178

Distancia vertical = 45 − 35 = 10.

Distancia horizontal = 10 − 5 = 5.

Pendiente = $\frac{10}{5}$ = 2.

Repaso de vocabulario, página 181

1. la forma punto-pendiente
2. interseca
3. la forma pendiente-intersección
4. la forma de dos puntos
5. un subíndice

Repaso de destrezas, páginas 181–182

1. **A.**
2. **C.**
3. **B.**
4.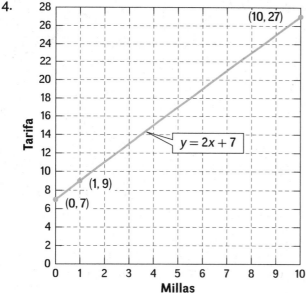

Práctica de destrezas, página 183

1. La afirmación es incorrecta. Si se conoce solo la pendiente de una recta se pueden dibujar muchas rectas distintas, así que no se puede graficar una recta con tan poca información. Además de la pendiente, también hay que conocer algún punto por el que pase la recta.

2. Llevará cinco meses pagar la compra. Al final del mes 4, el saldo es $100, así que el siguiente mes (el quinto mes) se paga lo que queda.

3. La pendiente de la recta es −150. A medida que pasa cada mes (distancia horizontal = 1), el saldo (distancia vertical) disminuye en 150.

   pendiente = $\frac{\text{distancia vertical}}{\text{distancia horizontal}}$ = $\frac{-150}{1}$ = −150

4. La intersección con y es 700. Esto representa el saldo inicial de la tarjeta de crédito (en el mes 0), que es $700 (el costo de la bicicleta).

Lección 6.3

Aplica las Matemáticas, página 186

Opción 1: El costo total por mes sería $105.00. La mitad de la cuenta sería $52.50.

Opción 1: El costo total por mes sería $45.00. La mitad de la cuenta sería $22.50.

Repaso de vocabulario, página 188

1. **B.**
2. **A.**
3. **E.**
4. **C.**
5. **F.**
6. **D.**

Repaso de destrezas, páginas 188–189

1. 1 solución
2. 0 soluciones
3. cantidad infinita de soluciones
4. $0.03x + 0.01y = 1,800$
5. $x + y = 100,000$
6. $40,000
7. $60,000

Práctica de destrezas, página 189

1. **D.**
2. **B.**
3. **D.**
4. $20,000 = x + y$; $0.06x + 0.04y = 1,000$

Lección 6.4

Aplica las Matemáticas, página 191

EJERCICIO Y HORAS DE SUEÑO

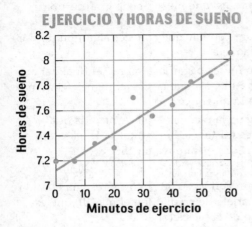

Aplica las Matemáticas, página 195

En general, a medida que aumenta la altura, también aumenta el peso. Hay una relación lineal positiva entre las variables.

Repaso de vocabulario, página 196

1. Si el valor de una variable aumenta y el valor de la otra variable disminuye, existe una correlación negativa entre las variables.

2. Si el valor de una variable aumenta y el valor de la otra variable aumenta, existe una correlación positiva between the variables.

3. Un diagrama de dispersión es una representación gráfica de la relación entre dos variables.

4. Si dos variables siguen un patrón claramente reconocible, entonces existe una correlación entre las dos variables.

5. Si los puntos en un diagrama de dispersión aumentan o disminuyen proporcionalmente, entonces existe una correlación lineal entre las variables que representan.

6. Un valor extremo está situado más lejos de la línea de tendencia que los otros puntos de un diagrama de dispersión.

7. Un agrupamiento es un conjunto de puntos que se encuentran muy cerca entre sí en un diagrama de dispersión.

8. Si la línea de tendencia en un diagrama de dispersión es cuadrática o exponencial, entonces existe una correlación no lineal entre las variables.

9. La línea o curva alrededor de la cual se encuentran los puntos en un diagrama de dispersión se denomina línea de tendencia.

Repaso de destrezas, páginas 196–197

1 Hay dos valores extremos en el diagrama de dispersión. Son valores extremos porque están mucho más separados de la línea de tendencia que los otros puntos.

2. Hay una correlación lineal positiva entre las variables largo y ancho.

3.

PUBLICACIONES EN UN SITIO WEB DE MÚSICA Y DESCARGAS DE MÚSICA

Guía de respuestas

(Lección 6.4 continuación)

Práctica de destrezas, página 198

1. Diagramas de dispersión

   A. correlación negativa fuerte: Gráfica 3

   B. no hay correlación: Gráfica 1

   C. correlación positiva débil: Gráfica 2

2.

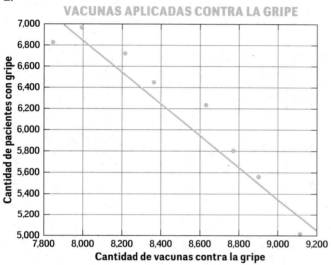

VACUNAS APLICADAS CONTRA LA GRIPE

Hay una correlación lineal negativa entre entre la cantidad reportada de casos de gripe y la cantidad de vacunas contra la gripe.

3.

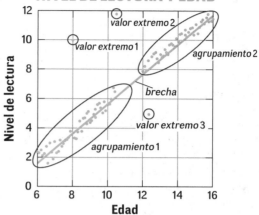

NIVEL DE LECTURA Y EDAD

El valor extremo #1 representa un estudiante de 8 años de edad que tiene un nivel de lectura más alto que el promedio para su edad.

El valor extremo #2 representa un estudiante de $10\frac{1}{2}$ años que tiene un nivel de lectura más bajo que el promedio para su edad.

El valor extremo #3 representa un estudiante de $12\frac{1}{2}$ años que tiene un nivel de lectura más alto que el promedio para su edad.

Las respuestas variarán. Ejemplo de respuesta: las explicaciones posibles para los valores extremos incluyen que haya un error en la edad o en la puntuación de los estudiantes que representan cada valor extremo. Otros factores que podrían influir son la posibilidad de un mal estado de salud el día de la prueba, que los estudiantes hayan estado ausentes en parte del período de la prueba o que hayan padecido estrés por la prueba.

Lección 6.5

Aplica las Matemáticas, página 203

A. función lineal

B. función no lineal

C. función no lineal

D. función no lineal

Repaso de vocabulario, página 204

1. Una ecuación es una función si tiene solo una salida por cada entrada.

2. Una función lineal tiene la forma $y = mx + b$.

3. Los puntos de una función no lineal no están todos sobre una línea recta.

4. La prueba de la línea vertical puede ayudar a determinar si la gráfica de una ecuación es una función o no.

Repaso de destrezas, página 204

1. B.

2. B.

3. Eleva al cuadrado la entrada, x.

   Multiplica la entrada, x, por 2.

   Suma los dos números.

   Suma 1.

   El resultado es la salida, y.

Práctica de destrezas, página 205

1. **A.** función

   B. no es una función

   C. función

2.

Masa (en kg)	g	Altura (en m)	EP (en kJ)
90	9.8	0	0
90	9.8	10	8.82
90	9.8	20	17.64
90	9.8	30	26.46
90	9.8	40	35.28
90	9.8	50	44.1

3.

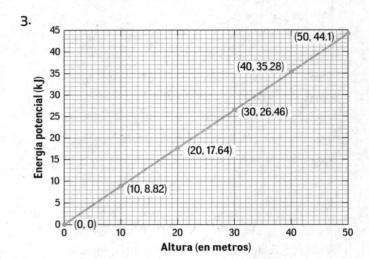

4. Esta gráfica representa una función, porque pasa la prueba de la línea vertical. La función es lineal, porque todos los puntos están en una línea recta.

Guía de respuestas

1. **D.** El término $\frac{1}{x}$ hace que esta ecuación sea no lineal.

2. **D.** La pendiente, m, es el coeficiente de D en la ecuación $C = 0.1\,D + 5$, así que $m = 0.1$. La intersección con y, b, es el término constante en la ecuación, así que, $b = 5$.

3. **B.** Los datos de la hora y la temperatura aumentan proporcionalmente, es decir, la temperatura aumenta 4 grados por hora. Entonces, estos datos establecen un patrón lineal.

4. **D.** Una línea con pendiente positiva indica que la razón de la distancia vertical a la distancia horizontal es positiva. En consecuencia, a medida que aumenta (o disminuye) la variable independiente, la variable dependiente aumenta (o disminuye).

5. **C.** Se usa la fórmula para hallar la pediente de la línea:
   $m = \frac{\text{distancia vertical}}{\text{distancia horizontal}} = (y_2 - y_1)/(x_2 - x_1)$,
   donde $(x_1, y_1) = (5, 9)$ y $(x_2, y_2) = (-1, -3)$;
   $m = \frac{(-3 - 9)}{(-1 - 5)} = \frac{-12}{-6} = 2$.

6. $(3, 4)$: para comprobarlo: $2(3) - 2(4) = -2$;
   $6 - 8 = -2$
   $4(3) + 4 = 16$; $12 + 4 = 16$.

7. **B.** Se eligen dos puntos de la gráfica para calcular la pendiente: $(x_1, y_1) = (0, 70)$ y $(x_2, y_2) = (30, 130)$.
   Se usa la fórmula para calcular la pendiente:
   $m = (y_2 - y_1)/(x_2 - x_1) = \frac{(130 - 70)}{(30 - 0)} = 60/30 = 2$.

8. **B.** Es la única gráfica que pasa la prueba de la línea vertical.

9. **C.** Es el único conjunto de datos cuyo valores no crecen proporcionalmente. En consecuencia, es no lineal.

10. **C.** Es la única ecuación que tiene un término lineal, r. Todas las demás tienen sus variables independientes elevadas a una potencia (y en consecuencia no son lineales).

11. **B.** Como la línea de tendencia es lineal y la pendiente es negativa, los datos están linealmente y negativamente correlacionados.

12. **D.** Es la línea de tendencia porque es la línea en la que la distancia promedio entre ella y los puntos es menor.

CAPÍTULO 7 Razones, proporciones y porcentajes

Lección 7.1

Concepto clave, página 212

1. $\frac{3}{5}$

2. $\frac{1}{2}$

3. $\frac{2}{3}$

4. $\frac{3}{5}$

5.

Aplica las Matemáticas, página 214

1. 6:7, $\frac{6}{7}$

2. 1 a 50, $\frac{1}{50}$

3. 10 a 19, 10:19

4. $\frac{1 \text{ lata de concentrado}}{3 \text{ latas de agua}}$, $\frac{1}{3}$, 1:3, es decir, 1 a 3

5. $31 - 23 = 8$, entonces la razón es $\frac{23 \text{ días de nieve}}{8 \text{ días sin nieve}}$, $\frac{23}{8}$, 23:8, es decir, 23 a 8.

Aplica las Matemáticas, página 215

1. 22.5 millas por galón

2. $6.50 por hora

3. $0.30

4. $0.09

Repaso de vocabulario, página 216

1. una tasa

2. un precio unitario

3. una tasa unitaria

4. una razón

Repaso de destrezas, página 216

1. B.

2. D.

3. E.

4. A.

5. C.

Práctica de destrezas, página 217

1. A. Se divide 2.79 por 15 para obtener el precio unitario.

2. C. La cantidad total de personas es 3. Entonces 2 de cada 3 son mujeres.

3. C. $\frac{366}{582} = \frac{366 \div 6}{582 \div 6} = \frac{61}{97}$; Entonces, la razón de votos de Emilio a los votos de Marshall es 61 a 97.

4. B. Se divide 50 por 6 para obtener las millas por minuto.

Lección 7.2

Aplica las Matemáticas, página 219

La tasa unitaria es $3 \div \frac{1}{2} = 6$ millas/hora.

Aplica las Matemáticas, página 221

Para calcular el tiempo que llevará llenar la piscina:

$x = \frac{y}{k} = \frac{12,000 \text{ galones}}{1,200 \text{ galones/hora}} = 10 \text{ horas}$

Repaso de vocabulario, página 222

1. Una *relación de proporcionalidad* existe entre dos variables si la razón entre ellas es siempre la misma.

2. La *constante de proporcionalidad* es el valor de la razón entre dos variables que están relacionadas proporcionalmente.

Repaso de destrezas, página 222

1. D.

2. A.

3. C.

4. B.

Repaso de destrezas, página 223

1. a. tasa unitaria = escala del mapa
$= \frac{200 \text{ millas}}{2.5 \text{ pulgadas}} = \frac{80 \text{ millas}}{\text{pulgada}}$

b. $y = 80x$

c. $y = \frac{80 \text{ millas}}{\text{pulgada}} \times 8.75 \text{ pulgadas} = 700 \text{ millas}$

2. La pendiente de una línea que representa una relación proporcional es igual a la tasa unitaria, que a su vez es igual a la constante de proporcionalidad. En consecuencia, la línea A tiene una constante de proporcionalidad más grande, porque tiene una pendiente mayor.

3. Modelo A
$\frac{30 \text{ millas}}{0.7 \text{ galones}} = \frac{42.9 \text{ millas}}{\text{galón}}$

Modelo B
pendiente $= \frac{\text{distancia vertical}}{\text{distancia horizontal}} = \frac{20 \text{ millas}}{1.5 \text{ galones}}$
$= \frac{13.3 \text{ millas}}{\text{galón}}$

El modelo A tiene un mejor consumo por milla.

Guía de respuestas

Lección 7.3

Concepto clave, página 224

1. 3:5, 3 a 5

2. 9 a 4, $\frac{9}{4}$

3. 5:9, $\frac{5}{9}$

4. $\frac{3}{5}$

5. $\frac{2}{5}$

6. $\frac{3}{13}$

Aplica las Matemáticas, página 226

1. sí, $\frac{50}{20} = \frac{10}{4}$

2. sí, $\frac{8}{3} = \frac{24}{9}$

3. no

Ejemplos de respuestas:

4. $\frac{12}{13} = \frac{24}{26}$

5. $\frac{6}{3} = \frac{2}{1}$

6. $\frac{25}{20} = \frac{5}{4}$

Aplica las Matemáticas, página 227

1. $a = \frac{1}{30}$

2. $b = 54$

3. $c = 36$

4. $d = 21$

Repaso de vocabulario, página 228

1. la multiplicación cruzada

2. equivalentes

3. el valor

4. una proporción

Repaso de destrezas, página 228

1. $\frac{5 \text{ círculos}}{8 \text{ triángulos}} = \frac{10 \text{ círculos}}{16 \text{ triángulos}}$,

$\frac{8 \text{ triángulos}}{16 \text{ triángulos}} = \frac{5 \text{ círculos}}{10 \text{ círculos}}$,

$\frac{8 \text{ triángulos}}{5 \text{ círculos}} = \frac{16 \text{ triángulos}}{10 \text{ círculos}}$,

$\frac{5 \text{ círculos}}{10 \text{ círculos}} = \frac{8 \text{ triángulos}}{16 \text{ triángulos}}$

2. $\frac{\$2}{7 \text{ millas}} = \frac{\$6}{21 \text{ millas}}$, $\frac{\$2}{\$6} = \frac{7 \text{ millas}}{21 \text{ millas}}$,

$\frac{7 \text{ millas}}{\$2} = \frac{21 \text{ millas}}{\$6}$,

$\frac{\$6}{\$2} = \frac{21 \text{ millas}}{7 \text{ millas}}$

3. $\frac{80 \text{ semillas}}{15 \text{ pies}} = \frac{32 \text{ semillas}}{6 \text{ pies}}$, $\frac{80 \text{ semillas}}{32 \text{ pies}} = \frac{15 \text{ pies}}{6 \text{ pies}}$,

$\frac{6 \text{ pies}}{15 \text{ pies}} = \frac{32 \text{ semillas}}{80 \text{ semillas}}$,

$\frac{15 \text{ pies}}{80 \text{ semillas}} = \frac{6 \text{ pies}}{32 \text{ semillas}}$

4. $\frac{7 \text{ tazas de harina}}{5 \text{ cdas de azúcar}} = \frac{10.5 \text{ tazas de harina}}{7.5 \text{ cdas de azúcar}}$,

$\frac{7 \text{ tazas de harina}}{10.5 \text{ tazas de harina}} = \frac{5 \text{ cdas de azúcar}}{7.5 \text{ cdas de azúcar}}$,

$\frac{5 \text{ cdas de azúcar}}{7 \text{ tazas de harina}} = \frac{7.5 \text{ cdas de azúcar}}{10.5 \text{ tazas de harina}}$,

$\frac{10.5 \text{ tazas de harina}}{7 \text{ tazas de harina}} = \frac{7.5 \text{ cdas de azúcar}}{5 \text{ cdas de azúcar}}$

5. $\frac{72 \text{ sillas}}{8 \text{ mesas}} = \frac{126 \text{ sillas}}{14 \text{ mesas}}$,

$\frac{14 \text{ mesas}}{8 \text{ mesas}} = \frac{126 \text{ sillas}}{72 \text{ sillas}}$,

$\frac{72 \text{ sillas}}{126 \text{ sillas}} = \frac{8 \text{ mesas}}{14 \text{ mesas}}$,

$\frac{8 \text{ mesas}}{72 \text{ sillas}} = \frac{14 \text{ mesas}}{126 \text{ sillas}}$

6. no; $\frac{3}{5} \neq \frac{4}{6}$ porque $3 \times 6 \neq 4 \times 5$

7. sí; $\frac{3 \text{ azul}}{1 \text{ amarillo}} = \frac{6 \text{ azul}}{2 \text{ amarillo}}$ porque $3 \times 2 = 6 \times 1$

8. sí; $\frac{650 \text{ palabras}}{10 \text{ minutos}} = \frac{780 \text{ palabras}}{12 \text{ minutos}}$ porque $650 \times 12 = 780 \times 10$

Práctica de destrezas, página 229

1. **D.**

$\frac{1 \text{ pulg}}{50 \text{ mi}} = \frac{2\frac{1}{2} \text{ pulg}}{x \text{ mi}}$

$2\frac{1}{2} \times 50 = 1(x)$

$125 = x$

2. **D.** $\frac{100}{8} = \frac{d}{10}$

3. **B.** Este es el único enunciado verdadero porque una proporción está formada por fracciones equivalentes. Los enunciados (A), "2:3 y 15:10 son razones equivalentes" y (C), "2 × 10 y 3 × 15 son iguales" son falsos porque 2 × 10 no es igual a 3 × 15. Como $\frac{2}{3} = \frac{10}{15}$ es una proporción, (D) es falso.

4. **C.** Se usa la proporción $\frac{3}{8} = \frac{x}{400}$ para hallar la cantidad de canciones de rock. Por lo tanto,

$\frac{3}{8} = \frac{x}{400}$

$3 \times 400 = 8 \cdot x$

$1,200 = 8x$

$150 = x$

Lección 7.4

Concepto clave, página 230

1. 46
2. 4.6
3. 0.46
4. 0.046

Aplica las Matemáticas, página 232

1. 0.67
2. $3\frac{23}{50}$
3. 0.03
4. $\frac{2}{5}$

Aplica las Matemáticas, página 234

1. 25%, 0.25, $\frac{3}{12}=\frac{1}{4}$
2. $66\frac{2}{3}$%, $0.\overline{6}$, $\frac{2}{3}$
3. 6.8%, 0.068, $\frac{68}{1,000}=\frac{17}{250}$
4. 240%, 2.4, $2\frac{4}{10}=2\frac{2}{5}$
5. 37%, 0.37, $\frac{37}{100}$
6. 0.2%, 0.002, $\frac{2}{1,000}=\frac{1}{500}$

Repaso de vocabulario, página 234

1. porcentaje
2. una semejanza
3. un decimal periódico

Repaso de destrezas, página 235

1–6

Porcentaje	Decimal	Fracción
45%	0.45	$\frac{45}{100}=\frac{9}{20}$
80%	0.8	$\frac{8}{10}=\frac{4}{5}$
35%	0.35	$\frac{7}{20}$
206%	2.06	$2\frac{6}{100}=2\frac{3}{50}$
24.1%	0.241	$\frac{241}{1,000}$
137.5%	1.375	$1\frac{3}{8}$

45% y 24.1% eran semejantes porque porque se convirtieron a decimales y fracciones. 0.8 y 2.06 eran semejantes porque se convirtieron a fracciones y porcentajes. $\frac{7}{20}$ y $1\frac{3}{8}$ eran semejantes porque se convirtieron a decimales y porcentajes.

7. Ambos son el mismo número. El primero está escrito como decimal y el segundo es una fracción. Ambos son iguales a 75%.
8. Ambos son el mismo número. El primero está escrito como un número mixto y el segundo es un decimal periódico. Ambos son iguales a $783\frac{1}{3}$%.
9. Ambos son el mismo número. El primero está escrito como fracción y el segundo es un porcentaje. Ambos son iguales a $0.\overline{6}$.
10. Ambos son el mismo número. El primero está escribo como fracción y el segundo es un decimal periódico. Ambos son iguales a $11\frac{1}{9}$%.

Práctica de destrezas, página 235

1. B. $2\%=\frac{2}{100}=\frac{1}{50}$
2. C. $\frac{3}{10}=\frac{30}{100}=30\%$
3. B. $\frac{4}{5}=\frac{4\times20}{5\times20}=\frac{80}{100}=80\%$
4. D. $\frac{12}{30}=\frac{4}{10}=0.4=40\%$

Lección 7.5

Concepto clave, página 236

1. 81.7
2. 2.8
3. 7
4. 120
5. 21
6. 2
7. 6
8. 240

Aplica las Matemáticas, página 237

1. 87
2. 470
3. 12
4. $25

Aplica las Matemáticas, página 239

1. 9
2. 62.5%
3. 35

Repaso de vocabulario, página 240

1. una porción
2. las medias
3. los extremos

Guía de respuestas

(Lección 7.5 continuación)

Repaso de destrezas, página 240

1. ¿Qué número es 25% de 80?; $\frac{\square}{80} = \frac{25}{100}$; 20

2. ¿10% de qué número es 8?; $\frac{8}{\square} = \frac{10}{100}$; 80

3. ¿Qué porcentaje de 44 es 11?; $\frac{11}{44} = \frac{\square}{100}$; 25%

4. ¿9 es qué porcentaje de 100?; $\frac{9}{100} = \frac{\square}{100}$; 9%

5. ¿16% es qué número de 200?; $\frac{200}{\square} = \frac{16}{100}$; 1,250

6. ¿3% de 500 es qué número?; $\frac{\square}{500} = \frac{3}{100}$; 15

7. ¿7 es 1% de qué número?; $\frac{7}{\square} = \frac{1}{100}$; 700

8. ¿Qué porcentaje de 16 es 12?; $\frac{12}{16} = \frac{\square}{100}$; 75%

9. Annabelle bebió 340 tazas de café en un año. Bebió 73 tazas solo en enero. ¿Qué porcentaje de tazas de café bebió durante enero?
$\frac{73}{340} = \frac{\square}{100}$; aproximadamente 21.47%

10. Lucio recibió 52% de votos para ganar una elección. Había 215,400 electores. ¿Cuántas personas votaron por Lucio?
$\frac{\square}{215,400} = \frac{52}{100}$; 112,008

11. Panya compró algunas manoplas en oferta por $12. Pagó solo 80% del precio original. ¿Cuál era el precio original de las manoplas? ¿Cuánto dinero ahorró al comprar las manoplas en oferta? $\frac{12}{\square} = \frac{80}{100}$; $15. Ahorró $3.

Práctica de destrezas, página 241

1. **C.**
$$\frac{x}{12,500} = \frac{6}{100}$$
$$12,500 \times 6 = 100x$$
$$75,000 = 100x$$
$$750 = x$$

2. **B.** $25\% = \frac{1}{4}$, se halla $\frac{1}{4}$ de 80, es decir, $\frac{1}{4} \times 80$

3. **D.**
$$\frac{70}{100} = \frac{x}{30}$$
$$x = 70 \times \frac{30}{100}$$
$$x = 21$$

4. **C.**
$$\frac{x}{100} = \frac{16}{24}$$
$$x = 16 \times \frac{100}{24}$$
$$x = 66.6\overline{6}, \text{ es decir, aproximadamente } 67\%$$

Lección 7.6

Concepto clave, página 242

1. $\frac{28}{52} = \frac{7}{13}$

2. $\frac{55}{365} = \frac{11}{73}$

3. $\frac{9}{12} = \frac{3}{4}$

4. $27.50

5. 0.04

6. 2.5

Aplica las Matemáticas, página 243

1. $4,000

2. $50

3. $324,000

4. $9.04

Repaso de vocabulario, página 244

1. el capital

2. el tiempo

3. una fórmula

4. convertir

5. la tasa

6. el interés

Repaso de destrezas, página 244

1. $200

2. aproximadamente $150.68

3. $7,492.50

4. $1,770

Práctica de destrezas, página 245

1. **B.** $4,000 \times 0.04 \times 3 = 480$

2. **A.** $75,000 \times 0.08 \times 30 = 180,000$

3. **A.** Préstamo A: tiempo $\frac{26}{52} = \frac{1}{2}$
$0.05 \times \frac{1}{2} \times 12,500 = 312.50$
Préstamo B: tiempo $\frac{18}{52} = \frac{9}{26}$
$0.065 \times \frac{9}{26} \times 12,500 = 281.25$
$312.50 - 281.25 = 31.25.$

4. **B.** $100 \times 0.24 \times \frac{12}{73} = 3.95$

Guía de respuestas

Capítulo 7 Repaso, páginas 246–247

1. **D.** 12 carros negros:20 carros en total,
   $12 \div 4 : 20 \div 4 = 3:5$

2. **C.** Para hallar x, se multiplica 6 por 32, y luego se divide por 24. Para resolver una proporción, se multiplica de forma cruzada el numerador por el denominador opuesto; luego, se divide ese resultado por el número que no se usó en la multiplicación anterior.

3. **B.** $15\% = 0.15$
   $0.15 \times 40 = 6$

4. **B.** $\frac{12}{14} = \frac{x}{100}$
   $12 \times 100 = 14x$
   $\frac{1,200}{14} = \frac{14x}{14}$
   $85.71 = x$
   85.71 comparado con 100 es aproximadamente igual a 86%.

5. **B.** $\frac{2}{47} = \frac{130}{x}$
   $47 \times 130 = 2x$
   $\frac{6,110}{2} = \frac{2x}{2}$
   $3,055 = x$

6. **A.** 6 años y 3 meses es igual a 6.25 años.
   $3\% = 0.03$, por lo tanto, $I = 6,700 \times 0.03 \times 6.25$

7. **C.** $\frac{8}{15,000} = \frac{7}{x} = \frac{\text{horas}}{\text{cajas de caramelos}}$

8. **D.** $0.73 \times \$12,455 = \$9,092.15$

9. **D.** 8:3, 24:9 porque $3 \times 24 = 8 \times 9$

10. **A.** $12,5000 \times 0.065 = 812.5$, es decir, \$812.50

11. **B.** 133 millas/minutos

12. **B.** 19.6 galones

13. $0.68 \times 50 = 34$

14. **C.** $0.15 \times 19 + 19 = 2.85 + 19 = 21.85$

15. **D.** 275 millas a 55 millas por hora es igual a 5 horas de manejo. Una hora para paradas resulta en un viaje de 6 horas. 6 horas antes de las 4:00 p. m. es 10:00 a. m.

16. 56
    $\frac{8}{y} = \frac{3}{21}$
    $21 \times 8 = 3y$
    $\frac{168}{3} = \frac{3y}{3}$
    $56 = y$

Guía de respuestas

CAPÍTULO 8 Exponentes y raíces

Lección 8.1

Concepto clave, página 250

1. 1
2. 3
3. −2
4. 28
5. −4
6. −22

Aplica las Matemáticas, página 251

1. 64
2. 32
3. 25
4. 27
5. 2,097,152
6. 7,962,624
7. 3,418,801
8. 2,985,984

Aplica las Matemáticas, página 252

1. 36
2. 21
3. 5
4. 14
5. 4
6. 18

Repaso de vocabulario, página 252

1. B.
2. C.
3. A.

Repaso de destrezas, página 253

1. Al entender que hay una secuencia o un orden de operaciones para hallar el valor de una expresión, puedo aplicar ese orden para hallar el valor correcto de la expresión. Si no entendiera la secuencia, entonces probablemente realizaría la operación de izquierda a derecha y obtendría un valor incorrecto.

2. Para la expresión $4^2 + 3^3 \div 9$, primero hallaría el valor de los exponentes, de izquierda a derecha. Luego, dividiría por 9. Luego, sumaría. El valor de la expresión es 19: $16 + 27 \div 9$; $16 + 3$; 19.

3. Para la expresión $2 \times (14 − 7^0) + 28 \div 2^2$, primero evaluaría el exponente entre paréntesis; en segundo lugar, realizaría las operaciones entre paréntesis; en tercer lugar, evaluaría el otro exponente, y, por último, multiplicaría, dividiría y sumaría.

   El valor de la expresión es 33: $2 \times (14 − 1) + 28 \div 2^2$; $2 \times 13 + 28 \div 2^2$; $2 \times 13 + 28 \div 4$; $26 + 28 \div 4$; $26 + 7$; 33.

Práctica de destrezas, página 253

1. **B.** $4^3 = 4 \times 4 \times 4 = 64$, $8^2 = 64$, por lo tanto, $4^3 = 8^2$.

2. **D.** La suma entre paréntesis se debe realizar primero.

3. **D.** $2s \times 2s \times 2s = 8s^3$

4. **C.** $2^5 = 32$, $3^3 = 27$, $32 − 27 = 5$

Lección 8.2

Concepto clave, página 254

1. 49
2. 32
3. 81
4. 216
5. 15,625
6. 16,777,216
7. 20,736
8. 115, 856, 201

Aplica las Matemáticas, página 257

1. 2
2. 10
3. 3
4. 15
5. 6
6. 25
7. 4
8. 18

Repaso de vocabulario, página 258

1. un signo de raíz
2. la raíz cuadrada
3. un cuadrado perfecto
4. al cuadrado
5. la raíz cúbica
6. un cubo perfecto

(Lección 8.2 continuación)

Repaso de destrezas, página 258

1. Los rótulos de las columnas muestran que las columnas 1 y 3 son números naturales que son cubos perfectos, y las columnas 2 y 4 son raíces cúbicas de los numeros naturales. Los números de las filas muestran que las dos primeras columnas son cubos perfectos y raíces cúbicas, respectivamente, del 1 al 10, y la tercera y la cuarta columna son cubos perfectos y raíces cúbicas, respectivamente, del 11 al 20.

2. Un patrón de esta tabla es que los cubos aumentan más rápidamente que las raíces cúbicas. Las raíces cúbicas son números consecutivos, mientras que los cubos no lo son. Otro patrón es que si el dígito de las unidades del cubo es 1, 4, 5, 6, 9 o 0, el dígito de las unidades de la raíz cúbica también es 1, 4, 5, 6, 9 o 0. Si el dígito de las unidades del cubo es 8, 7, 3 o 2, entonces el dígito de las unidades de la raíz cúbica es 2, 3, 7 u 8.

3. Si se sabe que un número es un cubo perfecto y la raíz cúbica es un número del 1 al 20, se podrían usar los datos de la tabla para hallar la raíz cúbica. Se pueden usar los datos para aproximar raíces cúbicas, y se podrían usar los patrones de la tabla para hallar raíces cúbicas de números que no están en la tabla.

4. Se podría mirar la columna 1 para hallar los cubos perfectos entre los que se halla 326. El número 326 está entre 216 y 343. Luego, se podría mirar la segunda columna y hallar que las raíces cúbicas de 216 y 343 son 6 y 7. Esto significa que la raíz cúbica de 326 está entre 6 y 7.

Práctica de destrezas, página 259

1. **C.** El número 33 está entre los cuadrados perfectos 25 y 36. Por lo tanto, la raíz cuadrada de 33 está entre las raíces cuadradas de 25 y 36, que son 5 y 6.

2. **B.** $\sqrt{289 - 225} = \sqrt{64} = 8$

3. $\sqrt{6,400} = 80$

4. $\sqrt[3]{2,744} = 14$

Lección 8.3

Concepto clave, página 260

1. 20,736
2. 100
3. 64
4. 10
5. 64
6. 243

Aplica las Matemáticas, página 261

1. 1.84×10^4
2. 4.5326×10^8
3. 2×10^7
4. 8.7×10^5
5. 1.265×10^{10}
6. 9.348×10^6

Aplica las Matemáticas, página 262

1. 310,000
2. 7,000,000,000,000
3. 4,060,000
4. 291,300,000
5. 664,100,000
6. 10,020,000
7. 5,900,000,000
8. 82,200

Repaso de vocabulario, página 262

1. notación científica
2. potencias de diez
3. notación estándar
4. agregar ceros

Repaso de destrezas, página 262

1. Los números en notación científica son 3.786×10^9 y 9.2433×10^4.

2. Los números en notación estándar son 4,000,000,000,000 y 19,236,000.

Práctica de destrezas, página 263

1. **B.**
2. **A.**
3. **C.**
4. **D.**
5. **C.**

Guía de respuestas

Capítulo 8 Repaso, páginas 264–265

1. **D.** $2^{10} = 1,024$, $5^4 = 625$, $1^{200} = 1$, $200^1 = 200$

2. **D.** $3,245 \times 10^2$ y 324.5×10^3 no están en notación científica, porque 3,245 y 324.5 no son números mayores o iguales a 1 ni menores a 10. 3.245×10^3 está en notación científica pero no es igual a 32,450.

3. **B.** Se hallan los dos cuadrados perfectos más cercanos a 90. El número $\sqrt{90}$ está entre las raíces cuadradas de esos cuadrados perfectos.

4. **A.** $\sqrt[3]{64} = 4$ porque $4 \times 4 \times 4 = 64$.

5. **A.** $3^2 + 4^2 = 9 + 16 = 25$ y $5^2 = 25$

6. **D.** $1.2 \times 10^5 = 120,000$; $8.3 \times 10^4 = 83,000$; $6.7 \times 10^3 = 6,700$; $4.3 \times 10^3 = 4,300$

7. **D.** $9.3 \times 10^7 = 93,000,000$

8. **B.** Se mueve el punto decimal 5 lugares a la derecha y se agregan 3 ceros a la derecha del 4. $6.04 \times 10^5 = 604,000$

9. **B.** $25^2 = 625$

10. **D.** 6 es la base, y 3 es la cantidad de veces que aparece en la multiplicación; $6 \times 6 \times 6$.

11. **A.** $3^2 + 6 \times 2 - 15 = 9 + 12 - 15 = 6$

12. **D.** $5^3 = 125$; $6^3 = 216$; $125 < 145 < 216$; por lo tanto, $5 < \sqrt[3]{145} < 6$

13. **A.** $\sqrt[3]{3,375} = 15$

14. **D.** $12 \times 12 = 144$ pulgadas cuadradas

Guía de respuestas

CAPÍTULO 9 Datos

Lección 9.1

Concepto clave, página 270

1. 104	**4.** 70
2. 37	**5.** 18
3. 45	**6.** 9.2, es decir, $9\frac{1}{5}$

Aplica las Matemáticas, página 272

1. media: 3, mediana: 3, modas: 3 y 4

2. media: 37.6, mediana: 34, moda: 35

3. $525

4. 21

Repaso de vocabulario, página 272

1. la media

2. los datos

3. la moda

4. la mediana

5. medidas de tendencia central

6. el rango

Repaso de destrezas, página 273

1. mediana: 65; modas: 67 y 92

2. mediana: 60.5; modas: 37 y 95

3. mediana: 42; no hay moda

4. La media, la mediana y la moda de un conjunto de datos pueden ser iguales cuando todos los valores del conjunto de datos son iguales, por ejemplo, 24, 24, 24.

Práctica de destrezas, página 273

1. B. Se listan los precios de venta de las casas en orden de menor a mayor. Como hay un número de datos impar, 7, se halla el valor medio. 85,000, 95,500, 99,900, 105,000, 108,000, 120,000, 124,000. El valor medio es 105,000.

2. C. Se suman los resultados y luego se divide por 8. $\frac{75 + 72 + 88 + 90 + 85 + 100 + 77 + 86}{8} = \frac{673}{8} =$ 84.125, que, redondeado al porcentaje más cercano, es 84%.

3. A. Se suma el rango de edad a la edad menor para hallar la edad mayor: 10 + 15 = 25.

4. D. Natación aparece dos veces, esquí aparece 3 veces, y buceo, pesca, descenso de ríos y navegación aparecen una vez. Como el deporte esquí aparece más que los otros deportes, el esquí es la moda del conjunto de datos.

Lección 9.2

Concepto clave, página 274

1. media: $17, mediana: $16, moda: $14, rango: $8

2. media: 58, mediana: 58.5, moda: 35, 63, rango: 58

Aplica las Matemáticas, página 279

1. nitrógeno y dióxido de carbono

2. 78%

Repaso de vocabulario, página 280

1. una gráfica circular	**5.** una gráfica de barras
2. una gráfica lineal	**6.** un diagrama lineal
3. el eje horizontal	**7.** una gráfica
4. el eje vertical	**8.** una tendencia

Repaso de destrezas, página 281

1. La cantidad de dinero será $46,609.57. La gráfica apoya esto, por lo tanto, cualquier número en el rango de $45,00–$48,000 sería una respuesta aceptable.

2. La cantidad de dinero a los 30 años será $100,626.57. Una estimación entre $100,000–$105,000 es apropiada debido a la forma en que está rotulada la gráfica. En consecuencia, la cantidad será 100,626.57/10,000 = 10.062657 veces la cantidad antes del cálculo. El rango de estimación de antes de calcular el interés da como resultado un rango de 10–10.5.

Práctica de destrezas, página 281

1. D.
$$\frac{x}{12,383} = \frac{13}{100}$$
$$100x = 12,383 \times 13$$
$$x = \frac{160,979}{100}$$
$x = 1,609.79$ es decir, aproximadamente 1,610

2. D. El precio de las acciones estuvo más cerca de $20.

3. B. 5 − 2 = 3

4. C. Se mira el elemento con la mayor cantidad de X. La moda es el elemento que aparece con mayor frecuencia.

Guía de respuestas

Lección 9.3

Concepto clave, página 282

1. media: 36.7; mediana: 34; moda: 28; rango: 33
2. 50
3. 24

Aplica las Matemáticas, página 286

1. Una gráfica circular puede ser engañosa si los porcentajes no suman 100%.
2. La escala no crece uniformemente.
3. 16.9

Repaso de vocabulario, página 286

1. un diagrama de tallo y hojas
2. el tallo
3. la hoja
4. el valor extremo
5. la clave
6. engañar

Repaso de destrezas, página 286

1. Probablemente Ian trata de mostrar que Dora, Elly y él caminaron la misma cantidad de millas. Usó una escala que tiene intervalos grandes de manera de hacer aparecer los datos en el mismo rango.
2. Probablemente Dora trata de mostrar que caminó el doble de millas que Ian. Dora no comenzó la escala en 0.

Práctica de destrezas, página 287

1. **D.** La escala está numerada al revés. Esto hace que parezca que los niños tuvieron la mayoría de los trabajos de verano.
2. **B.** *Clave: 131 | 4 significa 1,314.* Debería haber solo una hoja por cada dato.
3. **A.** Los porcentajes no suman 100%.
   30% + 18% + 10% + 35% = 93%
4. **B.** La escala no comienza en 0. Parece que no hubiera ciudadanos de la tercera edad en Millvale en 2010.

Capítulo 9 Repaso, páginas 288–289

1. **B.** La temperatura subió de 10° a 19°, una diferencia de 9°.
2. **D.** La temperatura bajó durante las primeras horas de la mañana hasta el amanecer.
3. **D.** Tanto $150 como $300 tienen 4 X.
4. **C.** Hay 9 X para las cantidades de pagos menores a $300.
5. **B.** Se multiplica cada cantidad de dinero por la cantidad de X y se suman; luego se divide por 16 y se obtiene $255.00 (redondeado al centavo más cercano).
6. **D.** El valor extremo es 18; la mediana es 35 tanto si el valor extremo es uno de los datos como si no lo es.
7. **D.** El sector Oficina tiene 6 empleados, el sector Prensa tiene 6 empleados y el sector Editorial tiene 22 empleados; 6 + 6 + 22 = 34.
8. **A.** Se resta el departamento con la menor cantidad de empleados, 6, del sector Prensa o el sector Oficina, al departamento con la mayor cantidad de empleados, 23, el departamento de Correo, y así se halla el rango.
9. **D.** La gráfica es engañosa porque la escala no comienza en 0.

CAPÍTULO 10 Probabilidad

Lección 10.1

Concepto clave, página 292

1. 112
2. 180
3. 168
4. 120

Aplica las Matemáticas, página 294

1. 36
2. 125

Repaso de vocabulario, página 294

1. E.
2. F.
3. A.
4. C.
5. D.
6. B.

Repaso de destrezas, página 295

1. Un diagrama de árbol permite percibir visualmente todas las combinaciones posibles y determinar el resultado mediante una representación visual.

2. El diagrama de árbol confirma el enunciado del texto de que hay 8 resultados posibles. El diagrama de árbol amplía la información del texto mostrando todos los resultados posibles.

3.

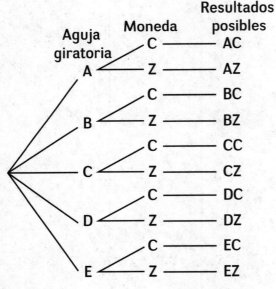

10 resultados posibles

Práctica de destrezas, página 295

1. **B.** Debería haber 3 × 3, es decir, 9 resultados en el espacio muestral: 1, 1; 1, 2; 1, 3; 2, 1; 2, 2; 2, 3; 3, 1; 3, 2; 3, 3.

2. **C.** Hay dos resultados posibles (niño o niña) usados como factor tres veces (tres niños o niñas): 2 × 2 × 2 = 8.

3. **A.** Hay 6 resultados para el dado y 4 para la aguja giratoria: 6 × 4 = 24.

4. **C.** Hay 10 resultados posibles (dígitos del 0 al 9) usados como factor 4 veces (una clave de 4 dígitos): 10 × 10 × 10 × 10 = 10,000.

Lección 10.2

Concepto clave, página 296

1. 36
2. 27
3. 8
4. 12

Aplica las Matemáticas, página 299

1. 0
2. $\frac{1}{3}$, es decir, aproximadamente 0.33, es decir, aproximadamente 33%
3. $\frac{1}{28}$, es decir, aproximadamente 0.036, es decir, aproximadamente 3.6%

Repaso de vocabulario, página 300

1. los ensayos
2. un evento imposible
3. una permutación
4. una probabilidad
5. una combinación
6. un evento seguro
7. la probabilidad teórica
8. la probabilidad experimental

Guía de respuestas

(Lección 10.2 continuación)

Repaso de destrezas, página 300

1. Sí; la probabilidad de sacar una canica roja de la bolsa es $\frac{4}{9}$, es decir, aproximadamente 44%, y 44% de 150 es aproximadamente 67.

2. La probabilidad es $\frac{1}{120}$. Los folletos se colocan en una forma en la cual el orden es importante. Esto significa que la cantidad de resultados posibles es una permutación. Entonces, se deben usar permutaciones para hallar la cantidad de resultados posibles. Hay 5 opciones para el primer folleto, 4 para el segundo, 3 para el tercero, 2 para el cuarto y 1 para el quinto. Si se multiplican esos números entre sí, se obtiene 120 como la cantidad de resultados posibles. Como hay solo 1 resultado favorable, la probabilidad es $\frac{1}{120}$.

3. Para predecir un resultado, primero se halla la probabilidad de ese resultado en particular, y luego se usa la probabilidad para hacer una predicción. Para hallar la probabilidad teórica, se usa la razón de los resultados favorables al total de resultados posibles. Para hallar la probabilidad experimental, se usa la razón de la cantidad de resultados favorables a la cantidad de ensayos. La probabilidad teórica y la probabilidad experimental serán diferentes porque la probabilidad teórica está basada en resultados igualmente probables y la probabilidad experimental está basada en los resultados reales.

Práctica de destrezas, página 301

1. **A.** Si ella compra 5 de los 100 boletos vendidos, tiene 1 posibilidad en 20, es decir, 0.05, es decir, 5% de posibilidades de ganar el auto.

2. **D.** Como el orden importa, esto es una permutación. Hay 10×9, es decir, 90 resultados posibles. Hay 1 resultado favorable, así que la probabilidad es $\frac{1}{90}$.

3. $\frac{8 \text{ resultados favorables}}{20 \text{ ensayos}} = \frac{2}{5} = 0.40$, es decir, 40%

4. $\frac{42 \text{ resulados favorables}}{150 \text{ resultados posibles}} = \frac{7}{25} = 0.28$

   $0.28 \times 50 = 14$

Lección 10.3

Concepto clave, página 302

1. $1\frac{1}{10}$

2. $\frac{1}{4}$

3. $\frac{5}{14}$

4. $\frac{1}{24}$

5. $\frac{6}{8} = \frac{3}{4}$, 0.75, es decir, 75%

6. $\frac{4}{6} = \frac{2}{3}$, aproximadamente 0.67, es decir, aproximadamente 67%

Aplica las Matemáticas, página 304

1. eventos superpuestos; $\frac{7}{12} + \frac{6}{12} - \frac{3}{12} = \frac{10}{12} = \frac{5}{6}$

2. eventos que se excluyen mutuamente; $\frac{1}{12} + \frac{6}{12} = \frac{7}{12}$

3. eventos que se excluyen mutuamente; $\frac{3}{12} + \frac{1}{12} = \frac{4}{12} = \frac{1}{3}$

4. eventos superpuestos; $\frac{6}{12} + \frac{5}{12} - \frac{2}{12} = \frac{9}{12} = \frac{3}{4}$

Repaso de vocabulario, página 305

1. E.
2. C.
3. A.
4. D.
5. B.

Repaso de destrezas, página 306

Ejemplos de respuesta:

1. Para las fichas que no son del mismo color que la ficha que sale la primera vez, las probabilidades aumentan. Esto es así porque cada vez que se saca una ficha, se reduce una vez el número que va en el denominador, pero el número que va en el numerador permanece igual, entonces el porcentaje aumenta. Para las fichas que son del mismo color que que salió la primera vez, la probabiliadd disminuye. Esto es así porque los números tanto del numerador como del denominador se reducen en un dígito, y en consecuencia el porcentaje decrece. Por ejemplo, si la probabilidad en la primera selección era $\frac{2}{3}$, es decir, aproximadamente 67 por ciento, la probabilidad en la segunda selección sería $\frac{1}{2}$, es decir, 50 por ciento.

Guía de respuestas

(Lección 10.3 continuación)

2. El primer paso para resolver el problema es usar definiciones para hallar el tipo de evento compuesto. La definiciones de eventos que se excluyen mutuamente y eventos superpuestos no se aplican a esta situación, de manera que el evento compuesto puede ser tanto independiente como dependiente. Cada dígito de la clave se puede repetir, entonces un evento no afecta al otro. Esta es la definición de eventos independientes. La probabilidad es $\frac{1}{9}$ para el primer dígito y $\frac{1}{9}$ para el segundo, por lo tanto, la probabilidad de que los dos primeros números sean el 2 es $\frac{1}{81}$.

Práctica de destrezas, página 306

1. **A.** $\frac{6}{18} \times \frac{5}{17} = \frac{30}{306} = \frac{5}{51}$

2. **C.** $\frac{3}{14} \times \frac{7}{14} = \frac{21}{196} = \frac{3}{28}$

3. **D.** Como estos son eventos que se excluyen mutuamente, se suman las probabilidades de que ocurra cada evento y se resta la probabilidad de que ambos ocurran.

4. **B.** La probabilidad de que el número sea menor a 4 es $\frac{3}{6}$, y la probabilidad de que el número sea igual a 6 es $\frac{1}{6}$. Como estos son eventos que se excluyen mutuamente, se suman ambas probabiliades: $\frac{3}{6} + \frac{1}{6} = \frac{4}{6} = \frac{2}{3}$

Capítulo 10 Repaso, páginas 307–308

1. **B.** $12 + 15 + 12 + 18 = 57$ cupones en total. Hay 15 cupones para tiendas de ropa: $\frac{15 \div 3}{57 \div 3} = \frac{5}{19}$

2. **D.** Hay 12 cupones para restaurantes y 12 para remodeladores. Como hay la misma cantidad para cada tipo en el paquete, ambas tienen la misma posibilidad de ser sacadas al azar.

3. **A.** Como Lujayn no reemplaza el primer cupón, el segundo evento depende del primero. La expresión correcta sería: $\frac{18}{57} \times \frac{12}{56}$.

4. **D.** Como no hay cupones para tiendas de zapatos en el paquete, la probabilidad de sacar un cupón de tienda de zapatos es 0.

5. **D.** Hay 11 resultados favorables de 36 de sacar al menos un 6 (respuesta D), 6 resultados favorables de 36 de sacar el mismo número (respuesta B), 6 resultados favorables de 36 de sacar números que sumen 7 (respuesta C) y 1 resultado favorable de 36 de que la suma de los números sea 12 (respuesta A).

6. **D.** Estas son opciones que se excluyen mutuamente, entonces se suman las probabilidades y se convierten a un porcentaje: $\frac{2}{8} + \frac{3}{8} = \frac{5}{8} = 0.625 = 62.5\%$.

7. **B.** La primera opción depende de la segunda, $\frac{1}{8} \times \frac{2}{7}$.

8. **A.** Se multiplican las probabilidades entre sí, $\frac{1}{8} \times \frac{1}{5} = \frac{1}{40}$.

9. **C.** $\frac{2}{8} \times \frac{3}{5} = \frac{6}{40} = \frac{3}{20} = 0.15 = 15\%$

10. **B.** Se usa el principio de conteo y se hallan los factores que tengan un producto de 90.

11. **C.** Se usa el principio de conteo. Ella usa pantalón, blusa y suéter ($7 \times 9 \times 4 = 252$) o una falda, una blusa y un suéter ($5 \times 9 \times 4 = 180$). $252 + 180 = 432$

12. **C.** *El miércoles está inmediatamente después del martes* es el único enunciado que es verdadero el 100% del tiempo.

Guía de respuestas

CAPÍTULO 11 Medición

Lección 11.1

Concepto clave, página 312

1. 23	4. 14
2. 180	5. 5
3. 480	6. 68,640

Aplica las Matemáticas, página 314

1. 48	5. 74
2. 10	6. 455
3. 5	7. 2, 3
4. 10,000	8. 3, 2

Repaso de vocabulario, página 314

1. la longitud
2. el peso
3. una unidad
4. una capacidad
5. el tiempo

Repaso de destrezas, página 315

1. pintas	8. cuartos
2. libras	9. semanas
3. pies	10. yardas
4. galones	11. 2 galones
5. minutos	12. 86,400 segundos
6. millas	13. Enrique
7. días	14. Sue

Práctica de destrezas, página 315

1. **C.** Un segundo es $\frac{1}{60}$ de un minuto.
2. **C.** Hay 4 cuartos en un galón, 2 pintas en un cuarto y 2 tazas en una pinta. Por lo tanto, hay $4 \times 2 \times 2$, es decir, 16 tazas en un galón. 20 tazas − 16 tazas = 4 tazas que sobran.
3. **A.** Hay 16 onzas en un 1 libra, por lo tanto, hay 8×16, es decir, 128 onzas en 8 libras.
4. **C.** Se convierten $60\frac{2}{3}$ yardas a pies. Hay 3 pies en 1 yarda, por lo tanto,
$60\frac{2}{3} \times 3 = \frac{182}{3} \times \frac{3}{1} = \frac{546}{3} = 182$ pies.

Lección 11.2

Concepto clave, página 316

1. 280	4. 0.45
2. 3,500	5. 90,000
3. 5	6. 5,650

Aplica las Matemáticas, página 318

1. 0.001	7. 0.00001
2. 100	8. 0.01
3. 1,000	9. 10
4. 1,000	10. 0.000001
5. 100,000	11. 0.001
6. 1,000,000	12. 0.1

Aplica las Matemáticas, página 319

1. 3.2	6. 2
2. 400	7. 0.24
3. 5.5	8. 342
4. 8.9	9. 6,500
5. 1,400	

Repaso de vocabulario, página 320

1. el metro
2. el litro
3. el gramo
4. una potencia de 10

Repaso de destrezas, página 320

1. 10 g	5. dm
2. 125 g	6. B.
3. 12 cm	7. C.
4. 1,000 L	8. A.

Práctica de destrezas, página 321

1. **A.** Hay 1,000 miligramos en 1 gramo. Se divide 70 mg por 1,000 mg por gramos y se obtiene 0.07 gramos.
2. **D.** Milímetro, centímetro, metro, kilómetro es el orden de menor a mayor unidad de longitud.
3. **C.** Se multiplica 0.25 por 1,000 vasos y se obtiene 250 litros.
4. **A.** Se divide 800 centímetros por 100 y se obtiene 8 metros.

Capítulo 11 Repaso, páginas 322–323

1. **D.** Se multiplica la cantidad de yardas por el número de pulgadas que hay en una yarda. Se multiplica 12 por 36.

2. **C.** kilómetro, metro, centímetro, milímetro

3. **B.** Betina vivió 5 meses × 30 días cada mes en Tucson, es decir, 150 días. Mavis vivió allí 136 días. Héctor vivió allí 18 semanas × 7 días, es decir, 126 días. Jumah vivió ahí 0.25 × 365 días, es decir, 91.25 días.

4. **B.** 2 tazas equivalen a 1 pinta y 2 pintas equivalen a un cuarto. Hay 4 tazas en un cuarto y 2 × 4, es decir, 8 tazas en dos cuartos.

5. **B.** Se divide 75 pulgadas por 12 pulgadas por pie y se obtiene 6 pies y 3 pulgadas.

6. **C.** Hay 1,000 mL en 1 litro. Se divide 300 por 1,000 y se obtiene 0.3 litros.

7. **A.** Se multiplica 5,280 por 5 y se obtiene 26,400 pies.

8. Se multiplica 4 libras por 16 onzas por libra y se obtiene 64.

9. **C.** Hay 1,000 litros en 1 kilolitro, por lo tanto, 15 × 1,000 = 15,000.

10. **D.** Escribe ambas duraciones en minutos. Luego, compara las duraciones.

11. **B.** (12 × 3) − 5 = 31 pies

12. **C.** *Kilo-* significa 1,000, así que 35 kilómetros equivale a 35,000 metros.

13. **A.** 6,500 kilogramos = 6,500 × 1,000 gramos

14. **D.** Se multiplica 450 yardas por 3 pies por yarda y se obtiene 1,350 pies.

Guía de respuestas

CAPÍTULO 12 Geometría

Lección 12.1

Concepto clave, página 326

1. cuadrado
2. círculo
3. triángulo
4. rectángulo

Aplica las Matemáticas, página 327

Ejemplos de respuesta:

1.
   P   Q

2.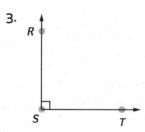
   M   N

3.
   R
   S   T

Aplica las Matemáticas, página 328

1. triángulo acutángulo equilátero
2. triángulo escaleno obtuso

Repaso de vocabulario, página 330

A. semirrecta
B. círculo
C. cuadrilátero
D. ángulo
E. rectángulo
F. rectas perpendiculares
G. rectas paralelas
H. cuadrado

Repaso de destrezas, página 331

1. Arquímedes halló una mejor aproximación a pi hallando el perímetro de polígonos regulares inscritos y circunscritos con muchos lados. En otras palabras, el halló aproximaciones de pi calculando el perímetros de polígonos regulares que estaban localizados adentro y afuera del círculo pero solo tocaban el círculo. Luego, usó más y más lados para esos polígonos hasta encontrar la mayor aproximación a pi.

2. Tanto los rectángulos como los cuadrados tienen 4 lados y 4 ángulos. En ambas figuras los ángulos miden 90 grados. Pero los cuatro lados del cuadrado tienen todos la misma longitud, mientras que en un rectángulo los lados opuestos tienen la misma longitud.

3. No, la suma de las medidas de los tres ángulos de un triángulo es 180°. Un ángulo recto mide 90°. Un ángulo obtuso es mayor de 90°, por ejemplo, 91°. $90 + 91 = 181$. Esta medida de los dos ángulos ya es mayor que la suma total de los tres ángulos, por lo tanto, un triángulo no puede tener un ángulo recto y un ángulo obtuso.

Práctica de destrezas, página 331

1. **D.** El diámetro es la distancia a lo largo de un círculo pasando por su centro. El segmento de recta *ST* es el diámetro.

2. **C.** La medida del ángulo es 45°, por lo tanto, el término es correcto.

3. **C.** Uno de los ángulos es igual a 90°, y no hay lados congruentes. Por lo tanto, el triángulo es un triángulo escaleno rectángulo.

4. **A.** La figura es una semirrecta, es decir, un conjunto de puntos que se continúan solo en una dirección, y está nombrada por los puntos *MP*.

Guía de respuestas

Lección 12.2

Concepto clave, página 332
1. cuadrado
2. triángulo

Aplica las Matemáticas, página 334
1. 100 yd
3. 46 m
2. 40 cm

Aplica las Matemáticas, página 336
1. 62.8 m
2. 43.96 m, es decir, aproximadamente 44 m

Repaso de vocabulario, página 336
1. el perímetro
2. el radio
3. la circunferencia
4. pi
5. el diámetro

Repaso de destrezas, página 336
1. Faltan dos medidas de longitud de los lados. Se suman 7 cm y 4 cm para hallar una de las longitudes de lado que faltan. Se resta 10 cm a 15 cm para hallar la longitud del otro lado.

   $16 + 7 + 6 + 4 + 10 + 11 = 54$

   El perímetro es 54 cm.
2. El radio ya está dado, y es la mitad del diámetro. Para hallar el diámetro, se multiplica el radio por 2. Luego, se multiplica el diámetro por π para hallar la circunferencia.

   La circunferencia es aproximadamente 62.8 cm.

Práctica de destrezas, página 337
1. B. Para hallar el perímetros de la mitad del círculo, se suma el diámetro, 1 m, a la mitad de la circunferencia del círculo. $1 + (3.14 \div 2) = 2.57$ m
2. B. 8 lados × 8 mm = 64 mm
3. C. Para hallar el perímetro se suman los lados:
   $15 + 15 + 9 + 9 = 48$
4. B. 5
   $7 + 7 + x + x = 24$
   $14 + 2x = 24$
   $2x = 10$
   $x = 5$

Lección 12.3

Aplica las Matemáticas, página 340
No, la respuesta no tiene sentido. En el dibujo, la longitud de la tabla es 1.5. La escala es 1 pulgada = 4 pies. Una mesa podría medir 0.375 pies. En consecuencia, la proporción fue escrita de forma incorrecta. 1.5 pulgadas debería estar en el numerador y no en el denominador.

Repaso de vocabulario, página 343
1. C.
2. B.
3. A.

Repaso de destrezas, páginas 343–344
1. 12
2. 22
3. 1.5 pulg.
4. 2 pies, 7 pies
5. A.
6. B.

Guía de respuestas

(Lección 12.3 continuación)

Práctica de destrezas, página 345

1. **a.** altura = 3 pulg
   b. ancho = 4.5 pulg
   c. diámetro = $\frac{3}{4}$ pulg
2. **A.**
3. 5 cm = 6 pulg
4. Para dibujar un triángulo cuyos lados tengan 3 pulgadas, 4 pulgadas y 5 pulgadas de longitud, primero se traza con la regla un segmento de recta que mida la medida más grande (5 pulgadas). Luego, desde el extremo, usando un compás, se dibuja un círculo con un radio de 4 pulgadas. Desde el otro extremo de la primera recta, se dibuja un círculo cuyo radio sea 3 pulgadas, siempre usando el compás. Los dos círculos se intersectarán dos veces. Elige un punto de intersección para completar el triángulo (la primera recta es uno de los lados). Los lados del triángulo dibujados miedirán 3 pulgadas, 4 pulgadas y 5 pulgadas.
5. Para que la nueva escala del dibujo sea de la misma proporción, la razón de las longitudes de la puerta se debe multiplica por cada longitud. La razón de nueva:vieja es 3:2 o 1.5:1. Entonces, se multiplican las longitudes anteriores por 1.5 para hallar las nuevas.

Lección 12.4

Concepto clave, página 346

1. 44 m
2. 12 cm
3. 18.8 mm
4. 44 pies

Aplica las Matemáticas, página 349

1. 60 cm^2
2. 154 pies^2
3. 153.9 pulg.^{2}
4. 64 mm^2

Repaso de vocabulario, página 350

1. la altura
2. el largo
3. el área
4. el ancho
5. la base

Repaso de destrezas, página 351

1. 64 mm^2
2. 75 cm^2
3. 38.1 m^2

Práctica de destrezas, página 351

1. **A.**
2. **B.** $96 \times 2 = 192$
   $72 \times 2 = 144$
   $192 + 144 = 336$
3. **D.** $25 \times 30 = 750$
   $750 - 100 - 120 = 530$
4. **C.** $30 = \frac{1}{2}(6)(h)$
   $10 = h$

Lección 12.5

Aplica las Matemáticas, página 356
5

Repaso de vocabulario, página 357
1. G.
2. B.
3. A.
4. D.
5. E.
6. F.
7. C.

Repaso de destrezas, páginas 357–358
1. 6, –6
2. 11, –11
3. 3, –3
4. no es una terna
5. terna pitagórica
6. no es una terna
7. $369 \approx 19.2$
8. $244 \approx 15.6$ pies
9. 5 pies

Práctica de destrezas, páginas 358–359
1. $b = 9.7, -9.7$
2. $a = 6.7, -6.7$
3. $x = 24, -24$
4. terna pitagórica
5. no es una terna
6. terna pitagórica
7. $\sqrt{48} \approx 6.9$
8. $\sqrt{161} \approx 12.7$
9. $\sqrt{40} \approx 6.3$
10. 10
11. $\sqrt{544} \approx 23.3$
12. $\sqrt{20} \approx 4.5$

Lección 12.6

Concepto clave, página 360
1. triángulo rectángulo
2. rectángulo
3. círculo

Aplica las Matemáticas, página 363
1. $288 \ m^3$
2. $512 \ cm^3$

Repaso de vocabulario, página 364
1. C.
2. B.
3. E.
4. D.
5. F.
6. G.
7. H.
8. A.

Repaso de destrezas, página 364
1. Un cuadrado y un cubo se parecen en que ambos son figuras cuyos lados tienen la misma longitud. Los ángulos de ambas figuras son rectos. Se diferencian en que un cuadrado es una figura de dos dimensiones y un cubo es una figura de tres dimensiones. Se eleva al cuadrado la longitud de un lado ($l \times l$) para hallar el área de un cuadrado, mientras que se eleva al cubo la longitud de un lado ($l \times l \times l$) para hallar el volumen de un cubo.

2. Un cubo es un tipo de cuerpo geométrico rectangular en el cual todas las aristas tienen la misma longitud.

Guía de respuestas

CAPÍTULO
12

(Lección 12.6 continuación)

Práctica de destrezas, página 365

1. **D.** $V = l \times a \times h$
   $126 = 7 \times 3 \times h$
   $126 = 21 \times h$
   $\frac{126}{21} = \frac{21 \times h}{21}$
   $6 = h$

2. **A.** $V = l \times l \times l$
   por lo tanto, $V = 14 \times 14 \times 14$
   y $V = 2{,}744$ pulg³

3. **C.** $1{,}728 = l^3$
   $\sqrt[3]{1{,}728} = l$
   $12 = l$

4. **D.** $V = 18 \times 15 \times 8 = 2{,}160$ pulg³

Lección 12.7

Aplica las Matemáticas, página 367

El envase es un cilindro. $V = \pi r^2 h$
$r = \frac{d}{2} = \frac{6}{2} = 3$
$V = (3.14)(3^2)(12)$
El volumen del cilindro es ≈ 339 pulg³

Aplica las Matemáticas, página 368

La fórmula de los conos es la siguiente: $V = \frac{1}{3}\pi r^2 h$
$r = \frac{d}{2} = \frac{7.5}{2} = 3.75$
$V = \frac{1}{3}(3.14)(3.75^2)(2.25)$
El volumen es ≈ 33 pulg³

Repaso de vocabulario, página 370

1. Una figura de tres dimensiones con un extremo que termina en punta es <u>un cono</u>.
2. <u>Un cilindro</u> tiene dos extremos circulares iguales.
3. <u>La base</u> de un cono es un círculo.
4. <u>Un tronco</u> es un cono con su parte superior cortada.
5. La punta de un cono es <u>el ápice</u>.
6. Todos los puntos de la superficie exterior de <u>una esfera</u> están a la misma distancia del centro de esta figura.

Repaso de destrezas, página 370

1. Solo la opción C contiene unidades cúbicas de medida.
2. $V = \pi r^2 h$
   $= (3.14)(16)(12)$
   ≈ 603 cm³
3. ≈ 5.96 pulg³
4. $V = \pi r^2 h$
   $r = \frac{d}{2} = \frac{32}{2} = 16$
   $= (3.14)(16^2)(81)$
   $\approx 65{,}111$ m³
5. $V = \frac{1}{3}\pi r^2 h$
   $r = \frac{d}{2} = \frac{5.8}{2} = 2.9$
   $= (3.14)(2.9^2)(12.1)\left(\frac{1}{3}\right)$
   ≈ 107 m³

Práctica de destrezas, página 371

1. V = volumen de la mitad de la esfera + volumen del cilindro
   $V = \frac{1}{2}\left(\frac{4}{3}\pi r^3\right) + (\pi r^2 h) = 0.002$ m³ $+ 0.016$ m³ $= 0.018$ m³
2. V = volumen de dos mitades de esfera + volumen del cilindro
   $V = \left(\frac{4}{3}\pi r^3\right) + (\pi r^3 h) = 268$ mm³ $+ 452$ mm³ $= 720$ mm³
3. V = (volumen del cono 1) − (volumen del cono 2)
   $V = \left(\frac{1}{3}\pi r_1^2 h_1\right) - \left(\frac{1}{3}\pi r_2^2 h_2\right) = 105$ pulg³ $- 44$ pulg³ $= 61$ pulg³

Capítulo 12 Geometría   437

Capítulo 12 Repaso, páginas 372–374

1. **A.** Se multiplican el largo y el ancho del lado del camión para hallar el área de ese lado.
$14 \times 13 = 182$ pies cuadrados

2. $1{,}092$ pies^3; se multiplican el largo, el ancho y la altura para hallar el volumen, es decir, la capacidad del camión. $14 \times 13 \times 6 = 1{,}092$ pies cúbicos

3. **C.** Todos los cuadrados son cuadriláteros que solo tienen ángulos rectos, por lo tanto, son rectángulos. Pero hay rectángulos que tienen dos pares de lados congruentes que no tienen la misma longitud. Ningún triángulo en el plano tiene más de un ángulo recto, y hay triángulos que no son equiláteros.

4. La fórmula para hallar el perímetro de un rectángulo es $2l + 2a$. $15 = 2l + 2(2.5)$, por lo tanto, $2l = 10$, y $l = 5$ pies.

5. **D.** La fórmula para hallar el área de un círculo es πr^2.
$\pi(12)^2 = 144\pi$, es decir, aproximadamente 452.16 pies cuadrados.

6. **B.** El perímetro es la suma de la longitud de los lados.
$6 + 24 + 18 + 6 + 4 + 6 + 4 + 6 + 12 + 6 = 92$ pies

7. **C.** Una forma de hallar el área es hallar el área del rectángulo grande, de 24 por 18, y restar los rectángulos pequeños que no están incluidos.
$24 \times 18 - (6 \times 12) - (6 \times 4) =$
$432 - 72 - 24 = 336$

8. **B.** Hay 3 círculos en el rectángulo, cada uno con un diámetro de 18 pulgadas. La longitud del rectángulo es $18 \times 3 = 54$ pulgadas.

9. **A.** La longitud del rectángulo es $18 \times 3 = 54$ pulgadas, y el ancho es 18 pulgadas. El área del rectángulo es $54 \times 18 = 972$ pulgadas cuadradas.

10. **A.** Como la diagonal de un triángulo con catetos 4 y 3 es 5 y la diagonal de la televisión es 35 pulgadas, el factor de escala es 1:7. $3 \times 7 = 21$

11. **B.** $\frac{4}{3}\pi r^3 = \frac{4}{3}\pi(21)^3 \approx 38{,}773$ mm^3

12. **C.** $8^2 + 15^2 = 17^2$, por lo tanto, 8, 15, 17 es una terna pitagórica.

13. **C.** $\frac{1 \text{ pulg}}{x} = \frac{30 \text{ pulg}}{21 \text{ pulg}}$, por lo tanto, $x = 0.7$.

14. **C.** Si el radio se duplica, la fórmula $\pi r^2 h$ se convierte en $\pi(2r)^2 h$, así que $\pi \times 4r^2 \times h = 4\pi r^2 h$.

Glosario

A

abreviar usar la forma corta de una palabra (a veces seguida de un punto) para ahorrar espacio

abreviatura forma corta de una palabra o frase

afectar tener un impacto en

agregado sumado

agregar ceros sumar ceros

agrupamiento conjunto de cosas

aislar hacer que la variable quede sola en un lado de una ecuación

ajustar modificar

al cuadrado número elevado a la potencia 2

alinear disponer en una fila

altura longitud del segmento perpendicular a la base de un triángulo que se extiende hasta la parte superior del triángulo

analizar examinar algo con atención

ancho la dimensión más corta de un rectángulo

ángulo figura formada por dos semirrectas que se extienden desde un mismo punto

ángulo agudo ángulo con una medida mayor de 0° y menor de 90°

ángulo llano ángulo con una medida de 180°

ángulo obtuso ángulo con una medida mayor de 90° y menor de 180°

ángulo recto ángulo con una medida igual a 90°

ápice la cima, punta o parte superior de un objeto

aplicar usar información conocida de una manera distinta o en una situación nueva

aproximación prueba razonable

aproximado cercano

aproximar estimar

área cantidad de superficie cubierta por una figura

arista segmento de recta donde se intersecan dos caras de un cuerpo geométrico

aspecto parte o característica

B

base 1. número que se multiplica en una potenciación; 2. lado de un triángulo que es perpendicular a la altura

C

calcular hallar la respuesta usando un proceso matemático

cálculo mental aplicación de ciertas estrategias para hallar una respuesta sin escribir

capacidad medida de la cantidad que puede contenerse

capital cantidad de dinero invertida o prestada

cara superficie plana de un cuerpo geométrico

catetos lados de un triángulo rectángulo que forman el ángulo recto

causa el porqué de algo

celda lugar de una tabla u hoja de cálculo donde se intersecan una columna y una fila

centavo un centésimo de dólar

centésimo $\frac{1}{100}$ de un entero

centro parte media de algo

cilindro figura de tres dimensiones con dos lados opuestos circulares y un lado curvo

círculo figura plana y curva en la que cada punto está a la misma distancia del centro

circunferencia distancia alrededor de un círculo

clarificar hacer que se entienda algo

clasificar agrupar cosas según sus características

clave leyenda de un mapa o una tabla; explica qué representa cada elemento del mapa o tabla

clave de contexto palabra o palabras que aportan significado a las palabras cercanas

cociente respuesta a un problema de división

coeficiente número que multiplica una variable

columna celdas de una tabla que están dispuestas verticalmente y que contienen información

combinación arreglo de elementos en el que no importa el orden

comparación análisis de las semejanzas, es decir, los aspectos en los que se parecen las personas, las cosas o las ideas

comparar en el caso de números, decidir cuál tiene mayor valor

compensación estrategia de cálculo mental que consiste en cambiar los números de una suma o resta para que la operación sea más fácil de realizar

complejo complicado

concepto idea

conclusión decisión que se toma sobre la información

conexión relación

confirmar validar un punto

congruente idéntico (usado para figuras o ángulos)

cono figura formada por una base circular y un único lado curvo que termina en un ápice en el extremo opuesto al círculo

consecutivo siguiente (cuando los elementos están ordenados uno después del otro)

constante de proporcionalidad valor constante de la razón entre dos variables, representado por k en la ecuación $y = kx$

contexto el escenario, los sucesos o las ideas relacionados con algo

contrastar examinar las diferencias entre personas, cosas o ideas

contraste las diferencias entre personas, cosas o ideas

convertir 1. cambiar; 2. hallar fracciones equivalentes

coordenada x primer número de un par ordenado

coordenada y segundo número de un par ordenado

correlación conexión o relación entre dos o más sucesos u ocurrencias

correlación débil relación laxa entre dos variables, como la que se ve en un diagrama de dispersión en el que los puntos no están alineados cerca de una línea de tendencia

correlación fuerte relación muy cercana entre dos variables, como la que se ve en un diagrama de dispersión donde los puntos se alinean muy cerca de una línea de tendencia

correlación lineal datos que producen una línea cuando se grafican

correlación negativa dos variables que tienen una relación en la que, si una aumenta, la otra disminuye

correlación positiva dos variables que tienen una relación en la que, si una aumenta, la otra también aumenta

cuadrado paralelogramo con cuatro lados congruentes y cuatro ángulos rectos

cuadrado perfecto número cuya raíz cuadrada es un entero

cuadrícula red de líneas horizontales y verticales distanciadas siempre por el mismo espacio

cuadrilátero polígono de cuatro lados

cubo cuerpo geométrico rectangular en el que el largo, la profundidad y la altura tienen la misma medida

cubo perfecto número cuya raíz cúbica es un entero

cuerpo geométrico figura que tiene largo, ancho y altura; figura de tres dimensiones que ocupa espacio

cuerpo geométrico rectangular otro nombre para prisma rectangular

curva exponencial línea producida por una fórmula en la cual la variable no está en la base de la función sino en el exponente

D

datos información que se reúne y analiza

decimal basado en un entero dividido en diez partes iguales una o más veces

decimal periódico decimal con dígitos que se repiten una y otra vez

décimo $\frac{1}{10}$ de un entero

definición significado de una palabra

demostración progresión lógica de enunciados verdaderos que muestran que un enunciado es correcto

denominador número de abajo en una fracción; muestra en cuántas partes iguales se dividió el número.

denominador común múltiplo común de los denominadores de un grupo de fracciones

denominadores distintos denominadores de dos o más fracciones que son diferentes

denominadores iguales denominadores de dos o más fracciones que son iguales

descomponer un número estrategia de cálculo mental que consiste en separar un número grande en dos o más números más pequeños para facilitar los cálculos; por ejemplo, $153 + 62 = 100 + (50 + 60) + (3 + 2) = 100 + 110 + 5 = 215$

desigualdad enunciado en el cual un signo de desigualdad se encuentra entre dos expresiones

detalles información que respalda la idea principal

diagrama ilustración que muestra información matemática o de otro tipo

diagrama de árbol diagrama que muestra el espacio muestral y la cantidad de resultados posibles

diagrama de dispersión gráfica con muchos puntos que no pertenecen todos a la misma línea

diagrama de tallo y hojas gráfica con dos columnas; se usa para mostrar la distribución de los datos.

diagrama de Venn organizador gráfico usado para mostrar pertenencia en conjuntos

diagrama lineal representación de datos que usa una recta numérica con X u otras marcas para mostrar con cuánta frecuencia ocurre cada valor

diámetro segmento de recta de un círculo que va de un lado al otro pasando por el centro

dibujo a escala dibujo de un lugar u objeto que es más pequeño o más grande que el lugar u objeto real pero tiene las mismas razones de largo, ancho y otras medidas

diferencia respuesta a un problema de resta

dígito los diez símbolos numéricos: 0, 1, 2, 3, 4, 5, 6, 7, 8, 9

dígitos de la izquierda dígitos que se encuentran a la izquierda en un número, usados en la estimación por la izquierda

distinguir diferenciar

dividendo número que se divide en una división

división operación que se usa para separar una cantidad en partes

divisor número que divide en una división

E

ecuación enunciado matemático que indica que dos expresiones tienen el mismo valor

ecuación cuadrática ecuación que contiene una variable a la potencia de 2, pero ninguna potencia mayor, generalmente $ax^2 + bx + c = 0$, donde a ≠ 0

ecuación de dos pasos ecuación que contiene dos operaciones distintas

ecuación de dos variables ecuación que contiene dos variables distintas

ecuación lineal ecuación con dos variables que produce una línea recta cuando se grafica

ecuaciones equivalentes ecuaciones que tienen la misma solución

efecto lo que sucede como resultado de una causa

eje horizontal el eje de una gráfica que se extiende de izquierda a derecha

eje vertical eje de una gráfica que se extiende de arriba hacia abajo

eje x recta horizontal en un plano de coordenadas

eje y recta vertical en un plano de coordenadas

elasticidad razón del movimiento a la fuerza aplicada a un amortiguador; lo opuesto de la rigidez del amortiguador

eliminar sacar algo por completo o deshacerse de algo

engañar hacer que el lector llegue a una conclusión incorrecta

ensayos cantidad de veces que se repite un experimento

entero 1. conjunto de números que tienen una distancia a cero y una dirección (positiva o negativa), conformado por los números naturales y sus opuestos; 2. todas las partes de algo tomadas en conjunto

entrada algo que se ingresa a un sistema

equivalente que representa el mismo valor

esfera objeto circular de tres dimensiones, como una pelota o un globo

espacio muestral lista de resultados posibles

estimación respuesta aproximada

estimar hallar una respuesta aproximada

estrategia plan

evaluar 1. hallar el valor de una expresión; 2. analizar con atención

evento compuesto el resultado de dos o más eventos

evento imposible resultado de un experimento con una probabilidad de 0; nunca puede suceder.

evento seguro probabilidad de 1; algo que siempre sucede

eventos dependientes eventos que se afectan el uno al otro

eventos independientes eventos que no se afectan el uno al otro

eventos que se excluyen mutuamente eventos que no pueden ocurrir al mismo tiempo

eventos que se superponen eventos que pueden ocurrir al mismo tiempo

exponente número que indica cuántas veces se usa la base en una potenciación

expresión agrupación de números, variables y operaciones que indica un valor

expresión algebraica combinación de números, una o más variables y operaciones

expresión aritmética expresión que tiene un valor numérico

expresión matemática cualquier combinación de símbolos, números y operaciones

expresión simbólica expresión que usa variables, números y símbolos de operaciones

expresión verbal expresión escrita en palabras y números

extremos a y d en cualquier proporción del tipo $\frac{a}{b} = \frac{c}{d}$

F

factor número que se multiplica

factor de escala razón de una leyenda de mapa; por ejemplo, 1 pulgada puede representar 20 millas

figura compuesta figura compuesta por dos o más figuras

figura de tres dimensiones cuerpo geométrico con largo, ancho y altura; ocupa espacio.

fila celdas de una tabla que están dispuestas horizontalmente y que contienen información

forma de dos puntos método usado para generar la ecuación de una línea recta a partir de dos puntos dados

forma pendiente-intersección ecuación que produce una línea recta usando una pendiente y la intersección con y de la recta

forma punto-pendiente ecuación que permite que se calculen los puntos de una recta si se conoce un punto y la pendiente; $y - y_1 = m(x - x_1)$, donde (x_1, y_1) es un punto conocido, m es la pendiente y (x, y) es cualquier otro punto de la recta

fórmula ecuación que muestra una relación entre sus partes

fracción maneras de representar partes de un entero

fracción impropia fracción con un numerador mayor o igual al denominador

fracción propia fracción con un numerador menor al denominador

fracciones equivalentes fracciones que tienen el mismo valor

función ecuación matemática que tiene dos variables

función lineal ecuación con dos variables que produce una línea recta cuando se grafica; $y = mx + b$

función no lineal función que no tiene la forma $y = mx + b$ y que no produce una línea recta en una gráfica

G

generalizar inferir un enunciado general a partir de información particular

gradiente razón del cambio de una recta de un plano, también conocida como pendiente

gráfica diagrama que da una imagen visual de los datos

gráfica circular círculo dividido en partes; todas las partes suman 100%.

gráfica de barras gráfica formada por barras rectangulares que se extienden horizontal o verticalmente; la altura de cada barra corresponde a un número de los datos.

gráfica lineal gráfica formada por puntos conectados por segmentos de recta; generalmente se usa para representar datos a lo largo de un período de tiempo.

gramo unidad básica de medida métrica para medir la masa

H

hipotenusa lado más largo de un triángulo rectángulo, opuesto al ángulo recto

hoja número de la columna derecha en un diagrama de tallo y hojas; siempre tiene solo 1 dígito.

horizontal que se extiende de izquierda a derecha

I

idea principal aquello de lo que trata un párrafo, artículo o lección

identificar hallar

ilustrar usar imágenes para explicar

infinito que se extiende sin fin; interminable

interés dinero que se obtiene en una inversión o que se paga en un préstamo de dinero

interés compuesto la cantidad total de dinero ganado en una inversión cuando se suma el interés obtenido al capital

interés simple el tipo más básico de interés; depende del capital, la tasa y el tiempo.

intersecar encontrarse

intersección con y valor en el que una línea cruza al eje y

inverso opuesto

inverso multiplicativo recíproco

invertir 1. dar vuelta una fracción, o cambiar el lugar del numerador y el denominador; 2. cambiar la dirección

irrelevante innecesario

J

justificar dar credibilidad a algo

L

largo la dimensión más larga de un rectángulo

línea o recta conjunto de puntos que se extienden en direcciones opuestas

línea de tendencia línea que puede dibujarse con puntos casi lineales en un diagrama de dispersión

litro unidad básica de medida métrica para medir la capacidad líquida

longitud medida de la distancia de un punto a otro

M

marca división de una recta numérica

máximo común divisor el mayor número que divide en dos o más números de forma exacta, sin residuo

media el valor promedio de un conjunto de datos

media geométrica raíz cuadrada del producto de dos números; la media geométrica de x e y es $\sqrt{xy}$

mediana el valor del medio de un conjunto de datos cuando se ordenan de menor a mayor

medidas de tendencia central medidas que describen el centro de un conjunto de datos

medios b y c en cualquier proporción del tipo $\frac{a}{b} = \frac{c}{d}$

método de suma principio que establece que sumar el mismo valor a cada lado de una ecuación no modifica la igualdad de la relación

método de sustitución manera directa de resolver un par de ecuaciones lineales sin graficarlas, resolviendo una ecuación y luego sustituyendo una de las variables de la segunda ecuación por la solución

metro unidad básica de medida métrica para medir la longitud

mínima expresión forma de una fracción en la que el numerador y el denominador no pueden dividirse de manera exacta por el mismo número

moda elemento o elementos que ocurren con mayor frecuencia en un conjunto de datos

multiplicación suma repetida

multiplicación cruzada proceso por el cual se obtiene el producto del numerador de una razón y el denominador de otra razón

múltiplo común número que es un múltiplo de dos o más enteros distintos; 12 es un múltiplo común de 2, 3 y 4.

N

negativos números a la izquierda del 0 en una recta numérica

no correlación ausencia de relación entre los datos; en un diagrama de dispersión, los puntos de los datos no siguen ninguna tendencia lineal o no lineal

notación científica manera de escribir números muy grandes o muy pequeños usando la multiplicación y las potencias de diez

notación estándar la manera más usual de escribir números

numerador número de arriba en una fracción; muestra cuántas de las partes iguales se están contando.

número mixto la suma de un número natural (con excepción del cero) y una fracción

número natural número perteneciente al sistema que empieza con 0, 1, 2, 3, y así sucesivamente

números compatibles números cercanos a los números originales, que se usan para hacer que una estimación sea más fácil o más rápida de hallar

O

objetivo meta que debe cumplirse

operación uno de los procesos matemáticos: suma, resta, multiplicación o división

operaciones inversas operaciones opuestas que anulan el resultado una de otra; por ejemplo, la suma y la resta son operaciones inversas.

opuesto El opuesto de un número es el número que se encuentra a la misma distancia de cero en una recta numérica pero en la otra dirección.

orden de las operaciones orden en el que deben realizarse las operaciones

organizar escribir un problema de manera que sea fácil de comprender

origen 1. punto al que se le asigna el número 0 en una recta numérica; 2. el punto (0, 0) de un plano de coordenadas, donde se intersecan el eje x y el eje y

P

palabras clave las palabras más importantes de una oración

par ordenado dos números que indican el lugar exacto de un punto en un plano; se escribe (x, y).

parafrasear usar tus propias palabras para reformular información

paralelogramo cuadrilátero en el que los dos pares de lados están formados por lados paralelos y congruentes

parte fracción de un todo

pasaje parte de un escrito

patrón conjunto de características que se repiten

patrón numérico conjunto de números relacionados por una regla

pendiente razón del cambio de una recta de un plano, también conocida como grado o gradiente

perímetro distancia alrededor de una figura, como un triángulo, un rectángulo o un cuadrado

períodos grupos de tres dígitos empezando desde la derecha en un número

permutación agrupamiento de elementos o eventos en el cual el orden es importante

perpendicular línea que se interseca con otra formando un ángulo recto, es decir, de 90°

persuadir convencer a alguien de algo

pi razón de la circunferencia de un círculo a su diámetro; el valor de pi es 3.1415926...

plano de coordenadas plano formado por dos rectas numéricas perpendiculares

polígono figura plana y cerrada, formada por tres o más segmentos de recta unidos

polígono irregular polígono en el que hay longitudes de lados o ángulos no congruentes

polígono regular polígono en el que todos los lados son congruentes y todos los ángulos son congruentes

por ciento manera de expresar un número como parte de un todo; significa "por cada 100".

porción parte

positivos números a la derecha del 0 en una recta numérica

potencia número con una base y un exponente donde la base se multiplica por sí misma de manera de aparecer en la multiplicación tantas veces como indica el exponente

potencia de diez 10 elevado a una potencia; $10^1 = 10$, $10^2 = 100$, $10^3 = 1,000$, $10^4 = 10,000$, y así sucesivamente

precio unitario precio de una unidad de una cantidad

predecir hacer una suposición lógica

predicción intento de respuesta a la pregunta "¿Qué sucederá a continuación?"

prefijo una o más sílabas que se agregan al comienzo de una palabra

principio de contar uso de la multiplicación para obtener la cantidad total de resultados posibles en un evento compuesto

prisma rectangular cuerpo geométrico formado por rectángulos

probabilidad posibilidad de que ocurra un evento

probabilidad experimental razón de la cantidad de resultados favorables a la cantidad total de intentos

probabilidad teórica razón de la cantidad de resultados favorables a la cantidad total de resultados posibles; se basa en resultados igualmente probables.

producto respuesta a un problema de multiplicación

propiedad conmutativa de la multiplicación propiedad que establece que el producto de dos números no se modifica según el orden en que se multiplican

propiedad distributiva de la multiplicación propiedad que establece que, al multiplicar una suma por un número, se obtiene el mismo resultado que si se multiplica cada sumando por el número y se suman los productos; por ejemplo, $a \times (b + c) = (a \times b) + (a \times c)$

proporción ecuación con dos razones equivalentes, cada una en uno de los lados del signo igual

prueba de la línea vertical método para determinar si una ecuación es una función; si una línea vertical cruza una línea graficada en más de un punto, la ecuación no es una función.

punto marca hecha en una gráfica para representar la posición de un dato; lugar específico

punto de equilibrio punto en el que dos ecuaciones se intersecan o son iguales al graficarse

punto decimal punto que separa números naturales de números decimales

puntos suspensivos símbolo "..."; indica que algo se omitió por cuestiones de espacio; al final de una lista indican que la misma continúa indefinidamente

R

radio distancia desde el centro de un círculo hasta cualquier punto de la curva

raíz cuadrada La raíz cuadrada de un número es el número que, multiplicado por sí mismo, da como resultado el número original.

raíz cúbica La raíz cúbica de un número es el número que, cuando funciona como factor tres veces en una multiplicación de tres factores, arroja como resultado el número original.

rango diferencia entre el mayor y el menor valor en un conjunto de datos

razón comparación entre dos números

razonable que tiene sentido

razonamiento pensamiento

recíproco El recíproco de un número es el número con el que se obtiene un producto de 1 cuando se lo multiplica por el número original.

recta numérica lista de números dispuestos en orden de izquierda a derecha en una recta

rectángulo paralelogramo con cuatro ángulos rectos

rectas paralelas rectas que corren en la misma dirección y nunca se cruzan o intersecan

redondeo estrategia de estimación usual en la que un número se aumenta o reduce a un valor de posición que haga que la estimación sea más fácil

reducir simplificar

reemplazo acción de sacar un objeto de un lugar y luego volver a colocarlo antes de sacar otro

reformular explicar algo con tus propias palabras

regla operación u operaciones que se aplican a una variable de entrada y forman un patrón

regla nemotécnica ayuda para la memoria

relación lineal relación que puede graficarse con una línea recta; a medida que la variable independiente aumenta, la variable dependiente aumenta o disminuye proporcionalmente.

relación proporcional conjuntos de pares de valores que tienen la misma razón

repetido hecho de nuevo una y otra vez

replantear volver a establecer

resolver hallar la solución

resta proceso que consiste en quitar una cantidad de otra cantidad

resultado situación o valor que arroja un experimento, como arrojar una moneda y que salga cara

resultados favorables resultados que especifica un problema

resumir volver a exponer la información más importante de un pasaje con tus propias palabras

rótulo palabras o números que se escriben en un diagrama para identificar qué son o qué representan las imágenes

S

salida algo que produce un sistema

secuencia 1. orden en el que ocurren los sucesos o en el que se disponen los elementos; 2. acciones que ocurren en un cierto orden; 3. conjunto de números en un orden específico

secuencia aritmética secuencia con una diferencia común

segmento porción finita de una recta que une dos puntos, llamados extremos

segmento de recta 1. línea que se dibuja para unir dos puntos de una gráfica; 2. conjunto de números que forman la distancia más corta entre dos puntos

semejanza aspecto en común

semirrecta conjunto de puntos que se extienden en una sola dirección

signo símbolo que indica que un número es positivo o negativo

signo de raíz $\sqrt{}$; indica la raíz cuadrada.

signo igual símbolo que indica que las dos expresiones que están a sus lados tienen el mismo valor

símbolo de agrupado algo que agrupa números y variables; por ejemplo, paréntesis, corchetes, barras de fracciones y símbolo de raíz

simplificar reescribir en su mínima expresión

simultáneo que ocurre al mismo tiempo

sintetizar combinar dos o más ideas para crear una idea nueva y más compleja

sistema de ecuaciones lineales simultáneas conjunto de ecuaciones que produce rectas al graficarse y que se intersecan en un punto

solución 1. valor de la variable de una ecuación que hace que la ecuación sea un enunciado verdadero; 2. respuesta

solución de la desigualdad conjunto de todos los números que hacen que la desigualdad sea verdadera

subíndice letra o número escrito muy pequeño y más abajo que el resto del texto; 1 en y_1 o a en y_a

suceso uno o más resultados de un experimento

suma 1. combinación de dos o más números; 2. total; respuesta a un problema de suma

sumandos números que se suman en un problema de suma

sustitución estrategia de cálculo mental en la que los números de una suma o diferencia se modifican para que sea más fácil realizar la operación

T

tabla arreglo de números u otra información; diagrama que muestra información; manera de organizar la información en filas y columnas

tallo columna de la izquierda en un diagrama de tallo y hojas; puede tener uno o más dígitos.

tasa relación entre dos cantidades medidas en distintas unidades; tasa de interés anual, generalmente expresada en porcentaje

tasa unitaria tasa de una unidad de una cantidad

tema idea principal de un pasaje

tendencia dirección general hacia la que tienden a moverse los datos

teorema enunciado matemático que no es evidente, pero que a partir de una demostración se muestra como verdadero

teorema de Pitágoras teorema que establece que la suma de los cuadrados de los catetos es igual al cuadrado de la hipotenusa; $a^2 + b^2 = c^2$

término número de una secuencia

término constante número que se suma o se resta en una expresión variable

tiempo medida del período durante el cual existe algo; en la fórmula de interés, es la cantidad de tiempo en años en la que el dinero se invierte o presta.

título nombre de un libro, pasaje, tabla o gráfica

triángulo polígono de tres lados

triángulo equilátero triángulo con tres lados de la misma longitud

triángulo escaleno triángulo en el que no hay dos lados iguales

triángulo isósceles triángulo con dos lados de la misma longitud

tronco figura de tres dimensiones creada cuando se quita el ápice de un cono o una pirámide

U

unidad cantidad usada para medir longitud, capacidad, peso y tiempo

unidades monetarias cantidad de dinero

V

valor cuánto representa un dígito

valor absoluto distancia entre un número y cero; siempre es un número positivo.

valor de posición decenas, unidades, décimos, centésimos, milésimos

valor extremo valor que se encuentra muy lejos de los otros en un conjunto de datos

variable símbolo que representa una cantidad o valor desconocido

variable de entrada variable a la que se le aplica una regla

variable de salida resultado cuando se aplica una regla a una variable de entrada

variable dependiente número desconocido representado por una letra o símbolo cuyo valor depende de otro número

variable independiente número desconocido representado por una letra o símbolo cuyo valor no depende de otro número

verticalmente que se extiende de arriba hacia abajo

vértice punto donde se juntan las aristas de un cuerpo geométrico

volumen medida del espacio dentro de una figura de tres dimensiones

Índice

F

Fórmulas matemáticas

Área de un:	cuadrado	Área = lado^2
	rectángulo	Área = largo $\times$ ancho
	triángulo	Área = $\frac{1}{2} \times$ base $\times$ altura
	paralelogramo	Área = base $\times$ altura
	trapecio	Área = $\frac{1}{2} \times$ (base$_1$ + base$_2$) $\times$ altura
	círculo	Área = $\pi \times$ radio^2; π es aproximadamente 3.14

Perímetro de un:	cuadrado	Perímetro = 4 $\times$ lado
	rectángulo	Perímetro = 2 $\times$ largo + 2 $\times$ ancho
	triángulo	Perímetro = lado + lado + lado

Circunferencia de un: círculo		Circunferencia = $\pi \times$ diámetro; π es aproximadamente 3.14

Volumen de un:	cubo	Volumen = arista^3
	cuerpo geométrico rectangular	Volumen = largo $\times$ ancho $\times$ altura
	pirámide cuadrangular	Volumen = $\frac{1}{3} \times$ (arista de la base)^2 $\times$ altura
	cilindro	Volumen = $\pi \times$ radio^2 $\times$ altura; π es aproximadamente 3.14
	cono	Volumen = $\frac{1}{3} \times \pi \times$ radio^2 $\times$ altura; π es aproximadamente 3.14

Geometría de coordenadas	distancia entre los puntos $d = \sqrt{(x_2 - x_1)^2 + (y_2 - y_1)^2}$; (x_1, y_1) y (x_2, y_2) son dos puntos en un plano.
	pendiente de una recta $= \frac{y_2 - y_1}{x_2 - x_1}$; (x_1, y_1) y (x_2, y_2) son dos puntos de la recta.

Teorema de Pitágoras	$a^2 + b^2 = c^2$; en un triángulo rectángulo, a y b son catetos y c es la hipotenusa

Medidas de tendencia central	**media** $= \frac{x_1 + x_2 + \dots + x_n}{n}$, donde las x son los valores para los que se desea hallar una media y n es la cantidad total de valores de x
	mediana = el valor del medio en una cantidad impar de datos ordenados, o el valor que se encuentra exactamente en el medio de los dos valores del medio en una cantidad par de datos ordenados

Interés simple	interés = capital $\times$ tasa $\times$ tiempo

Distancia	distancia = tasa $\times$ tiempo